MÉMOIRES

TOUCHANT

LA VIE ET LES ÉCRITS

DE MARIE DE RABUTIN-CHANTAL,

DAME DE BOURBILLY,

MARQUISE DE SÉVIGNÉ,

SUIVIS

De Notes et d'Éclaircissements,

PAR C. A. WALCKENAER.

PREMIÈRE PARTIE.

DURANT LA RÉGENCE ET LA FRONDE.

QUATRIÈME ÉDITION, REVUE ET CORRIGÉE.

PARIS,

LIBRAIRIE DE FIRMIN-DIDOT ET Cie,

IMPRIMEURS DE L'INSTITUT DE FRANCE,

RUE JACOB, 56.

MÉMOIRES

SUR MADAME

DE SÉVIGNÉ.

PREMIÈRE PARTIE.

TYPOGRAPHIE DE H. FIRMIN DIDOT. — MESNIL (EURE)

MÉMOIRES

TOUCHANT

LA VIE ET LES ÉCRITS

DE MARIE DE RABUTIN-CHANTAL

DAME DE BOURBILLY

MARQUISE DE SÉVIGNÉ,

DURANT LA RÉGENCE ET LA FRONDE.

SUIVIS

De Notes et d'Éclaircissements,

PAR

M. LE BARON WALCKENAER.

TROISIÈME ÉDITION,

REVUE ET CORRIGÉE.

PARIS,

LIBRAIRIE DE FIRMIN DIDOT FRÈRES, FILS ET Cᴵᴱ,

IMPRIMEURS DE L'INSTITUT DE FRANCE,

RUE JACOB, 56.

1856.

MÉMOIRES

TOUCHANT LA VIE ET LES ÉCRITS

DE

MARIE DE RABUTIN-CHANTAL,

DAME DE BOURBILLY,

MARQUISE DE SÉVIGNÉ.

CHAPITRE PREMIER.

1592—1627.

Château de Bourbilly. — Famille des Rabutins. — Tableau représentant sainte Chantal. — Belle réponse de Bénigne Fremyot. — Postérité de sainte Chantal. — De Bénigne Rabutin. — Son duel avec Boutteville. — Son combat à l'île de Ré. — Sa mort.

A deux lieues au sud-ouest de la ville de Semur en Bourgogne, et à la même distance de l'ancien bourg d'Époisses, dans un vallon tapissé de prairies et de toutes parts environné de coteaux que couvrent des bois et des vignes, s'élève, près des bords d'une petite rivière, le vieux château de Bourbilly. La rivière, que l'on nomme le Sérain, du haut d'un rocher se précipite en cascade dans le vallon, le traverse, s'y divise, et roule en murmurant ses eaux limpides. Le château, entouré de murailles épaisses et flanquées de tourelles, présentait à l'extérieur un carré, et à l'intérieur une vaste cour. Son entrée était fermée par un pont-levis que dominait une tour.

Ce domaine, qui relevait comme fief de la seigneurie d'Époisses, était devenu l'apanage de la branche aînée des Rabutins, lorsque, à une époque très-reculée, le lieu d'où cette famille tirait son nom, situé dans la paroisse de Changy, près de Charolles, eut été détruit [1]. Bourbilly devint alors la principale habitation des Rabutins ; la chapelle était affectée à leur sépulture, et les terres qui en dépendaient fournissaient les plus fortes parties de leurs revenus.

Le château il y a dix ans [2] ne s'offrait déjà plus aux regards des voyageurs tel qu'il était autrefois. A la place du pont-levis on voyait un pont en briques, de deux arches, et au lieu de la tour un petit bâtiment entouré d'arbres. Une des principales façades venait d'être abattue ; les vastes salles des corps de logis qu'on avait conservés étaient converties en greniers : il ne restait plus de leur antique magnificence que des chambranles de cheminée curieusement sculptés, et sur les murs des peintures à demi effacées, parmi lesquelles on distinguait l'écusson des Rabutins, qui par leurs alliances tenaient à la première dynastie des ducs de Bourgogne et à la famille royale de Danemark [3]. Un seul portrait avait résisté comme par miracle à toutes les causes de destruction : c'était celui de la pieuse Chantal.

---

[1] X. GIRAULT, *Détails historiques sur les ancêtres, le lieu de la naissance, les possessions et les descendants de madame de* SÉVIGNÉ, dans les *Lettres inédites*, 1819, p. XLVIII et LII. — *Ibid.*, XXVII.

[2] J'écrivais ceci en 1831.

[3] *Lettres de madame de* SÉVIGNÉ, *de sa famille et de ses amis*, édit. de Monmerqué, 1820, in-8º, t. I, p. 52.

Cette sainte femme était la fille de Bénigne Fremyot, de ce courageux président au parlement de Dijon, qui, menacé par les ligueurs, s'il n'embrassait leur parti, de voir immoler son fils, qu'ils avaient fait prisonnier, répondit : « Il vaut mieux au fils de mourir innocent, qu'au père de vivre perfide. » Ce fils fut depuis archevêque de Bourges. Sa sœur, Jeanne Fremyot, avait épousé, en 1592, Christophe second de Rabutin, baron de Chantal et de Bourbilly, gouverneur de Semur, qui périt à l'âge de trente-six ans, d'une blessure reçue par accident à la chasse. Sa veuve se retira avec ses enfants chez son beau-père, Guy de Rabutin, dans le château de Chantal, près d'Autun, commune de Montelon [1]. C'est dans ce séjour, où elle demeura pendant plus de sept ans, que Fremyot de Chantal, obligée de donner ses soins à un vieillard brusque et quinteux, que dominait une servante méchante et intéressée, eut occasion d'exercer ces vertus chrétiennes qui lui ont valu, plus d'un siècle après sa mort, les honneurs de la canonisation. On sait que ce fut elle qui fut la fondatrice de l'ordre de la Visitation, et qu'elle mourut à Moulins, le 13 décembre 1641, dans un des quatre-vingt-sept monastères de son ordre qu'elle avait établis. On montre encore aujourd'hui, dans le petit village de Bourbilly, le grand four où cette sainte veuve faisait cuire elle-même le pain des pauvres [2].

Elle n'avait eu qu'un seul fils, Celse-Bénigne de Rabutin, né en 1597. Il fut élevé à Dijon, chez ce président Fremyot, son aïeul, dont nous avons parlé. Bénigne de

---

[1] X. GIRAULT, *Détails historiques*, etc., p. xxxiii; *Carte de la France*, de Cassini, n° 84.

[2] *Ibid.*, p. xxxviii; *Éloge historique ou Vie abrégée de sainte FREMYOT DE CHANTAL*, 1768, in-12, p. 203.

Rabutin épousa, en 1624, Marie de Coulanges, fille de Philippe, seigneur de la Tour-Coulanges, conseiller d'État, secrétaire des finances [1]. Aucun cavalier ne pouvait alors être comparé à Bénigne de Rabutin, soit pour les avantages du corps, soit pour ceux de l'esprit; aucun d'eux ne l'emportait sur lui en courage; aucun ne pouvait l'égaler par son amabilité, par cette inépuisable gaieté qui lui faisait donner aux choses les plus communes un tour original [2]. Mais de graves défauts nuisaient à tant de brillantes qualités : il était vif, colère; il poussait la franchise jusqu'à la rudesse, et manifestait quelquefois son dédain et sa causticité par un laconisme insolent. Aussi eut-il souvent occasion de se soustraire à la rigueur des édits qui prohibaient les duels.

L'année même de son mariage, il assistait, à Paris, au service divin avec sa femme et toute sa famille. Il venait de communier, lorsqu'un laquais entra dans l'église, et lui vint dire que Boutteville de Montmorency, son ami, l'attendait à la porte Saint-Antoine, et avait besoin de lui pour être son second contre Pont-Gibaud, cadet de la maison de Lude. Le baron de Chantal, quoique en souliers à mule de velours noir, et dans un costume qui n'était nullement celui d'un combat, quitte l'autel, se rend à l'instant même au lieu du rendez-vous, et se bat avec sa bravoure ordinaire [3].

---

[1] *Lettres inédites de madame de* SÉVIGNÉ, 1814, in-8°, p. XXXIV; *ibid.*, édition 1819, in-12, p. XLVII. — SAINT-SURIN, Notice sur madame de Sévigné, dans l'édition des *Lettres de* SÉVIGNÉ, t. I, p. 54. — *Recueil de chansons choisies* (par de Coulanges), 1694, in-12, p. 73. — CONRART, *Mémoires*, t. XLVIII de la collect., p. 187.

[2] BUSSY DE RABUTIN, *Généalogie*, dans les *Lettres de* SÉVIGNÉ, édition de Monmerqué, t. III, p. 374, note A.

[3] *Ibid.*, t. I, p. 53.

Les lois civiles et religieuses étaient également outragées par cet acte téméraire. Le zèle des prédicateurs s'en émut; on dirigea des poursuites contre le baron de Chantal; il fut obligé de se cacher chez son beau-frère, le comte de Toulongeon. Cette leçon ne le corrigea point; et ce même Boutteville, six mois après, l'aurait encore entraîné dans sa querelle avec le duc d'Elbeuf, si la duchesse d'Elbeuf, prévenue à temps, n'eût fait intervenir le roi, qui empêcha ce duel [1].

Cependant le cardinal de Richelieu ne s'opposa point à ce que le baron de Chantal reparût à la cour; mais il ne lui pardonna pas son étroite liaison avec Henri de Talleyrand, prince de Chalais, qui avait été décapité comme coupable de haute trahison. Tout sentiment généreux est suspect au despotisme; son inexorable vengeance poursuit jusque dans la tombe l'objet de sa haine, et il persécute jusqu'au souvenir qui en reste. Il fut facile au cardinal de Richelieu de fermer tout accès à la faveur à un homme dont l'esprit indépendant et railleur devait surtout déplaire à Louis XIII, monarque d'un caractère faible et d'un esprit méticuleux.

Le supplice du comte de Boutteville, à qui son ardeur effrénée pour les duels avait fait trancher la tête le 21 juin 1627, acheva de désespérer le baron de Chantal. Il apprit que les Anglais, pour secourir les protestants de la Rochelle, devaient faire une descente sur les côtes de France, et il s'empressa de se rendre dans l'île de Ré, dont le marquis de Toiras, son ami, était gouverneur. Il lui demanda de servir sous ses ordres comme volontaire, satisfait d'avoir saisi cette occasion d'exercer sa bravoure et de courir

---

[1] *Généalogie de la maison de Rabutin*, dans l'édition des *Lettres de madame* DE SÉVIGNÉ de Monmerqué, t. I, p. XVIII, et t. VII, p. 98.

des dangers pour la défense de son pays. L'homme énergique qui dans l'âge de l'ambition est condamné au repos et repoussé de la carrière des honneurs par la persécution cherche hors de l'enceinte tracée un noble but à ses efforts : lorsqu'il l'aperçoit, dût-il y trouver la mort, il s'élance vers lui de tout son courage, et demande à la gloire ce que le pouvoir lui refuse.

Le 22 juillet 1627, au soir, on vit paraître les Anglais près des côtes de l'île de Ré. A la faveur de la marée montante, ils s'approchèrent de la pointe de Semblenceau, et mirent deux mille hommes à terre. Leurs chaloupes continuaient à augmenter ce nombre, lorsque Toiras s'avança contre eux avec huit cents hommes d'infanterie et deux cents chevaux, qu'il divisa en sept escadrons, dont cinq étaient placés à l'avant-garde et deux derrière l'infanterie. Le premier de ces escadrons, composé des gentils-hommes volontaires et de l'élite de la noblesse, était commandé par le baron de Chantal. Ces cinq escadrons s'avancèrent d'abord au pas et en bon ordre ; mais, pris en flanc par le canon des vaisseaux, qui tonnait de toutes parts, ils furent obligés de partir et de fondre à bride abattue sur l'ennemi, que d'abord ils repoussèrent jusque dans l'eau. La précipitation qu'ils avaient mise dans leur attaque ne permit pas à l'infanterie, qui cheminait péniblement dans le sable, d'arriver à temps pour les soutenir ; et les deux escadrons qui étaient restés en arrière, n'ayant point reçu d'ordre de Toiras, demeurèrent immobiles. Alors les Anglais, s'apercevant du petit nombre de ceux qu'ils avaient à combattre, reprirent courage ; et, redoublant le feu de leurs vaisseaux, par le moyen de leurs canons à cartouches et des mousquetaires dont ils les avaient bordés, ils firent reculer la cavalerie et l'infanterie des Français, et les mirent en déroute. Ce combat avait duré six heures ; et dans le nombre des gentils-hommes français qui y périrent, on compta le frère de Toiras, les barons de Navailles, de Cause, de Verrerie du Tablier, et le baron de Chantal [1]. Ce dernier avait eu trois chevaux tués sous lui, et avait reçu vingt-sept coups de lance. Si l'on en croit l'historien Gregorio Leti, autorité douteuse, ce fut le célèbre Cromwell qui le blessa mortellement [2]. Ainsi périt, dans la trente et unième année de son âge, le dernier des descendants mâles de la branche aînée des Rabutins. Il n'eut qu'un seul enfant de son mariage avec Marie de Coulanges : c'était Marie de Rabutin-Chantal, depuis célèbre sous le nom de Sévigné, et qui est l'objet de ces Mémoires [3].

[1] *Mémoires de* RICHELIEU, dans la coll. des Mém. sur l'hist. de Fr. de Petitot, t. XXIII, p. 320. — ARCÈRE, *Histoire de la ville de La Rochelle*, in-4°, t. II, p. 234.

[2] *Lettres de madame* DE SÉVIGNÉ, édit. de 1768, préface ; et GIRAULT, *Lettres inédites*, 1819, *Notice*, p. XLVIII. — L'abbé COTIN, *Poésies chrétiennes*, 1658, in-12, p. 112.

[3] *Éloge historique ou Vie abrégée de sainte* FREMYOT DE CHANTAL ; Paris, 1768, in-12, p. 163.

CHAPITRE II.

1626—1644.

Naissance de Marie de Rabutin. — Devient orpheline à l'âge de six ans. — N'a point connu la piété filiale. — Est délaissée par son aïeule sainte Chantal. — Est placée sous la tutelle de Philippe de la Tour de Coulanges. — Passe sa première enfance au village de Sucy, avec son cousin de Coulanges, le chansonnier. — Mort de Philippe de Coulanges. — L'éducation de Marie de Rabutin est confiée à Christophe de Coulanges, abbé de Livry. — Caractère de cet abbé. — Des obligations que lui a madame de Sévigné. — Elle reçoit les leçons de Chapelain et de Ménage. — De ce qu'elle doit à l'éducation, et de ce qu'elle doit à la nature.

Marie de Rabutin-Chantal naquit à Paris, le jeudi 5 février 1626, dans l'hôtel que son père occupait à la place Royale du Marais, le quartier le plus renommé alors pour l'élégance des habitations. Elle fut tenue le lendemain sur les fonts de baptême par messire Charles Le Normand, seigneur de Beaumont, mestre de camp, gouverneur de la Fère, et premier maître d'hôtel du roi, et par Marie de Baise, femme de messire Philippe de Coulanges, conseiller du roi en ses conseils d'État[1]. Marie de Rabutin-Chantal perdit sa mère en 1632, et fut orpheline à l'âge de six ans. Les doux sentiments de la piété filiale n'eurent pas le temps de se développer en elle. Il est remarquable qu'ils paraissent avoir été inconnus à cette femme, qui encourut

---

[1] Acte de baptême de madame DE SÉVIGNÉ, dans la *Revue rétrospective*, t. IV, p. 310, n° 10, juillet 1834. — SÉVIGNÉ, *lettre* en date du 5 février 1672, t. II, p. 316. — *Ibid.*, *lettre* du 5 février 1674, t. III, p. 325. — Registres de la paroisse Saint-Paul.

le reproche de s'être livrée avec excès à la plus désintéressée comme à la plus touchante des passions, l'amour maternel. Dans les lettres nombreuses qu'elle nous a laissées, on ne trouve ni le nom de sa mère, ni un souvenir qui la concerne. Elle y parle une ou deux fois de son père, mais c'est pour faire allusion à l'originalité de ses défauts[1]. Dans une lettre à sa fille, en date du 22 juillet, elle ajoute après cette date : « Jour de la Madeleine, où fut tué, il y a quelques années, un père que j'avais[2]. » Qu'elle est triste cette puissance du temps et de la mort, puisqu'une âme aussi sensible ne paraît pas même avoir éprouvé le besoin si naturel de chercher à renouer la chaîne brisée des affections et des regrets; à suppléer au néant de la mémoire par les mystérieuses inspirations du cœur ; à se rattacher par la pensée à ceux par qui nous existons, et dont la tombe, privée de nos larmes, s'est ouverte auprès de notre berceau !

La pieuse Chantal, quoique alors débarrassée de tout soin de famille, puisqu'elle avait marié la seule fille qui lui restait au comte de Toulongeon, se dispensa des devoirs d'aïeule envers sa petite-fille ; et, tout occupée de la fondation de nouveaux monastères, elle recommanda à son frère, l'archevêque de Bourges, la jeune orpheline, qui fut remise par lui entre les mains de ses parents maternels[3].

Marie de Rabutin-Chantal fut donc d'abord placée sous la tutelle de son oncle Philippe de la Tour de Coulanges,

---

[1] SÉVIGNÉ, *lettres* en date du 16 août 1675, t. III, p. 374; du 13 décembre 1684, t. VIII, p. 212.

[2] SÉVIGNÉ, *lettre* du 22 juillet 1671.

[3] *Lettres de* SÉVIGNÉ édit. de 1768, préface. — GIRAULT, *Notice*, p. XLIII et XLIX.

et élevée avec son cousin Emmanuel, si connu depuis dans le monde sous le nom de petit Coulanges, comme le plus aimable des convives et le plus gai des chansonniers. Ils passèrent ensemble quelques années de leur enfance à la campagne, dans le joli village de Sucy, en Brie, à quatre lieues au sud-est de Paris[1], où de la Tour de Coulanges avait fait bâtir une superbe maison. Emmanuel y était né ; il n'avait qu'un an ou deux lorsque sa cousine Marie y entra, et il n'en avait que cinq ou six lorsqu'elle en sortit, âgée de dix ans[2].

Dans une de ses lettres, elle rappelle à son cousin, avec sa grâce accoutumée, ces souvenirs de l'enfance : « Le moyen que vous ne m'aimiez pas ? C'est la première chose que vous avez faite quand vous avez commencé d'ouvrir les yeux ; et c'est moi aussi qui ai commencé la vogue de vous aimer et de vous trouver aimable. »

Philippe de la Tour de Coulanges mourut en 1636. Il se tint une assemblée de famille pour procéder au choix d'un tuteur de la jeune orpheline dont il avait soin. Roger de Rabutin, son cousin, depuis si célèbre sous le nom de comte de Bussy, y assista comme étant chargé de la procuration de son père. Bussy, alors seulement âgé de dix-huit ans, se doutait peu des désirs, des craintes, des repentirs que lui ferait éprouver un jour cette enfant sa parente. L'assemblée de famille nomma pour tuteur de Marie de Chantal, Christophe de Coulanges, abbé de Livry, frère de Philippe de Coulanges, et, comme lui, oncle de madame

---

[1] SÉVIGNÉ, *lettre* du 22 juillet 1676. — Monmerqué, dans SÉVIGNÉ, *Lettres*, t. IV, p. 382, et t. I, p. 55 de la *Notice*. — L'abbé LE BOEUF, *Hist. du Diocèse de Paris*, t. XIV, p. 317.

[2] *Recueil de Chansons choisies*, 1694, in-12, p. 72. — BUSSY-RABUTIN, *Mémoires*, t. I, p. 13, édit. de 1696, in-4°, et p. 13 de l'édit. in-12.

de Sévigné du côté maternel. L'abbé de Coulanges fut pour madame de Sévigné un précepteur vigilant, un homme d'affaires habile, un ami constant; il soigna son enfance, surveilla sa jeunesse, la conseilla comme femme, la dirigea comme veuve; et enfin, en mourant, il lui laissa tout son bien. Heureusement pour elle, il prolongea sa carrière jusqu'à l'âge de quatre-vingts ans[1]. De son côté, elle fit le charme de son existence, et fut la consolation de ses vieux jours. Jamais elle ne balança à faire céder ses goûts les plus chers et ses plus fortes inclinations[2], même le désir de rejoindre sa fille lorsque sa présence était nécessaire ou même agréable, au *bien-bon*. C'est ainsi qu'elle le nommait toujours. Elle l'aimait d'affection, et n'éprouvait aucune peine à lui rendre des soins; mais elle nous apprend que si elle en avait eu, elle l'aurait sacrifiée à la crainte d'avoir des reproches à se faire : elle pensait qu'en fait de reconnaissance et de devoirs il fallait se mettre en garde contre l'égoïsme, qui nous rend toujours satisfaits de nous-mêmes, « et tâcher, sur ce point, d'établir la peur dans son cœur et dans sa conscience[3] ».

L'idée qu'elle nous donne dans ses lettres de l'abbé de Coulanges est celle d'un homme d'un esprit ordinaire, mais d'un excellent jugement, ayant beaucoup de bonnes qualités, mêlées de quelques défauts. Il s'entendait en affaires, et savait aussi bien diriger une exploitation rurale que

---

[1] SÉVIGNÉ, *lettres* de septembre 1687, t. VII, p. 470; du 13 novembre 1687, t. VIII, p. 34.

[2] SÉVIGNÉ, *lettres* du 10 mai 1676, t. IV, p. 290; du 5 octobre 1677, t. V, p. 265; du 6 janvier 1687, t. VII, p. 406; du 28 juillet 1680, t. VI, p. 396.

[3] SÉVIGNÉ, *lettre* de mai 1690, dans les *Lettres inédites* publiées par Monmerqué, 1827, in-8°, p. 33.

présider à des partages ; terminer une liquidation, que conduire un procès. Il aimait l'argent, se levait de grand matin, et redoublait d'activité lorsque quelque motif d'intérêt le commandait. Habile calculateur, il supportait impatiemment qu'on fît une faute contre une des quatre règles de l'arithmétique. Il se plaisait à lire et à relire les titres de propriété et les transactions de famille ; il en pesait toutes les paroles, épluchait jusqu'aux points et aux virgules. Méthodique, et même minutieux, il avait grand soin, lorsqu'il avait plusieurs lettres à écrire, de commencer chacune d'elles par y mettre l'adresse, afin de se garantir de toute méprise [1]. Du reste, d'un commerce assez facile, mais pourtant impatient et colère ; donnant de bons conseils, mais avec brusquerie et sans aucun ménagement [2].

Tel était l'abbé de Coulanges. Mais, pour être juste envers lui, il faudrait l'apprécier d'après ses œuvres ; et la plus belle de toutes fut sans contredit l'éducation de madame de Sévigné. On juge un homme d'après ce que l'on sait de ses talents et de ses actions ; mais ce n'est là le plus souvent que la portion de sa vie la moins propre à nous le faire connaître. C'est moins par ce qu'il a fait que par ce qu'il s'est abstenu de faire, que la plupart du temps un personnage quelconque mérite l'estime ou le blâme ; moins par ce qu'il a dit que par ce qu'il a pensé, moins par les motifs apparents qui le font agir que par ceux qu'il ne dévoile jamais. On peut croire, avec raison, que celui qui s'est toujours fait chérir de ceux dont il était

---

[1] SÉVIGNÉ, *lettre* du 23 octobre 1675, t. IV, p. 58.

[2] SÉVIGNÉ, *lettres* du 6 octobre 1673, t. III, p. 104 ; du 27 octobre 1673, t. III, p. 121 ; du 12 juillet 1675, t. III, p. 328 ; et du 13 octobre, t. IV, p. 40.

entouré, qui pour assurer le bonheur des êtres confiés à sa tutelle a toujours triomphé des difficultés et des obstacles, possédait des qualités secrètes plus rares, plus éminentes, ou du moins plus désirables, que celles dont on lui a fait les honneurs dans le monde.

Si l'on en croit les expressions que la reconnaissance et la douleur inspirent à madame de Sévigné, elle doit non-seulement le repos de sa vie entière, mais encore ses sentiments, ses vertus, son esprit, sa gaieté, sa santé, enfin tout ce qu'elle a été, tout ce dont elle a joui, à l'abbé de Coulanges. C'est nous donner de lui une trop haute idée, et qui se trouve d'ailleurs démentie par elle-même. Nous n'avons point de détails sur l'éducation de madame de Sévigné ; mais nous savons que l'abbé de Coulanges la dirigea seul, et qu'il l'a continuée, en quelque sorte, lorsqu'elle fut entrée dans le monde, par l'ascendant qu'il avait acquis sur sa pupille. Nous pouvons donc connaître ce que fut cette éducation en examinant tout ce qui dans madame de Sévigné a dû être le résultat des premières impressions, de l'instruction du jeune âge et des conseils de l'amitié, et ce qui n'a pu être que le produit de ses dispositions naturelles, de ses penchants, de son caractère, de ses réflexions et des résolutions qui lui étaient propres. Nous pourrons alors apprécier tout ce qu'elle doit au *bien-bon*, et aussi tout ce qu'elle doit à la nature, qui fut pour elle aussi une *bien-bonne*.

Cet examen est facile : ses actions, ses goûts, ses aversions, ses défauts, ses vertus, ses faiblesses, nous sont connus surtout par les lettres qu'elle a écrites à sa fille, et précisément par celles de ces lettres qu'elle croyait ne devoir être jamais lues que par celle à qui elle les écrivait. C'est dans ces lignes, si rapidement tracées, que se manifestent ses pensées les plus fugitives, ses sentiments les plus cachés, tous les mouvements de son cœur, tous les calculs de sa raison, tous les élans de son imagination; son âme tout entière s'épanche sur le papier, dans toute la sécurité du commerce le plus intime; et comme l'oiseau délices de nos campagnes, caché sous le feuillage, croit ne chanter que pour l'objet aimé, elle a, sans le savoir, rendu le monde entier confident des accents de sa tendresse.

Sans doute l'éducation n'était pour rien dans ce qui charmait en elle au premier aspect. Ce teint d'une rare fraîcheur, cette riche chevelure blonde, ces yeux brillants et animés, ces jolis traits, cette physionomie irrégulière, mais expressive, cette taille élégante, étaient autant de dons que lui avait faits la nature[1]. Mais on peut penser que l'air pur de la campagne, que l'excellent régime auquel elle fut soumise dans son enfance et dans sa première jeunesse, contribuèrent beaucoup à l'heureux développement de ses attraits, et qu'elle dut en partie aux soins intelligents de son tuteur cette santé florissante dont elle a joui toute sa vie, cette forte constitution qu'elle sut si bien gouverner. Sa jolie voix se produisait avec toute la science musicale que l'on possédait de son temps, et une danse brillante faisait ressortir avec plus d'éclat la prestesse et la grâce habituelles de ses mouvements. Tous ces talents furent dus aux soins donnés à son éducation. Elle est encore redevable aux instructions de son tuteur de son sincère attachement à la religion. Ses liaisons avec les parents de son mari ont donné naissance à ses inclinations pour la secte sévère des solitaires de Port-Royal : c'est le propre

---

[1] *Voy.* BUSSY-RABUTIN, *Mémoires;* l'abbé ARNAULD, *Mémoires;* madame DE LA FAYETTE, et les *Lettres de madame* DE SÉVIGNÉ, *passim.*

des femmes de ne point aimer à prendre avec elles-mêmes
la responsabilité d'une décision sur des matières graves ou
qui exigent une longue réflexion, et de régler leurs opinions sur celles de ceux qui les entourent, selon l'affection
qu'elles leur portent ou la confiance qu'elles leur accordent :
c'est pourquoi leur conviction se manifeste si souvent
avec toute la chaleur d'un sentiment et tout l'emportement
d'une passion. Cependant madame de Sévigné ne dut qu'à
son bon sens exquis de n'adopter qu'une partie des dogmes
de Port-Royal, et de rejeter ceux qui répugnaient à sa
raison; elle ne dut qu'à son âme, naturellement pieuse,
cette foi pleine d'espérance, cette douce confiance dans la
Providence, qui nous range, dit-elle, comme il lui plaît,
et dont elle veut qu'on respecte la conduite [1]. C'est là le
trait distinctif de sa croyance et toute sa philosophie. Dé-
vote par désir et mondaine par nature [2], elle aimait la
joie et les plaisirs, et savait les animer et les répandre autour d'elle. Ces penchants, qui la rendaient si aimable,
n'étaient sans doute point excités par son tuteur, mais il
ne les restreignait pas. On ne voit pas non plus qu'il se
soit beaucoup inquiété de cette coquetterie innée de sa pupille, qu'on remarquait à la satisfaction qu'elle éprouvait
de se voir des admirateurs dans tous les rangs de la société, ni qu'il ait réprimé la franchise, souvent un peu
libre, de ses paroles. Rassuré par l'heureux équilibre de ses
sens et de sa raison, par la fermeté de ses principes religieux, il applaudissait à l'art qu'elle possédait de se faire
des amis dévoués de tous ceux qui avaient perdu l'espérance de lui appartenir comme amants. Lorsqu'un d'entre
eux était tombé dans la disgrâce du pouvoir, ou avait

[1] SÉVIGNÉ, *lettre* du 10 juin 1671, t. II, p. 83.
[2] SÉVIGNÉ, *lettre* du 9 juin 1680, t. VI, p. 305.

essuyé quelque malheur, on savait qu'elle ne négligeait rien pour le servir et lui témoigner son attachement. Ce qu'on ne pouvait non plus attribuer à l'éducation, et ce qui résistait à tous les conseils de la sagesse, c'étaient les mouvements immodérés de ce cœur trop plein de l'amour maternel, s'abandonnant avec excès à cette passion qui domina son existence et en avança le terme.

L'abbé de Coulanges mérite surtout des éloges de ne s'être pas contenté de bien régler les affaires de sa pupille, mais de lui avoir enseigné à les régler elle-même; et puisque cette jeune et unique héritière était appelée à régir de grands biens, ce fut lui avoir rendu le plus éminent service que de lui avoir enseigné comment la fortune se conserve et s'accroît, par l'ordre et l'économie; de lui avoir fait comprendre que les richesses sont surtout nécessaires à celle qui veut soutenir avec dignité et succès le rôle difficile et glorieux de mère de famille; de l'avoir astreinte à régler elle-même ses comptes avec ses fermiers et ses gens d'affaires; à suivre sans ennui toutes les phases d'un procès, et à parler au besoin avec précision et clarté le langage de la chicane. Un autre éloge que mérite l'abbé de Coulanges, c'est de n'avoir rien négligé pour donner à sa pupille une solide instruction. C'est surtout au goût pour la lecture, que madame de Sévigné avait contracté presque dès son enfance, qu'elle dut de préférer souvent la vie économique, mais monotone, de sa solitude des Rochers, à l'existence brillante, mais dispendieuse, variée, mais agitée, de Paris et de la cour. Ce fut au charme qu'elle éprouvait dans ce studieux commerce avec les plus beaux génies de la France et de l'Italie, au choix et à la diversité qu'elle savait y mettre, qu'elle fut redevable de ces consolations dont son cœur sensible n'eut que trop souvent besoin, et comme épouse et comme mère. C'est enfin à cette habitude d'échapper par les jouissances de l'esprit à la tyrannie des sens, qu'elle a dû pendant une jeunesse indépendante, sans cesse assiégée par les séductions, toute la gloire et tout le bonheur de sa vie.

Chapelain, célèbre comme mauvais poëte, mais bon littérateur et bon critique, et Ménage, le savant Ménage, furent tous deux ses maîtres, et s'enorgueillirent avec raison de l'avoir eue pour élève. On ne peut douter en effet que leurs leçons n'aient contribué à donner à son style cette perfection et cette correction qu'il n'eût point acquises sous des maîtres gagés ; mais elle ne dut ni à son tuteur ni à ses maîtres, ni à Chapelain ni à Ménage, cette mémoire docile et prompte, cette sensibilité exquise, cette imagination souple et forte, ce goût délicat, qui lui font trouver tous les traits, toutes les couleurs, toutes les nuances, pour peindre avec autant de vivacité que de vérité ; qui font jaillir sous sa plume, avec la rapidité de la pensée, les images touchantes, les expressions nobles, les saillies spirituelles, les réflexions morales, les folies divertissantes, les traits sublimes. Elle n'a dû qu'à elle-même le talent d'intéresser ses lecteurs à ses plus insignifiantes causeries ; de les faire participer à ses douleurs, à ses prévoyances, à ses craintes, à ses souvenirs, à ses douces rêveries ; et cela naturellement, à propos, sans recherche, sans effort, avec une facilité, un abandon, une grâce, un charme qu'on admirera toujours, qu'on égalera quelquefois, mais qu'on ne surpassera jamais.

CHAPITRE III.

1634—1644.

Abbaye de Livry. — Sa situation. — Marie de Rabutin y passe sa jeunesse. — Prédilection de madame de Sévigné pour ce lieu dans tout le cours de sa vie. — Elle le quitte, et fait son entrée dans le monde. — Son mariage avec Henri de Sévigné. — Détails sur la personne de Henri de Sévigné. — Sur ses ancêtres et sa parenté. — Détails sur l'existence des deux époux dans le commencement de leur mariage.

L'abbaye de Livry, où Marie de Rabutin-Chantal passa les dernières années de son enfance et les premières de son adolescence, est, ainsi que le village de ce nom, située au milieu de la forêt de Bondy, à quatre lieues au nord-est de Paris, sur la route qui conduit à Meaux. L'éloge que madame de Sévigné fait sans cesse de cette habitation, et le plaisir qu'elle éprouvait à la revoir, est la preuve certaine du bonheur dont elle a joui dans son jeune âge. Rien ne lui paraît au-dessus des belles allées du parc de Livry; nulle part les arbres n'ont une aussi belle verdure, nulle part les chèvrefeuilles ne répandent une aussi suave odeur. Elle aimait à s'asseoir, elle aimait à écrire sous ces voûtes de feuillage, où les chants éclatants des rossignols la forçaient quelquefois, par une agréable distraction, à suspendre le travail de sa plume : elle se promenait souvent dans la forêt majestueuse qui entourait cette habitation, et se riait de la terreur que ces routes solitaires et sombres inspiraient aux Champenois et aux Lorrains. Dans les chaleurs de l'été, on la voit quelquefois se dérober au grand monde, et aller seule goûter à Livry les délices des fraîches soirées et les beautés du clair de lune;

elle y retourne encore, et plusieurs fois, en novembre, pour voir les dernières feuilles et jouir des derniers beaux jours. Enfin, lorsqu'elle apprend, après avoir perdu son oncle chéri, que le roi a nommé à cette abbaye et qu'il faut la quitter, elle ne peut, sans verser des larmes, dire adieu pour toujours à cette aimable solitude qu'elle avait tant aimée [1].

Pour bien comprendre ce qu'elle éprouvait alors, il faut avoir soi-même ressenti la puissante impression qu'exerce sur nous la vue des lieux où nous avons passé notre enfance, lorsque nous nous y retrouvons, comme madame de Sévigné, au déclin de la vie. Comme alors ce long passé qui nous sépare de nos premiers souvenirs nous paraît s'être rapidement éloigné! avec quelle vitesse le terme de notre existence semble s'approcher de nous, et comme nos pensées se plongent dans l'éternité qui le suit! avec quel attendrissement, pour échapper à l'abîme de nos réflexions, nous nous reportons vers cet âge d'innocence insouciante, où les mécomptes du cœur, les déceptions de l'espérance, la perte de tout ce qui nous fut cher, les maux présents, les inquiétudes pour l'avenir, nous étaient inconnus; où l'air pur, les eaux limpides, le parfum des fleurs, les frais ombrages, nous faisaient goûter sans mélange le bonheur d'exister; où nos heures, sans laisser de traces, passaient vagabondes, fugitives et légères, comme le vol du papillon!

Mais à l'époque dont nous nous occupons les pensées sombres, les sentiments mélancoliques ne pouvaient trou-

[1] SÉVIGNÉ, *lettres* du 27 avril 1671, t. II, p. 89; 30 mai 1672, t. II, p. 451; 6 septembre 1675, t. III, p. 456; 3 novembre 1677, t. V, p. 281; 22 novembre 1679, t. VI, p. 12; 14 juillet 1680, t. VI, p. 367; 13 novembre 1687, t. VIII, p. 36.

ver place dans l'âme de la jeune de Chantal, qu'aucun souci n'avait agitée, qu'aucune passion n'avait émue, qu'aucun chagrin n'avait attristée. Aussi ce fut sans répugnance qu'elle fit son entrée dans le monde, où on la conduisit de bonne heure [1]. Ceux qui avaient le plus l'habitude de la voir furent étonnés de lui trouver alors des attraits et une amabilité qu'ils ne lui soupçonnaient pas. Comme la fleur cachée dans l'ombre n'épanouit ses couleurs et n'évapore ses parfums qu'aux brillants rayons du soleil, ainsi Marie de Rabutin ne développa tout ce qu'elle avait de grâce, d'esprit, de vive et franche gaieté, que lorsqu'elle eut quitté les solitudes de Livry pour paraître à la cour et dans les cercles de la capitale. Sur ce nouveau théâtre, qui lui convenait si bien, cette *demoiselle de Bourgogne*, ainsi qu'elle-même se qualifie, attira aussitôt tous les regards, et devint l'objet de l'attention générale. On savait qu'avec tant de charmes, et l'honneur de son alliance, elle apportait une dot de 100,000 écus, qui faisaient plus de 600,000 fr. de notre monnaie actuelle, sans compter les héritages qu'elle devait recueillir, et qui se montèrent par la suite à plus de 200,000 fr., c'est-à-dire 400,000 fr., valeur de notre époque [2].

Un grand nombre de partis s'offrirent : Gondi, à qui sa nouvelle promotion à la coadjutorerie de Paris donnait une grande influence, chercha à faire tomber le choix de la jeune héritière sur le marquis de Sévigné, son parent : il y parvint, à la faveur de l'abbé de Livry, depuis longtemps ami intime de la mère du marquis. Henri de Sévigné épousa Marie de Rabutin-Chantal le 4 août 1644, dans l'église de Saint-Gervais. La bénédiction nuptiale fut

---

[1] SÉVIGNÉ, *lettre à Bussy*, du 19 juin 1680, t. VI, p. 328.
[2] SÉVIGNÉ, *lettre* du 10 juin 1671, t. II, p. 81, édit. Monmerqué.

donnée par Jacques de Nuchèze, évêque et comte de Châlons-sur-Saône, oncle paternel de la mariée, en présence de trois de ses oncles maternels, de Coulanges, abbé de Livry, de Coulanges-Saint-Aubin, de Coulanges-Chezières, et de Jean-François-Paul de Gondi, archevêque de Corinthe et coadjuteur de Paris [1]. Marie de Rabutin-Chantal était alors âgée de dix-huit ans; Henri de Sévigné aussi était jeune, beau, bien fait, riche, et avait su lui plaire par ses manières enjouées. Il était maréchal de camp, et sa famille, une des plus anciennes de Bretagne, avait formé des alliances avec les Clisson, les Montmorency, les Rohan [2]. Tout ce qu'on recherche, tout ce qu'on désire, paraissait donc réuni dans ce mariage. Mais les qualités qui recommandaient le marquis de Sévigné étaient apparentes, et ses défauts étaient cachés. Le plus grand de tous était d'avoir peu de délicatesse dans les sentiments, d'être uniquement adonné aux plaisirs des sens, et peu digne de posséder une femme aussi spirituelle. « Il aima partout, dit le comte de Bussy-Rabutin, et n'aima jamais rien d'aussi aimable que sa femme. » Il l'estimait, mais sans l'aimer; elle, sans pouvoir l'estimer, ne cessa point de l'aimer [3].

---

[1] L'acte de ce mariage est aux archives de l'hôtel de ville, et a été extrait des registres de l'église de Saint-Gervais par M. MONMERQUÉ, qui l'a depuis imprimé dans une petite brochure, intitulée *Billet italien de madame* DE SÉVIGNÉ, 1844, in-8°, p. 8. — Sur Jacques de Nuchèze, voyez ci-après, chapitre XI, p. 149.

[2] CONRART, *Mémoires*, dans la collect. du Petitot et Monmerqué, t. XLVIII, p. 185, et dans SÉVIGNÉ, *Lettres*, édit. de Monmerqué, t. I, p. 58. — TALLEMANT DES RÉAUX, mss. de la bibliothèque de M. de Châteaugiron (folio 566).

[3] BUSSY, *Généalogie*, dans SÉVIGNÉ, t. I, p. XVIII et p. 58 de la notice. — CONRART, *Mém.*, t. XLVIII, p. 185.

Cependant les nuages qui obscurcirent cette union ne s'accumulèrent que par degrés. Les premières années en furent heureuses, et se passèrent dans la capitale, au milieu des amusements et de l'agitation du grand monde ; ou à la terre des Rochers, parmi les plaisirs champêtres et des vassaux dévoués, dont les seigneurs des châteaux, et surtout ceux de Bretagne, étaient alors entourés. Tout s'accordait à faire jouir ces deux époux du bonheur qu'on éprouve dans le commencement d'un établissement formé avec tous les avantages de la richesse, de la jeunesse et de la beauté, lorsque nous nous rendons agréables à tous, et que tous se montrent empressés à nous plaire. Le marquis de Sévigné et sa femme étaient tous deux amis des plaisirs et de la joie, tous deux dans l'âge de la légèreté et de l'insouciance ; ils tenaient tous deux par leur parenté à des personnages qui, par ambition, par goût ou par situation, se montraient fastueux et prodigues. L'archevêque de Paris et son coadjuteur, depuis si fameux sous le nom de cardinal de Retz, étaient les plus proches parents du marquis. La marquise était nièce de Hugues de Bussy le Commandeur, qui, l'année même du mariage du marquis de Sévigné, devint, par droit d'ancienneté, grand prieur du Temple, ce qui lui donnait désormais un revenu de plus de 100,000 livres, ou plutôt 200,000 livres, monnaie actuelle, de redevances ecclésiastiques, auxquelles l'Église n'eut qu'une faible part[1]. Le marquis et la marquise de Sévigné, par le luxe de leur table et par les agréments de leurs personnes, réunirent chez eux la société la plus

---

[1] Sévigné, *lettres* du 1er octobre 1654, t. I, p. 28 ; du 26 novembre 1681, t. VII, p. 88. — Bussy, *Mémoires*, t. I, p. 94, et 373 de l'édition d'Amsterdam, 1721, in-12, ou t. I, p. 117 de l'édition in-4°, 1696.

aimable et la plus brillante : eux-mêmes faisaient partie de celle qui à Paris avait alors le plus d'éclat, et à laquelle toutes les sociétés choisies se réunissaient comme dans un centre commun, la société de l'hôtel de Rambouillet. Madame de Sévigné devint bientôt un des principaux ornements de ce cercle célèbre, qui sous le rapport des manières, de la littérature et du langage, exerçait alors une sorte de dictature.

CHAPITRE IV.

Assertion de M. Petitot sur madame de Sévigné. — Pourquoi l'histoire est toujours mal écrite. — Causes de l'erreur de M. Petitot. — Il faut distinguer les temps. — Trois époques dans l'existence de l'hôtel de Rambouillet. — Peinture de l'époque où madame de Sévigné entra dans le monde. — Influence de l'hôtel de Rambouillet à cette époque. — Témoignages de Saint-Évremond et de Fléchier. — De la marquise de Rambouillet. — De ses plans pour la réforme de la société. — Portrait de Julie d'Angennes, sa fille. — Comme elle affermit et continua le règne de sa mère. — Nécessité pour l'intelligence de la vie et des écrits de madame de Sévigné, de faire connaître ce qui concerne l'hôtel de Rambouillet et la société de cette époque.

Un auteur auquel l'histoire de France est redevable d'un grand et utile travail, ayant occasion de faire connaître les femmes distinguées par leur naissance, leur beauté et leur esprit, que madame de Rambouillet avait attirées chez elle, nomme dans le nombre madame de Sévigné ; puis il ajoute : « Madame de Sévigné avait un trop bon esprit pour approuver l'affectation de sentiment et de langage adoptée par cette société : il paraît même qu'elle était parvenue à y faire une espèce de schisme[1]. »

De même que les personnes préoccupées ou inattentives ne saisissent jamais que la dernière phrase d'un raisonnement ou les dernières paroles d'une conversation, il semble que la postérité ne soit destinée à connaître l'histoire d'un siècle ou d'une époque que d'après l'impression que

---

[1] PETITOT, *Notice sur madame de la Fayette*, dans la collection des *Mémoires sur l'histoire de France, depuis l'avénement de Henri IV jusqu'à la paix de* 1763, t. LXIV, p. 338.

ses dernières années ont laissée, et d'après les discours et les récits du siècle ou de l'époque qui lui a succédé : or, ce temps où le retentissement des passions qui ont fait irruption n'a point encore cessé; où les blessures faites aux intérêts, aux réputations, aux amours-propres, ne sont pas encore cicatrisées; où les haines, les affections, les préjugés ont changé de forme et de nom sans changer de nature, est peut-être le temps le moins favorable de tous pour nous offrir une image fidèle de celui dont il est le plus rapproché. Cependant celle qu'il nous livre est celle qu'on adopte comme parfaitement ressemblante; et c'est d'après ce type altéré ou incomplet qu'on en parle, qu'on en raisonne, qu'on en écrit, ressassant et reproduisant sans cesse les mêmes erreurs; car les esprits patients qui recueillent, comparent et discutent les faits ont toujours été rares : ils le sont encore plus aujourd'hui, et ils semblent même être entièrement inutiles, puisque pour nous l'histoire la plus vraie selon le siècle est celle qui nous offre le plus de faits extraordinaires ou inexplicables, le plus de contrastes singuliers, en un mot le plus d'invraisemblances; où tout ne se passe pas comme il a plu aux événements et à la Providence, mais selon ce qui plaît à notre imagination, selon ce qui est conforme aux fantômes qu'elle s'est créés. De là, par une conséquence nécessaire, on en est venu à écrire dans plus de cent volumes, et à faire recevoir comme un axiome très-philosophique, que le roman était plus vrai que l'histoire.

Je préviens, quelles qu'en soient pour moi les conséquences, que je n'écris point pour cette classe de lecteurs, quoique je n'ignore pas que ce soit la plus nombreuse. Aussi, malgré la peine que j'ai de contrarier ceux qui sont si bien disposés en faveur de madame de Sévigné et en même temps si prévenus contre l'hôtel de Rambouillet, je n'hésite pas cependant à leur affirmer que rien n'est plus opposé à la vérité que l'assertion de M. Petitot, et qu'on ne trouverait pas dans les écrits contemporains une seule ligne qui pût la justifier.

Tout démontre, au contraire, que c'est aux savantes ou ingénieuses conversations de l'hôtel de Rambouillet que madame de Sévigné a dû de voir se développer et s'affermir en elle ce goût vif pour la lecture et les jouissances de l'esprit, dont ses inclinations pour le plaisir et la dissipation l'auraient probablement éloignée; que c'est aussi dans cet hôtel, dans ce véritable palais d'honneur, comme le nomme Bayle (dont le scepticisme n'a pas pu même trouver place sur ce point), que madame de Sévigné a pu apprendre combien de louanges, de considération et d'empire s'attachent aux femmes qui dans le monde, dont elles obtiennent les hommages, restent maîtresses d'elles-mêmes et résistent aux charmes dangereux de la volupté, pour chercher un bonheur plus durable dans le sein de la vertu. Cet exemple donné à sa jeunesse eut, n'en doutons pas, une salutaire influence sur sa conduite, lorsqu'elle eut à traverser plusieurs années dans la situation la plus périlleuse où une femme puisse se trouver.

Ce qui a surtout égaré l'auteur que j'ai cité, c'est que le souvenir de l'hôtel de Rambouillet lui a aussitôt rappelé celui de Molière et des *Précieuses ridicules*, oubliant qu'un intervalle de quinze ans sépare l'époque de l'apparition de cette comédie et celle où l'hôtel de Rambouillet exerçait, sans opposition comme sans partage, son heureuse influence; et dans cet intervalle est la Fronde. L'expérience nous a fait assez connaître que l'effet des guerres civiles et des révolutions politiques n'est pas seulement de démasquer les visages, de mettre à nu les cœurs, d'établir la discorde partout où régnait une harmonie au moins apparente, mais aussi de changer subitement tous les rapports sociaux. Une métamorphose complète s'opère alors dans le langage et dans les actions ; elle est si prompte, que ceux qui ont l'idée la moins avantageuse de la nature humaine ont peine à y croire. L'intérêt, la peur, un vil égoïsme ou une basse ambition, semblent produire le même effet que l'eau de cette source magique dont nous parle l'Arioste, qui changeait aussitôt l'amour en haine et la haine en amour. Tous les droits de la reconnaissance sont méconnus, tous les liens de la dépendance sont rompus ; on outrage ceux que l'on flattait, on flatte ceux que l'on outrageait ; on s'arrange avec le présent en calomniant le passé ; l'on se fait violence pour effacer jusqu'au souvenir de ce qui fut, afin de mettre à profit ce qui est ; en un mot, on change tout à coup, et sans honte, de parti, de principes, de liaisons, d'habitudes, de manières, de préjugés et de ridicules.

Sans doute les altérations produites par la Fronde ne sont point comparables à celles dont nous avons été plusieurs fois témoins ; mais pour n'avoir pas été aussi profondes, aussi universelles, elles n'en sont pas moins réelles ; et c'est pour les avoir ignorées que plusieurs écrivains estimables ont porté tant de faux jugements, émis tant d'idées erronées sur ces temps divers de notre histoire ; temps que l'on a réunis à tort sous la dénomination, trop générale et trop vague, de *siècle de Louis XIV*. Ce siècle comprend plusieurs époques, qu'il faut distinguer pour le bien connaître.

Le sujet dont nous nous occupons semblerait même nous obliger de remonter plus haut ; car les réunions de l'hôtel de Rambouillet datent de la fin du règne de Henri IV. Ces réunions ont brillé de tout leur éclat pendant le règne de Louis XIII, ont commencé à décliner sous la régence et la Fronde, et ont perdu toute leur suprématie sur la société lorsque Louis XIV a été en âge de tenir lui-même sa cour.

Sous le rapport de la littérature, on doit aussi pendant le même intervalle de temps distinguer plusieurs époques : celle de la domination du cardinal de Richelieu, celle de la régence, celle de la Fronde, et enfin celle qui date du mariage de Louis XIV et de la paix des Pyrénées et se prolonge durant toute la partie glorieuse du règne du grand monarque. A la première époque appartiennent presque entièrement Malherbe, Corneille, Balzac et Voiture; à la seconde, Saint-Évremond, Ménage, Sarrasin, Chapelain; à la troisième, Pascal, Bossuet, Molière, La Fontaine, Racine, Boileau, Pellisson. L'hôtel de Rambouillet maintint entière son influence sur les mœurs et les habitudes, dans la haute société, pendant tout le temps de la première époque. Ensuite les divisions politiques et la licence des guerres font suspendre ces réunions, les dénaturent ou les affaiblissent. Au retour de la paix, la société, la littérature et les arts reprennent une nouvelle vigueur et une autre forme; d'abord, sous les auspices du généreux Fouquet, et ensuite sous ceux de Colbert et de Louis XIV. Alors disparait le reste d'influence qu'avait conservé l'hôtel de Rambouillet. La comédie des *Précieuses ridicules*, de Molière, signala cette époque, mais ne la produisit pas. Une longue série de grands hommes illustre le règne du grand roi, mais dans les vingt dernières années de ce règne on remarque encore une quatrième époque : c'est celle qui annonce les approches du temps de la scandaleuse régence du duc d'Orléans, et en a déjà tous les caractères.

Les éloges ont cessé, l'enthousiasme est éteint, les désastres et les malheurs jettent leurs crêpes sombres sur les anciens trophées ; de nouveaux génies surgissent en littérature, mais ils nous peignent la dégradation des mœurs, ou font la satire du gouvernement : c'est le temps des Fénelon, des J.-B. Rousseau, des Chaulieu, des le Sage ; car on ne doit pas oublier que la comédie de *Turcaret*, qui semble une peinture si exacte de la régence, fut cependant jouée six ans avant la mort de Louis XIV. Madame de Sévigné, morte en 1696, à peine a entrevu le commencement de cette dernière époque ; elle n'apparut qu'à la fin de la première, mais elle a parcouru en entier les autres. Lorsqu'en 1644 elle commença à prendre rang dans le monde, les noms mêmes de Molière, de Boileau, de La Fontaine [1], de Racine étaient inconnus. Alors les réunions de l'hôtel de Rambouillet se composaient de tout ce qu'il y avait en France et à la cour de plus illustre par le rang, les dignités, la naissance : les femmes les plus remarquables par leur beauté ou par leur esprit mettaient un grand prix à faire partie de ces cercles. Jamais leur influence sur les mœurs, la littérature et les réputations n'avait été plus grande et plus absolue. Ils dominaient dans l'Académie française nouvellement créée, dans les sociétés les plus brillantes de la capitale, et même à la cour ; mais comme la plus grande prospérité des empires qui durent depuis longtemps est voisine des révolutions et des catastrophes qui les ébranlent et les font crouler, la plus haute fortune de l'hôtel de Rambouillet se trouva aussi rapprochée de sa décadence et de sa chute.

---

[1] Voyez *Histoire de la vie et des ouvrages de La Fontaine*, 3ᵉ édit., 1824, in-8°, p. 468.

Cette époque du mariage de madame de Sévigné est précisément celle des temps les plus heureux de la minorité de Louis XIV, des plus heureux peut-être dont la France ait jamais joui [1]. Anne d'Autriche venait de raffermir son gouvernement et d'assurer le pouvoir de son ministre en se débarrassant de la cabale des *importants*, en exilant ceux qui, pour récompense des services qu'ils lui avaient rendus dans le temps où elle était en butte aux persécutions d'un ministre despote, voulaient exploiter à leur profit l'autorité qui lui était conférée comme régente. On respirait de n'être plus soumis à la tyrannie de Richelieu ou à la domination tracassière et impuissante des intrigues de cour. La guerre continuait, mais elle donnait de l'emploi à la valeur française; elle procurait au dehors de la gloire, sans causer aucune inquiétude au dedans. D'Harcourt et Gassion combattaient avec un égal succès; Turenne et le duc d'Enghien, depuis connu sous le nom de grand Condé, s'acquéraient par leurs victoires, fruit d'habiles manœuvres, la réputation de premiers capitaines de l'Europe. Les armes françaises triomphaient partout, en Espagne, en Flandre, en Allemagne et en Italie. Des traités avantageux entre la France, la Hollande et le Portugal, venaient d'être conclus ou renouvelés; les courtisans étaient caressés et flattés par un ministre qui tâchait d'apaiser l'envie qu'inspirait son titre d'étranger et le caractère suspect de la faveur extraordinaire dont il jouissait auprès d'une reine douce, indulgente et bonne, mais non exempte de coquetterie. La justice reprenait son cours, le commerce renaissait, l'industrie acquérait une nouvelle activité; et la société et ce qu'on appelle

[1] Louis-Henri DE LOMÉNIE, comte de Brienne, *Mémoires*, t. 1, p. 326.

le beau monde redoublaient d'ardeur pour les plaisirs et les jouissances sociales. C'est de ce temps que Saint-Évremond avait, dans sa vieillesse, conservé un souvenir si agréable, et qu'il décrit dans son épître à Ninon de Lenclos :

> J'ai vu le temps de la bonne régence,
> Temps où régnait une heureuse abondance,
> Temps où la ville aussi bien que la cour
> Ne respiraient que les jeux et l'amour.
> . . . .
> Femmes savaient sans faire les savantes :
> Molière en vain eût cherché dans la cour
>   Les ridicules affectées ;
> Et ses *Fâcheux* n'auraient point vu le jour,
> Manque d'objets à fournir les idées [1].

Fléchier, qui, dans sa jeunesse, avait aussi été témoin des réunions de l'hôtel de Rambouillet, ne craignit pas, trente ans après, de louer en chaire celle qui y présidait sous le nom romanesque d'Arthénice, que lui avaient donné les poëtes. Il prouve par ses paroles combien sa mémoire était restée chère à la génération qui l'avait suivie. « Souvenez-vous, dit-il, de ces cabinets que l'on regarde encore avec tant de vénération, où l'esprit se purifiait, où la vertu était révérée sous le nom d'incomparable Arthénice, où se rendaient tant de personnes de qualité et de mérite, qui composaient une cour choisie, nombreuse sans confusion, modeste sans contrainte, savante sans orgueil, polie sans affectation [2]. »

Pour bien apprécier le mérite de madame de Rambouillet et les services qu'elle a rendus, il faut se rap-

---

[1] SAINT-ÉVREMOND, *Œuvres*, édit. de 1753, in-12, t. III, p. 294.
[2] FLÉCHIER, Oraison funèbre de madame de Montausier, dans les *Oraisons funèbres* de BOSSUET, FLÉCHIER, *et autres orateurs*, Paris, 1820, in-8°, t. I, p. 55 ; ou *Recueil des oraisons funèbres pro*- *par messire* ESPRIT FLÉCHIER, 1740, in-12, p. 15.

peler qu'elle a vécu principalement sous deux règnes où l'influence de la cour sur la société était presque nulle; qu'elle parut sur la scène du monde lorsque les mœurs qui succédaient aux guerres de religion étaient rudes et grossières, lorsque la langue n'était pas encore fixée, et qu'aucun des chefs-d'œuvre de nos grands maîtres en littérature n'avait encore vu le jour.

Henri IV, remarquable par son esprit fertile en saillies, par cette facilité d'élocution qui semble naturelle aux hommes du midi de la France, protégea les lettres comme roi; mais il les aimait peu, et ne s'en occupa point[1]. Ses habitudes et ses manières étaient celles d'un guerrier; il ne mit aucune mesure ni aucun mystère dans ses inclinations pour les femmes, et son commerce avec elles fut purement sensuel. Toujours occupé de ses affaires et de ses plaisirs, en déréglant les mœurs par ses exemples il ne chercha point à les polir. Les habitudes retirées de Louis XIII, son tempérament maladif, timide et scrupuleux, le rendaient encore moins propre que son père à tenir une cour; et cependant la paix qui avait succédé aux fureurs de la Ligue faisait sentir le besoin d'une nouvelle carrière à ceux qui s'élançaient dans la vie; les esprits s'agitant pour donner sans cesse de nouveaux aliments à leur activité, se portaient avec ardeur vers toutes les jouissances sociales.

Ce fut dans ces circonstances que Catherine de Vivonne[2], qui à l'âge de douze ans[3] avait épousé, en 1600,

---

[1] *Voy.* D'AUBIGNÉ et FAUCHET.

[2] DE LA CHESNAYE DES BOIS, *Dictionnaire de la Noblesse*, 2ᵉ édit., in-4°, t. I, p. 269. — MÉNAGE, édit. — *Poésies* de MALHERBE, 2ᵉ édit., 1689, p. 515. — DE THOU, *Hist.*

[3] TALLEMANT DES RÉAUX, *Historiettes*, t. II, p. 214, édit. in

Charles d'Angennes, marquis de Rambouillet, entreprit de réunir chez elle la société choisie de la cour et de la ville. Elle se fit une étude de l'attacher en quelque sorte à sa personne, de la modeler conformément à ses goûts et à ses désirs. Sa position dans le monde, ses qualités et ses vertus, lui donnaient les moyens de réussir dans ce projet. Sa famille, l'une des plus anciennes d'Italie par sa mère, Julie Savelli, comptait trois de nos rois pour alliés ; elle était, ainsi que celle de son mari, illustrée depuis longtemps par de hautes dignités et de grands services [1]. Le marquis de Rambouillet, qui n'était point dégénéré de ses ancêtres, continuait à rendre dans la diplomatie d'importants services, et s'acquittait avec honneur des ambassades dont il était chargé. La marquise de Rambouillet était belle, jeune, riche, et avait dans ses manières quelque chose d'imposant et de gracieux. Son esprit était nourri par la lecture des meilleurs auteurs italiens et espagnols [2]. Lorsqu'elle eut commencé à recevoir les atteintes de l'âge, une de ses filles, qu'elle avait eue à seize ans, et dont elle paraissait être la sœur, continua à répandre autour d'elle cet attrait de la jeunesse et de la beauté, qui ne manque jamais son effet, même auprès des plus indifférents ; et à cette époque on en voyait peu de tels dans la société. Cette fille chérie, nommée Julie-Lucie, est celle qui épousa depuis le duc de Montausier.

---

[1] DE THOU, *Hist.*, édit. in-4°, t. X, p. 406-536-544 ; t. II, p. 67 à 199 ; et BRIZARD, *De l'amour de Henri IV pour les lettres*. — FLÉCHIER, *Or. funèbr.*, 1740, in-12, p. 10-14. — DUSSAULT, *Choix d'oraisons funèbres*, in-8°, t. I, p. 52 et 55.

[2] HUET, *Commentarius de rebus ad cum pertinentibus*, p. 212. — FLÉCHIER, dans le Recueil de Dussault, t. I, p. 52-55. — FLÉCHIER, dans l'édit. de 1740, in-12, p. 10.

Une autre, Angélique, fut mariée à ce même marquis, depuis comte de Grignan, qui, doublement veuf, devait s'unir à la fille de madame de Sévigné. La marquise de Rambouillet eut encore trois autres filles, qui toutes trois se firent religieuses : l'une devint abbesse de Saint-Étienne de Reims, et les deux autres furent successivement abbesses d'Yères, près Paris. De temps en temps elles venaient à l'hôtel de Rambouillet faire admirer, dans ces mondaines et brillantes assemblées, où tous les talents se trouvaient représentés, les grâces mystiques des cloîtres et les tranquilles vertus de la religion [1]. Mais Julie d'Agennes fut l'objet de la prédilection de sa mère, et, formée par elle, porta plus loin qu'elle encore l'ambition de s'attirer les hommages par le double empire de l'esprit et de la beauté. Comme les liens du mariage l'auraient séparée d'une mère chérie, lui auraient fait perdre son indépendance, et auraient nui au genre de vie dans lequel elle se complaisait, elle chercha à les éviter. Mais celui qui avait été admis à aspirer à l'honneur de sa main, le marquis de la Salle, depuis duc de Montausier, ne se laissa pas rebuter par cette résolution, et mit en œuvre pour la vaincre tout ce que l'amour a de plus pressant, tout ce que la galanterie a de plus aimable. Elle ne céda enfin qu'après quatorze ans de résistance, sur l'ordre formel et les instances de son père et de sa mère, lorsque sa

---

[1] *Poésies de François* DE MAUCROIX, 1825, in-8°, p. 291. — *Mémoires de M. le duc* DE MONTAUSIER, 1731, t. I, p. 6 et 28-37-43; t. II, p. 90, 92, et p. 35. — TALLEMANT DES RÉAUX, *Historiettes*, t. II, p. 207-256, note 10. — ANSELME, *Hist. généalog. de la maison de France*, t. III, édit. de 1733; t. II, p. 427; t. VIII, p. 769. — MORERI, dernière édit., 1759, t. I, p. 50; t. X, p. 679. — DE LA CHESNAYE DES BOIS, *Dict. de la Noblesse*, t. I, p 289; t. VIII, p. 769.

jeunesse fut entièrement passée, et qu'elle eut obtenu que cet amant si constant eût changé de religion et adopté celle qu'elle professait elle-même [1].

La marquise de Rambouillet et Julie d'Angennes, unies par les sentiments les plus tendres et les plus puissants, par une parfaite conformité de pensées et d'inclinations, parvinrent à réunir autour d'elles une cour aussi brillante et aussi nombreuse que celle que l'ambition et l'intérêt assemblent dans les palais des rois; mais elle en différait en ce que l'on n'y voyait d'autres courtisans que ceux des Muses; en ce que l'on n'y obéissait qu'aux inspirations de l'amitié ou de l'amour; en ce qu'on n'y connaissait d'autre domination que celle de l'esprit et de la beauté, et qu'ainsi la contrainte et l'ennui en étaient bannis. Durant le temps de leur règne, fondé sur le plus légitime de tous les principes, le consentement universel, madame de Rambouillet et sa fille furent les modèles que tout le monde citait, que tout le monde admirait, que chacun s'efforçait d'imiter. Les jeunes femmes comme les femmes âgées s'empressaient auprès d'elles avec toutes les marques de la déférence et de l'attachement les plus sincères; elles étaient pour les jeunes gens comme pour les vieillards les objets d'une sorte de culte, et furent célébrées par les poëtes comme des divinités mortelles [2]. Pour elles l'inflexible étiquette renonçait à ses usages les plus rigoureux; et Segrais remarque comme une chose extraordinaire

---

[1] *Mémoires du duc* DE MONTAUSIER, t. I, p. 83, 84, 86.

[2] *Lettres de feu* BALZAC à CONRART, p. 26 et p. 215. — MALHERBE, édit. de 1822, in-8°, p. 113. — VOITURE, *lettre*, n° 70, à mademoiselle de Rambouillet, t. I, p. 168, édit. de 1677, in-12. — ÆGIDII MENAGII *Poemata*, 1663, p. 108. — LA MESNARDIÈRE, *Poésies*, 1656, in-folio, p. 89-109, 114 à 116.

pour son temps que les princesses allaient chez la marquise de Rambouillet, quoiqu'elle ne fût pas duchesse [1].

Tous ceux qui fréquentaient l'hôtel de Rambouillet adoptèrent bientôt des manières plus nobles, un langage plus épuré, et exempt de tout accent provincial. Les femmes surtout, à qui plus de loisirs et une organisation plus délicate donnent un tact social plus prompt et plus fin, furent les premières à profiter des avantages que leur présentait cette fréquentation continuelle d'esprits cultivés et de personnes sans cesse occupées à imiter ce que chacune d'elles offrait de plus agréable, de plus propre à plaire à tous. Aussi celles qui étaient associées à ces réunions se faisaient promptement remarquer, et se distinguaient facilement de celles qui n'y étaient point admises. Pour montrer l'estime qu'on faisait d'elles, on les nomma les PRÉCIEUSES, les ILLUSTRES ; titre dont elles-mêmes se paraient, et qui fut toujours donné et reçu comme une distinction honorable pendant le long espace de temps que l'hôtel de Rambouillet conserva son influence sur la société.

Puisque madame de Sévigné fut aussi une *précieuse*, ce serait ici le lieu d'étudier avec soin ce qui concerne les précieuses, et d'examiner les altérations que la marquise de Rambouillet et de Julie d'Angennes ont produites sur la société en France : d'abord, sous le rapport des habitudes, et en quelque sorte du matériel de la vie sociale ; ensuite, sur les devoirs qui prescrivent l'honneur et l'amitié entre des personnes que des inclinations semblables et le besoin de se voir réunissent souvent ensemble ; puis sur les relations des deux sexes entre eux ; et enfin sur

---

[1] SEGRAIS, *Œuvres*, édit. de 1755, t. II, p. 20.

le goût dans les ouvrages d'esprit, et sur les vicissitudes ou les progrès de la littérature et des arts. J'ai entrepris et exécuté cette tâche avec un esprit dégagé de tout préjugé favorable ou défavorable à des temps qui, quoique si loin de nous, n'ont trouvé jusqu'ici que des panégyristes outrés ou des détracteurs injustes. Mais ce tableau, trop étendu pour ne pas nous distraire de notre objet principal, trouvera sa place ailleurs.

Je vais seulement tâcher de donner, de la manière la plus brève et la plus rapide qu'il me sera possible, une idée de la société que madame de Rambouillet réunissait chez elle à l'époque où madame de Sévigné y fut introduite. Pour y parvenir, usons un instant du privilége des romanciers; et par une fiction, qui sera vraie jusque dans ses moindres détails, allons chercher la nouvelle mariée au milieu d'une de ces assemblées où elle a commencé à briller. Chaque trait de cette peinture sera justifié par des témoignages contemporains tracés par les mains mêmes des personnages qui vont entrer en scène; et des citations exactes donneront aux lecteurs les moyens d'en vérifier l'exactitude. Transportons-nous rue Saint-Thomas-du-Louvre, à l'hôtel de Rambouillet, qui, par sa façade intérieure, dominait par la vue le Carrousel et les Tuileries.

CHAPITRE V.

1644.

Réunion à l'hôtel de Rambouillet. — On doit entendre la lecture d'une pièce de Corneille. — Aspect que présente la chambre à coucher de madame de Rambouillet. — Noms et désignations des personnes qui s'y trouvaient assemblées. — Voiture se fait attendre. — Dialogue à son sujet. — Aparté de Charleval et de Sarrasin. — Voiture entre. — Reproches qu'on lui adresse. — Ses réponses. — Il récite un rondeau. — Action de mademoiselle Paulet après cette lecture. — Nouvel aparté de Charleval et de Sarrasin. — Observation de l'abbé de Montreuil sur Voiture. — L'abbé de Montreuil récite un madrigal sur madame de Sévigné. — Dialogue au sujet de Ménage et de madame de Sévigné. — On veut jouer à colin-maillard en attendant Corneille. — Il entre avec Benserade. — On s'assied. — Corneille lit sa tragédie de *Théodore, vierge et martyre*. — Effet qu'elle produit. — Beaux vers que chacun en a retenus. — Ceux que l'abbesse d'Yères avait inscrits sur ses tablettes sont lus par le jeune abbé Bossuet. — Impression que produit cette lecture. — Opinion de chacun en se retirant.

C'était dans une matinée d'automne de l'année 1644; le soleil de midi dardait sur les fenêtres de la chambre à coucher de madame de Rambouillet. Les rideaux de soie, bleus comme l'ameublement, n'y laissaient pénétrer qu'un demi-jour azuré. Une nombreuse société, convoquée pour entendre la lecture d'une nouvelle pièce de Corneille, s'y trouvait rassemblée. Un grand paravent, tiré entre la porte et la cheminée, formait dans la chambre même une chambre intérieure[1]. Si on y était entré sans être prévenu qu'on devait y trouver une brillante réunion, cette chambre eût

---

[1] Somaize, *Procès des Précieuses*, 1660, p. 47.

paru déserte; et en regardant devant soi on n'y eût vu qu'une seule femme, grande, forte, bien faite, non pas très-jeune, mais encore très-belle, occupée à regarder dans la rue à travers les rideaux, qu'elle entr'ouvrait légèrement. C'était mademoiselle Paulet, que ses beaux yeux, son regard vif et fier, sa chevelure d'un blond ardent, l'impétuosité de son caractère et l'énergie de ses affections avaient fait surnommer la Lionne. La marquise de Rambouillet l'avait depuis longtemps admise dans sa familiarité, et elle lui servait habituellement de secrétaire [1]. Mais un mélange des plus suaves odeurs, qui s'exhalait de l'alcôve avec un bruit confus de voix, aurait aussitôt forcé les yeux de se tourner vers la droite; et à travers les colonnes dorées de cette alcôve, sous sa voûte, ornée d'ingénieuses allégories sur l'hymen, l'amour, le sommeil et l'étude, on eût aperçu une troupe folâtre de jeunes femmes et de jeunes gens, qui, par la quantité de plumes et de rubans dont ils étaient chargés, ressemblaient à un parterre de fleurs, dont les couleurs vives et variées éclataient dans l'ombre.

En s'approchant, on eût bientôt distingué l'élite de la société de Paris et de la cour, réunie ou plutôt resserrée dans la vaste ruelle de madame de Rambouillet. On eût reconnu la princesse de Condé, accompagnée de sa fille, qui devint peu après duchesse de Longueville; elle causait avec la marquise de Rosembault : la duchesse d'Aiguillon parlait bas à l'oreille de la marquise de Vardes, qui avait près d'elle madame du Vigean; la marquise de Sablé s'entretenait avec madame de Cornuel; madame de la Vergne tenait la main de sa jeune fille, depuis si célèbre sous le

---

[1] Voiture, *Œuvres*, édit. de 1677, t. I, p. 28, 40, 42, 44, 46, 52, 54, 61, 77, 79.—Tallemant des Réaux, *Historiettes*, t. I, p. 196 à 204.

nom de comtesse de la Fayette; puis les comtesses de Fiesque, de Saint-Martin, de Maure, et madame Duplessis-Guénégaud, causaient ensemble à voix basse. La duchesse de Chevreuse écoutait avec attention mademoiselle de Scudéry [1]. Près du lit, la marquise de Rambouillet entre deux de ses filles, la jeune Clarice-Diane, abbesse d'Yères, et Louise-Isabelle d'Angennes [2]. A côté de cette dernière était la marquise de Sévigné, occupée avec Julie d'Angennes à considérer les fraîches miniatures de la fameuse *Guirlande*; tandis qu'à leurs pieds le marquis de la Salle (Montausier), assis sur son manteau qu'il avait détaché, leur souriait, et paraissait heureux des compliments que lui adressait madame de Sévigné sur son incomparable galanterie [3]. Douze autres jeunes seigneurs étaient moitié assis, moitié couchés sur leurs manteaux, dont les étoffes de soie, d'or et d'argent brillaient sur le tapis, ou flottaient sur les pieds des dames [4]. A ses joues colorées, à sa figure joyeuse, on reconnaissait facilement parmi eux le marquis de Sévigné, assis aux pieds de mademoiselle du Vigean; il lui donnait des nouvelles de l'armée [5],

---

[1] SOMAIZE, *le Grand Dictionnaire des Précieuses*, 1661, t. I, p. 81, 154, 178; t. II, p. 8. — HUETII *Commentarius de rebus ad eum pertinentibus*, p. 213; *Mélanges d'Histoire et de Littérature*, recueillis par VIGNEUL-MARVILLE, édit. de 1699, p. 299. — DE BAUSSET, *Histoire de Bossuet*, 1814, in-8°, t. I, p. 31.

[2] Voyez ci-dessus, p. 34.

[3] *Mémoires de Montausier*, p. 135 à 204. — DE BURE, *Catalogue des Livres de la Vallière*, 1783, in-8°, t. II, p. 382. — RIVES, *Notice historique*, 1779. — *Biographie universelle*, art. JARRY et MONTAUSIER. — HUETII *Commentarius*, p. 293 à 294. — *Huetiana*, p. 103, n° 43.

[4] SOMAIZE, *Procès des Précieuses*, 1660, p. 48. — MOLIÈRE, *Comtesse d'Escarbagnas*, scène 19. — BUSSY-RABUTIN, *Supplément de ses Mémoires*, t. I, p. 12.

[5] DE MAISEAUX, *Vie de Saint-Évremond*, dans ses Œuvres, 1753,

lui parlait de Gramont et de Saint-Évremond, et la faisait rire ; lui racontait les exploits du duc d'Enghien, et la faisait rougir. Le marquis de Villarceaux, et de Gondi, depuis peu archevêque de Corinthe, coadjuteur de Paris, et le marquis de Feuquières, étaient tous trois debout ; le premier derrière le fauteuil de la duchesse d'Aiguillon, le second derrière celui de la duchesse de Chevreuse, le troisième à côté de madame Duplessis-Guénégaud. Toutes les dames tenaient une petite badine [1], que quelques-unes s'amusaient à faire tourner entre leurs doigts. Les jeunes gens, pour donner plus d'action à leurs discours et plus de grâce à leurs gestes, agitaient par intervalle dans l'air les blancs et gros panaches de leurs petits chapeaux, ou, posant ceux-ci sur leurs genoux, jouaient nonchalamment avec les plumes qui les couvraient [2]. Sur le devant de l'alcôve, et en avant des colonnes, étaient assis, sur des chaises et sur des placets, sorte de tabourets bas et larges, des personnages que leurs habillements plus modestes faisaient reconnaître à l'instant pour des hommes de lettres ou des ecclésiastiques : c'étaient Balzac, Ménage, Scudéry, Chapelain, Costart, Conrart, la Mesnardière, l'abbé de Montreuil, Marigny le jeune, l'abbé Bossuet, le petit abbé Godeau, depuis évêque de Vence, et grave auteur d'un gros volume de poésies chrétiennes ; mais alors, à cause de l'exiguïté de sa taille et de son assiduité auprès de Julie d'Angennes, on le nommait par dérision le nain de la

---

in-12, t. I, p. 14. — DE BAUSSET, *Histoire de Bossuet*, in-8°, t. I, p. 22. — *Chansons historiques*, mss., t. I, p. 3, verso. — VOITURE, *Œuvres*, lettres 10, t. I, p. 22. — *Poésies de* Franç. DE MAUCROIX, p. 291.

[1] SOMAIZE, *Procès des Précieuses*, p. 49.

[2] *Ibid.*, p. 51 ; *Récit de la farce des Précieuses*, 1660, Anvers, in-12, p. 19.

princesse Julie [1]. Quatre autres personnages étaient debout, appuyés contre un des côtés de l'alcôve et une de ses colonnes : moins richement vêtus que les galants illustres assis aux pieds des dames, mais parés avec plus d'élégance et de recherche que ceux qui étaient gravement posés sur des chaises et des placets, ils formaient un petit groupe à part, promenaient, avec un air narquois, leurs regards sur l'assemblée ; causaient ensemble tout bas, et souriaient de temps à autre ; c'étaient Sarrasin, Charleval, Montplaisir et Saint-Pavin.

« Est-ce que M. de Voiture n'arrive pas ? » dit la marquise de Rambouillet à mademoiselle Paulet, qui continuait à regarder par la fenêtre. — « Je ne le vois pas encore, » répondit-elle sans se détourner. — « Ah, le traître ! dit Charleval, il se fera attendre. » — « Non, dit la marquise de Rambouillet ; car je n'ai donné rendez-vous à M. Corneille qu'à midi et demi, ne voulant pas qu'il fût interrompu par les survenants. C'est parce que M. de Voiture demeure dans cette rue, et presque à côté de l'hôtel [2], qu'il n'est pas encore arrivé : les plus près sont les moins pressés. » Saint-Pavin, prenant la parole : « J'ai entendu dire, madame, qu'il s'était battu avec Chaveroche, votre intendant, et que celui-ci l'avait blessé. » — « Cette blessure n'est rien, monsieur, dit madame de Rambouillet, et ne l'empêchera pas de venir. Mais ne parlez pas, je vous prie, de cette ridicule affaire. » — « Ma mère, dit Clarice d'Angennes en s'adressant à Saint-Pavin, a fait comprendre à Chaveroche toute l'impertinence de son procédé ; il en a fait des excuses à M. de Voiture, et ils sont les meil-

---

[1] L'abbé ARNAULD, *Mémoires*, édit. de 1756, t. I, p. 14. — *Œuvres de Boileau*, édit. de Saint-Marc, 1747, t. III, p. 192, n. 3.

[2] PELLISSON, *Hist. de l'Académie Française*, 1729, p. 240, édit. in 4°.

leurs amis du monde : si bien que M. de Voiture a donné
à Chaveroche le procès de sa sœur et toutes ses affaires à
suivre ¹, pendant le voyage qu'il va faire en Espagne. »
— « Est-ce qu'il va nous quitter ? » dit Sarrasin. — « Après-
demain il part, répliqua Clarice ; et certainement il ne
manquera pas de se rendre ici. » — « Vous allez le voir
arriver, dit l'abbesse d'Yères ; je viens de lui dépêcher
Poncette. » — « Mieux eût valu, ma fille, dit madame de
Rambouillet, lui envoyer un valet de pied. »

« La prudente Arthénice connaît notre homme, » dit
Sarrasin tout bas, en se penchant à l'oreille de son voisin
Charleval. — « Quoi ! dit celui-ci avec surprise, la fille
d'un portier ? » — « N'importe, répliqua l'autre en souriant ; tout lui est bon, depuis le sceptre jusqu'à la hou-
lette, depuis la couronne jusqu'à la calle ². » — « Mais sincèrement, avec ce corps exigu, ces yeux effarés, ce visage
niais, le croyez-vous donc si redoutable ? » — « Oui, quoique tout ce que vous dites soit vrai et qu'il en plaisante
lui-même ³ ; mais il sait donner à cette physionomie si
grotesque tant d'expression, il a tant d'esprit, de grâce et
de gaieté ; il sait si bien se plier à tout, s'accommoder de
tout ; il a une réputation si bien acquise d'habileté, de
loyauté et de générosité, que partout il se fait écouter,
que partout il parvient à plaire, dans les cercles et dans
les ruelles, dans les palais et les chaumières. » — « Fort
bien, mais Poncette est une enfant, petite, idiote d'ail-

---

¹ VIGNEUL DE MARVILLE (Bonaventure d'Argonne), *Mélanges d'Histoire et de Littérature*, t. II, p. 381. — VOITURE, *lettre* 147, t. I, p. 311.

² SARRASIN, *Œuvres*, 1758, p. 250. — *Calle*, coiffure de femme
du peuple.

³ VOITURE, *Œuvres*, édit. de 1677, t. I, p. 18. *Lettre à une maîtresse inconnue*, et *lettre* 52, t. I, p. 129.

leurs, et peu jolie. » — « Une enfant! oh non! la perdrix est maillée! seize ans, de la fraicheur; de gros traits, mais de beaux yeux. » — « Oui; mais songez donc que notre cher Voiture grisonne; il est dans l'âge du repos. » — « Il y parait peu, je vous assure : quoique fils d'un marchand de vin, c'est un buveur d'eau, et ces hommes-là sont privilégiés [1]. »

Ce petit aparté était à peine terminé, qu'on entendit mademoiselle Paulet dire : « Ah! voilà M. de Voiture! » et aussitôt elle courut se placer près du fauteuil de madame de Rambouillet, et s'appuya contre une des colonnes du lit.

On annonça Voiture; il entra : aussitôt Sarrasin, Charleval, presque tous les hommes de lettres, plusieurs des seigneurs, Montausier, Sévigné, vont à sa rencontre, lui donnent la main, lui souhaitent le bonjour, et l'embrassent. Ce n'est qu'avec peine qu'il parvient, en se dandinant sur ses deux jambes écartées, afin de ne pas froisser ses canons, assez près de madame de Rambouillet pour pouvoir lui faire une double salutation. Sa figure est riante, son habillement est simple, mais d'une élégance et d'une fraicheur remarquables.

« Monsieur, lui dit la marquise, vous nous avez donc disgraciées? voilà quatre jours que je ne vous ai vu; et même, en vous promettant M. Corneille, il faut encore vous envoyer chercher. » — « Ah, madame! plaignez-moi, et ne me grondez pas. La mission qu'il a plu à son éminence de me donner pour l'Espagne m'a contraint à des conférences sans fin avec le cardinal de la Valette, monseigneur le duc d'Orléans et les gens d'affaires. Pendant

[1] Voiture, Œuvres, 1677, in 12, t. I, p. 68.

tout ce temps je n'ai vécu que de regrets, je n'ai pensé qu'à vous et à mademoiselle de Rambouillet. Je me disais qu'il m'en arrive à votre égard comme de la santé, dont on ne connaît tout le prix que quand on la perd. » — « Monsieur de Voiture, dit la marquise, vous le savez, j'ai défendu les compliments. » — « Madame, je vous obéis; la vérité n'est point un compliment : on sait que toutes les fois qu'il m'a fallu, par devoir, m'éloigner de vous, et résider à la cour de France, à celle de Lorraine, de l'Espagne, en Italie, en Angleterre, partout la société m'a paru maussade et monotone. » — « Cependant, monsieur, je vous ai souvent entendu dire qu'il fallait faire de grands efforts contre l'ennui, et que les voyages étaient contre ce mal un puissant remède. » — « C'est vrai, madame; mais les grands efforts abattent, et les puissants remèdes affaiblissent. On ne s'amuse, on ne se repose, on ne jouit qu'à l'hôtel de Rambouillet, qu'à la cour d'Arthénice; c'est celle de la beauté, de l'esprit et des grâces [1]. »

« Monsieur de Voiture, dit Julie d'Angennes, il faut que je vous gronde : vous m'avez envoyé douze galands pour ma discrétion, c'est enfreindre les règles du jeu; j'avais fixé votre perte à un seul galand. » — « Ah, mademoiselle! qu'eût fait votre simarre [2] d'un seul galand? Douze sont bien peu pour vous; ils seront confondus dans la foule. »

— « Mais, Monsieur de Voiture, dit l'abbesse d'Yères, est-ce que vous n'avez pas reçu mon chat? Vous ne m'en parlez pas. » — « Si, je l'ai reçu! Voyez, madame, » dit

---

[1] Voiture, *lettre 74 sur la reprise de Corbie*, t. I, p. 180 et 242, édit. de 1677.

[2] Somaize, *Procès des Précieuses*, 1660, in-12, p. 50. — *Galand*, nœud de rubans. — *Simarre*, robe de femme.

Voiture en ôtant un de ses gants, et montrant sa main droite, légèrement égratignée. — « Ah! dit l'abbesse en souriant malignement, ce n'est pas mon chat qui a fait cela; vous le calomniez. » — « C'est bien lui, madame; et depuis trois jours qu'il est chez moi il n'y a laissé personne sans lui faire porter de semblables marques de ses faveurs. C'est la plus jolie bête du monde. Rominagrobis lui-même, qui est, comme vous savez, le prince des chats, ne saurait avoir une meilleure mine. Je trouve seulement que, pour un chat nourri en religion, il est fort mal disposé à garder la clôture : point de fenêtre ouverte qu'il ne s'y veuille jeter. Il n'y a pas de chat séculier qui soit plus volage et plus volontaire. J'espère cependant que je l'apprivoiserai par de bons traitements; je ne le nourris que de biscuit. Pourtant, quelque aimable qu'il soit de sa personne, ce sera toujours en votre considération, madame, que je l'aimerai; et je l'aimerai tant pour l'amour de vous, que j'espère faire changer le proverbe, et que l'on dira dorénavant : Qui m'aime, aime mon chat. Si après ce présent vous me donnez encore le corbeau que vous m'avez promis, et si vous voulez m'envoyer un de ces jours Poncette dans un panier, vous pourrez vous vanter de m'avoir donné toutes les bêtes que j'aime [1]. »

La physionomie de Voiture avait, en prononçant ces paroles, une expression de gaieté si comique, que la marquise de Rambouillet eut bien de la peine à s'empêcher de rire. Pourtant elle se contint, et lui dit d'un air moitié badin, moitié sérieux : « Ne pourriez-vous, monsieur, laisser toutes ces fadaises, et nous réciter quelques vers nouveaux

---

[1] Voiture, *Lettres*, n° 153, t. I, p. 318. — Vigneul de Marville, *Mélanges d'Histoire et de Littérature*, t. II, p. 383.

de votre composition? » — « Il n'en fait plus, dit Julie d'Angennes, depuis qu'il est dans les négociations. Apollon n'est pas diplomate. » — « Cependant, dit Voiture, il lui faut négocier sans cesse des traités de paix avec la beauté, et lutter continuellement contre les indiscrétions du cœur. » — « Toujours est-il vrai, dit Julie d'Angennes, qu'infidèle aux Muses comme à vos amis, vous avez laissé la poésie pour les affaires. » — « Si j'osais, dit Voiture, démentir la dame des pensées de l'invincible Gustave, je lui réciterais une pièce de vers que j'ai composée ce matin même. » — « Ah! récitez-la, dit l'abbesse d'Yères, récitez-la; cela nous amusera. » — « Nullement, madame; car elle est fort triste. » — « C'est une élégie, dit Isabelle d'Angennes : ah! tant mieux, je n'ai jamais entendu réciter de pièce sérieuse à M. de Voiture, et j'avoue que je serais bien curieuse de savoir comment il s'y prend; mais peut-être il plaisante. » — « Je n'en ai pas l'intention, madame, » dit Voiture.

Le bruit confus des voix, des éclats de rire et des conversations particulières cessa, par un seul geste de la marquise de Rambouillet. Il se fit un grand silence, et tous les yeux se dirigèrent sur Voiture. Sa figure rieuse avait pris une teinte de mélancolie douce, ses yeux paraissaient voilés, son attitude annonçait le recueillement et la tristesse. En le voyant si différent de lui-même, on ne douta point qu'il ne se mît à réciter une longue et lamentable élégie, genre de composition qu'on savait n'être nullement approprié à son talent; l'on commençait à redouter l'ennui, et à regretter les conversations si vives et si animées que le poëte malencontreux forçait d'interrompre. On se rassura cependant quand il annonça un rondeau; mais cette annonce fit croire d'abord que son air affligé n'avait été qu'un moyen de mieux faire ressortir la gaieté de son rondeau. On se trompait encore, et toute l'assemblée fut émue lorsque Voiture eut récité avec simplicité, mais avec un accent passionné qu'il n'avait jamais eu, le rondeau suivant :

LA SÉPARATION.

Mon âme, adieu ! Quoique le cœur m'en fende,
Et que l'Amour de partir me défende,
Ce traître honneur veut, pour me martyser,
Par un départ nos deux cœurs déchirer,
Et de laisser ton bel œil me commande.
Je ne veux pas qu'en larmes tu t'épande :
Et, sans qu'en rien ton amour appréhende,
Dis-moi gaiement, sans plaindre et soupirer,
    Mon âme, adieu !

Car je te laisse, et je te recommande,
De mon esprit la partie la plus grande,
Sans plus vouloir jamais la retirer.
Car rien que toi je ne puis désirer,
Et veux t'aimer jusqu'à ce que je rende
    Mon âme à Dieu [1].

A peine Voiture eut-il fini de réciter le rondeau, que mademoiselle Paulet prit, sur le lit où madame de Sévigné l'avait placé, le livre de la *Guirlande*; puis, baissant la tête, elle sortit de l'alcôve, et alla reporter le précieux volume dans le cabinet de Julie d'Angennes.

Il se fit un instant de silence, pendant lequel Sarrasin se pencha encore vers l'épaule de son voisin Charleval, et lui dit à l'oreille : « Le renard a fait fuir la lionne. » — « Elle reviendra au terrier, » dit Charleval; puis tous deux

[1] VOITURE, *Œuvres*, 1678, t. II, p. 71. — RICHELET, *Les plus belles Lettres des meilleurs auteurs français*, 4ᵉ édit., 1708, in 12, t. I, p. 48.

se mirent à sourire, en suivant des yeux mademoiselle Paulet, et regardant Voiture.

« — Si Voiture rend son âme à Dieu, dit l'abbé de Montreuil, il faudra le faire accompagner par une trentaine de ces Amours coquets, grands comédiens, qui le servent merveilleusement, et qui ne ressentent jamais les passions qu'ils témoignent [1]. »

— « Ne trouvez-vous pas, madame, dit Saint-Pavin à madame de Sévigné, que Montreuil n'en parle que par envie? » — « M. de Montreuil est étourdi, mais il n'est point envieux, » répondit madame de Sévigné [2]. — « Ah, oui, vous le défendez, parce qu'il est votre grand madrigalier [3]. » — « Étrange défense, dit Montreuil, et qui ressemble fort à une accusation. » — « Mais je ne savais pas, dit Julie d'Angennes, que M. de Montreuil eût fait des madrigaux pour madame de Sévigné. » — « Pour que cela ne fût pas, mademoiselle, il faudrait qu'on me dît comment on peut s'empêcher d'en faire. » — « Dites-nous le dernier de tous, si vous vous en souvenez. » — « Cela n'est pas difficile; ce n'est que quatre vers impromptu récités à madame la marquise, tout aussitôt qu'on lui eut débandé les yeux à la partie de colin-maillard que nous jouâmes hier chez la duchesse de Chevreuse. Elle aura sans doute déjà oublié ces vers, et je reçois comme une faveur, mademoiselle, l'occasion que vous me donnez de les lui réciter encore :

---

[1] Sarrasin, *Pompe funèbre de Voiture*, dans les *Œuvres de Sarrasin*, 1658, p. 259.
[2] Sévigné, *Lettres* (1656), à Ménage, t. I, p. 47.
[3] Ancillon, *Mémoires concernant les vies et les ouvrages de plusieurs modernes célèbres de la république des lettres*, 1709, p. 48.

> De toutes les façons vous avez droit de plaire,
> Mais surtout vous savez nous charmer en ce jour :
> Voyant vos yeux bandés, on vous prend pour l'Amour ;
> Les voyant découverts, on vous prend pour sa mère [1].

Voiture et Sarrasin, qui avaient entendu le madrigal du jeune Montreuil, vinrent lui prendre la main, et le complimentèrent. Ces félicitations des deux plus beaux esprits de l'hôtel de Rambouillet tournèrent les regards de toute la société sur Montreuil. Alors ceux qui avaient retenu le quatrain le répétèrent aux personnes qui ne le connaissaient pas, et on ne distinguait plus, au milieu des voix qui se faisaient entendre simultanément, que les mots : « *Plaire, Amour, sa mère;* c'est charmant. » La figure de Montreuil était rayonnante du plaisir que lui causait le succès de son madrigal, et madame de Sévigné ne put s'empêcher d'être un peu confuse de l'unanimité des louanges données dans cette occasion à sa figure, à sa parure, à toute sa personne. Cependant, de toutes les femmes jeunes et belles qui brillaient alors, elle était celle qui se laissait le moins déconcerter par les éloges. Madame de Rambouillet ne fut pas fâchée de voir que cette fois on y avait réussi. Elle trouvait que l'émotion, en colorant son teint, avait augmenté ses attraits ; et un sentiment mêlé de malice et de bonté la faisait jouir de l'embarras de cette nouvelle mariée, et lui inspirait le désir de le prolonger. C'est pourquoi, en s'adressant à Ménage, elle dit : « Est-ce que M. Ménage n'a point encore fait de vers pour madame de Sévigné ? » — « Il en a fait, dit Chapelain, pour mademoiselle Marie de Rabutin, et aussi

---

[1] MONTREUIL, *Œuvres*, édit. de 1666, p. 472; édit. de 1671, p. 321. — DE SERCY, *Poésies choisies*, 1653, p. 322.

pour madame la marquise, non-seulement en français, mais encore en italien[1]. » — « Et je gage, dit Saint-Pavin, qu'il en a fait aussi en latin et en grec. » — « M. Ménage, reprit madame de Sévigné, est trop mon ami pour me faire honte de mon ignorance, et pour m'adresser des vers dans une langue que je n'entends pas. »

Madame de Rambouillet allait prier Ménage de réciter les vers qu'il avait composés pour madame de Sévigné, lorsque tout à coup le marquis de Vardes dit : « Faisons encore jouer madame de Sévigné à colin-maillard. » Aussitôt il se lève, et entraîne hors de l'alcôve toute l'assemblée, qui se réjouit de son idée, et se dispose à la mettre à exécution[2]. En vain madame de Rambouillet fait observer que la demi-heure est sonnée, et que Corneille ne tardera point à arriver. On insiste, on prie, et on promet de cesser à l'instant que Corneille entrera. Un bandeau, formé par un ruban couleur de feu, est placé par madame de Sévigné sur les yeux de mademoiselle de la Vergne, qui, âgée seulement de douze ans, et la plus jeune des personnes présentes, devait, d'après les lois du jeu, être la première condamnée à se voir privée de la vue. Déjà la pauvrette, tout étonnée de ne plus tenir la main de sa mère et de se trouver isolée au milieu de la chambre, étendait ses petits bras, et l'on s'écartait lorsqu'on en-

---

[1] ÆGIDII MENAGII *Poemata*; Elzev., 1663, p. 158. — *Le Pêcheur, idylle à madame de Sévigné*, et, p. 305 et 312, *Sopra il ritratto*; ibid., *editio septima*, 1680, p. 170-289, 294-304.

[2] HAMILTON, *Mémoires du comte de Gramont*, ch. VII, p. 252, édit. in-12, ou t. I, p. 161 des *Œuvres du comte d'Hamilton*, édit. de Renouard; Paris, 1812, in-8°. — *Memoirs of count Gramont*; London, 1809, in-8°, t. II, p. 46. — LORET, *Muse historique*, liv. III, p. 7, *lettre* 2, en date du 14 janvier 1652.

tendit rouler dans la cour deux carrosses qui se suivaient. Dans l'un était la comtesse de la Roche-Guyon ; Benserade amenait dans le sien les deux frères Corneille.

La société, qui, quelques minutes auparavant, aurait reçu avec de grandes démonstrations de joie le poëte qu'elle attendait, fut comme pétrifiée lorsqu'elle l'entendit annoncer après la comtesse de la Roche-Guyon et Benserade. Il se fit un instant de silence, comme dans une troupe d'écoliers que le maître a surpris jouant à l'heure des études. Madame de Rambouillet se leva, alla elle-même au-devant de la comtesse et de Benserade, puis ensuite rendit le salut aux deux frères ; et comme elle vit que chacun se disposait à rentrer dans l'alcôve, elle se hâta de dire que la lecture aurait lieu dans la chambre. Des valets de pied y rangèrent selon ses ordres les fauteuils, les chaises et les placets [1] : elle en fit apporter un nombre égal à celui des personnes présentes ; et engageant tout le monde à prendre un siége, elle défendit de s'asseoir sur le parquet. Ces dispositions, qui plurent beaucoup aux gens de lettres, aux ecclésiastiques et aux précieuses âgées, contrarièrent les jeunes gens et les jeunes femmes : ils regrettaient leur position dans l'alcôve, et se repentirent de l'idée qu'ils avaient eue de jouer à colin-maillard ; tous avaient du dépit que Corneille fût venu si tard, ou qu'il ne fût pas venu plus tôt.

Cependant c'était en grande partie le même auditoire qui avait assisté l'année précédente à la lecture de *Rodogune*, qui en avait prédit le succès ; et les bruyants applaudissements avec lesquels cette pièce était journelle-

---

BOILEAU, *Satire* I, t. I, p. 88, édit. de Saint-Surin ; ibid., *Lutrin*, ch. II, vers 33 et 34. — *Mémoires* DE HENRI-LOUIS DE LOMÉNIE, COMTE DE BRIENNE, t. II, p. 203 et 218.

ment accueillie avaient établi l'opinion que Corneille s'était surpassé lui-même, et que son talent, déjà si élevé, grandissait encore. On s'attendait donc à entendre la lecture d'un nouveau chef-d'œuvre, plus surprenant peut-être que celui qui attirait chaque jour la foule au théâtre. Cette attente excitait vivement la curiosité de l'assemblée. On se résolut à écouter avec attention, et on garda le plus profond silence.

Corneille lut sa nouvelle production, intitulée *Théodore, vierge et martyre, tragédie chrétienne*... Il lut... comme il lisait toujours, c'est-à-dire fort mal, s'appesantissant sur chaque vers, et déclamant d'une voix rauque et monotone [1]. Quand il eut fini, l'auditoire fut très-surpris d'avoir été peu ému par cette lecture. Le sujet semblait théâtral, et cependant les caractères étaient froids et languissants. On fut choqué de plusieurs inconvenances, de certaines expressions, et de quelques images que le sujet n'indiquait que trop, et que les précieuses avaient particulièrement en aversion. Cependant les hommes de lettres, dont les décisions comptaient dans cette assemblée et entraînaient les autres suffrages, se souvenaient de *Polyeucte*, autre tragédie chrétienne qu'ils avaient jugée assez peu propre à réussir au théâtre, et pour laquelle l'admiration publique allait toujours croissant. La réputation de Corneille, alors à son apogée, leur imposait, et les faisait douter de leur propre opinion. Aussi, malgré l'impression qu'avait faite sur eux la lecture de *Théodore*, le jugement qu'ils portèrent sur cette pièce fut en général favorable; toutefois, ils s'accordèrent à blâmer quelques vers et cer-

---

[1] La Bruyère, *Caractères*, ch. XII. — *Menagiana*, 3ᵉ édit., t. II, p. 162. — Vigneul de Marville, *Mélanges d'Histoire et de Littérature*, t. 1, p. 167.

taines tirades, qui furent depuis retranchées par l'auteur. C'étaient précisément les passages qui choquaient le plus la délicatesse de nos précieuses. Mais, comme pour consoler Corneille de la rigueur de ces critiques, chaque personne de l'assemblée se mit à réciter, l'une après l'autre, les vers de la pièce qu'elle avait retenus et adoptés.

Le duc de la Rochefoucauld, en regardant mademoiselle de Condé, dit :

> L'objet où vont mes vœux serait digne d'un Dieu [1].

Gondi :

> Qui commence le mieux ne fait rien s'il n'achève.

Montausier :

> Un moment est bien long à qui ne sait pas feindre.

Madame de Chevreuse :

> Ah! lorsqu'un grand obstacle à nos fureurs s'oppose,
> Se venger à demi est du moins quelque chose [2].

Le marquis de Sévigné :

> On retire souvent le bras pour mieux frapper [3].

Balzac :

> Je fuis l'ambition, mais je hais la faiblesse.

Benserade :

> Tout fait peur à l'Amour, c'est un enfant timide [4].

Julie d'Angennes :

> Un bienfait perd sa grâce à le trop publier :
> Qui veut qu'on s'en souvienne, il le doit oublier [5].

Mais cette suite de citations fut tout à coup interrompue par l'action de l'abbé Bossuet, qu'on vit s'avancer vers

---

[1] *Théodore, vierge et martyre*, acte II, scène 4. — [2] *Ibid.*, acte V, scène 6. — [3] *Ibid.*, acte IV, scène 1. — [4] *Ibid.*, acte IV, scène 2. — [5] *Ibid.*, acte I, scène 2.

l'abbesse d'Yères, et qui, en rougissant (il n'avait que dix-sept ans), la pria de vouloir bien communiquer à l'assemblée ce qu'il lui avait vu écrire sur ses tablettes pendant que M. Corneille lisait, présumant que c'étaient des vers de la tragédie. Clarice d'Angennes sourit en regardant le jeune abbé, et lui remit aussitôt ses tablettes, avec un air de nonchalante résignation.

Tout le monde dirigea ses regards vers l'ecclésiastique adolescent; personne ne l'avait remarqué, et il n'avait pas encore proféré une seule parole. Il lut :

> L'amour va rarement jusque dans un tombeau
> S'unir au reste affreux de l'objet le plus beau [1].
>
> Qui s'apprête à mourir, qui court à ces supplices,
> N'abaisse pas son âme à ces molles délices;
> Et, près de rendre compte à son juge éternel,
> Il craint d'y porter même un désir criminel.
> Pour la cause de Dieu s'offrir en sacrifice,
> C'est courir à la vie et non pas au supplice.
>
> Un obstacle éternel à vos désirs s'oppose :
> Chrétienne, et sous les lois d'un plus puissant époux....
> Mais, seigneur, à ce mot ne soyez point jaloux :
> Quelque haute splendeur que vous teniez de Rome,
> Il est plus grand que vous, mais ce n'est point un homme.
>
> C'est le Dieu des chrétiens, c'est le maître des rois :
> C'est lui qui tient ma foi, c'est lui dont j'ai fait choix [2].

Après la lecture de ces vers, on s'empressa autour de la jeune abbesse; on loua son bon goût, et l'on convint que c'était elle qui avait choisi les plus beaux vers de la pièce; ceux, dit Sarrasin, qui dans leur application offraient le

---

[1] *Théodore, vierge et martyre*, acte I, scène 2.
[2] *Ibid.*, acte III, scène 3; t. V, p. 328 de l'édit. des Classiques de Lefèvre, 1824, in-8°.

plus de motifs d'admiration et de regrets. Mais ce qui surtout frappa de surprise toute l'assemblée, ce fut l'organe sonore, tragique et pénétrant du jeune abbé en déclamant ces vers; ce fut la beauté de ses traits, et cet air imposant qui contrastait si singulièrement avec son extrême jeunesse. L'impression qu'il produisit fut courte et subite, mais profonde et durable; et chacun en se retirant resta convaincu que la nouvelle tragédie chrétienne de Corneille, pour intéresser presque à l'égal de *Polyeucte*, n'aurait eu besoin que d'être lue par le jeune abbé Bossuet, au lieu de l'être par son auteur [1].

---

[1] François de Neufchateau, *Esprit du grand Corneille*, 1819, in-8°, p. 159. — De Bausset, *Histoire de Bossuet*, 1814, in-8°, t. I, p. 22.

CHAPITRE VI.

1644—1648.

Pourquoi la vie de madame de Sévigné se trouve mêlée à celle des principaux personnages et aux principaux événements de son siècle. — Des adorateurs et des alcovistes de madame de Sévigné pendant sa jeunesse. — Portrait de madame de Sévigné par madame de La Fayette. — Justification d'une expression de précieuse qu'elle emploie. — Suite du portrait. — Ménage donne des leçons à mademoiselle Chantal. — Il en devient amoureux. — Trait satirique de Boileau contre Ménage. — Conduite de Marie Chantal envers Ménage. — Lettre qu'elle lui écrit. — Réponse de celui-ci. — Seconde lettre de mademoiselle Chantal à Ménage. — Comment elle se comporte avec lui après son mariage. — Diverses anecdotes relatives à la liaison de Ménage avec madame de Sévigné. — Caractère de Ménage. — Ridicule qu'il se donne. — Estimé et chéri de madame de Sévigné. — De Chapelain. — Portrait du chevalier de Méré. — Il fait sa cour à madame de Sévigné, et lui déplaît. — Portrait de l'abbé de Montreuil. — Sa liaison avec madame de Sévigné. — Liaison de madame de Sévigné avec Marigny, Saint-Pavin, Segrais.

Revenons à madame de Sévigné. L'hôtel de Rambouillet et les révolutions opérées dans nos mœurs et notre littérature durant l'époque de sa jeunesse nous ont distraits d'elle pendant quelques instants, mais ne nous en ont point écartés. C'est une étrange destinée que la sienne : son sort fut prospère, sa vie uniforme, sans aucune aventure extraordinaire, sans aucun incident remarquable, sans aucun changement de fortune; et cependant, depuis sa naissance jusqu'à sa mort, son souvenir se rattache à celui des plus illustres personnages et des plus grands événements de son siècle. Elle en a été l'historien sans le savoir, une des gloires sans s'en douter. Elle ne s'occupa que d'elle-même, de ses enfants, de ses parents, de ses amis; et pourtant, par la part qu'elle nous y fait prendre, elle se trouve mêlée à toutes les intrigues et à toutes les cabales de cette époque. Enfin, pour dernière singularité, jamais elle n'écrivit une seule page pour le public, jamais elle ne songea à faire un ouvrage; et elle est devenue, sans l'avoir prévu, un auteur classique du premier ordre.

Ses attraits, son amabilité et son esprit attirèrent auprès d'elle, dès son entrée dans le monde, plusieurs adorateurs déclarés, et un grand nombre d'alcovistes assidus. Quelques-uns ne faisaient qu'user du privilége de l'usage, si cher surtout aux gens de lettres, de s'inscrire fictivement et poétiquement au nombre de ses amants, sans ressentir pour elle une passion plus prononcée que pour les autres dames qui agréaient de même leurs assiduités; mais il y en eut auxquels elle inspira un amour véritable, que la différence des rangs et de la fortune, qui exerçait alors une plus grande influence qu'aujourd'hui sur les sentiments du cœur, ne leur permettait guère d'espérer de faire partager. De tous ceux qui composaient sa petite cour, les plus dangereux étaient les hommes qui, dans une classe égale ou supérieure à la sienne, furent épris de ses attraits au point d'employer auprès d'elle tous les moyens de séduction, de concevoir l'espérance de s'en faire aimer et de la faire manquer à ses devoirs. Ce n'était pas, dans ce siècle d'intrigues amoureuses, une chose dont on se fît scrupule, à moins qu'on ne fût dévôt; et les personnages de la haute noblesse ne le devenaient ordinairement que dans un âge avancé. Lorsque, dans la jeunesse, leurs inclinations se tournaient vers la piété, ils se faisaient prêtres. Les dignités et les richesses ne manquaient pas à ceux d'entre eux qui avaient cette vocation, et elles n'attiraient que trop souvent ceux qui ne l'avaient pas. Autrement le goût de la galanterie et le talent de séduire les femmes étaient considérés comme des qualités inséparables de ce qu'on appelait alors un *honnête homme* : expression d'un sens très-flexible, et dont il est difficile de bien faire connaître aujourd'hui les diverses acceptions, puisqu'elle était souvent synonyme de galant [1] ou homme à bonnes fortunes ; qu'elle signifiait quelquefois un homme du monde, ou un homme bien élevé et de la haute société ; et aussi un homme d'honneur. Un secret, que la prudence de madame de Sévigné parvint pendant quelque temps à dérober aux yeux intéressés et clairvoyants des séducteurs qui l'entouraient, fut bientôt connu d'eux tous, et les rendit plus ardents dans leurs poursuites. Les nombreuses et éclatantes infidélités du marquis de Sévigné apprirent bientôt à tout le monde qu'il n'avait pour la plus aimable des femmes que de la tiédeur et de l'indifférence, l'on sut que, sans aucun égard pour sa vertu, il la blessait au cœur et humiliait sans cesse son juste orgueil, en ne se donnant aucun soin pour cacher le scandale de sa conduite, et en prenant souvent (non par calcul, mais par ignorance) ceux dont elle était aimée pour premiers confidents de ses inclinations vagabondes.

Pour se faire une idée de l'empressement que madame de Sévigné, négligée et délaissée par son mari, devait exciter autour d'elle, il faut connaître comment elle était appréciée par la société d'hommes et de femmes aimables qui l'entouraient ; et rien ne peut mieux nous l'apprendre

---

[1] *Lois de la Galanterie*, dans le *Recueil des pièces en prose*, 1658, p. 51.

que madame de La Fayette, dans le portrait qu'elle a tracé de son amie, quelques années après l'époque dont nous nous occupons. Ce portrait est sous la forme d'une allocution qu'un inconnu est supposé adresser à madame de Sévigné elle-même, selon la mode de ce temps, très-accréditée parmi les habitués de l'hôtel de Rambouillet. On sait que par ces sortes de jeux d'esprit, tout en voulant flatter la personne qu'on prétendait peindre, on ambitionnait cependant le mérite de la ressemblance ; on atténuait les défauts, mais on ne les passait pas sous silence ; on exagérait les louanges, mais on n'en donnait point de fausses. Pour madame de Sévigné, les témoignages contemporains les moins contestables et les plus irrécusables attestent la parfaite exactitude et la précision des traits du portrait que madame de La Fayette en a fait. Nous ne citerons ici que les passages qui se rapportent à l'objet qui nous occupe.

« Sachez donc, madame (dit l'inconnu à madame de
« Sévigné), si par hasard vous ne le savez pas, que votre
« esprit pare et embellit si fort votre personne, qu'il n'y
« en a point sur la terre d'aussi charmante lorsque vous
« êtes animée par une conversation dont la contrainte est
« bannie. Le brillant de votre esprit donne un si grand
« éclat à votre teint et à vos yeux, que, quoiqu'il semble
« que l'esprit ne dût toucher que les oreilles, il est pour-
« tant certain que le vôtre éblouit les yeux [1]. »

Cette expression d'*un esprit qui éblouit les yeux* a été blâmée, comme étant du style de précieuse ; et il est certain qu'elle en a le caractère. C'est peut-être même une de celles que Molière, s'il l'avait connue, eût signalée pour la ridiculiser. Boileau l'a cependant employée depuis,

---

[1] *Lettres de madame de Sévigné*, t. I, p. LXXII.

et quoique ce soit d'une manière moins hardie, il a été critiqué sur ce point par le poëte le Brun [1]. Nous avons en vain cherché une expression qui peignît d'une manière aussi vraie, aussi énergique, l'effet produit par une jolie femme encore dans tout l'éclat et toute la fraîcheur du bel âge, qui, s'animant par l'action d'une conversation enjouée ou passionnée, électrise les âmes de ceux qui l'écoutent, et par ses gestes, ses paroles, ses regards, les plonge dans un enivrement dont ils ne peuvent se défendre. N'est-il pas vrai que cette femme, dont il y a peu d'instants on se contentait de louer froidement la beauté, brille alors d'attraits si variés, d'un effet si prompt, si puissant, si inattendu, que sa vue nous émeut encore plus que ses paroles ? Le jeune homme ardent et sensible qui, dans l'âge fougueux des passions et dans de telles circonstances, éprouva plus d'une fois, en regardant une femme, de véritables éblouissements, n'ira pas chercher d'autre expression que celle dont madame de La Fayette s'est servie pour rendre l'effet magique produit par madame de Sévigné, quand, avec cet abandon, cette grâce, cet entraînement, cette éloquence qui lui étaient naturels, elle parlait avec feu d'un sujet qui lui plaisait, au milieu d'un cercle d'où, comme le dit madame de La Fayette, la contrainte était bannie. Autrement, selon une tradition qui est venue jusqu'à nous [2], elle portait dans le monde une telle habitude de sécurité, d'insouciance, qu'en certains moments elle se faisait oublier, et paraissait presque nulle.

Mais continuons de citer madame de La Fayette, et n'ou-

---

[1] BOILEAU, *épître IX*, édit. de Berriat Saint-Prix, t. II, p. 108. — AUGER, *Mercure de France*, mars 1808, p. 601.

[2] L'abbé DE VAUXELLES, *Réflexions sur les lettres de madame de Sévigné*, t. I, p. LXXI.

blions pas de remarquer que, dans ce portrait, c'est un homme qui est censé parler :

« Votre âme est grande et noble ; vous êtes sensible à
« la gloire et à l'ambition, et vous ne l'êtes pas moins aux
« plaisirs ; vous paraissez née pour eux, et il semble qu'ils
« soient faits pour vous. Votre présence augmente les di-
« vertissements, et les divertissements augmentent votre
« beauté lorsqu'ils vous environnent. Enfin, la joie est
« l'état véritable de votre âme, et le chagrin vous est plus
« contraire qu'à qui que ce soit. Vous êtes naturellement
« tendre et passionnée ; mais, à la honte de notre sexe,
« votre tendresse vous a été inutile, et vous l'avez renfer-
« mée dans le vôtre. Votre cœur, madame, est sans doute
« un bien qui ne peut se mériter ; jamais il n'y en eut un si
« généreux, si bien fait, si fidèle. Il y a des gens qui vous
« soupçonnent de ne pas le montrer toujours tel qu'il est ;
« mais, au contraire, vous êtes si accoutumée à n'y rien
« sentir qui ne vous soit honorable, que vous y laissez
« voir ce que la prudence vous obligerait à cacher. Vous
« êtes la plus civile et la plus obligeante personne qui ait
« jamais été, et, par un air libre et doux qui est dans
« toutes vos actions, les plus simples compliments de
« bienséance paraissent en votre bouche des protestations
« d'amitié ; et tous les gens qui sortent d'auprès de vous
« s'en vont persuadés de votre estime et de votre bien-
« veillance, sans qu'ils puissent se dire quelle marque
« vous leur avez donnée de l'une et de l'autre. »

C'est surtout par ce dernier trait du caractère de madame de Sévigné, où la coquetterie naturelle à son sexe avait bien quelque part, qu'on comprend combien il était difficile à celui qu'elle avait enchaîné à son char, de pouvoir s'en détacher.

Ménage ne l'éprouva que trop. Ce littérateur eut de son vivant une prodigieuse célébrité, et est un des érudits de son siècle le plus souvent cité par ceux du nôtre; ce qu'il doit plutôt à la variété qu'à la perfection de ses travaux, qui sont cependant très-recommandables. Ménage était bien fait, et d'une figure agréable; il réunissait au goût des lettres une forte inclination pour les femmes. Aussi ce penchant le porta-t-il toute sa vie à faire des vers pour elles, dans toutes les langues qu'il savait, c'est-à-dire en grec, en latin, en espagnol, en italien, en français; et il les faisait aussi bien qu'on peut les faire lorsqu'on n'est pas né poëte. Le jeune Boileau, qui sentait sa force et sa vocation, et appréciait à leur juste valeur les vers si vantés de Ménage, peut-être en secret jaloux de la réputation qu'il s'était acquise et de ses succès auprès des dames, avait cherché, dans une de ses premières satires, à le ridiculiser, et avait dit :

> Si je pense parler d'un galant de notre âge,
> Ma plume pour rimer rencontrera Ménage [1].

Mais trouvant que Ménage, qui joignait à beaucoup d'amabilité dans la société un mérite réel, ne prêterait pas facilement au ridicule, Boileau, lorsqu'il livra cette satire à l'impression, changea ces vers, et à Ménage substitua l'abbé de Pure [2].

L'abbé Ménage (car il était aussi abbé, et, comme bien d'autres, pour posséder des bénéfices, mais non pour exercer les fonctions ecclésiastiques) pouvait avoir trente-deux

---

[1] *Recueil de vers choisis*, 1665, in-12.
[2] *Ibid.* — BOILEAU, *Satire* II, t. I, p. 44 de l'édit. de Saint-Marc. — TALLEMANT DES RÉAUX, *Historiettes*, t. IV, p. 126, in-8°.

ou trente-trois ans lorsqu'il connut Marie de Rabutin-Chantal, et qu'il consentit à lui donner des leçons. Il n'avait encore rien publié, mais il était en grande réputation parmi les savants, tant français qu'étrangers, et en correspondance régulière avec les plus renommés d'entre eux [1]. Ménage ne put donner ses soins à l'instruction de Marie Chantal sans en devenir amoureux; et il jouissait délicieusement des marques d'amitié qu'elle lui donnait, et du succès de ses leçons, lorsque les dispositions faites pour le mariage de sa jeune élève avec le marquis de Sévigné vinrent contrister son cœur. Il est présumable que Marie Chantal, alors fortement préoccupée de son changement d'état, oublia trop alors le pauvre Ménage, ou que lui-même s'aperçut, quoiqu'un peu tard, qu'il devait chercher par l'absence un remède à une passion sans espoir. Il voulut donc rompre avec elle, et prit pour prétexte, réel ou supposé, quelque marque d'inattention qui lui faisait penser que ses soins ne lui étaient plus aussi agréables que par le passé. L'amour malheureux éprouve une sorte de soulagement à rejeter sur l'objet aimé le tort des peines qu'il éprouve : c'est encore un moyen de l'occuper de soi et d'avoir avec lui quelque chose de commun; c'est une sorte de compensation et de vengeance que de lui faire partager les tourments dont il est la cause. Ce projet de rupture de Ménage donna lieu à une correspondance entre lui et son élève, dont il ne nous reste que deux lettres; mais elles suffisent pour nous montrer que Marie Chantal, toute jeune qu'elle était, avait compris que l'amour de

---

[1] *Mémoires pour servir à la vie de Ménage*, dans le *Ménagiana*, t. I, édit. de 1715. — TALLEMANT DES RÉAUX, *Historiettes*, t. IV, p. 137, ou t. VII, p. 39-66, article *Ménage*.

Ménage était pour elle sans conséquence, et ne la forçait point à se priver des assiduités d'un homme dont la société était agréable et instructive, et pour lequel elle avait une véritable amitié. L'adresse qu'elle met à le retenir se manifeste assez dans la lettre suivante, et prouve que dès son plus jeune âge madame de Sévigné n'était point étrangère à l'art des coquettes, et que si sa vertu ne lui permettait pas de l'employer pour conquérir des amants, elle savait en user pour conserver ses amis et en augmenter le nombre.

LETTRE DE MARIE DE RABUTIN-CHANTAL A MÉNAGE.

« Je vous dis, encore une fois, que nous ne nous entendons pas; et vous êtes bien heureux d'être éloquent, car sans cela tout ce que vous m'avez mandé ne vaudrait guère, quoique cela soit merveilleusement bien arrangé. Je n'en suis pourtant pas effrayée; et je sens ma conscience si nette de ce que vous me dites, que je ne perds pas l'espérance de vous faire connaître sa pureté. C'est pourtant chose impossible, si vous ne m'accordez une visite d'une demi-heure; et je ne comprends pas par quel motif vous me la refusez si opiniâtrément. Je vous conjure, encore une fois, de venir ici; et puisque vous ne voulez pas que ce soit aujourd'hui, je vous supplie que ce soit demain. Si vous n'y venez pas, peut-être ne me fermerez-vous pas votre porte; et je vous poursuivrai de si près, que vous serez contraint d'avouer que vous avez un peu tort. Vous me voulez cependant faire passer pour ridicule, en me disant que vous n'êtes brouillé avec moi qu'à cause que vous êtes fâché de mon départ. Si cela était ainsi, je mériterais les Petites-Maisons, et non pas votre haine; mais il y a toute différence, et j'ai seulement peine à comprendre que quand on aime une personne et qu'on la regrette, il faille, à cause de cela, lui faire froid au dernier point les dernières fois qu'on la voit. Cela est une façon d'agir tout extraordinaire ; et comme je n'y étais pas accoutumée, vous devez excuser ma surprise. Cependant je vous conjure de croire qu'il n'y a pas un de ces anciens et nouveaux amis dont vous me parlez que j'estime ni que j'aime tant que vous ; c'est pourquoi, devant que de vous perdre, donnez-moi la consolation de vous mettre dans votre tort, et de dire que c'est vous qui ne m'aimez plus[1]. CHANTAL. »

N'est-il pas charmant de la voir consentir à une séparation à condition qu'il lui donnera la consolation de le mettre dans son tort, et cela par un aveu qu'elle sait être impossible ? Quoi de plus piquant et en même temps de plus aimable qu'une telle lettre ; et où est le moyen d'y résister quand on aime ? Ménage ne le put ; il chicana, il s'excusa, il ergota sur l'expression de *défunte amitié* qu'elle avait employée dans une de ses lettres, et il revint, en esclave soumis, se remettre à la chaîne. Elle le prit au mot, et lui répondit ainsi :

LETTRE DE MARIE CHANTAL A MÉNAGE.

« C'est vous qui m'avez appris à parler de votre amitié comme d'une pauvre défunte ; car, pour moi, je ne m'en serais jamais avisée, en vous aimant comme je fais. Prenez-vous-en donc à vous de cette vilaine parole qui vous a déplu, et croyez que je ne puis avoir plus de joie que de sa-

---

[1] *Lettre de Marie de Rabutin-Chantal à Ménage*, t. I, p. 1, édit. de Monmerqué, 1820, in-8°.

voir que vous conservez pour moi l'amitié que vous m'avez promise, et qu'elle est ressuscitée glorieusement. Adieu [1].

« CHANTAL. »

Le plus récent des commentateurs de madame de Sévigné [2] a cru voir dans ces lettres le trouble d'une âme innocente et les agitations d'un cœur novice ; et rien assurément ne prouve mieux qu'une telle assertion combien l'histoire des époques les plus rapprochées de nous sont mal connues et mal comprises, lorsque de longues et grandes révolutions ont brisé la chaîne des habitudes, oblitéré les traditions et changé les préjugés. Pour se méprendre ainsi sur les intentions qui ont dicté les lettres de Marie Chantal à Ménage, il a fallu ignorer entièrement tout ce que, dans le siècle où elle écrivait, la différence du rang et de la naissance imposait de respect et de timidité d'une part, et donnait d'assurance et de liberté de l'autre. Mais, sans cette considération, il suffit de faire attention aux expressions dont se sert Marie Chantal, pour ne pas méconnaître la nature de ses sentiments. Si ce qu'on suppose eût été vrai, elle n'aurait pas si souvent rappelé à Ménage son amitié ; elle ne se serait pas si souvent servie pour elle-même du mot *aimer* ; elle n'aurait pas sollicité avec prière une entrevue. Il n'est pas de fillette de quinze ans, quelque inexpérimentée qu'elle soit, à qui, lorsqu'elle aime, l'instinct de la pudeur n'apprenne à mettre dans ses aveux plus de réserve. Marie Chantal avait dix-huit ans, et connaissait déjà le monde, sa politique et ses usages. Les lettres que nous venons de citer suffiraient seules

---

[1] *Lettre de Marie Chantal à Ménage*, t. I, p. 3, édit. de M.; ou t. I, p. 4, de l'édit. de G. de S.-G.

[2] GAULT DE SAINT-GERMAIN, *Lettres de Sévigné*, t. I, p. 1.

pour le prouver; toutes celles qu'elle a écrites depuis à Ménage en différents temps, et toute sa conduite envers lui, confirment l'interprétation que nous leur avons donnée [1].

Un jour madame de Sévigné promit d'aller prendre Ménage dans sa voiture, pour aller respirer l'air avec lui au Cours. On sait que cette promenade, formée par quatre rangées d'arbres à la suite des Tuileries, hors de l'enceinte de la ville, le long de la Seine, était le rendez-vous du beau monde dans la belle saison [2]. Madame de Sévigné ne put tenir sa promesse; et ce jour elle fut forcée, par une cause quelconque et par le mauvais temps, de rester chez elle. Elle chargea Montreuil de prévenir Ménage de ce contre-temps. Celui-ci oublia la commission. Aussitôt madame de Sévigné, craignant que Ménage ne lui supposât un tort qu'elle n'avait pas, se hâta de s'excuser par la lettre qui suit :

LETTRE DE MADAME DE SÉVIGNÉ A MÉNAGE.

« Si Montreuil n'était point douze fois plus étourdi qu'un hanneton, vous verriez bien que je ne vous ai fait aucune malice; car il se chargea de vous faire savoir que je ne pouvais vous aller prendre, et me le promit si sérieusement, que, croyant ce qu'il me disait, qu'il n'était plus si fou qu'il avait été, je m'en fiai à lui; et c'est la faute que je fis. Outre cela, le temps épouvantable qu'il fit vous devait assez dire que je n'irais point au Cours. Tout cela vous fait voir que je n'ai aucun tort; c'est pourquoi je vous

---

[1] SÉVIGNÉ, *Lettres*, t. I, p. 39, édit. de Monmerqué; t. I, p. 39 de l'édit. de Gault de Saint-Germain. — *Mém. de Coulanges*, p. 323; *Lettres*, t. I, p. 16, en date du 12 janvier.

[2] LE MAIRE, *Paris ancien et moderne*, 1685. t. III, p. 386.

conseille, puisque vous êtes revenu de Pontoise, de n'y point retourner pour vous pendre; cela n'en vaut pas la peine, et vous y serez toujours reçu quand vous voudrez bien. Mon cher, croyez que je ne suis point irrégulière pour vous, et que je vous aime très-fort[1]. »

Dans un autre billet, qui porte pour suscription *A l'ami Ménage*, elle répond à une lettre qu'il lui avait écrite pour lui demander la permission de s'éloigner d'elle, et pour se plaindre de quelque refroidissement dans sa correspondance et ses procédés envers lui.

LETTRE DE MADAME DE SÉVIGNÉ A MÉNAGE.

« Vous demandez congé de si bonne grâce, qu'il est difficile de vous refuser. Il y a bien de la différence de cette fois-ci à l'autre dont vous parlez, et de cette lettre à l'autre dont vous parlez encore : j'ai fait mon possible pour y pouvoir revenir, mais il m'a été impossible, et je ne sais comment elle m'est échappée; le principal est que le fonds y est toujours, et ce qui me la fit écrire n'est en rien diminué. Je vous ordonne de le croire, et de vous occuper un peu, pendant votre voyage, à songer et à dire du bien de moi; j'en ferai de même pour vous, et je vous attendrai le lendemain de votre retour à dîner ici. Adieu, l'ami; de tous les amis, le meilleur[2]. »

Ménage, bien loin d'être satisfait d'expressions aussi tendres, y voyait l'intention de badiner avec une passion

---

[1] SÉVIGNÉ, *Lettres*, édit. de Monmerqué, *lettre* 25, t. I, p. 47; édit. de G. de S.-G., *lettre* 26, t. I, p. 58. Rien n'indique l'année où cette lettre a été écrite, quoique les éditeurs la placent sous l'année 1656.

[2] SÉVIGNÉ, *Lettres inédites*, dans les *Mémoires de M. de Coulanges*, publiés par M. Monmerqué, p. 324, in-8°.

qu'on ne redoutait point. Aussi nous verrons par la suite qu'il s'éloigna souvent de madame de Sévigné, et qu'à chaque marque de retour elle a grand soin, pour le rattacher, de lui témoigner sa reconnaissance en termes affectueux. Le malin Bussy, auquel ce jeu de coquetterie de sa cousine envers Ménage n'avait point échappé, rapporte une anecdote piquante dont Ménage lui-même confirme la vérité, en reprochant, sans trop d'aigreur, à Bussy de l'avoir divulguée [1]. Ménage était chez madame de Sévigné un jour qu'elle voulait sortir pour aller faire quelques emplettes; sa demoiselle, comme on disait alors, c'est-à-dire sa femme de chambre, ne se trouvait point en état de la suivre. Madame de Sévigné dit à Ménage de monter avec elle dans son carrosse. Le savant, cachant sous un air badin le dépit qu'il éprouvait d'être traité sans façon, lui dit qu'il était bien rude pour lui que, non contente des rigueurs dont elle le rendait l'objet, elle parût si peu le craindre et si peu redouter la médisance : « Mettez-vous, dit-elle, dans mon carrosse; et si vous me fâchez, je vous irai voir chez vous [2]. »

Elle n'y manqua pas. Un jour qu'elle partait pour la campagne, elle vint lui dire adieu; puis, à son retour, elle se plaignit à lui de ce qu'il ne lui avait point écrit : « Je vous ai écrit, lui dit-il; mais après avoir relu ma lettre, je la trouvai trop passionnée, et je ne jugeai pas à propos de vous l'envoyer [3]. »

Les tête-à-tête de madame de Sévigné avec Ménage

---

[1] *Ménagiana*, t. IV, p. 215.
[2] Bussy, *Histoire amoureuse des Gaules*, édit. de Liége, p. 32; édit. 1754, t. I, p. 250.
[3] *Ménagiana*.

étaient d'autant plus dangereux pour lui, qu'elle était bien loin d'imiter la roideur de certaines précieuses. Elle ne repoussait pas de légères privautés, et se laissait facilement baiser les bras et les mains. Ce que Bussy dit à cet égard [1] est confirmé par une petite anecdote que Ménage rapporte lui-même : « Je tenais, dit-il, une des mains de madame de Sévigné dans les miennes; lorsqu'elle l'eut retirée, M. Peletier me dit : « Voilà le plus bel ouvrage qui soit sorti de vos mains [2]. »

La passion bien connue de Ménage pour madame de Sévigné et ses manières avec elle lui valurent une petite leçon, qui lui fut donnée par la marquise de Lavardin, dans le carrosse de laquelle il voyageait. Tous deux se rendaient en Bretagne, pour aller voir madame de Sévigné. Ménage, qui se trouvait seul avec la marquise de Lavardin, se mit à faire le galant, et lui prenait les mains pour les baiser : « Monsieur Ménage, lui dit en riant madame de Lavardin, vous vous recordez pour madame de Sévigné [3]. »

Un jour, madame de Sévigné embrassa Ménage avec familiarité, et comme elle aurait pu faire avec un frère. S'apercevant de l'étonnement de plusieurs des hommes présents, dont quelques-uns lui faisaient la cour, elle se retourna vers eux en riant, et leur dit : « C'est ainsi qu'on baisait dans la primitive Église. »

Madame de Sévigné eut toujours dans Ménage une grande confiance, et elle lui faisait confidence de ses affaires les plus secrètes. Après un entretien de ce genre,

---

[1] Bussy, *Histoire amoureuse des Gaules*; Liége, in-12, p. 45.
[2] *Ménagiana*, t. I, p. 167.
[3] *Ibid.*, t. III, p. 233.

il lui dit un jour : « Je suis actuellement votre confesseur, et j'ai été votre martyr! » — « Et moi votre vierge, » répliqua-t-elle gaiement[1].

Elle avait pour son savoir cette estime et cette déférence que l'on conserve toujours pour un maître ; toutefois, cela ne la rendait pas plus soumise à ses décisions sur la langue lorsqu'elles n'étaient pas de son goût. Tout le monde sait qu'ayant demandé à Ménage des nouvelles de sa santé, il lui répondit : « Madame, je suis enrhumé. » — « Je la suis aussi, » dit madame de Sévigné. Ménage, fidèle à ses anciennes habitudes à l'égard de son écolière, lui fit observer, avec raison, que, selon les règles de la langue, elle devait dire, Je le suis. — « Vous direz comme il vous plaira, reprit-elle avec vivacité ; mais, moi, si je disais ainsi, je croirais avoir de la barbe au menton. »

Chapelain avait contribué plus encore que Ménage à l'éducation de madame de Sévigné ; mais il avait près de cinquante ans lorsque son élève se maria, et par son âge comme par son caractère il se trouvait à l'abri de toute séduction : cependant il est inscrit dans le dictionnaire de Somaize, ainsi que Ménage, au nombre de ceux qui se montraient les plus assidus aux cercles et dans la ruelle de la jeune marquise de Sévigné[2].

Le chevalier de Méré, qui dans le monde prenait rang entre les courtisans et les auteurs, et qui était lorsque Ménage vint à Paris un des hommes les plus à la mode, se mit aussi au nombre des poursuivants de madame de

---

[1] TALLEMANT DES RÉAUX, *Mémoires manuscrits*, in-folio, 566 à 568.

[2] SOMAIZE, *le Grand Dictionnaire historique des Précieuses*, seconde partie, p. 151.

Sévigné. Ses succès dans les ruelles lui faisaient penser qu'il était le cavalier le plus accompli de son temps. Pour l'esprit, il se croyait supérieur à Voiture, parce qu'il avait fait quelques critiques assez justes de son style. Une légère teinture des sciences l'avait mis en rapport avec les Pascal et les Huyghens, et d'autres grands physiciens de cette époque; et, prenant au pied de la lettre les éloges qu'ils lui donnaient, il se croyait leur égal pour le génie[1]. Il accueillit Ménage, qui lui fut présenté par Balzac, et loua ses écrits. Ménage, dont la réputation était naissante, ne se montra point ingrat; il vanta partout le chevalier de Méré, et même le présenta chez plusieurs dames qui aimèrent à le recevoir, et particulièrement chez la duchesse de Lesdiguières, dont Méré devint l'ami, et à laquelle il a adressé le plus grand nombre des lettres qui nous restent de lui. Il est probable que ce fut aussi à Ménage que le chevalier de Méré dut la connaissance de madame de Sévigné; et par là Ménage se donna un nouveau rival, sinon très-redoutable, du moins très-assidu[2]. Ce fut au chevalier de Méré que Ménage dédia ses *Observations sur la Langue Française*; et dans l'épître dédicatoire il lui dit : « Je vous prie de vous souvenir que lorsque nous faisions notre cour ensemble à une dame de grande qualité et de grand mérite, quelque passion que j'eusse pour cette illustre personne, je souffrais volontiers qu'elle vous aimât plus que moi, parce que je vous aimais aussi plus que moi-même[3]. » Ce n'est là qu'une de ces insipides phrases de dédicace comme on en faisait alors, sans sincérité, sans vérité.

[1] DE MÉRÉ, *Œuvres, lettre* 19 *à Pascal*, t. II, p. 60 à 63.
[2] *Ménagiana*, t. II, p. 363. — DE MÉRÉ, *Œuvres*, t. II, p. 5, 54, 56, 97, 116, 149, 175.
[3] MÉNAGE, *Observations sur la Langue Française*, 1672, in-folio.

Madame de Sévigné appréciait beaucoup dans Ménage les qualités solides de l'ami, l'érudition de l'homme de lettres. Elle était flattée de ses hommages, heureuse de ses conseils, et aurait regretté d'en être privée ; mais elle n'avait, au contraire, que des répugnances pour la fatuité et le pédantisme du chevalier de Méré. Elle parle, dans une de ses lettres, avec beaucoup de dédain, de son *chien de style*, et de la ridicule critique qu'il fait, en collet monté, de l'esprit libre, badin et charmant de Voiture [1].

Méré, qui dans le commencement de la faveur de madame de Maintenon s'attribuait sans façon l'honneur de l'avoir formée, parce qu'il lui avait été de quelque utilité dans sa jeunesse, et qui, en lui proposant de l'épouser, lui avait écrit [2] : « Je ne sache point de galant homme aussi digne de vous que moi » ; Méré n'était pas de l'espèce de ceux que préférait madame de Sévigné : mais elle le supportait, et même le traitait avec les égards que lui paraissait exiger la réputation que certaines ruelles lui avaient faite [3]. Une telle conduite ne doit point être taxée de fausseté, et montre, au contraire, une sagesse digne de louange. Il serait trop long, trop ennuyeux, et aussi trop dangereux, d'être continuellement en discussion avec le monde au milieu duquel on vit. C'est ce qui arriverait à tout homme judicieux, s'il s'obstinait à ne vouloir prendre les choses que pour ce qu'elles sont réellement, et s'il refusait toujours de consentir à les admettre pour ce qu'elles sont réputées être.

Avec moins de savoir, moins d'importance et de vanité,

---

[1] Sévigné, *lettre* du 24 novembre 1679, t. VI, p. 31.

[2] Méré, *Œuvres, lettre* 43, t. II, p. 122, 124, édit. d'Amsterdam, 1692.

[3] Monmerqué, article Méré, dans la *Biographie universelle*.

mais avec plus d'esprit et d'amabilité, le jeune abbé de Montreuil, ami et depuis secrétaire de Cosnac, évêque de Valence, contribua beaucoup plus que le chevalier de Méré à l'agrément de la société que réunissait madame de Sévigné. Jovial, étourdi ; montrant souvent ses belles dents ; d'une humeur libre, paresseuse ; dissipant en voyages, en plaisir, les revenus d'assez gros bénéfices ; parlant un peu l'italien et l'espagnol, et faisant négligemment et facilement des madrigaux et des chansons pour les femmes auxquelles il aimait à plaire, tel était Montreuil [1]. On sait que le soin qu'il prit d'envoyer ses vers à tous les faiseurs de recueils lui a valu l'honneur de fournir une rime à Boileau [2]. Il ne sut point mauvais gré à ce poëte d'un léger trait de satire qui a transmis son nom à la postérité plus sûrement que les deux éditions de ses ouvrages qu'il a lui-même publiées. Outre le joli madrigal qu'il a composé pour madame de Sévigné, et que nous avons rapporté dans le chapitre précédent [3], son recueil contient encore deux lettres qu'il lui a adressées, et que les éditeurs de madame de Sévigné n'ont point reproduites. Nous aurons occasion d'en faire mention à leur date.

Dans la même classe que Montreuil était Marigny. Quoique ayant la prétention d'être noble d'ancienne date, il était fils d'un marchand de fer possesseur de la seigneurie de Marigny, dans le Nivernais. Parmi tous les cavaliers qui formaient son galant cortége, madame de Sévigné n'en comptait pas de plus gai, de plus spirituel, de plus réjouissant que ce chansonnier de la Fronde,

---

[1] TALLEMANT DES RÉAUX, *Historiettes*, t, IV, p. 64.

[2] BOILEAU, *Satire VII*, vers 83, t. I, p. 114 de l'édition de Saint-Marc, 1747 ; ou t. I, p. 178, édition de Saint-Surin, 1821, in-8°.

[3] *Voyez* ci-dessus, chapitre V, p. 50.

gros, court, rebondi, au teint fleuri; il avait fait un voyage en Suède, et passait pour avoir obtenu les bonnes grâces de la reine Christine [1]. Il était attaché au coadjuteur depuis cardinal de Retz, et presque un des familiers du marquis de Sévigné lorsque celui-ci épousa Marie de Chantal; mais à cette époque son âge, déjà mûr, et son goût pour le vin et la bonne chère, le rendaient pour notre jeune marquise un séducteur peu dangereux : toutefois, elle goûtait beaucoup son intarissable gaieté, la facilité, la grâce et la finesse mordante de son esprit [2].

Saint-Pavin, le petit bossu [3], était aussi une des connaissances les plus anciennes de madame de Sévigné, et une des plus intimes. Il avait une maison à Livry, lieu dont son père, président aux enquêtes et prévôt des marchands, était seigneur. Cet aimable voluptueux, qui dépensait d'une manière peu exemplaire les revenus de ses bénéfices, attirait à sa campagne, par son amabilité, son humeur joyeuse et sa bonne chère, la meilleure société de Paris. Le prince de Condé, au retour de la guerre, ne manquait jamais, pour se délasser, d'y aller passer un jour ou deux [4]. Saint-Pavin était le premier à plaisanter des difformités de sa taille. Il a lui-même tracé ainsi son portrait :

> Soit par hasard, soit par dépit,
> La nature injuste me fit

[1] TALLEMANT DES RÉAUX, t. IV, p. 263, in-8°, ou t. VII, p, 179, et la correspondance de Chanut, mss., t. I, Bib. Roy.

[2] *Lettre de M.* DE MARIGNY, la Haye, 1658, in-12 de 84 pages. — *Œuvres de M.* DE MARIGNY, *en vers et en prose*, 1674, in-12 de 162 pages. — Fr. NÉE DE LA ROCHELLE, *Mémoires pour servir à l'histoire politique et littéraire du département de la Nièvre*, 1827, in-8°, t. III, p. 152-156.

[3] SAINT-PAVIN, *Poésies*, p. 79 et 80, édit. de Saint-Marc, 1749, p. 35.

[4] Id., *Avertissement*, p. 1. — TITON DU TILLET, *Parnasse*, p. 298.

> Court, entassé, la panse grosse,
> Au milieu de mon dos se hausse
> Certain amas d'os et de chair,
> Fait en pointe de clocher ;
> Mes bras d'une longueur extrême,
> Et mes jambes presque de même,
> Me font prendre le plus souvent
> Pour un petit moulin à vent.

Saint-Pavin eut occasion de voir la jeune Marie de Chantal à Livry, chez son cousin l'abbé de Coulanges, où il allait fréquemment, amenant avec lui ses compagnons de plaisir[1]. Il fut charmé de la jeune et belle Bourguignonne ; et il lui exprima très-familièrement dans ses vers ce qu'il ressentait. Il continua sur le même ton après qu'elle fut mariée. Madame de Sévigné pouvait, sans craindre la calomnie, s'amuser des attentions et des hommages d'un homme très-spirituel, mais si peu propre par sa conformation à inspirer de l'amour. Aussi se plaisait-elle dans sa société ; on voit même qu'elle aimait à lui écrire. Il lui dit dans une fort jolie épître :

> Je ne me pique point d'écrire,
> J'y veux renoncer désormais ;
> Et même j'oublierais à lire,
> Si vous ne m'écriviez jamais[2].

Après son mariage, dans la belle saison, madame de Sévigné se faisait un plaisir d'aller passer tous les vendredis à Livry, chez son tuteur. Saint-Pavin, qui à cette époque de l'année n'habitait jamais la ville, ne la voyait

---

[1] SÉVIGNÉ, *Lettres*, 1129, t. XI, p. 126, 213 ; t. I, p. 311 ; t. IX, p. 243. — L'abbé LE BOEUF, *Hist. du Diocèse de Paris*, t. VI, p. 197 ; SAINT-PAVIN, *Poésies*, 1759, in-12, p. 35.

[2] SÉVIGNÉ, *Lettres*, édit. de Monmerqué, in-8°, t. I, p. 6.

que ces jours-là ; et il les passait si agréablement, qu'il fit à ce sujet l'impromptu suivant :

> Seigneur, que vos bontés sont grandes
> De nous écouter de si haut !
> On vous fait diverses demandes ;
> Seul vous savez ce qu'il nous faut.
> Je suis honteux de mes faiblesses.
> Pour les honneurs, pour les richesses,
> Je vous importunai jadis :
> J'y renonce, je le proteste.
> Multipliez les vendredis,
> Je vous quitte de tout le reste.

On voit, par une facile épître faite sur deux rimes, le plaisir qu'il éprouvait à correspondre avec madame de Sévigné :

> M'envoyer faire un compliment
> Par un laquais sans jugement,
> Qui ne sait ce qu'il veut me dire,
> C'est vous commettre étrangement ;
> Vous feriez bien mieux de m'écrire :
> On s'explique plus finement,
> Et la réponse qu'on s'attire,
> Quand elle est faite galamment,
> Se refuse malaisément
> D'une personne qui soupire
> Toujours respectueusement.
> Essayons ces choses pour rire :
> Dans un billet adroitement
> Je vous conterai mon martyre ;
> A le recevoir, à le lire,
> Vous façonnerez [1] grandement,
> Et vous répondrez fièrement,
> Donnant pourtant votre agrément

---

[1] C'est-à-dire : *vous ferez des façons*. MONTAIGNE emploie ce mot dans ce sens.

Au beau feu que l'amour inspire.
Ceux qui voudront malignement
Traiter de trop d'emportement
Ce commerce, pour en médire,
Ne diront pas certainement :
Telle maîtresse, tel amant
Sont faits égaux comme de cire.
Vous êtes belle assurément,
Et je tiens beaucoup du satyre [1].

Ce fut aussi vers cette époque, et dès le commencement de son mariage, que madame de Sévigné fit connaissance avec Segrais. Le comte de Fiesque, fils de la gouvernante de mademoiselle de Montpensier, fut éloigné de la cour, et se retira à Caen. Dans cette ville il se lia avec Segrais, qui, alors âgé de vingt ans, avait déjà acquis dans sa province une petite célébrité littéraire par la composition d'une tragédie et d'un roman. Le comte de Fiesque, lorsqu'il fut rappelé de son exil, emmena avec lui Segrais, et le présenta à la cour, où il eut des succès, possédant les qualités de l'homme du monde à un plus haut degré encore que celles de l'homme de lettres. Mademoiselle de Montpensier le fit entrer dans sa maison en qualité de gentil-homme ordinaire [2]. Il fut aussi introduit à l'hôtel de Rambouillet, et se lia intimement avec Ménage et Chapelain ; il eut toujours une haute opinion de leur savoir et de leur talent. On voit que ses sociétés, ses admirations, ses affections, étaient les mêmes que celles de madame de Sévigné. Les éloges que dans la suite Boileau donna à ses vers [3] ne purent lui faire pardonner ceux que le satirique

---

[1] SÉVIGNÉ, *Lettres*, t. IX, p. 243, n° 1129.
[2] *Vie de Segrais*, dans les ŒUVRES DE SEGRAIS, t. I.
[3] BOILEAU, *Art poétique*, chant IV, t. II, p. 300, édit. de Saint-Surin.

décocha contre ses amis, et surtout contre Chapelain[1]. Ce fut encore une sympathie de plus avec madame de Sévigné. Aussi conserva-t-elle toujours Segrais comme ami. Dans les premiers temps de leur connaissance, il aspira comme tant d'autres à un autre titre. Il était presque du même âge qu'elle, et fort aimable[2]. Un jour, il perdit une discrétion en jouant avec elle, et lui adressa ce madrigal impromptu, qui depuis a été imprimé dans ses œuvres[3] :

> Vous m'avez fait supercherie :
> Faites-moi raison, je vous prie,
> D'une si blâmable action.
> En jouant avec vous, jeune et belle marquise,
> Je n'ai cru hasarder qu'une discrétion,
> Et m'y voilà pour toute ma franchise.
> Mais qu'ai-je fait aussi? Ne savais-je pas bien
> Qu'on perd tout avec vous, et qu'on n'y gagne rien?

Nous venons de faire connaître une partie de ceux qui, admis dans la société intime de madame de Sévigné durant les premières années de son entrée dans le monde, ne déguisèrent pas le désir qu'ils avaient de l'aider à se venger des indignes procédés de son mari. Passons à ceux d'un rang plus élevé.

---

[1] *Segraisiana.* — SEGRAIS, *Œuvres*, t. II, p. 64.
[2] *Vie de Segrais*, dans ses *Œuvres*, édit. de 1755, t. I, p. 1. — *Ibid.* — *Segraisiana*, t. II, p. 107. — SÉVIGNÉ, *Lettres* en date du 5 mai 1689, t. VIII, p. 462, et t. I, p. 301 ; t. II, p. 45 ; t. IV, p. 478 ; t. V, p. 344.
[3] SEGRAIS, *Œuvres*, 1755, t. I, p. 274. — *Diverses Poésies* de Jean REGNAUT DE SEGRAIS, gentil-homme normand; Paris, chez Antoine Sommaville, 1659, in-12, p. 78. — SEGRAIS, *Poésies*, 3ᵉ édit., p. 278.

CHAPITRE VII.

Influence de l'éducation et des préjugés de rang et de naissance sur le sentiment de l'amour. — Différences entre le siècle de Louis XIV et le nôtre sous ce rapport. — Des personnages de la haute classe qui firent leur cour à madame de Sévigné. — Du prince de Conti. — De Turenne. — Du marquis de Noirmoutier. — De Servien. — De Fouquet. — Du comte du Lude. — Sa passion pour madame de Sévigné. — Ce que Bussy a dit de la nature de leur liaison. — De Bussy. — Toute sa vie se trouve liée à celle de madame de Sévigné. — Nécessité de la connaître. — Portrait de Bussy. — Son caractère. — Désordres de sa jeunesse. — Ses premières aventures galantes. — A Guise avec une jeune veuve. — Il va à Châlons. — Devient amoureux de mademoiselle de Romorantin. — Sa liaison avec une bourgeoise de la ville. — Dernière conversation de Bussy avec mademoiselle de Romorantin. — Ce qu'elle devint depuis. — Suite et fin de la liaison de Bussy avec la bourgeoise de Châlons. — Bussy va en garnison à Moulins. — Son intrigue avec une comtesse. — Il devient amoureux d'une de ses parentes. — Se montre délicat et généreux envers elle. — Son père s'oppose au mariage qu'il veut contracter. — On le marie avec mademoiselle de Toulongeon. — Il revoit sa parente mariée. — Renoue sa liaison avec elle. — Il devient amoureux d'une autre parente, dont il n'obtient rien. — Il devient amoureux de sa cousine Marie de Rabutin-Chantal aussitôt après qu'elle fut mariée au marquis de Sévigné. — Il regrette de ne l'avoir pas épousée, et forme le projet de la séduire.

L'homme change par la civilisation; et à mesure qu'elle se complique on voit s'altérer en lui jusqu'à ces penchants irrésistibles que le Créateur lui a donnés pour l'accomplissement de ses fins les plus universelles. L'amour même, cette loi générale de tous les êtres vivants, cette grande nécessité de la création, se modifie selon l'état des sociétés humaines, et subit aussi les conséquences des révolutions qu'elles éprouvent. Dans les premiers âges des nations, l'objet de toutes les pensées, le but de toutes les ambitions, c'est la satisfaction des besoins physiques; chez les peuples depuis longtemps civilisés, familiarisés avec le luxe et les arts, le cœur et l'imagination se créent d'autres éléments de bonheur, des jouissances d'un autre ordre; et les rapports entre les deux sexes s'imprègnent de toutes les conditions auxquelles l'existence est soumise, et sans lesquelles elle devient un fardeau insupportable. L'amour alors a besoin, pour naître, de la conformité d'idées, de sentiments, qui résultent du même genre de vie, des mêmes habitudes; et, parmi ceux que la fortune a dispensés de tous soins matériels, les causes morales qui le produisent sont plus énergiques que les causes physiques. C'est dans l'âme et non dans les sens que s'allume d'abord le foyer de cette passion. Les beaux traits, les charmes ravissants d'une femme de la classe inférieure, commune dans son langage, ignoble dans ses manières, pourront bien exciter, pour quelque temps, le désir de celui qui a été habitué à rechercher dans celle qu'il aime tout ce qu'il estime le plus dans lui-même; mais jamais ils ne feront naître cette passion qui nous fait vivre en autrui, qui transporte notre existence tout entière dans l'objet aimé.

C'est pourtant à la confusion des rangs, au nivellement des diverses classes de la société, qu'est dû ce débordement de mœurs qui prévalut en France dans le dix-huitième siècle. Lorsque les plus grands seigneurs eurent mis leur amour-propre à ne pas se distinguer, par leurs manières et leurs façons de vivre, de l'artiste et de l'homme de lettres; lorsque les femmes des financiers, des marchands opulents, n'offrirent plus de différence par leur éducation, par leur habillement, avec les dames du plus haut rang ; quand l'égalité fut reconnue entre tous les gens du monde comme une condition essentielle aux relations sociales, alors disparurent tous les obstacles qui s'opposaient à la réciprocité des sentiments. La politesse, l'instruction, le savoir-vivre, les déférences mutuelles, la liberté du discours, tout fut égal entre des personnes qui présentaient d'ailleurs tant d'inégalités sous les rapports du rang, de la naissance et de la fortune. Bien plus, tant d'admiration fut prodiguée aux talents agréables, qu'on mit dans les plus hautes classes de l'orgueil à y exceller. Dès lors il ne dut plus y avoir de conquête trop relevée pour un musicien ou un danseur ; c'était le maître qui consentait à se livrer à son élève.

Il n'en était point ainsi du temps de madame de Sévigné. Les diverses classes de la société se mêlaient entre elles, sans se confondre. Jusque dans la familiarité d'un commerce journalier, elles maintenaient les degrés de subordination, et les nuances de ton et de manières qui les distinguaient aussi sûrement que la diversité de leurs habits. L'inégalité des rangs et des conditions établissait des barrières dont l'amour s'effarouchait, et qu'il cherchait rarement à franchir.

Ainsi donc, parmi ceux qui aspiraient aux faveurs de madame de Sévigné, les hommes de la cour et ceux de la haute noblesse étaient les seuls qui pouvaient l'attaquer avec avantage, les seuls qui fussent réellement dangereux pour elle. Son humeur libre, gaie, joviale, et sa coquetterie naturelle, firent qu'il s'en présenta plusieurs ; et comme nous les retrouvons presque tous au nombre de ses amis les plus dévoués et les plus assidus, il est essentiel de les faire connaître au lecteur.

Le premier de tous, par son rang et sa naissance, était le prince de Conti, frère du grand Condé. Moins habile que lui sur le champ de bataille, il était auprès des femmes plus spirituel et plus aimable, et obtint auprès d'elles plus de succès, quoiqu'il fût contrefait [1].

Le grand Turenne eut toujours pour les femmes le penchant le plus décidé; et ses instances auprès de madame de Sévigné furent assez vives pour la forcer de se dérober à ses visites, devenues trop fréquentes pour ne pas la compromettre [2]. On trouve aussi dans cette liste le marquis de Noirmoutier et le comte de Vassé, qui se battit en duel, en 1746, avec le comte Rieux de Beaujeu, capitaine de cavalerie dans le régiment de Grancey [3]. Il faut ajouter encore les deux surintendants des finances Servien et Fouquet, surtout ce dernier, pour lequel madame de Sévigné fit voir un attachement si sincère et si vif dans sa disgrâce.

Mais tous ces amants n'osèrent concevoir l'espoir de réussir auprès de madame de Sévigné qu'après qu'elle eut perdu son mari; tandis que le comte du Lude et Bussy-Rabutin voulurent surprendre son inexpérience aussitôt après son mariage, et cherchèrent à tirer parti, au profit de l'amour, des justes mécontentements de l'hymen.

Le comte du Lude, quoique assez laid de visage, était grand, bien fait; et, ce qui n'était pas alors un avantage médiocre, même pour un homme, il avait une belle chevelure. Il excellait à tous les exercices, dansait avec une

---

[1] SÉVIGNÉ, *Lettres*, t. I, p. 17; *lettre de Bussy* en date du 16 juin 1654.

[2] SÉVIGNÉ, *Lettres*, t. I, p. 42; *lettre de Bussy* en date du 7 octobre 1655.

[3] BUSSY, *Mém.*, t. I, p. 113, édit. in-12, p. 141 de l'édit. in-4°. — TALLEMANT DES RÉAUX, *Mém. mss.*, in-folio, p. 566 et 567.

grâce remarquable, maniait un cheval avec une hardiesse et une dextérité merveilleuses, et était habile à l'escrime. A toutes ces qualités du corps il joignait encore celles de l'esprit[1]; c'était un des hommes de France dont on citait le plus de bons mots. On ne doutait point de son courage; il en avait donné des preuves dans plusieurs combats singuliers; mais la douceur de son caractère et son naturel enclin à la mollesse lui donnaient de l'éloignement pour les fatigues et les violences de la guerre. Ce fut la faveur du monarque plutôt que ses exploits et ses services qui le portèrent successivement jusqu'aux premiers grades militaires. Il fut par la suite nommé grand maître de l'artillerie, puis créé duc; par héritage et par le revenu de ses charges, il se vit possesseur d'une immense fortune[2]. Il aimait le plaisir, et s'était acquis auprès des femmes cette sorte de réputation qui se concilie les bonnes grâces de toutes, parce qu'elle suppose plus de vivacité dans l'attaque, plus d'excuses dans la défaite, plus de gloire dans la résistance. Ce qui contribuait à lui conserver la bienveillance générale du beau sexe, c'est que, quoique volage en amour, il n'était jamais perfide. Il n'aimait pas longtemps, mais il aimait fortement; souvent ses larmes témoignaient de la violence et de la sincérité de sa passion, et attendrissaient celles que ses séductions n'avaient pu fléchir. Il portait jusque dans les déréglements de la volupté les sentiments d'un homme juste. Souvent infidèle, jamais il ne cherchait à se venger d'une infidélité; toujours discret et modeste dans ses triomphes, il prenait autant de soin pour ménager la ré-

---

[1] *Ménagiana*, t. I, p. 205.
[2] SÉVIGNÉ, édit. de Monmerqué, 1820, in 8°, t. V, p. 343, note B. — DANGEAU, *Journal* des 30 et 31 août 1685, t. I, p. 71, édit. 1830.

putation des femmes qu'il avait autrefois aimées, que de celles dont l'intérêt présent de son amour lui faisait un devoir de cacher les écarts à la malignité publique [1].

Si sa passion pour madame de Sévigné fut connue, ce fut par le coupable libelle de Bussy. Cette publicité fit que madame de Sévigné plaisantait de cet amour longtemps après dans une lettre à sa fille. Cette lettre nous apprend que les deux mariages que le comte du Lude contracta successivement dans le cours de sa vie ne firent point cesser ses intrigues galantes. Madame de Coulanges fut au nombre de celles dont il parvint à se faire aimer [2].

Bussy est forcé de rendre hommage à la vertu de sa cousine. Il avoue qu'elle sut résister à l'amour du comte du Lude; mais en même temps, comme il fallait que l'animosité qui guidait sa plume se satisfît, il prétend que le comte du Lude n'a pas mis assez de constance dans ses poursuites, et qu'au moment même où il tourna ses vœux d'un autre côté madame de Sévigné inclinait à se rendre.

Bussy était bien convaincu du contraire de ce qu'il écrivait, et lui-même s'est reproché ces lignes coupables, et les a démenties avec l'expression du plus sincère repentir. Il savait d'ailleurs qu'il était alors pour sa cousine un séducteur autrement dangereux que le comte du Lude. Madame de Sévigné n'a eu en effet avec aucun homme des rapports aussi longs, aussi multipliés qu'avec Bussy-Rabutin, et, si on excepte son mari et son tuteur, des rapports aussi intimes. Nul ne l'a si longtemps et si cons-

---

[1] BUSSY-RABUTIN, *Hist. amoureuse des Gaules*, édit. 1754, t. I, p. 260 à 262, et p. 42 de l'édit. de Liége.

[2] SÉVIGNÉ, *Lettres*, t. VI, p. 157, édit. Monm., lettre du 1ᵉʳ mars 1680, n° 716.

tamment aimée ; nul ne l'a louée aussi souvent et plus sincèrement ; nul n'a eu pour son esprit une admiration plus grande, pour sa vertu une estime plus profonde ; nul ne lui a inspiré des sentiments plus tendres et ne lui a causé des peines plus amères.

La vie de Bussy-Rabutin se trouve presque constamment liée à celle de madame de Sévigné. La correspondance qu'elle a entretenue avec lui est la seule, de toutes les correspondances qui la concernent, qui nous reste entière ; car nous n'avons point les réponses de nombreuses lettres qu'elle adressa à sa fille, tandis que Bussy a eu grand soin de nous conserver les lettres qu'il a reçues de sa cousine et celles qu'il lui a écrites. Il est donc nécessaire, pour notre sujet, de bien faire connaître Bussy et de raconter la suite de ses aventures galantes avant qu'il fût devenu amoureux de madame Sévigné et qu'il eût employé pour en triompher tout l'art d'un séducteur expérimenté, et peu délicat sur le choix de ses moyens. Il faut aussi rechercher quel était alors l'état de sa fortune, son rang et sa position dans le monde, les motifs d'intérêts ou d'ambition qui le faisaient agir.

A l'époque du mariage de madame de Sévigné, quels que fussent les qualités brillantes et les avantages que réunissait le comte du Lude, il était cependant, sous bien des rapports, inférieur à Bussy. Celui-ci, relativement à l'ancienneté et à l'illustration de sa naissance, n'avait rien à lui envier, et lui était supérieur par son rang et ses services personnels. Le comte du Lude n'avait alors fait qu'une seule campagne comme volontaire. Il semblait avoir renoncé à la guerre, et n'avait aucun grade dans l'armée ; tandis que Bussy, au contraire, avait commencé dès l'âge de seize ans une carrière militaire aussi brillante que rapide¹. Il avait combattu avec gloire sous le duc d'Enghien, et mérité les éloges de ce jeune et grand capitaine. Il avait été nommé colonel à vingt ans, et on lui avait confié le commandement du régiment de son père. Par la mort de celui-ci il se trouvait, au temps dont nous parlons, c'est-à-dire à vingt-six ans, lieutenant de roi du Nivernais², et de plus revêtu de la charge de capitaine lieutenant des chevau-légers du prince de Condé, qu'il avait achetée. L'année suivante il fut nommé conseiller d'État. A trente-cinq ans il était déjà lieutenant général et mestre de camp de la cavalerie légère. Quant aux facultés de l'esprit, Bussy avait encore une grande supériorité sur le comte du Lude; malgré les brillantes reparties de ce dernier. Une ode de Racan, adressée au père de Bussy, avait inspiré au fils, à sa sortie du collége, un goût vif pour les belles-lettres³; et au milieu des camps, de la cour et du monde, il s'y appliqua avec assez de succès pour que par la suite personne ne crût que l'Académie Française lui eût fait une faveur en l'admettant dans son sein. Il a peut-être été trop loué par la Bruyère, qui louait si peu; il a peut-être eu de son vivant une réputation littéraire exagérée; mais on ne peut disconvenir qu'il ne soit un écrivain spirituel, élégant et pur, et ce

---

¹ Bussy, *Mémoires*, édit. 1721, t. I, p. 2, 6, 13, 19, 23, 41, 43, 94, 96 et 105. — *Ibid.*, *Hist. amour. des Gaules*, édit. 1754, t. I, p. 160; édit. de Liége, p. 43.

² Bussy, *Discours à ses Enfants*, édit. 1694, p. 184, 207-211, t. III des *Mémoires*, p. 272, 280 et 281; *Mémoires*, t. I, p. 93, 94, 96, ou édit. 1696, in-4°, t. I, p. 130. — D'Olivet, *Hist. de l'Académie*, in-4°, ou t. II, p. 212.

³ Bussy, *Discours à ses Enfants*, 1694, in-12, p. 175; *Mémoires*, 1721, t. I, p. 268. — D'Olivet, *Hist. de l'Académie*, 1709, in-4°, ou t. II, p. 250.

mérite l'emporte sur celui de diseur de bons mots. Sous les rapports physiques, relativement aux avantages extérieurs, il avait encore une plus grande supériorité sur son rival. Sa taille était majestueuse, ses yeux grands et doux ; son nez tirait sur l'aquilin ; sa bouche était bien faite, sa physionomie ouverte et heureuse ; ses cheveux blonds, déliés et clairs [1]. Sa position à l'égard de madame de Sévigné favorisait ses desseins sur elle, et faisait qu'avec des armes égales il était difficile de lutter avec lui. Il jouissait auprès de sa cousine de privautés qu'excepté son mari, elle ne pouvait accorder à aucun autre homme, puisqu'il n'y en avait pas d'autre qui fût son parent d'aussi proche.

Dans ce siècle, c'eût été aux yeux de tous un sujet de blâme, une sorte d'aberration morale, une manière de penser basse et vulgaire, que de n'être pas sensible aux avantages de la naissance. Plusieurs passages des lettres de madame de Sévigné, durement tancés par un de ces ignorants commentateurs qui n'ont étudié l'histoire que dans les carrefours et le cœur humain que dans les tabagies, nous prouvent que, malgré son bon sens naturel et sa philosophie si vraie, et quelquefois si profonde, madame de Sévigné était fortement imbue des opinions que de son temps on nommait de nobles sentiments, un orgueil légitime, et que dans le nôtre nous avons taxées de préjugés ridicules et de vanités puériles. L'esprit de famille, si puissant alors, secondait fortement les inclinations de notre jeune veuve pour son cousin, et la rendait fière de toutes les qualités qui brillaient en lui et de tous les succès qu'il obtenait. Il était en effet le seul

---

[1] Bussy, *Amours des Gaules*, p. 18 ; *Hist. am. des Gaules*, 1654, in-12, t. I, p. 283.

héritier du nom des Rabutins ; ce nom ne pouvait plus se perpétuer que par ce dernier et unique rejeton de la branche cadette[1], puisque la branche aînée n'était représentée que par madame de Sévigné, et se trouvait perdue dans la maison avec laquelle elle s'était alliée.

Bussy chercha à mettre à profit tous ces avantages pour séduire sa cousine, et y joignit même la perfidie. Il se vengea par un moyen plus cruel encore de n'avoir pu réussir ; et il ne dut enfin qu'au bon naturel de celle à qui il aurait pu inspirer de l'amour, de pouvoir conserver avec elle un commerce amical, qui était devenu nécessaire à tous deux.

Mais pour Bussy, il en fut toujours ainsi : son orgueil, son caractère malin et envieux, sa vanité de bel esprit, son égoïsme firent avorter tous les projets formés par son ambition, et rendirent inutiles pour son bonheur toutes les faveurs de la fortune, tous les dons de la nature. Nous ne nous occuperons qu'en passant de sa vie politique et militaire, et qu'autant qu'elle se ralliera à notre sujet ; mais il est essentiel d'examiner quelles étaient les femmes avec lesquelles il avait été en relation jusqu'à l'époque du mariage de madame de Sévigné et lorsqu'il porta ses vues sur elle.

Rien ne prouve mieux que le détail de son premier amour le respect que les jeunes gens de ce temps avaient pour les femmes, et les changements qui se sont introduits dans les moyens employés pour leur plaire. Bussy se montra dès son entrée dans le monde dissipateur et déréglé dans sa conduite. Il abusa de la procuration qui lui fut donnée pour assister au conseil de famille relatif

---

[1] *Généalogie des Rabutins*, dans les *Lettres inédites*, 1819, p. 18.

à la nomination d'un tuteur pour sa cousine Marie de Rabutin-Chantal; et par une ruse coupable, il arracha, au moyen de cette procuration, au médecin Guinaut trois cents pistoles sur une somme plus forte que son père avait confiée à ce dernier [1]. Bussy dépensa cette somme en débauches ; puis il se battit ensuite en duel pour des causes très-légères. Tous ces faits n'annonçaient pas un jeune homme scrupuleux et timide auprès des femmes. Cependant, en 1638, et alors âgé de près de vingt ans [2], se trouvant en garnison à Guise, une jeune veuve de qualité, fort belle, brune, qui comptait environ vingt-cinq ans, et la fille d'un bourgeois de la ville, beaucoup plus jeune et très-jolie, devinrent toutes deux les objets de ses attentions particulières, et il paraissait être bien accueilli de l'une et de l'autre. Il décrit très-bien l'hésitation et la timidité d'un premier amour, et toutes les délices d'un premier succès [3]. Nous ne le suivrons pas dans ces récits ; mais nous n'omettrons pas de rapporter ses tentatives infructueuses auprès de mademoiselle de Romorantin, parce qu'elles font connaître les mœurs relâchées de la haute société de cette époque, et les dangers où se trouvait exposée une jeune femme telle que madame de Sévigné, au milieu d'un tel monde.

Bussy avait conduit son régiment en garnison à Aï. Il l'y laissa, et se rendit à Châlons en Champagne pour rendre ses devoirs à François de l'Hospital, connu alors sous

---

[1] Bussy, *Mémoires*, édit. in-12, t. I, p. 13, 14; édit. in-4°, t. I, p. 16, 17. Voyez ci-dessus, p. 10, chap. III.

[2] Bussy, *Mém.*, édit. in-4°, t. I, p. 47 et 67 ; in-12, t. I, p. 3, 19, 38, 41, 47, 54. — D'Olivet, *Hist. de l'Académie franç.*, t. II, p. 253. — Sévigné, *Lettres*, t. I, p. 122.

[3] Bussy, *Mémoires*, t. I, p. 37, édit. 1696, in-4°, ou t. I, p. 30, édit. in-12.

le nom de du Hallier¹, et qui fut depuis maréchal de France. Il commandait alors dans la province. Bussy vit chez lui pour la première fois mademoiselle de Romorantin, blonde, petite, mais d'une beauté éblouissante; il en devint aussitôt amoureux. Mademoiselle de Romorantin était la fille de madame du Hallier. Bussy dit de cette dame qu'elle avait eu des enfants de beaucoup de gens, et pas un légitime. En effet, madame du Hallier était cette Charlotte des Essarts, comtesse de Romorantin, célèbre par ses liaisons avec Henri IV, et qui surpassait en beauté toutes ses autres maîtresses² ; elle eut du roi deux filles, toutes deux légitimées. Elle vécut ensuite avec Louis de Lorraine, cardinal-duc de Guise, et archevêque de Reims. Elle en eut cinq enfants. On prétendit (et cette prétention fut portée par la suite devant les tribunaux) qu'il y avait eu un mariage secret entre elle et le cardinal de Guise, par dispense du pape. Du Hallier, intéressé à prendre la chose sur ce pied, la reconnut, dans son contrat de mariage, comme veuve de ce prince ; mais, avant d'épouser du Hallier, elle avait vécu avec de Vic, archevêque d'Auch. Ce fut une singulière destinée que celle de du Hallier. D'évêque de Meaux, il devint maréchal de France ; et de deux femmes qu'il épousa successivement, la première avait été la maîtresse d'un roi et de deux archevêques ; et la seconde, simple lingère dans sa jeunesse, se maria en troisièmes noces à un abbé commendataire, précédemment roi de Pologne (Jean-Casimir)³. Ces contrastes en

---

¹ Bussy, *Mém.*, in-12, t. I, p. 42 ; de l'édit. in-4°, t. I, p. 52. — *Supplément aux Mémoires*, 1ʳᵉ partie, p. 2.

² *Voyez* Tallemant, *Historiettes*; Paris, 1834, in-8°, t. I, p. 105.

³ Anselme, *Histoire généalogique de la Maison de France*, t. VII, p. 523. — De La Chesnaye des Bois, *Dictionnaire de la No-*

disent plus sur les effets des révolutions d'État et des guerres civiles, et sur les déréglements des mœurs pendant les deux règnes qui précédèrent celui de Louis XIV, que des volumes entiers d'histoire.

Bussy nous apprend qu'il était parent de madame du Hallier, et il parle en ces termes de l'accueil qu'elle lui fit : « Quelque vieille que fût madame du Hallier, elle aimait à rire et à faire bonne chère; et comme elle se faisait assez de justice pour croire que cela ne suffisait pas pour retenir la jeunesse auprès d'elle, elle prenait soin d'avoir toujours la meilleure compagnie de la ville et les plus jolies femmes dans sa maison. Elle me trouvait, à ce qu'elle disait, un garçon de belle espérance, et digne de sa nourriture; et, me voyant de l'inclination à la galanterie, elle me faisait souvent des leçons qui m'auraient dû donner de la politesse. Son grand chapitre était les ruses des dames et leurs infidélités; et je m'étonne qu'après les impressions qu'elle m'en a données, j'aie pu me fier à quelques-unes, et n'être pas le plus jaloux des hommes[1]. »

Louise de Lorraine, qu'on nommait dans le monde mademoiselle de Romorantin, était la seconde des filles que Charlotte des Essarts avait eues du cardinal de Guise, toutes deux reconnues par leur père. Bussy remarque que madame du Hallier ne manquait jamais l'occasion de rappeler à mademoiselle de Romorantin qu'elle était née

---

blesse, t. VIII, p. 102, et t. VI, p. 137. — Mademoiselle DE GUISE, *les Amours du grand Alexandre, suivies de pièces intéressantes pour servir à l'histoire d'Henri IV* (par LA BORDE, valet de chambre du roi), 1786, in-12, t. II, p. 198. — MONTPENSIER, *Mémoires* (année 1658), t. XLII, p. 277 de la collection de Petitot.

[1] *Supplément aux Mémoires et Lettres de M. le comte de* BUSSY-RABUTIN, 1re partie, an du monde 7539417, p. 3.

princesse ; et il dépeint cette jeune personne comme naturellement enjouée, permettant de grandes libertés dans la conversation, et à qui on pouvait tout dire, pourvu que les paroles fussent décentes.

Avec deux femmes de ce caractère, Bussy crut qu'il lui serait facile de mettre à profit les leçons qu'il avait reçues de sa veuve. Il avait débuté à Guise par une double conquête, ce qui lui avait donné la présomption de croire qu'aucun cœur de femme ne pouvait lui résister. Mais il fut cette fois trompé dans ses espérances. Quoique mademoiselle de Romorantin fût plus jeune que lui [1], elle avait déjà beaucoup plus d'usage du monde et de pénétration. Sa fierté naturelle, celle qu'elle tirait de sa naissance et du rang de son beau-père, éloignait d'elle jusqu'à la pensée qu'elle pût se rendre coupable d'une faiblesse : elle était d'ailleurs soigneusement gardée par sa mère, et la surveillance d'une femme aussi expérimentée ne pouvait être facilement déjouée. « Je lui rendais, dit Bussy, plus de devoirs, comme à ma maîtresse, que je n'eus fait à une reine que je n'eusse point aimée... Je l'appelais mademoiselle,... elle m'appelait son cousin... Elle était assez bonne princesse pour moi... Elle en faisait assez pour m'empêcher de la quitter, n'en faisait pas assez pour que je fusse content. J'avais de quoi satisfaire la vanité d'un Gascon, mais pas assez pour remplir les desseins d'un homme fort amoureux, et qui va au solide [2]. »

Un heureux hasard, ou plutôt un heureux succès, semblait aider Bussy à sortir de cette situation pénible. Il s'était lié d'une étroite amitié avec un nommé Jumeaux,

---

[1] Bussy, *Supplément aux Mémoires*, t. I, p. 2 et 4.
[2] *Ibid.*, p. 6.

de la maison de Duprat, capitaine de cavalerie, beau, jeune, bien fait, brave, gai, spirituel, et, comme lui, en quartier d'hiver en Champagne. Selon l'usage de ces temps, ces deux amis n'avaient qu'un même lit, et se confiaient mutuellement leurs secrets. Bussy avait donc fait confidence de son amour pour mademoiselle de Romorantin à Jumeaux, et il avait persuadé à celui-ci de choisir aussi, à son exemple, une maîtresse à séduire; même il lui avait épargné l'embarras du choix, en lui désignant une jolie brune de la ville. Jumeaux, qui n'aimait que la vie des camps et la débauche, ne se prêta qu'imparfaitement à ce projet. Pour lui en rendre l'exécution plus facile, Bussy usa de son influence, et fit inviter chez madame du Hallier la maîtresse de son ami. La dame fut sensible aux soins que Bussy se donnait pour elle, et les attribua à l'amour qu'elle crut lui avoir inspiré. Alors, comme rien ne s'y opposait, elle se livra au penchant de son cœur, qui l'entraînait vers Bussy. Les chagrins que causait à Bussy l'inutilité de ses efforts auprès de mademoiselle de Romorantin suggérèrent à Jumeaux l'idée de le consoler, en le laissant libre d'aimer celle qui le préférait à lui. Bussy était trop amoureux pour pouvoir profiter entièrement de la générosité de Jumeaux; mais il consentit cependant à ce qu'il proposait, dans l'espérance que la jalousie produirait quelques effets heureux pour son amour sur mademoiselle de Romorantin, et que la crainte de le perdre la forcerait, pour n'être pas abandonnée, à se montrer plus facile à son égard.

Ce fut tout le contraire; et elle le désespéra en lui avouant, dans une explication qui fut le résultat de son changement de conduite, qu'elle s'était sentie de l'inclination pour lui ; mais en même temps elle lui déclara qu'un cœur capable de se partager était indigne d'elle. « Et souvenez-vous, dit-elle, mon cousin, que le peu de douceurs que vous aviez près de moi valait mieux que toutes les faveurs que vous allez chercher. » Bussy, plus amoureux qu'il ne l'avait jamais été, exprima son repentir, implora son pardon, mais en vain. Jamais il ne put parvenir à se replacer auprès de cette fière beauté dans la même situation qu'il avait trouvée si pénible, et que la violence de son amour lui faisait trouver digne d'envie depuis qu'il en était déchu. Pour se délivrer de ses instances, elle lui fit connaître qu'elle avait trop d'orgueil pour avoir contre lui de la haine ou de la colère, et qu'elle le servirait pour son avancement, auprès de son beau-père, plus ouvertement qu'auparavant; mais qu'il ne fallait plus qu'il songeât à elle : qu'elle se considérait comme entièrement dégagée, et que si elle ne l'était pas, elle ferait les plus grands efforts pour l'être.

Ces derniers mots ayant réveillé dans le cœur de Bussy une faible espérance, il essaya de nouveau tout ce que les prières et les larmes ont de plus touchant, tout ce que les protestations d'une ardente passion ont de plus persuasif. Tout fut inutile. Mademoiselle de Romorantin se montra inflexible, et la fermeté de ses paroles ne permit plus de douter de la fixité de ses résolutions.

Bussy s'attacha alors à celle qui avait conçu pour lui l'amour le plus passionné; mais celle-ci devint excessivement jalouse de mademoiselle de Romorantin, quoique Bussy se réduisît à l'égard de cette dernière aux termes de la simple amitié. Elle voulut exiger qu'il ne la vît point et qu'il cessât d'aller chez madame du Hallier. Bussy ne voulut point céder à cette exigence. Elle prit d'autres résolutions, et fit entendre à mademoiselle de Romorantin qu'elle savait que Bussy lui avait parlé de son amour, qu'il avait offert de lui en faire le sacrifice, et qu'elle n'avait pas voulu l'accepter. Mademoiselle de Romorantin, sans se déconcerter, lui dit qu'elle ne savait pas si Bussy était discret ; mais qu'elle avait peine à croire qu'il fût menteur, et qu'elle lui parlerait de cette affaire [1]. Alors la dame, prévoyant que sa ruse serait bientôt découverte, se repentit de l'avoir employée. Elle en fit l'aveu à Bussy, en fondant en larmes. Bussy lui dit qu'il n'y avait pas d'autre moyen de réparer sa faute que d'aller faire à mademoiselle de Romorantin la confidence de sa liaison avec lui et de toutes ses faiblesses, et de lui demander pardon de l'offense que les tourments de la jalousie lui avaient fait commettre. La dame suivit d'autant plus volontiers ce conseil, qu'elle y vit un moyen d'empêcher Bussy de tromper mademoiselle de Romorantin sur la nature de leur liaison, et de mettre l'orgueil de sa rivale dans l'intérêt de sa passion. La confession qu'elle fit donna ensuite lieu à un entretien entre Bussy et mademoiselle de Romorantin, qui nous prouve combien à cette époque il y avait dans la haute classe de liberté dans le commerce entre les deux sexes, et jusqu'où pouvait aller la licence des entretiens avec les nobles demoiselles et les dames auxquelles on devait le plus de respect [2].

Ce fut la dernière conversation que Bussy eut avec mademoiselle de Romorantin. Le lendemain, elle partit avec sa mère. Bussy nous dit qu'il ne l'a pas revue depuis, et il n'en fait plus mention dans ses Mémoires. Nous savons cependant par d'autres qu'elle tint tout ce

---

[1] Bussy, *Supplément aux Mémoires*, partie I, p. 17.
[2] *Ibid.*, p. 18.

que le récit de Bussy pouvait faire présumer d'elle. Peu de mois après avoir quitté Châlons, elle épousa (le 4 novembre 1639) Claude de Pot, seigneur de Rhodes, grand maître des cérémonies de France. Elle devint veuve en 1650, fut mêlée à toutes les affaires de la Fronde, eut des liaisons particulières avec le garde des sceaux Châteauneuf, et de plus intimes encore avec le duc de Beaufort, et mourut à Paris, le 15 juillet 1652, à l'âge de trente-trois ans, laissant la réputation d'une des femmes les plus galantes et les plus intrigantes de son temps [1].

Le départ de mademoiselle de Romorantin causa une grande joie à la maîtresse de Bussy, qui crut être par là délivrée de tout motif de tourment. Elle se trompait. La jalousie s'attache à l'amour comme l'envie au bonheur, pour en troubler toutes les jouissances; et lorsque la destinée se complaît à écarter les causes qui pourraient alimenter ces deux passions haineuses, elles s'en créent d'imaginaires, qui produisent des angoisses aussi douloureuses que si elles étaient réelles.

Le père de Bussy n'ignorait pas la liaison amoureuse de son fils à Châlons. Il lui écrivit qu'il y avait dans cette ville une fille riche, qui donnerait en dot à son mari quatre cent mille francs, et qu'il ferait bien de ne pas laisser échapper une aussi belle fortune; que c'était une occasion de mettre à profit le talent de plaire aux dames, qu'il paraissait avoir acquis. Bussy trouva l'avis de son père fort

---

[1] NEMOURS, *Mémoires*, t. XXXIV, p. 460. — MOTTEVILLE, *Mémoires*, t. XXXVIII, p. 173. — PETITOT, *Introduction aux Mémoires sur la Fronde*, t. XXXV, p. 145. — RETZ, *Mémoires*, t. XLV, p. 37, 105, 115, 147, 157, 186, 187, 192. — JOLY, *Mém.*, t. XLVII, p. 105. — LORET, *Muse historique*, 15 octobre 1650, t. I, p. 63. — SÉVIGNÉ, *lettre* en date du 25 février 1685, t. VII, p. 34.

bon, résolut de le suivre, et chercha à se dégager des liens qui l'enchaînaient.

D'après les dispositions où se trouvait Bussy, ce fut avec satisfaction qu'il vit arriver le temps d'entrer en campagne : il se rendit à l'armée devant Thionville, qu'assiégeait M. de Feuquières.

L'hiver suivant (en 1640), Bussy fut envoyé en garnison à Moulins, où il eut une nouvelle intrigue avec une comtesse qu'il eut à disputer au marquis de Mauny, fils du maréchal de la Ferté, et au fils d'Arnauld d'Andilly, alors militaire, depuis abbé, le même qui fut lié avec madame de Sévigné, et dont nous avons les Mémoires.

Quelque forts que fussent les attachements de Bussy, jusqu'ici aucun n'avait duré plus longtemps que son séjour dans la ville où il les contractait; lorsqu'il cessait d'y être en garnison ou qu'il fallait se rendre à l'armée, il reprenait sa liberté, et il n'était plus question de rien. Il n'en fut pas de même de l'amour qu'il éprouva pour une de ses parentes. Il venait de passer cinq mois en captivité à la Bastille; on l'avait rendu responsable de la conduite de son régiment, qui à Moulins avait pratiqué le faux saunage, et donné lieu à de grandes plaintes de la part de l'administration des gabelles. Cette rigueur, qui était méritée, puisque son absence des lieux où son devoir l'obligeait à résider était la principale cause du désordre, lui parut injuste. Il vint à la cour en 1642, dans l'intention de quitter le service; et, en attendant quelque occasion favorable d'y rentrer, il résolut de chercher fortune par un mariage. Ennemi de toute contrainte, il eût désiré rester garçon; mais il voulut satisfaire son père, qui désirait fortement le voir établi. « J'aurais voulu, dit-il, de ces mariages de riches veuves qui s'entêtent d'un beau garçon, et qu'on m'eût pris avec mes droits, sans demander autre chose. » Son nouvel amour vint fort mal à propos contrarier les desseins de son père et ses propres résolutions. Sa parente était fort belle, mais n'avait point de fortune. « Croyant d'abord, dit-il, m'amuser, en attendant que j'eusse rencontré quelque bon parti, je finis par en devenir amoureux. Dans les commencements de ma passion, je fus assez mon maître pour ne la vouloir point épouser, ne désirant pas me ruiner pour l'amour d'elle ; et quand l'amour m'eut mis en état de ne plus songer à mes intérêts, je songeai aux siens, et je ne voulus pas la rendre malheureuse en l'épousant malgré mon père, ni la ruiner pour l'amour de moi... Et sur cela j'admire la bizarrerie de mon amour, qui n'avait d'autre but que soi-même ; car je ne voulais ni débaucher ma maîtresse ni l'épouser. »

La parente de Bussy répondait sans aucun détour à sa tendresse, et se livrait avec lui à d'innocentes caresses avec la plus intime confiance et le plus entier abandon. Il arriva un jour que, dans un de ces entretiens qui les rendaient si heureux, Bussy, emporté par son désir amoureux, parut vouloir oublier ses généreuses résolutions ; et elle, se sentant aussi incapable d'opposer aucune résistance, prit une attitude suppliante, et lui dit : « Vous êtes le maître, mon cousin, si vous le voulez absolument ; mais vous ne le voudrez pas si vous désirez me donner la plus grande marque d'amour qui soit en votre pouvoir... » Et cette marque d'amour, si difficile à donner dans un tel moment, il la lui donna [1]. Ce fut un beau trait de Bussy, et peu d'accord avec la conduite de toute sa vie. Il nous montre qu'il a du moins une fois éprouvé ce sen-

---

[1] Bussy-Rabutin, *Mémoires*, t. I, p. 91. — *Ibid.*, in-4°, t. I, p. 112.

timent si rare qui rend l'âme, plus que les sens, avide des jouissances qu'il procure, et qui ne s'empare du cœur que pour en chasser tous les penchants impurs et n'y plus laisser de place qu'aux vertus généreuses.

Cependant l'amour que Bussy inspirait à sa parente ne paraît pas avoir été égal à celui qu'il ressentait pour elle. Dès qu'elle eut appris que le père et la mère de Bussy, inquiets de la liaison de leur fils avec elle, s'étaient hâtés d'arrêter son mariage avec Gabrielle de Toulongeon, elle rompit tout commerce avec son cousin, et son attachement sembla cesser dès qu'elle eut perdu l'espoir de devenir sa femme. Bussy en fut surpris, et profondément affligé. Son père, craignant qu'il n'en tombât malade, l'emmena avec lui en Normandie, afin de chercher à le distraire.

Les préliminaires du mariage de Bussy traînaient en longueur, et six mois s'étaient écoulés depuis sa rupture avec sa cousine, lorsque, au moment où il s'y attendait le moins, il la rencontra à Dijon avec sa sœur. Cette sœur était mariée, et c'était chez elle que s'était formée et entretenue leur liaison. Toutes deux témoignèrent leur surprise et leur joie en revoyant Bussy. Il resta huit jours à Dijon, par suite de cette rencontre; et il y serait demeuré plus longtemps, sans la crainte d'exciter la jalousie de mademoiselle de Toulongeon. Il avait alors moins d'amour pour sa cousine, et en même temps moins de respect; de son côté, elle avait moins d'abandon et plus de réserve. « Je prenais d'autorité, dit-il, ces faveurs qu'elle accordait autrefois à mes prières; si elle m'avait laissé faire alors, je ne l'aurais pas tant ménagée que je faisais : mais elle n'avait garde de se remettre à ma discrétion, ne doutant pas que je n'en abusasse. »

Bussy épousa, peu de temps après, mademoiselle de

Toulongeon[1], et fut près d'un an sans entendre parler de sa cousine. Il la revit à Paris, plus belle, plus séduisante qu'elle n'avait jamais été, mais engagée, ainsi que lui, dans les liens du mariage[2]. « Je ne voulus pas, dit-il, perdre mes services passés : je lui rendis donc quelques soins; et comme je ne craignais rien, je ne perdis pas mes peines. Depuis ce temps-là je n'ai point douté que la hardiesse en amour n'avançât fort les affaires. Je sais bien qu'il faut aimer avec respect pour être aimé; mais assurément pour être récompensé il faut entreprendre, et l'on voit plus d'effrontés réussir sans amour, que de respectueux avec la plus grande passion du monde[3]. » Mais pour Bussy, plus que pour tout autre, la possession devenait promptement un remède à l'amour; et cette femme qui avait été pour lui l'objet d'une affection si forte et si pure, qui lui avait inspiré des sentiments si délicats et si tendres, cessa promptement de lui plaire. Il trouva qu'elle manquait entièrement de ces manières agréables, de ce je ne sais quoi qui nous enchaîne et qu'on ne peut exprimer. « Plus on connaissait ma cousine, dit-il, moins on avait d'amour pour elle; et son corps, son esprit et sa conduite lui faisaient perdre les amours que son visage lui avait attirés[4]. »

Il est probable que le prompt refroidissement que Bussy ressentit pour cette cousine provenait de l'amour dont il s'était épris pour une autre cousine, non aussi belle peut-être, mais plus spirituelle et plus aimable. Cet amour dura plus longtemps que tous les autres, précisément parce

---

[1] Bussy, *Mémoires*, t. I, p. 91 à 93, édit. in-12; de l'in-4°, t. I, p. 114.
[2] *Ibid.*, p. 93; de l'in-4°, p. 115.
[3] *Ibid.*, p. 93.
[4] *Ibid.*, p. 94.

qu'il ne put jamais se satisfaire. L'époque où Bussy se mit à rechercher les bonnes grâces de la marquise de Sévigné coïncide en effet avec celle de sa rupture avec la comtesse des environs de Moulins, et avec la fin de sa liaison avec cette parente dont nous venons de parler. Ce fut entre 1642 et 1644, pendant les deux années que Bussy resta sans emploi, qu'il fit marcher de front le plus d'aventures galantes, au milieu desquelles vint se placer son mariage. Lui-même nous apprend que ce ne fut qu'après que sa cousine Sévigné fut mariée qu'il devint amoureux d'elle [1]. Le père de Bussy, qui convoitait les grands biens de mademoiselle de Rabutin-Chantal, aurait voulu que son fils l'épousât; mais celui-ci, préoccupé de son amour pour son autre parente, seconda mal les projets paternels. Sa cousine Chantal était d'ailleurs alors fort jeune; et son caractère jovial et folâtre, l'habitude qu'il avait de la voir, la familiarité avec laquelle il s'était accoutumé avec elle, la lui faisaient considérer comme une enfant. Il n'ouvrit les yeux sur tous les agréments dont elle était pourvue que lorsqu'elle fut mariée, et qu'il eut été témoin de ses succès dans le monde : alors il regretta le trésor qu'il avait laissé échapper, et résolut de le ravir à celui qui s'en était rendu possesseur. C'était cependant son ami, mais un ami qui n'était pas plus scrupuleux que lui sur ces matières.

D'après ce que nous savons de la vie de Bussy jusqu'à cette époque, on ne peut s'empêcher de reconnaître que ses avantages personnels, son amabilité, l'expérience qu'il avait acquise des faiblesses du cœur chez les femmes, l'assurance que lui donnaient de nombreux succès en amour, et son immoralité même, ne le rendissent un

---

[1] Bussy, *Histoire amoureuse des Gaules*, t. I, p. 25 de l'édit. 1754, et p. 33 de l'édit. de Liége.

séducteur des plus dangereux. Madame de Sévigné n'avait que dix-huit ans lorsque Bussy commença contre elle son plan d'attaque. Il connaissait la tendresse qu'elle avait pour son mari ; et dans les premiers temps de son mariage, n'espérant pas pouvoir la distraire de ce sentiment, il chercha seulement à lui rendre sa présence agréable, et à obtenir sa confiance : il y réussit. Il était en même temps le confident de l'époux. Celui-ci lui racontait ses prouesses amoureuses, et madame de Sévigné les chagrins qu'elle en ressentait. Cependant à cette époque même Bussy acheta la charge de lieutenant de la compagnie des chevau-légers du prince de Condé, et rentra au service. D'un autre côté, le marquis de Sévigné emmena sa femme à sa terre près de Vitré en Bretagne. Bussy se vit donc forcé de se séparer de sa cousine. Cette absence ne fit qu'accroître sa passion naissante. Les procédés du marquis de Sévigné envers sa femme augmentaient dans Bussy l'espoir qu'il avait de se faire aimer. Aussi, pour ne pas se laisser oublier, il eut grand soin d'entretenir avec sa cousine un commerce de lettres.

CHAPITRE VIII.

1644 — 1646.

La vie des particuliers est subordonnée aux événements publics. — Des causes de la guerre qui forçaient Bussy, ainsi que toute la jeune noblesse, à s'éloigner tous les ans de la capitale pendant la belle saison. — Le marquis de Sévigné n'obtient la lieutenance de la ville de Fougères qu'après son mariage. — Lettre de Montreuil à madame de Sévigné, qui le prouve. — Le marquis de Sévigné conduit sa femme à sa terre des Rochers. — Description de cette terre, du château, des pays qui l'environnent, et de ses habitants. — Monsieur et madame de Sévigné y passent une année entière. — Bussy, après la campagne, se rend à sa terre de Forléans. — Il revient à Paris, et, en commun avec Lenet, il écrit une épître en prose et en vers à madame de Sévigné. — Dévouement de Lenet pour la maison de Condé. — Bussy se brouille avec Lenet. — Pourquoi on doit se défier du jugement qu'il en porte. — Bussy part pour l'armée, et s'y distingue; il écrit à madame de Sévigné.

Cette mystérieuse providence qui régit les États, les élève ou les abaisse, les trouble ou les calme, accroît leur prospérité ou les précipite vers leur chute, entraîne aussi dans leurs révolutions les destinées des individus, et y subordonne leur existence. De même que la connaissance des faits généraux de l'histoire ne peut résulter que de celle des faits particuliers à ceux qui y jouent les principaux rôles, la vie des personnes les plus étrangères à l'ambition et au tourbillon des affaires a besoin, pour être comprise, qu'on la replace au milieu des grands événements qui se sont passés de leur temps.

A l'époque du mariage de madame de Sévigné, l'Angleterre était agitée par cette terrible lutte qui devait la première donner l'exemple d'une tête royale tombant sous la hache du bourreau. Déjà la reine d'Angleterre, fille de Henri IV, avait été obligée de s'enfuir, et de chercher un refuge à Paris. La maison d'Autriche, que le génie de Richelieu avait comprimée, crut trouver par la mort de ce grand ministre une occasion favorable de ressaisir l'influence qu'elle avait perdue. L'Espagne, malgré l'épuisement de ses finances et le peu de talent de ceux qui la gouvernaient, aspirait toujours, comme sous Charles-Quint, à la domination de l'Europe; et ces hautes prétentions s'y perpétuaient comme par tradition. De même que dans un grand seigneur déchu l'orgueil de la naissance et le souvenir de sa fortune lui inspirent des projets et lui font conserver une attitude au-dessus de sa condition présente, ainsi, voulant mettre à profit la faiblesse et la confusion inséparables des premiers moments d'une minorité, l'Espagne avait, malgré les négociations de paix qu'on continuait à Munster, recommencé la guerre contre la France; mais elle rencontra Condé et Turenne, et devant ces deux jeunes et grands capitaines la réputation des guerriers de Charles-Quint et des bandes espagnoles s'éclipsa pour toujours.

C'est cette guerre qui forçait toute la jeune noblesse de voler aux frontières, et de quitter après chaque hiver les délices de la capitale ou de la cour. C'est aussi la même cause qui arrachait chaque année Bussy à ses intrigues amoureuses, et le forçait, par le changement de résidence, à en renouer tous les ans de nouvelles. Le marquis de Sévigné ne paraît pas avoir éprouvé ni le même besoin de gloire ni la même ambition; il chercha, au contraire, à s'éloigner du théâtre des combats, et sollicita la lieutenance de Fougères, petite ville de Bretagne, assez rapprochée de sa terre des Rochers. Une lettre de l'abbé de

Montreuil à la marquise de Sévigné, qu'elle reçut à Paris, au retour d'un de ses voyages de Bretagne, semble prouver que le marquis de Sévigné n'obtint le commandement de Fougères que par suite et en considération de son mariage.

LETTRE DE L'ABBÉ DE MONTREUIL A LA MARQUISE DE SÉVIGNÉ.

« Comme votre mérite ne saurait demeurer plus longtemps en un même lieu sans éclat, il court un bruit que vous êtes à Paris. Je ne le saurais croire : c'est une des choses du monde que je souhaite le plus, et ces choses-là n'arrivent point. J'envoie pourtant au hasard savoir s'il est vrai, afin qu'en ce cas je ne sois plus malade. Ce ne sera pas le premier miracle que vous aurez fait; dans votre illustre race, on les sait faire de mère en fils. Vous savez que madame de Chantal y était fort sujette; et tous les honnêtes gens qui vous voient et qui vous entendent demeurent d'accord que monsieur son fils, qui était votre père, a fait un grand miracle. Je vous supplie donc, si vous êtes de retour, de ne vous point faire celer afin que j'aie le plaisir de me porter bien et l'honneur de vous voir. C'est une grâce que je crois mériter autant qu'autrefois, puisque je suis aussi étourdi, aussi fou, et disant les choses aussi mal à propos que jamais. Je ne songe pas qu'encore que je ne sois pas changé, vous pourriez bien être changée et, au lieu de la lettre monosyllabe que je reçus de vous l'an passé, dans laquelle il y avait *oui*, m'en envoyer une de même longueur, où il y aurait *non*. Je suis, avec tout le sérieux et le respect dont je suis capable (le premier n'est pas grand, l'autre si),

« Votre très-humble serviteur, DE MONTREUIL. »

Post-scriptum. « J'ai oublié à mettre des *madame* dans ma lettre ; et *à présent que vous êtes lieutenante de Fougères*, c'est une grande faute. Tenez donc, en voilà trois ; distribuez-les aux endroits qui vous sembleront en avoir plus de besoin, madame, madame, madame[1]. »

Cette lettre justifie un peu l'épithète de fou qu'on avait donnée à Montreuil dans la société. Mais c'est là un rôle que la jeunesse avisée se plaît souvent à jouer auprès des jeunes femmes, pour accroître encore le privilége qui lui est accordé de se montrer indiscrète. Le marquis de Sévigné, pressé sans doute d'aller exercer sa nouvelle charge, conduisit au printemps de l'année 1645 sa femme en Bretagne, à sa terre des Rochers, située à une lieue et demie au sud-est de Vitré. Ce lieu, où depuis madame de Sévigné a fait des séjours si fréquents et si prolongés, où elle a écrit un si grand nombre de ses lettres, est dans un vallon au fond duquel coule un bras de rivière, un des affluents de la Vilaine. On s'y rend de Vitré par une chaussée pavée en grosses et larges pierres, qui annoncent la richesse et la puissance des anciens seigneurs. Le pays est ombragé de hêtres, de chênes, de châtaigniers, qui croissent avec vigueur sur les flancs des murs de terre qui entourent les propriétés dans cette partie de la Bretagne. Le château est situé sur un vaste plateau, d'où la vue ne s'étend pas à une demi-lieue. Cette vue est bornée par un terrain inégal et ondulé, et par des champs subdivisés en une multitude de clôtures formées par des haies, entourées de fossés, de parapets et d'épines, et bordées encore par d'immenses bouquets d'arbres qu'on

---

[1] Montreuil, *Œuvres*, édit. 1671, p. 4 ; édit. 1656, p. 5.

ne prend jamais soin d'émonder. D'aucun côté on n'aperçoit de rochers, ce qui semble démontrer que le nom de ce domaine a une autre étymologie que la signification habituelle du mot qui sert à le désigner [1].

Le château, qui subsiste encore, avait lorsque madame de Sévigné s'y transporta pour la première fois déjà près de trois cents ans d'antiquité. L'escalier en limaçon est pratiqué dans une tour, et le corps de logis est flanqué de deux autres tours, bordées toutes deux de têtes gothiques, de figures grossières, depuis la naissance du toit jusqu'au sommet. L'aspect du sol est en harmonie avec celui de cet antique édifice; et un académicien, qui le visita en 1822, nous dépeint les champs qui l'environnent, enclos, couverts de genêts, n'offrant que des landes stériles ou les traces d'une agriculture négligée; et une race d'habitants à membres courts et trapus, le teint jaune, les yeux noirs, les cheveux longs et tombants, revêtus d'un manteau de chèvre ou de brebis. Ils logent dans des maisons aussi mal soignées que leur corps; hommes, femmes et enfants couchent au-dessous les uns des autres dans des armoires à grands tiroirs, souvent en face de la vache ou du mouton qui passent la tête par le treillis mitoyen, entre la portion d'habitation destinée à l'étable et celle qui forme leur unique chambre [2].

Ce séjour était bien triste et bien sauvage pour une jeune femme habituée aux bosquets de Livry, aux magnifiques hôtels de la capitale, aux salons somptueux du

---

[1] Nicot, *Thresor de la Langue Françoyse*, 1606, in-folio, p. 572 et 673, aux mots *Roc* ou *Rochier*. — Tallemant des Réaux, *Historiettes*, t. II, p. 425.

[2] Dureau de la Malle, *Lettres sur les Rochers de madame de Sévigné*; Paris, 1822, in-8°, p. 6, 7 et 9.

Louvre, du Luxembourg, du Palais-Royal et du Temple. Mais madame de Sévigné s'y trouvait avec un époux qui ne lui avait donné alors aucun sujet de plainte, qu'elle aimait avec tendresse ; et tous deux étaient uniquement occupés à jouir de ces premiers temps de l'hymen, si remplis de bonheur et d'espérances. Ils passèrent dans leur terre non-seulement le printemps, l'été et l'automne, mais encore tout l'hiver.

Bussy, qui pendant cette dernière saison était revenu à Paris pour y résider, fut fort déconcerté de n'y pas retrouver sa cousine. Il avait été en Nivernais pour y recevoir, en sa nouvelle qualité, les hommages de la province ; sa femme l'accompagnait. Il la conduisit à la terre de Forléans, près de Semur, en Bourgogne. Ce domaine, situé à une lieue de Bourbilly, avait appartenu au père de madame de Sévigné, et depuis était passé à la branche cadette des Rabutins [1]. Bussy y demeura avec sa femme ; mais il en repartit promptement, et se rendit en toute hâte à la cour, dès qu'il sut que, par la protection du prince de Condé (le père du duc d'Enghien, depuis le grand Condé), il venait d'être fait conseiller d'État [2]. Lenet, alors son ami, procureur général au parlement de Dijon, qui a joué un rôle assez important, quoique secondaire, dans la Fronde, et dont nous avons des Mémoires, venait d'obtenir la même faveur par le même

---

[1] Xavier Girault, *Notice sur la Famille de Sévigné*, dans les *Lettres inédites de Sévigné*, édit. 1819, in-12, p. LV; édit. des mêmes *Lettres inédites*, in-8°, p. XL; *Lettres de Sévigné*, 1823, in-8°, t. I, p. CI — M. Girault cite *Courte Hist. de Bourgogne*, t. V, p. 526.

[2] Bussy, *Mémoires*, édit. in-12, t. I, p. 104 et 106; édit. in-4°, p. 132.

canal¹. Lenet, comme Bourguignon, était fort lié avec la marquise de Sévigné. Se trouvant à Paris pour le même motif que Bussy, il fut, ainsi que lui, étonné et contrarié d'apprendre que, elle et son mari, fussent restés en Bretagne. Cette conformité de regrets des deux amis leur fit composer en commun une lettre en vers, que les deux époux reçurent à leur terre des Rochers. Pour l'esprit et la facilité, cette épître ne le cède en rien à celles de Chaulieu et de la Fare, et n'offre pas plus d'incorrection et de négligences.

> Salut à vous, gens de campagne,
> A vous, *immeubles* de Bretagne,
> Attachés à votre maison
> Au delà de toute raison :
> Salut à tous deux, quoique indignes
> De nos saluts et de ces lignes.
> Mais un vieux reste d'amitié
> Nous fait avoir de vous pitié,
> Voyant le plus beau de votre âge
> Se passer dans votre village,
> Et que vous perdez aux Rochers
> Des moments à nous autres chers.
> Peut-être que vos cœurs tranquilles,
> Censurant l'embarras des villes
> Goûtent aux champs en liberté
> Le repos et l'oisiveté ;
> Peut être aussi que le *ménage*
> Que vous faites dans le village
> Fait aller votre revenu
> Où jamais il ne fût venu :
> Ce sont raisons fort pertinentes
> D'être aux champs pour doubler ses rentes ;
> D'entendre là parler de soi

¹ PETITOT, *Notice sur Lenet*, dans la *Collection des Mémoires sur l'Hist. de France*, t. LIII, p. 6. — Cf. *Revue de Paris* du 28 décembre 1844.

Conjointement avec le roi.
. . . . :
Certes ce sont là des honneurs
Que l'on ne reçoit point ailleurs ?
Sans compter l'octroi de la fête ;
De lever tant sur chaque bête ;
De donner des permissions ;
D'être chef aux processions ;
De commander que l'on s'amasse
Ou pour la pêche ou pour la chasse ;
Rouer de coups qui ne fait pas
Corvée de charrue ou de bras [1].

Cette lettre fut écrite la veille même du jour où Bussy partit de Paris pour se rendre à l'armée, à la fin de mars 1646 [2]. Bussy, un an avant, avait, en commun avec Jumeaux, écrit une autre lettre en vers à Lenet. Dans cette lettre, datée du camp d'Hailbron, il l'appelle son bon ami [3], et dans ses Mémoires il lui reproche de l'avoir délaissé dans sa disgrâce, sans qu'il lui eût fourni aucun sujet de plainte [4] : mais le refroidissement de leur amitié a dû commencer lorsque Bussy eut abandonné le parti du prince de Condé, auquel Lenet resta attaché dans la bonne comme dans la mauvaise fortune. Jeune et sans expérience, Lenet se jeta dans les intrigues de la Fronde ; et, comme beaucoup d'autres, ne sachant pas prévoir les événements, il ne les appréciait qu'après qu'ils étaient

---

[1] *Supplément aux Mémoires et Lettres de M. le comte de Bussy*, t. I, p. 35. — *Collection des Mémoires sur l'Histoire de France*, t. LIII, p. 4.

[2] Bussy, *Mémoires*, édit. in-12, t. I, p. 106.

[3] Bussy-Rabutin, *Mém.*, t. I, p. 97 ; *Supplément*, partie I, p. 27.

[4] Sévigné, *Lettre* du 5 juin 1689, t. VIII, p. 485, édit. — M. Bussy, *Lettre à Corbinelli*, du 12 février 1678, t. V, p. 312 ; *Notice sur Lenet*, t. LIII, p. 22 des *Mémoires sur l'Hist. de France*.

accomplis, et ne s'apercevait des fautes qu'il commettait qu'après qu'il n'était plus temps de les réparer. Il faut que, même bien après ces temps de trouble, il se soit mêlé à quelques intrigues qui lui attirèrent la disgrâce du roi ; car en 1669 il fut exilé à Quimper-Corentin, et en s'y rendant il passa deux jours au château de Riée, en Poitou, chez le comte d'Hauterive, qui chercha, mais en vain, à le réconcilier avec Bussy, son ami[1]. Lenet plaisait beaucoup à madame de Sévigné ; et lorsqu'il mourut, elle le regretta vivement[2]. Il fut un de ceux qui, par sa gaieté, souvent grotesque, contribuèrent aux joies de sa jeunesse[3]. « Vous aurez vu Larrei (écrit-elle à sa fille, de cette même solitude des Rochers où quarante-trois ans auparavant elle avait reçu l'épître en vers dont nous venons de citer quelques passages) ; c'est, je crois, le fils de feu Lenet, qui était attaché à feu M. le Prince, et qui avait de l'esprit comme douze. J'étais bien jeune quand je riais avec lui[4]. » Et dans une autre lettre à Bussy, postérieure encore à celle dont nous venons de faire mention, elle dit : « J'ai vu ici M. de Larrei, fils de notre pauvre ami Lenet, avec qui nous avons tant ri ; car jamais il ne fut une jeunesse plus riante que la nôtre de toutes les façons[5]. » Madame de Sévigné ignorait encore alors que Bussy avait été tout à fait brouillé avec Lenet, ou peut-être pensait-elle que la mort de ce dernier avait dû effacer le souvenir de ses torts, s'il en avait eu. Dans

---

[1] SÉVIGNÉ, *Lettres,* 2 août 1671, t. II, p. 168.

[2] BUSSY, *Lettres,* t. V, p. 114, en date du 8 novembre 1669.

[3] SÉVIGNÉ, *Lettres à Lenet,* publiées par M. Vallet de Viriville, dans la *Revue de Paris,* 28 décembre 1844.

[4] SÉVIGNÉ, *lettre* en date du 5 juin 1689, n° 1070, t. VIII, p. 485.

[5] SÉVIGNÉ, *lettre* en date du 12 juillet 1691, p. 1182, t. IX, p. 457.

tous les cas, elle dut être désagréablement affectée de la réponse qui lui fut faite par Bussy, qui lui disait que ce Lenet, avec qui ils avaient tous deux tant ri, était homme sans jugement et sans probité [1]. L'orgueil excessif de Bussy lui inspirait de la haine et de la rancune contre ceux qui l'avaient offensé, ou dont il croyait avoir à se plaindre; et il faut se tenir en garde contre le venin âcre et mordant de sa plume, souvent calomniatrice. Toutefois, Gourville, dans ses Mémoires, donne des détails sur la manière dont Lenet gérait les affaires du prince, qui paraissent appuyer la plus grave des accusations de Bussy contre lui [2].

Le dévouement de Lenet pour la maison de Condé, qui avait produit sa rupture avec Bussy, était dans les mœurs du temps. Lorsque après la paix de Bordeaux, en 1650, Lenet se présenta devant la reine pour lui offrir ses respects, Anne d'Autriche, qui en traitant avec les révoltés n'avait cédé qu'à la nécessité, ne put en le voyant s'empêcher de dire, de manière à être entendue : « Que ne devrait-on pas faire à des gens qui sortent d'une ville rebelle, et s'en vont tout droit à Stenay vers madame de Longueville et M. de Turenne? » (Tous deux étaient alors dans le parti opposé au gouvernement.) Lenet eut le courage de relever ces paroles, et de supplier la reine de ne pas confondre avec des brouillons, qu'on ne peut assez châtier, ceux qui, accablés d'obligations, ne sauraient prendre un autre parti que de servir les princes à qui ils sont redevables. Il lui rappela l'exemple de Marie de Médicis, persécutée par Richelieu, et termina en disant :

[1] Sévigné, *Lettres*, t. IX, p. 491; *Lettre de Bussy*, en date du 9 août 1691.

[2] Gourville, *Mémoires*, dans Petitot, t. LII, p. 442.

« Songez, madame, que par le discours qu'il vous a plu de faire vous permettez à toutes vos créatures de vous abandonner, si jamais vous venez à être persécutée sous le nom du roi votre fils. » Sa réponse fut approuvée de toute la cour ; et mademoiselle de Montpensier, alors dans le parti de Mazarin, lui en témoigna son admiration. « J'aime, dit-elle, les gens qui ne ménagent ni biens, ni vie, ni fortune, pour sauver ceux à qui ils se sont donnés[1]. » Ces sentiments étaient alors ceux de tous les gens d'honneur. La dette de la reconnaissance ne peut admettre aucun doute ; tandis que dans les conflits politiques il est facile de faire plier la raison d'État au gré de ses intérêts et de ses passions. Nous aurons bientôt occasion de voir que c'étaient ces habitudes, ces préjugés d'honneur, ces grandes inégalités des rangs et des conditions, la subordination établie en raison de la dépendance, qui rendaient les partis si faciles à former, si faciles à apaiser. Toutes leurs forces se trouvaient concentrées sur un petit nombre de têtes principales. Elles étaient donc en peu de temps réunies, et aussi, par la même raison, promptement dispersées.

Madame de Sévigné, dans une de ses lettres à Bussy, dit que Larrei l'avait étonnée en lui contant comme son père avait dissipé tous ses grands biens, et qu'il n'en avait rien eu[2]. Bussy lui répondit : « Lenet était né sans biens ; il en avait volé à Bordeaux en servant M. le Prince ; il en mangea une partie, et M. le Prince lui reprit l'autre[3]. » Il est difficile de croire qu'un homme qui devint procureur

---

[1] LENET, *Mémoires*, dans PETITOT, t. LIV, p. 139.
[2] SÉVIGNÉ, *Lettres*, t. IX, p. 457.
[3] SÉVIGNÉ, *Lettres*, t. IX, p. 481 ; *lettre de Bussy*, en date du 9 août 1691.

général au parlement de Dijon, puis fut nommé par la régente, en 1649, intendant de justice, de police et de finances à Paris, fût né sans biens, ou qu'il n'ait pu en acquérir légitimement. Au reste, ces explications entre Bussy et sa cousine, sur un ami de leur jeunesse, avaient lieu vingt ans après la mort de ce dernier, qui précéda de beaucoup la leur. Lenet mourut à Paris, le 3 juillet 1671.

La campagne que Bussy fit en 1646 marque l'époque la plus brillante de sa vie militaire. Il servit dans l'armée de Flandre, d'abord commandée par Gaston, duc d'Orléans, oncle du roi, et ensuite par le duc d'Enghien. Trois maréchaux de France se trouvaient à cette armée; et Bussy y donna de telles preuves de talent et de valeur, qu'il mérita les éloges du duc d'Enghien. Aussi n'eut-il rien de plus pressé que d'écrire à sa cousine une lettre datée du camp de Hondschoote, lettre qu'il a insérée en entier dans son *Discours à ses Enfants*. « J'écrivis alors, leur dit-il, le détail de la campagne à votre tante de Sévigné, mes enfants, dans une lettre moitié vers et moitié prose; et comme elle lui plut, je crois que vous serez bien aise de la voir [1]. »

Dans cette lettre, il raconte en vers la prise de Courtray et de Berg-Saint-Winox, qui fut bientôt suivie de celle de Mardick, de Furnes, de Dunkerque. Mais comme c'est au siége de Mardick que Bussy se distingua principalement, et qu'il reçut les éloges du duc d'Enghien, c'est aussi à ce siége qu'il s'arrête le plus longtemps.

---

[1] *Discours du comte* BUSSY DE RABUTIN *à ses Enfants*, 1694, in-12, p. 223. — *Œuvres mêlées de messire* ROGER DE RABUTIN, t. III des *Mémoires de* BUSSY DE RABUTIN, 1721, in-12, t. I, p. 123; et de l'édit. in-4°, t. I, p. 153.

> Mais enfin Saint-Winox, privé de tout secours,
>   Ne dura pas plus de deux jours :
> Et de là de Mardick nous fîmes l'entreprise.
>   Si je voulais vous faire le portrait
> Des hasards que courut le prince avant la prise,
>   Je n'aurais jamais fait.
>   Ce fut là que, pour mon bonheur,
>   L'ennemi rasant la tranchée,
>   Devant ce prince j'eus l'honneur
>   De tirer une fois l'épée.
>   Ce fut en cette occasion
>   Qu'il fit lui-même une action
>   Digne d'éternelle mémoire ;
>   Et que, m'ayant d'honneurs comblé,
>   Il se déchargea de la gloire
>   Dont il se trouvait accablé.

« Je ne vous saurais dire, ma chère cousine, combien monsieur le Duc prôna le peu que je fis en cette sortie ; mais ce qui la rendit plus considérable, ce furent les choses qu'il y fit et la mort ou les blessures de gens de qualité qui s'y trouvèrent : et tout cela me fit honneur, parce que je commandais. »

Il termine ainsi sa lettre :

>   Sans les eaux, le froid et le vent,
>   Seules ressources de l'Espagne,
>   Mon prince aurait poussé plus avant sa campagne ;
>   Et moi je finirais mes récits de combats
>   Et l'éloge de son altesse,
>   En vous parlant de ma tendresse,
>   Si je n'étais un peu trop las [1].

Madame de Sévigné, lorsqu'elle se rendait en Bretagne, n'était pas toujours condamnée au triste séjour des Rochers ; et une de ses lettres à sa fille nous apprend qu'elle

---

[1] Bussy, *Discours à ses Enfants*, p. 231.

faisait avec son mari de fréquents voyages dans toute la province, et allait souvent à Nantes, qui était alors comme aujourd'hui, dans cette partie de la France, la ville la plus populeuse, la plus riche et la plus agréable à habiter. Madame de Sévigné trouvait que l'air de cette ville mêlé à celui de la mer avait l'inconvénient de la brunir, et de gâter son beau teint [1] : elle préférait l'air de l'Ile-de-France, c'est-à-dire celui de Paris. Ceci rappelle le mot si connu de madame de Staël, exilée dans son château de Coppet, sur les bords du lac de Genève, devant qui l'on vantait ce lac et ses magnifiques points de vue : « J'aimerais mieux, répondit-elle, le ruisseau de la rue du Bac. » C'est un des plus noirs et des plus infects de la capitale de la France.

[1] Sévigné, *lettre* du 30 août 1671, t. II, p. 173, édit. M., et t. II, p. 207, édit. de G. de S.-G.

CHAPITRE IX.

1647—1648.

Bussy retourne en Bourgogne. — Mort de sa femme : sincère dans l'expression de ses regrets. — Il retourne à la cour. — Est bien reçu du prince de Condé, qui l'emmène en Catalogne. — Madame de Sévigné, restée aux Rochers, accouche d'un fils. — Lettre de madame de Sévigné à Bussy sur ce sujet. — Réponse de Bussy. — Madame de Sévigné recommande Launay-Lyais à Bussy. — Empressement que celui-ci met à lui répondre favorablement. — Le prince de Condé échoue devant Lérida. — Il répare par une nouvelle campagne en Flandre l'échec fait à sa gloire. — Prend Ypres. — Envoie Bussy à la cour pour annoncer son succès, et lui donne ainsi les moyens de terminer une nouvelle aventure.

Après la campagne, Bussy retourna en Bourgogne; et bientôt après ce retour, vers le milieu du mois de décembre 1646, il eut la douleur de perdre sa femme. Il en avait eu trois filles, et point d'enfant mâle. « Elle m'aimait fort, dit-il; elle avait bien de la vertu, et assez de beauté et d'esprit. » Il ajoute qu'il fut extrêmement affligé de cette perte; et on doit le croire, car l'hypocrisie de sensibilité n'était pas son défaut : il montre au contraire le plus souvent, en écrivant, de la sécheresse de cœur et quelquefois de la dureté[1].

Toutefois, sa douleur ne l'empêcha pas d'aller à la cour; il fut bien reçu du duc d'Enghien, devenu prince de Condé par la mort de son père, qui eut lieu à la même

[1] Bussy, *Mémoires*, édit., in-12, t. I, p. 125, ou de l'édition in-4°, t. I, p. 156.

époque. Le nouveau prince de Condé fut nommé vice-roi de Catalogne, et chargé de commander l'armée qui devait combattre les Espagnols de ce côté. Il emmena Bussy, que rien ne retenait à Paris : il n'y avait pas trouvé sa cousine ; elle était encore restée aux Rochers. Cette fois elle avait un motif pour ne pas entreprendre dans la mauvaise saison un voyage alors long et difficile, à cause du mauvais état des routes et le peu de perfection des voitures ; et ce motif, après trois ans de mariage passés sans enfant, lui était trop agréable pour qu'elle regrettât les amusements de la capitale, auxquels d'ailleurs il lui était impossible de prendre part. Lorsque Bussy, au commencement de février, alla loger au Temple chez son oncle le grand prieur[1], elle se trouvait vers la fin de sa première grossesse, et le mois suivant elle donna un héritier au nom de Sévigné. La joie de cette jeune femme éclate avec une vivacité singulière dans la lettre suivante, qu'elle écrivit à Bussy, le 15 mars 1647.

LETTRE DE MADAME DE SÉVIGNÉ A BUSSY.

« Je vous trouve un plaisant mignon de ne m'avoir pas écrit depuis deux mois ! Avez-vous oublié qui je suis et le rang que je tiens dans la famille ? Ah ! vraiment, petit cadet, je vous en ferai bien ressouvenir : si vous me fâchez, je vous réduirai au *lambel*. Vous savez que je suis sur la fin d'une grossesse, et je ne trouve en vous non plus d'inquiétude de ma santé que si j'étais encore fille. Eh bien ! je vous apprends, quand vous en devriez enrager, que je suis accouchée d'un garçon, à qui je vais faire sucer la haine contre vous avec le lait ; et que j'en ferai

---

[1] Bussy, *Mém.*, in-12, t. I, p. 128; de l'in-4°, t. I, p. 157.

encore bien d'autres, seulement pour vous faire des ennemis. Vous n'avez pas eu l'esprit d'en faire autant : le beau faiseur de filles !

« Mais c'est assez vous cacher ma tendresse, mon cher cousin ; le naturel l'emporte sur la politique. J'avais résolu de vous gronder sur votre paresse, depuis le commencement jusqu'à la fin ; je me fais trop de violence, et il en faut revenir à vous dire que M. de Sévigné et moi vous aimons fort, et que nous parlons souvent du plaisir qu'il y aurait d'être avec vous [1]. »

Bussy reçut cette lettre à Valence, lorsqu'il était en route pour se rendre à l'armée de Catalogne. Elle lui plut tant, il la trouva si spirituelle, qu'il l'inséra en entier dans ses Mémoires [2], ainsi que la réponse qu'il y fit, datée de Valence le 12 avril 1647.

LETTRE DE BUSSY A MADAME DE SÉVIGNÉ.

« Pour répondre à votre lettre du 15 mars, je vous dirai, madame, que je m'aperçois que vous prenez une certaine habitude de me gourmander, qui a plus l'air de maîtresse que de cousine. Prenez garde à quoi vous vous engagez : car enfin, quand je me serai une fois bien résolu à souffrir, je voudrai avoir les douceurs des amants aussi bien que les rudesses. Je sais que vous êtes chef des armes, et que je dois du respect à cette qualité ; mais vous abusez un peu de mes soumissions..........

« Au reste, ma belle cousine, je ne vous régale point sur

---

[1] SÉVIGNÉ, *Lettres*, édit. 1820, in-8°, t. I, p. 6, n° 4, en date du 15 mars 1647, et t. I, p. 7 de l'édit. 1823, in-8°.

[2] BUSSY, *Mémoires*, t. I, p. 128 et 129 de l'édit. in-12, et de l'in-4°, t. I, p. 159 et 160.

la fécondité dont vous me menacez ; car depuis la loi de grâce, on n'en a pas plus d'estime pour une femme ; et quelques modernes même, fondés en expérience, en ont fait moins de cas. Tenez-vous-en donc, si vous m'en croyez, au garçon que vous venez de faire ; c'est une action bien louable, et je vous avoue que je n'ai pas eu l'esprit d'en faire autant : aussi envié-je ce bonheur à M. de Sévigné plus que chose au monde.

« J'ai fort souhaité que vous vinssiez tous deux à Paris quand j'y étais ; mais maintenant que j'en suis parti, je serais bien fâché que vous y allassiez, c'est-à-dire que vous eussiez des plaisirs sans moi : vous n'en avez déjà que trop en Bretagne [1]. »

Madame de Sévigné avait recommandé à Bussy un gentil-homme breton, nommé Launay-Lyais, volontaire dans les troupes qu'il commandait. Bussy, empressé à saisir toutes les occasions de faire sa cour à sa cousine, termine sa lettre en lui parlant de son protégé. « Il est honnête homme, dit-il, et ma chère cousine me l'a recommandé : je vous laisse à penser si je le servirai. » Il se garde bien de dire qu'il trouvait Launay-Lyais d'une vanité ridicule [2]. Un honnête homme recommandé par madame de Sévigné devait être à ses yeux un homme sans défaut.

La campagne de Catalogne fut bien loin d'être aussi glorieuse que celle de Flandre : le vainqueur de Rocroi, de Fribourg, de Nordlingen, celui qui le premier donna Dunkerque à la France, échoua devant la petite ville

---

[1] Sévigné, *Lettres*, édit. 1820, t. I, p. 7, n° 5, en date du 12 avril 1647 ; et dans l'édit. 1823, t. I, p. 8. — Bussy, *Mémoires*, t. I, p. 128 et 129.

[2] Bussy, *Mémoires*, t. I, p. 193. — Voyez ci-après, chap. XIV, p. 206.

de Lérida, et fut obligé de faire retraite avec son armée [1].

Il alla tenir les états de Bourgogne à Dijon [2], et bientôt après il répara l'échec que Lérida avait fait à sa gloire, par une nouvelle campagne en Flandre. Il prit Ypres le 27 mai, et chargea Bussy, qui ne l'avait point quitté, d'en aller porter la nouvelle à la cour [3]. Condé voulait par là non-seulement favoriser Bussy auprès des ministres et de la reine régente, mais encore lui donner les moyens de terminer une affaire qu'il croyait utile à sa fortune. Étrange aventure, qui doit être racontée en détail : elle fera le sujet du chapitre suivant.

[1] Bussy, *Mémoires*, t. I, p. 135 de l'édit. in 12, et de l'in-4°, 1696, t. I, p. 168.
[2] *Ibid.*, t. I, p. 151 et 157.
[3] *Ibid.*, t. I, p. 156.

CHAPITRE X.

1645 — 1649.

Bussy veut se remarier. — Il fait connaissance avec un nommé Le Bocage, qui lui indique une jeune veuve, belle et riche. — Il la voit, elle lui plaît. — On lui persuade que les parents de la veuve s'opposent à son mariage, mais qu'elle lui est favorable. — Il se décide à l'enlever. — Il confie son projet au prince de Condé, qui lui fournit les moyens de l'exécuter. — Abus de la puissance des nobles à cette époque. — Fréquence des enlèvements. — On ignore si Bussy était encore dans l'erreur relativement aux sentiments de cette veuve pour lui. — Quelle était cette veuve et sa famille. — Elle avait perdu sa mère dans un âge tendre. — Tristesse qu'elle en ressent. — Elle épouse M. de Miramion. — Devient veuve à seize ans. — Accouche d'une fille. — Madame de Miramion veut se faire religieuse. — Ses parents s'y opposent. — Ils veulent la marier. — Elle demande du temps pour s'y décider. — Bussy forme le projet de l'enlever et d'en faire sa femme. — Ses motifs. — Mesures qu'il prend. — Accompagné d'une escorte, il arrête sa voiture à Saint-Cloud, et se saisit d'elle et de sa belle-mère. — Efforts qu'elle fait pour lui résister. — Il l'emmène avec sa belle-mère. — Il dépose cette dernière en chemin. — Madame de Miramion, dans la forêt de Livry, s'échappe. — Est reprise. — Bussy la conduit dans le château de Launay. — Fermeté de madame de Miramion à l'égard de ses ravisseurs. — Son frère arrive à Sens pour la délivrer. — Bussy la fait reconduire dans cette ville, et s'évade avec son escorte. — Suite de cette affaire. — La justice informe contre Bussy. — Madame de Miramion, interrogée, refuse de le charger. — Le prince de Condé intervient pour faire suspendre les poursuites. — Mauvaise pensée de Bussy contre le frère de madame de Miramion. — Il y résiste. — On cesse les poursuites. — A quelle condition? — Longtemps après, Bussy demande audience à madame de Miramion. — Elle la lui accorde. — Son entrevue avec elle. — Il la sollicite pour obtenir sa protection dans un procès. — Elle lui accorde sa demande. — Éloge de madame de Miramion. — Nombre de ses bonnes œuvres. — Ce qu'en dit madame de Sévigné. — L'action de Bussy ne diminue pas son intimité avec madame de Sévigné. — Elle lui donne occasion d'aller demeurer avec elle sous le même toit.

Bussy, qui n'avait que des filles, désirait contracter un second mariage, espérant par là obtenir un héritier de son nom. Ses parents le pressaient vivement de prendre ce parti. Il cherchait à trouver une femme qui eût de la jeunesse et de la beauté et en même temps de la fortune. Cette dernière condition lui paraissait essentielle pour soutenir dignement son rang à la cour et pour satisfaire ses inclinations pour le plaisir et ses goûts dispendieux. Il s'entretenait fréquemment sur ce sujet avec son oncle le grand prieur du Temple, chez lequel il logeait quand il venait à Paris. Ce fut chez lui qu'il fit connaissance d'un vieux bourgeois nommé Le Bocage, propriétaire d'un domaine considérable, voisin de la commanderie de Launay. Cette commanderie, située dans la commune de Saint-Martin-sur-Oreuse, près de Sens [1], servait au grand prieur de maison de campagne pendant la belle saison; son neveu Bussy allait souvent l'y voir, et y séjournait quelquefois plusieurs semaines. C'est par ce voisinage de campagne que s'était formée la liaison entre Le Bocage, Christophe de Rabutin et le comte de Bussy. Instruit du désir que ce dernier avait de trouver une femme riche, Le Bocage lui proposa une veuve jeune, belle, d'une piété et d'une douceur angéliques, et de plus millionnaire [2].

Le Bocage ne la connaissait point personnellement;

---

[1] Roger de Rabutin, comte de Bussy, *Mémoires*, t. I, p. 152 et suiv. — *Carte de Cassini*, n° 48.

[2] Bussy, *Discours à ses Enfants*, 1694, in-12, p. 232, ou *Œuvres mêlées*, t. III des *Mémoires*, p. 289.

mais il avait un ami dans lequel la veuve avait, disait-on, beaucoup de confiance : c'était son confesseur, un père de la Merci, nommé le père Clément, moine corrompu, qui cherchait à séduire sa pénitente, et à la livrer à Bussy pour en tirer de l'argent[1]. Bussy eut une conférence avec lui, et par son moyen il parvint à voir deux fois à l'église la jeune veuve, dont la figure lui parut ravissante. Il n'avait pu ni s'approcher d'elle ni lui parler. Cependant le père Clément l'assura qu'il lui avait plu ; mais en même temps il l'avertit qu'elle n'osait rien résoudre sans le consentement de ses parents ; et ils voulaient absolument qu'elle épousât un homme de robe. Il conseilla donc à Bussy de ne risquer aucune démarche, et de le laisser faire. Il devait s'adresser à ses principaux parents pour qu'ils consentissent à ce mariage ; et en cas de refus il se chargeait de persuader à la jeune veuve d'user du droit qu'elle avait de disposer d'elle-même. Pour cette négociation il demandait de l'argent à Bussy, sous prétexte de séduire les personnes de service auprès de la veuve ; et Bussy, complétement sa dupe, lui remit ainsi successivement une somme de deux mille écus. Comme le temps d'entrer en campagne approchait, le père Clément engagea Bussy à ne pas différer son départ pour l'armée. Bussy partit en effet le 6 mai 1648, mais après avoir obtenu de son négociateur la promesse qu'il l'instruirait de tout. Il reçut de lui, trois semaines après son départ, une lettre qui l'instruisait que les parents de la jeune veuve lui étaient contraires, qu'elle n'avait pas la force de leur résister ; mais qu'elle désirait que par une violence apparente Bussy lui arrachât un consentement qui se trouverait conforme

---

[1] TALLEMANT DES RÉAUX, *Mémoires*, t. V, p. 371, édit. in-8°; t. IX, p. 234, édit. in-12.

au vœu secret de son cœur [1]. Le moine perfide n'avait pu réussir dans ses projets de séduction. Aussitôt qu'il avait essayé d'entamer sa négociation, madame de Miramion l'avait congédié, et avait pris un autre confesseur. Pour s'en venger, il voulut mettre à profit l'audace et la crédulité de Bussy : il lui persuada qu'il avait toujours comme confesseur la confiance de la jeune veuve ; et, quelque invraisemblable que fût la fable qu'il imagina pour engager Bussy à l'enlever, Bussy le crut, et se détermina à suivre le conseil qui lui était donné. L'autorité des intendants et des commissaires du roi avait été créée par Richelieu pour s'opposer aux désordres des nobles, qui regardaient comme un des priviléges de leur caste de pouvoir se mettre au-dessus des lois. Cette autorité nouvelle n'était pas tellement affermie, qu'il lui fût toujours possible de prévenir ou de punir les abus auxquels elle était chargée de s'opposer ; et les guerres civiles de la Fronde, en affaiblissant le ressort du gouvernement, permirent à la noblesse de retomber dans la licence des anciens temps, qui lui était d'autant plus chère qu'elle lui semblait un signe certain de son antique indépendance. Durant ces temps de trouble, ou pendant les espèces d'interrègne de la régence, les exemples de violence de la part de personnages puissants envers des femmes de la classe inférieure ou de celles qui dans la classe bourgeoise se trouvaient dépourvues de famille et d'appui, étaient d'autant plus fréquents qu'ils restaient presque toujours impunis [2]. Comme Bussy avait alors toute la faveur du prince de Condé, il lui fit le récit de son affaire, et ne lui cacha rien de ses projets. Cette aventure plut au jeune prince, qui offrit à Bussy de lui

---

[1] Bussy, *Mém.*, t. 1, p. 155 de l'édit. in-12, et de l'in-4°, t. I, p. 194.
[2] Chavagnac, *Mémoires*, in-12, t. I, p. 100.

donner une commission pour se rendre à Paris, et même de lui remettre le commandement de Bellegarde, une de ses places en Bourgogne, pour se retirer après l'enlèvement. Bussy lui en témoigna sa reconnaissance, accepta la commission, mais refusa l'offre qui lui était faite de la place de Bellegarde; il dit qu'il lui suffisait d'avoir la faculté de conduire sa belle prisonnière à Launay. Cette commanderie avait en effet une espèce de château fort très-ancien, pourvu de hautes et épaisses murailles : on y pénétrait après avoir passé plusieurs ponts-levis.

Aussitôt que Bussy se fut acquitté de la commission que le prince de Condé lui avait donnée, et qu'il eut terminé toutes ses affaires en cour, il se rendit chez son négociateur, qui lui confirma tout ce qu'il lui avait écrit, et qui l'encouragea dans la résolution qu'il avait prise d'enlever la veuve à sa famille; ne doutant pas, disait-il, que quand elle s'en trouverait séparée, elle ne consentît de son plein gré à épouser Bussy. Rien n'était plus facile à Bussy que de s'assurer avant l'événement des sentiments de la veuve à son égard; et c'est peut-être pour s'excuser de ce que sa présomption ne lui a pas permis le plus léger doute, et par la honte que sa vanité lui faisait éprouver d'avoir été dupe d'une ruse grossière, que, dans ses Mémoires, il affirme que son négociateur n'avait dans cette affaire d'autre intérêt apparent que l'avantage et la satisfaction des parties, et que par cette raison il ne pouvait douter de la sincérité de ses paroles [1]. Il est vrai que le caractère dont ce négociateur était revêtu et la nature de ses relations avec la jeune veuve devaient écarter de lui toute défiance. Ainsi, tandis que l'innocente

---

[1] Bussy, *Mémoires*, t. I, p. 155.

beauté n'avait jamais rien su, ni des prétentions de Bussy sur elle, ni du désir qu'il avait de l'épouser ; que personne ne l'en avait entretenue ; qu'elle n'en avait été instruite ni directement ni indirectement ; que jusqu'à l'approche du jour fatal où on attenta à sa liberté elle avait ignoré le danger qui la menaçait, Bussy croyait fermement qu'elle avait donné son consentement à ce projet d'enlèvement, et qu'elle en avait été informée depuis longtemps.

Le nom de famille de cette jeune veuve était Marie Bonneau. Elle était fille de Jacques Bonneau, seigneur de Rubelle, riche bourgeois d'Orléans, et de Marie d'Ivry[1]. Enfant précoce, elle aimait sa mère avec une énergie et une raison au-dessus de son âge, et comptait à peine neuf ans lorsqu'elle la perdit. Cette violence faite à un premier sentiment, cette première idée de la mort et d'une éternelle séparation, firent sur elle une impression si profonde et si durable, qu'elle résista à tous les efforts que l'on fit pour l'effacer. Les plaisirs se pressaient en vain autour d'elle, ils ne pouvaient expulser de son cœur une douleur qui en avait pénétré la substance, ni dissiper une mélancolie qui lui était chère. Une de ses tantes s'était chargée de continuer son éducation : quoique sœur d'un évêque, cette tante trouvait que les idées religieuses prenaient trop d'empire sur sa pupille, et elle la conduisait sans cesse dans le monde, au bal et à la comédie. Partout l'éclat de ses charmes, plus encore que ses grandes richesses, attirait sur ses pas une foule de jeunes gens qui briguaient l'honneur d'obtenir sa main. Elle épousa, dans le mois de mai 1645, Jean-Jacques de

---

[1] L'abbé DE CHOISY, *Vie de madame de Miramion*, 1706, in-4°, p. 6, ou 1707, in-12.

Beauharnais, seigneur de Miramion, conseiller au parlement de Paris, dont la fortune égalait la sienne[1]. Il n'avait pas vingt-sept ans, était beau, bien fait, du caractère le plus heureux. Moins que sa tante, il la gênait pour ses exercices de piété. Une union si bien assortie lui fit éprouver un bonheur qu'elle n'avait connu que dans son enfance : elle aimait, elle était aimée; Dieu s'y trouvait, et sa mère entre elle et Dieu. Elle ne formait plus qu'un seul vœu : c'était de mériter, par l'innocence du cœur et la pureté de l'âme, que les bénédictions versées sur elle dans cette vie ne pussent nuire aux espérances qu'elle avait conçues pour la vie à venir. Six mois (seulement six mois !) s'écoulèrent dans les délices d'une telle existence. Au bout de ce temps, son mari fut atteint d'une fluxion de poitrine, et mourut, la laissant enceinte.

Elle accoucha d'une fille, si languissante et si faible en naissant, que les soins les plus assidus ne pouvaient que faiblement la disputer à la mort. La religion et la tendresse maternelle empêchèrent madame de Miramion de succomber à son désespoir. Elle passa les deux premières années de son veuvage dans la retraite la plus austère, toujours au pied des autels ou du berceau de sa fille. Née le 2 novembre 1629, madame de Miramion n'avait que seize ans et demi lorsqu'elle devint veuve et mère[2]. Ses parents, dont elle était tendrement aimée, craignaient qu'elle ne se fît religieuse : ils désiraient la conserver au milieu d'eux; et son extrême jeunesse leur fit espérer que le moyen qu'ils avaient employé efficacement une pre-

---

[1] L'abbé DE CHOISY, *Vie de madame de Miramion*, p. 10. — *Mémoires complets et authentiques du duc* DE SAINT-SIMON, 1829, in-8°, t. I, p. 351.

[2] *Vie de madame de Miramion*, in-4°, p. 11.

mière fois leur réussirait une seconde. Ils laissèrent d'abord un libre cours à sa douleur; et, croyant que le temps y avait apporté quelque diminution, ils la pressèrent de contracter un nouveau mariage. Des partis brillants se présentèrent, et lui étaient chaque jour proposés. Plusieurs de ceux qui la recherchaient regrettaient, en la voyant si belle, qu'elle fût si riche, et que la fortune fût un obstacle à leurs désirs, ou un motif de suspecter la sincérité de leur amour. Quant à ses résolutions, elles n'étaient pas douteuses : elle ne laissait échapper aucune occasion de les exprimer de manière à faire renoncer ceux qui la recherchaient au projet qu'ils avaient conçu. Elle se reprochait souvent, en leur présence, les passions qu'elle faisait naître involontairement, et en témoignait son chagrin. Attaquée de la petite vérole, elle regretta que cette maladie ne lui eût pas enlevé ses attraits, dont sa piété lui faisait détester le pouvoir. Cependant, vivement touchée de l'attachement et du désintéressement de ses parents, elle n'osait fermer sa porte aux prétendants qu'ils introduisaient auprès d'elle. Son humilité lui faisait penser aussi qu'elle n'était pas encore digne de se consacrer à Dieu : elle semblait hésiter, et suppliait qu'on lui donnât du temps pour se décider. En attendant, elle multipliait les prières et les actes de dévotion, dans l'espérance que Dieu parlerait à son cœur, et lui révélerait sa volonté. Pourtant on se flattait d'obtenir son consentement pour lui faire épouser M. de Caumartin, et ce seul espoir comblait de joie deux familles riches et puissantes qui désiraient vivement cette alliance [1].

Telle était celle que Bussy, sans la connaître, se propo-

---

[1] TALLEMANT, *Mém.*, t. V, p. 372, édit. in-8°; t. IX, édit. in-12.

sait d'enlever pour en faire sa femme, persuadé qu'elle se trouverait honorée de lui appartenir et charmée de paraître à la cour, où sa naissance et le rang de ses parents ne l'appelaient pas. Assuré de la protection du vainqueur de Rocroi, il regardait un enlèvement comme sans conséquence envers une femme qui, malgré sa richesse, n'était à ses yeux qu'une bourgeoise. Rubelle, frère aîné de madame de Miramion, alors âgé de vingt-cinq ans, était seul, dans toute sa famille, capable d'inspirer quelque crainte à Bussy, si Bussy, réputé brave parmi les braves, eût été accessible à une crainte de cette nature. D'ailleurs, il convoitait les richesses de notre jeune veuve, il était épris de ses charmes, il croyait lui plaire ; ses motifs étaient purs, son but honorable : il n'y avait donc pas à balancer. Sa résolution fut irrévocablement prise, et il se disposa à l'exécuter.

Les préparatifs ne furent pas tenus tellement secrets qu'il n'en transpirât quelque chose. Madame de Miramion fut avertie par plusieurs personnes qu'on voulait l'enlever ; mais comme on ne lui nommait pas celui qui avait le projet de se porter à cet excès d'audace, et que parmi tous ceux qui aspiraient à sa main, et qu'elle connaissait bien, pas un seul ne pouvait être soupçonné de songer à une action aussi coupable, elle n'ajouta aucune foi aux propos qu'on lui tint à ce sujet, et ne prit aucune précaution [1].

Bussy savait qu'elle s'était retirée à Issy avec sa belle-mère, chez de Choisy, conseiller d'État, grand-père du mari qu'elle avait perdu [2]. Les affidés dont Bussy l'avait entourée lui apprirent que le 7 août elle devait aller au

---

[1] *Vie de madame de Miramion*, p. 12.
[2] L'abbé DE CHOISY, *Vie de madame de Miramion*, p. 10, 12 et 19, édit. in-4°. — BUSSY, *Mémoires*, t. I, p. 160, de l'édit. in-12 ; t. I, p. 200, de l'édit. in-4°.

mont Valérien, pour y faire ses dévotions. Bussy dressa ses plans en conséquence : il disposa d'abord quatre relais de Saint-Cloud au château de Launay, trajet d'environ vingt-cinq lieues. Il assembla une forte escorte, composée de Rabutin son frère, d'un gentil-homme de ses amis, qui avait fait sous ses ordres deux campagnes comme volontaire, et de trois autres gentils-hommes de ses vassaux et dans sa dépendance. Ces cinq cavaliers étaient suivis de deux ou trois serviteurs, comme eux bien montés et bien armés [1].

Madame de Miramion, l'esprit uniquement occupé de l'acte pieux qu'elle allait accomplir, partit d'Issy à sept heures du matin, le jour précis qui avait été indiqué à Bussy. Elle avait avec elle sa belle-mère ; et de plus, selon l'usage des dames riches et d'un rang distingué de cette époque, de ne jamais se montrer en public sans être suivies d'une partie de leurs familiers, elle était accompagnée d'un écuyer âgé, et de deux demoiselles, pour parler le langage de ce temps, c'est-à-dire de deux femmes attachées à son service. L'une d'elles était une gouvernante entre deux âges, l'autre une jeune femme de chambre. nommée Gabrielle. Un seul domestique se trouvait derrière. L'escadron de Bussy était posté sur la route qui conduit de Saint-Cloud au mont Valérien, vis-à-vis le pont [2] ; lorsque le carrosse de madame de Miramion l'eut passé, il fut arrêté, et en même temps deux cavaliers se présentèrent aux portières pour abaisser ce qu'on nommait alors les mantelets, ou les rideaux de cuir qui les fermaient. Madame de Miramion voulut repousser les agresseurs en les frappant avec son sac, et en criant au

[1] Choisy, *Vie de madame de Miramion*, p. 13, in-4°.
[2] Bussy, *Mémoires*, t. I, p. 160.

secours ! de toutes ses forces. Mais ses cris et les faibles armes qu'elle employait étaient également impuissants. Pourtant les cavaliers, ne pouvant parvenir à abaisser les mantelets, tirèrent leur épée pour couper les courroies qui les attachaient aux portières. Madame de Miramion, avec un courage au-dessus de son sexe, chercha à leur arracher leurs armes, et s'ensanglanta les mains. Pendant ce combat si inégal, l'escadron avait forcé le cocher de repasser le pont, et d'entrer dans le bois de Boulogne [1]. Là les attendait une voiture plus légère, attelée de six chevaux. Bussy voulut y faire entrer madame de Miramion : il ne put y parvenir, ni de gré ni de force. Elle se cramponnait si fortement dans son carrosse, qu'il était impossible de l'en arracher sans lui faire une trop grande violence et sans la blesser. Elle poussait d'ailleurs des cris aigus, et il était urgent, pour le succès de l'entreprise, de mettre promptement fin à cette lutte. Bussy fit alors dételer les deux chevaux du carrosse de madame de Miramion, et ensuite atteler à ce même carrosse les six chevaux de sa voiture. Deux palefreniers s'emparèrent du cocher et des deux chevaux de madame de Miramion, et furent chargés de les conduire à Paris, et de les retenir en captivité jusqu'à nouvel ordre.

L'escadron, divisé en deux, se plaça de chaque côté du carrosse, et l'on se mit à courir au grand galop à travers la plaine Saint-Denis, jusqu'à la forêt de Livry. Madame de Miramion ne cessait de crier à tous les passants qu'on l'enlevait de force : elle disait son nom, et suppliait, les larmes aux yeux, qu'on allât avertir sa famille à Paris.

---

[1] Bussy, *Mémoires*, t. I, p. 160 à 200.

Mais le nuage de poussière produit par tant de chevaux la dérobait en partie aux yeux de ceux à qui elle s'adressait; le vent, le bruit, et la rapidité de la marche, étouffaient ses cris et emportaient ses paroles.

Dans la forêt de Livry, il fut impossible à l'escorte de se tenir sur les côtés du carrosse; une portion courut devant, et l'autre derrière. Madame de Miramion crut qu'en se jetant par la portière dans un taillis épais, elle ne serait pas aperçue, et pourrait peut-être se cacher et se sauver. L'exécution suivit la pensée : elle se précipita dans les ronces et les épines, et se fourra au milieu des plus épais buissons, sans songer qu'elle se mettait le visage tout en sang : mais elle fut bientôt poursuivie par ses ravisseurs; et, s'apercevant qu'elle ne pouvait pas leur échapper, elle voulut au moins éviter qu'ils ne la touchassent. Elle courut donc de toutes ses forces vers son carrosse, et s'élança dedans avant qu'on pût l'atteindre.

Bussy fit faire halte dans la partie la plus solitaire de la forêt de Livry. Tous les hommes de l'escorte prirent à la hâte quelques rafraîchissements, et on en fit prendre également à toutes les personnes qui se trouvaient dans la voiture. Mais ce fut en vain qu'on pressa madame de Miramion d'imiter leur exemple : elle déclara qu'elle était résolue à n'accepter aucune nourriture tant qu'on ne lui aurait pas rendu sa liberté.

Bussy, qui n'était pas encore revenu de l'erreur où l'avaient plongé les rapports du père Clément, étonné et inquiet de la résistance de madame de Miramion, se flattait que ce n'était qu'une feinte : il espéra qu'elle se calmerait s'il la débarrassait de la présence de sa belle-mère et de son vieil écuyer. En conséquence il les força tous deux à mettre pied à terre ; il expulsa aussi du carrosse la vieille gouvernante. Il aurait voulu ne laisser auprès de sa captive que la demoiselle Gabrielle ; mais il se vit forcé de souffrir que le laquais qui se trouvait derrière, et qu'il voulait renvoyer, continuât à accompagner sa maîtresse, parce qu'il se montra résolu à se faire tuer, plutôt que de la quitter. Bussy fit aussi abaisser les mantelets de la voiture, afin qu'on ne pût ni voir la belle éplorée, ni entendre ses cris, si elle en poussait encore.

Ces arrangements pris, on repartit avec la rapidité de l'éclair. Madame de Miramion, recueillant ses forces et sa présence d'esprit, coupa avec un petit couteau qu'elle avait dans son sac les mantelets de sa voiture, et parvint ainsi à se mettre à découvert et à rétablir sa communication avec le dehors. Elle continuait ses exclamations et ses instances, et jetait de l'argent à tous ceux qu'elle rencontrait. Les marques de son désespoir, ses libéralités et ses prières devenaient surtout inquiétantes et embarrassantes pour ses ravisseurs, toutes les fois qu'ils étaient forcés de s'arrêter et de changer de chevaux ; mais alors ils disaient à ceux qu'elle ameutait autour d'elle, que c'était une folle qu'ils allaient renfermer par ordre de la cour. Madame de Miramion, avec ses cheveux épars, sans coiffe, sans mouchoir sur son sein, les habits déchirés, les mains et le visage ensanglantés, ne donnait que trop de vraisemblance à ces assertions.

Bussy en voyant les efforts de sa captive pour lui échapper, et les signes non équivoques de sa profonde douleur, acquit la triste certitude qu'il n'y avait rien de simulé dans sa résistance ; et il lui fut démontré que jamais elle n'avait donné son assentiment à un enlèvement. Il affirme dans ses Mémoires qu'il eut dès lors la pensée de la reconduire chez elle, mais qu'il en fut dissuadé par son frère. Celui-ci lui représenta que lorsque l'effroi de cette course rapide serait dissipé, il serait possible, à force de témoignages de respect et de bons traitements envers la belle veuve, d'obtenir quelque changement à ses résolutions; et que dans tous les cas si on se décidait à lui rendre sa liberté, il valait mieux le faire à Launay même, afin qu'il fût bien constaté qu'on avait agi de plein gré. La suite du récit et le témoignage de madame de Miramion, que nous a transmis l'abbé de Choisy, prouveront, au contraire, que ce fut Bussy lui-même qui persista le plus longtemps dans ses projets coupables, et que ses amis et ses complices furent obligés de le forcer à y renoncer [1].

Enfin on arriva au château de Launay. Le fracas des chaînes de fer et des ponts-levis en s'abaissant, les sons lugubres et sourds que fit entendre le carrosse en roulant au-dessus des fossés, et sous la voûte obscure qui conduisait à la cour intérieure; le grand nombre de gentils-hommes armés qu'elle y vit rassemblés, et que Bussy avait réunis pour se défendre s'il était attaqué, ou si l'on entreprenait de pénétrer dans le château, tout contribua à accroître la terreur dont madame de Miramion était frappée. Elle ignorait les noms et les projets de ceux qui osaient se permettre envers elle tant de violence. La précaution qu'ils avaient prise de la séparer de sa belle-mère, le peu d'effet qu'avaient produit sur eux ses larmes et ses prières, les lui faisaient considérer comme des hommes féroces, inexorables, capables de tout. Aussi ne voulut-elle pas quitter sa voiture; et quand on eut dételé les

---

[1] Bussy, *Mémoires*, t. I, p. 161. — Choisy, *Vie de madame de Miramion*, p. 13.

chevaux, elle s'obstinait à y rester, et voulait y passer la nuit.

Alors se présenta devant elle un chevalier de Malte, qu'elle reconnut pour avoir fait partie de l'escorte, et être du nombre de ses ravisseurs [1]. Il la supplia, dans les termes les plus respectueux, de vouloir bien descendre, et de consentir à entrer dans le château.

Madame de Miramion, sans quitter sa place, demanda d'une voix ferme, à celui qui lui adressait ces paroles, si c'était par ses ordres qu'elle souffrait un pareil traitement. « Non, madame; c'est M. le comte de Bussy-Rabutin, qui nous a assuré avoir votre consentement pour vous conduire ici. » — « Ce qu'il vous a dit est faux ! » dit-elle en élevant encore plus la voix. — « Madame, reprit le chevalier, nous sommes ici deux cents gentils-hommes amis de Bussy : s'il nous a trompés, nous vous servirons contre lui, et nous vous mettrons en liberté. Daignez seulement vous expliquer en présence de plusieurs de nous; et, en attendant, ne refusez pas de descendre et de vous reposer de vos fatigues. »

L'air doux, compatissant et suppliant du chevalier inspira de la confiance à madame de Miramion; cependant elle ne voulut point monter dans les appartements, mais elle consentit à entrer dans une salle basse et humide, qui n'avait été nullement préparée pour la recevoir. On se hâta d'y faire du feu, on y porta les coussins de son carrosse pour qu'elle pût s'asseoir [2]. En entrant, elle vit deux pistolets sur une table, s'en saisit, et, remarquant qu'ils

---

[1] Bussy, *Mémoires*, édit. in-12, t. 1, p. 181; de l'édit. in-4°, t. 1, p. 227.

[2] *Vie de madame de Miramion*, t. 1, p. 16, in-4°, et p. 17 de l'édit. in-12.

étaient chargés, elle les mit auprès d'elle, et parut un instant rassurée : mais sa femme de chambre s'étant levée pour sortir, elle la fit rasseoir, et lui dit : « Non, non, demeurez ; vous ne me quitterez point. » On lui servit à manger : elle écarta d'elle les plats sans y toucher. Pour se dérober aux premières explosions de son courroux, Bussy s'était tenu à l'écart. Il était extrêmement surpris de la voir si exaspérée, si inébranlable dans ses résolutions. — « On m'avait assuré, dit-il à ses complices, que c'était un mouton, et c'est une lionne en furie. » Toutefois, comme il présumait beaucoup de lui-même, il ne désespéra pas encore de la fléchir ; mais il crut devoir faire préparer les voies par une gouvernante du château et par les personnes les plus notables de son escorte. Toutes vinrent assurer à madame de Miramion que les projets de Bussy n'avaient rien que d'honorable ; qu'il était pour elle le plus passionné, le plus soumis des amants ; que si elle voulait consentir à l'épouser, elle trouverait en lui un mari aussi tendre que complaisant. On fit l'éloge de Bussy, de son caractère, de son esprit ; on n'oublia pas de faire valoir ses richesses, son rang, son crédit à la cour, l'amitié qu'avait pour lui le prince de Condé ; on expliqua la cause de l'erreur qui avait donné lieu à l'enlèvement. Aucun de ceux qui l'accompagnaient n'aurait consenti à le suivre si, comme lui, on n'avait pas cru que cet acte apparent de violence n'était qu'une feinte, et qu'il avait lieu de concert avec elle. On ajoutait que Bussy, désespéré de sa méprise et des reproches qu'elle lui attirait, n'osait paraître devant elle. Pourtant c'est à son confesseur tout seul qu'elle devait s'en prendre des violences dont elle était victime ; le père Clément seul était coupable, Bussy était innocent.

Ces explications, en faisant connaître à madame de Miramion la noire intrigue du père Clément, calmèrent un peu l'effroi qu'elle avait eu en entrant dans le château; mais elles excitèrent son indignation contre Bussy, qui parce qu'il se croyait puissant voulait la forcer à l'épouser, et employait de tels moyens pour y parvenir. Elle se refusa à toutes les instances qui lui étaient faites, et continua à insister pour que sa liberté lui fût rendue.

Lorsqu'on vit qu'elle était inaccessible à la persuasion, on essaya de la dompter par la crainte. On lui peignit le comte de Bussy, ordinairement si bon, si généreux, dans ce moment méconnaissable aux yeux de ses propres amis, tant son amour était violent, tant l'idée de se voir trompé dans ses espérances lui inspirait de projets sinistres. On cherchait à démontrer à madame de Miramion la nécessité, dans son propre intérêt, de ne pas réduire au dernier degré du désespoir un homme dans l'état où se trouvait Bussy. Tous ces discours ne purent faire fléchir un instant la jeune veuve ni lui arracher la moindre concession.

Bussy alors renvoya auprès d'elle le chevalier de Malte, qui seul était parvenu à la faire consentir à descendre de voiture: il lui dit que M. le comte de Bussy était résolu, puisqu'elle l'exigeait, à la remettre en liberté; mais qu'avant il demandait en grâce qu'elle voulût bien l'écouter un moment.

Aussitôt Bussy parut avec ceux qui l'avaient escorté. Mais avant d'entrer il mit un genou en terre, et se présenta les deux mains jointes, et dans l'attitude d'un suppliant [1]. A son aspect, et sans lui donner le temps d'articuler un seul mot, madame de Miramion se dressa sur ses pieds, leva une de ses mains vers le ciel, et dit:

---

[1] TALLEMANT DES RÉAUX, *Mémoires*, t. V, p. 372, édit. in-8°; et t. IX, p. 235, édit. in-12.

« Monsieur, je jure devant le Dieu vivant, mon créateur et le vôtre, que je ne vous épouserai jamais. » Puis elle retomba évanouie. Un médecin de Sens, que Bussy avait eu la précaution de faire venir au château, lui prit le pouls, et dit qu'il ne sentait presque aucun battement; il déclara qu'elle était dans un danger imminent. Quarante heures s'étaient, en effet, écoulées sans qu'elle eût pris aucune nourriture, et cette longue abstinence et ces continuelles agitations avait épuisé ses forces.

Tandis que ces choses se passaient, la belle-mère de madame de Miramion, que Bussy avait si inhumainement laissée avec le vieil écuyer au milieu de la forêt de Livry, n'était pas restée oisive. Elle avait marché avec rapidité jusqu'au premier village; elle avait fait monter à cheval le vieil écuyer, pour aller en avant annoncer à sa famille l'événement sinistre qui avait eu lieu, et demander du secours. Elle prit pour elle, faute d'autres, des chevaux de charrue, qui la traînèrent jusqu'au faubourg de Paris. Elle apprit en arrivant que, d'après son message, un bon nombre de cavaliers, ayant M. de Rubelle en tête, étaient déjà partis, et s'étaient dirigés sur Sens [1].

Ils étaient depuis une demi-heure environ dans cette ville, lorsque madame de Miramion, par son serment, par l'évanouissement qui l'avait suivi, avait frappé de stupeur tous ceux qui se trouvaient présents. Ce fut dans cet instant qu'on vint annoncer à Bussy que toute la ville de Sens était en rumeur, et que six cents hommes étaient prêts à en sortir pour venir assiéger le château de Launay. Bussy ne se laissa point effrayer par cette nouvelle; mais voyant que madame de Miramion, par l'effet des secours qui lui

[1] *Vie de madame de Miramion*, in-4°, p. 18; et p. 20 de l'édit. in-12.

avaient été prodigués, avait promptement repris ses sens, il résolut de faire une dernière tentative pour obtenir d'elle qu'elle consentît à rester au moins un jour à Launay.

Les plus humbles prières, les protestations les plus ferventes furent en vain mises en usage par Bussy. Comme il avait débuté par lui dire qu'il était incapable d'attenter à sa liberté [1], et que si elle voulait, il la ferait reconduire à Sens; pour toute réponse à ses demandes et à ses instances, elle se contenta de le prier de donner sur-le-champ des ordres pour son départ.

« Mais hélas! madame, dit Bussy avec l'accent de la plus profonde douleur, si vous partez, je ne vous reverrai jamais...! Si encore vous me permettiez de réparer mes torts involontaires, et d'être tant que je vivrai votre serviteur! » Madame de Miramion, craignant qu'il ne rétractât la promesse qu'il avait faite, crut devoir céder à la position critique où elle se trouvait, et dissimuler. « Si vous me laissez partir, dit-elle avec douceur, vous réussirez plutôt par cette voie que par celle que vous avez prise. » Mais Bussy, qui savait lire dans les yeux d'une femme ses véritables sentiments : « Je ne m'y attends pas, madame, dit-il avec tristesse; mais, quoique persuadé du contraire, je suis trop honnête homme pour vous contraindre; et, quelles que soient vos rigueurs, je vous serai toujours dévoué. » Il la supplia ensuite de prendre quelque nourriture. « Quand les chevaux seront à mon carrosse, dit-elle, j'accepterai. »

Les chevaux furent mis, et, sans se faire presser, elle mangea deux œufs frais. Bussy remit en secret cinquante pièces d'or à la demoiselle Gabrielle, pour fournir,

---

[1] Bussy, *Mémoires*, t. I, p. 161, édit. in-12; t. I, p. 201 de l'édit. in-4°.

dit-il dans ses Mémoires [1], à la dépense du voyage, mais évidemment pour se la rendre favorable. Le carrosse partit, escorté par le chevalier de Malte, qui avait inspiré le plus de confiance à madame de Miramion, et deux autres gentils-hommes. Le chevalier se tenait près de la portière de la voiture, et tout le long du voyage il entretint madame de Miramion sur Bussy, protestant que son ami avait été trompé, et que ses intentions étaient pures. Cependant, craignant d'être arrêté par la justice de Sens, le chevalier fit faire halte à cent pas du faubourg de la ville. Le cocher et les postillons dételèrent les chevaux, l'escorte salua madame de Miramion; et maîtres, valets, coursiers disparurent, et s'enfuirent au château de Launay.

Madame de Miramion resta seule avec la femme de chambre, et le fidèle domestique qui n'avait point voulu la quitter. Elle traversa le faubourg de Sens à pied, et trouva la porte de la ville fermée. Elle apprit, dans l'hôtellerie où elle se réfugia, que tout le monde y était en armes par ordre de la reine régente, pour aller au secours d'une dame que l'on avait enlevée de force. « Hélas! c'est moi, » dit-elle. Alors la nouvelle de son arrivée franchit bientôt les murs de la ville; et son frère, sa belle-mère, et l'abbé, depuis vicomte, de Marilly, son parent, vinrent la prendre. La joie qu'elle éprouva de se trouver au milieu des siens fut grande; mais l'ébranlement que cet événement avait produit était trop fort pour qu'elle y résistât. Elle tomba malade; on la transporta à Paris, pour être plus à portée de tous les secours. Le danger augmentant, on lui administra les sacrements, et on désespéra de sa vie. Ce-

[1] Bussy, *Mém.*, t. I, p. 162, édit. in-12; et édit. in-4°, t. I, p. 202.

pendant elle échappa à la mort; mais elle ne revint à la santé qu'après une longue et pénible convalescence.

Rubelle, aussitôt l'arrivée de sa sœur à Sens, avait envoyé au château de Launay le prévôt avec une troupe d'hommes armés, pour se saisir de Bussy; mais Bussy avait déjà disparu, avec tous ses complices.

La justice informa : ce fut contre la volonté de madame de Miramion, qui dans ses dépositions se montra aussi favorable à Bussy qu'elle le pouvait sans trahir la vérité. Elle supplia sa famille de vouloir bien pardonner au coupable repentant. On était d'autant moins disposé à céder à ses instances, que depuis cet événement elle se montra encore plus rebelle à toute proposition de mariage et qu'elle ne voulut en écouter aucune. Elle considérait tout ce qui s'était passé comme un avertissement du ciel. Elle prit avec elle-même l'engagement de rester toujours veuve, et de consacrer sa vie à Dieu et aux bonnes œuvres.

Le caractère qu'elle déploya, si éloigné de l'idée que Bussy s'en était formée, d'après de faux rapports, fit comprendre à celui-ci la gravité de son action. Il pria le prince de Condé d'intervenir. Condé écrivit à la famille une lettre très-pressante, et demanda grâce pour Bussy. On eut égard aux sollicitations d'un prince qui, par la victoire de Lens, venait encore de sauver une fois la France[1].

On suspendit les poursuites; mais on les reprit lorsque Condé et Bussy, tous deux du parti de la cour, faisaient la guerre au parlement et à la Fronde.

Bussy avoue que pendant cette guerre il eut l'idée d'incendier le château de Rubelle près Melun, propriété de

---

[1] Bussy, *Mém.*, t. I, p. 162 de l'édit. in-12; t. I, p. 203 de l'édit. in-4°. — *Vie de madame de Miramion*, p. 19, édit. in 4°; p. 20, in-12.

madame de Miramion. « J'eusse pu, dit-il, par là mériter du côté de la cour, auprès de laquelle on se rendait recommandable par le mal que l'on faisait aux affaires du parlement. » Bien loin de céder à cette mauvaise pensée, Bussy mit dans ce château une sauvegarde, et empêcha qu'on ne prît rien ni au seigneur du lieu ni aux habitants du village. Il recueillit le fruit de sa bonne conduite. On cessa les poursuites ; mais sous la condition que Bussy promettrait de ne jamais paraître devant madame de Miramion, et qu'il quitterait à l'instant tous les lieux où elle se trouverait.

Quelque humiliante que fût cette promesse, il la fit et y fut fidèle. Trente-six ans s'écoulèrent, sans qu'il revît une seule fois madame de Miramion. Au bout de ce temps il eut un procès où se trouvait engagée une partie de sa fortune [1]. Le gain ou la perte de ce procès dépendait du président de Nesmond, qui avait épousé la fille unique de madame de Miramion. Pour obvier au tort que pouvait lui faire dans l'esprit du gendre le souvenir de l'attentat qu'il avait commis contre la belle-mère, il eut l'idée de s'adresser à elle-même pour intercéder en sa faveur. Il savait que l'abbé de Choisy, son ami, était cousin germain de madame de Miramion. Par lui, il obtint qu'elle lui permettrait d'avoir avec elle un entretien particulier. Bussy fut donc admis en présence de celle qui avait été l'objet d'un des plus étranges événements de sa vie, événement dont la mémoire, malgré le laps des années, n'avait cessé de lui être présente et douloureuse. Au lieu de cette jeune beauté au regard doux et mélancolique, à la taille svelte et légère, revêtue de soie et de dentelles, dont il

---

[1] Bussy, *Mém.*, t. I, p. 168 de l'édit. in-12 ; t. I, p. 219 de l'édit. in-4°. — De Choisy, *Vie de madame de Miramion*, p. 21, édit. in-12.

avait été à Saint-Cloud le ravisseur, il vit une femme forte, grasse, la tête enveloppée d'une grande coiffe, couverte d'une simple robe de laine grise, avec une large collerette de batiste non plissée, tombant sur ses épaules ¹, et sur sa poitrine une croix suspendue à une petite tresse de cheveux. C'étaient ceux de sa fille. Les yeux de madame de Miramion avaient encore conservé de l'éclat, et les agréments de son visage n'avaient pas entièrement disparu sous l'embonpoint d'un double menton; l'expression de ses traits, son maintien, son costume, tout en elle était dans une parfaite harmonie; tout contribuait à exprimer l'absence des passions, la modération dans les désirs, et cette satisfaction intérieure, ce bonheur tranquille et doux que procurent une conscience pure et la pratique des vertus. C'était dans toute sa personne un calme si profond, qu'il semblait que jamais aucune joie n'avait exalté son âme, qu'aucun chagrin n'avait contristé son cœur. Bussy en fut si singulièrement frappé, qu'il resta comme interdit à son aspect. Mais il fut bientôt rassuré par le ton bienveillant avec lequel elle lui dit de s'asseoir, et l'empressement qu'elle mit à le prier de lui faire connaître le motif qui l'amenait près d'elle. Après que Bussy eut donné le détail de son affaire et démontré, avec clarté et évidence, son bon droit, madame de Miramion lui répondit qu'elle lui promettait de parler à son gendre et de tâcher de le rendre favorable à sa cause. Le jugement suivit de près ses promesses, et Bussy gagna son procès.

Tous ceux qui sont versés dans l'histoire du grand siècle reconnaîtront madame de Miramion à cette action généreuse. Ils savent que c'est cette même femme qui,

---

¹ *Vie de madame de Miramion*, p. 22, et le *Portrait de madame Miramion peint par* DE TROY, *gravé par* ÉDELINCK.

après avoir fait le serment de se consacrer à Dieu, préféra ses devoirs de mère à l'oisiveté des cloîtres ; soigna sa fille, presque toujours malade ; consuma les belles années de sa jeunesse à faire son éducation ; la produisit dans le monde, la maria, et assura son bonheur par tous les moyens que la tendresse maternelle peut suggérer [1] ; puis, libre de tous soins domestiques, s'abandonna à cet immense amour de l'humanité, à cette charité ardente [2] qui semblait augmenter les forces de son corps et les ressources de son esprit, en raison de l'accroissement des misères qu'elle avait à soulager ; que c'est cette même femme qui fonda à Paris, à Amiens, à la Ferté-sous-Jouarre, les communautés de son nom, et donna par là des maîtresses d'école aux pauvres filles, des garde-malades intelligentes et instruites aux habitants des campagnes [3] ; qui ouvrit des ateliers de travail pour la vertu laborieuse, et des maisons de refuge pour le vice repentant [4] ; qui pendant deux ans nourrit de son patrimoine sept cents pauvres que l'Hôpital général avait été obligé d'expulser faute de fonds [5] ; qui aida saint Vincent de Paul à soutenir l'œuvre des enfants trouvés [6] ; qui dans Melun désolé par une maladie contagieuse porta tous les genres de secours, et deux mois durant y brava la mort en soignant de ses propres mains ceux que leurs parents, leurs amis, frappés d'épouvante, avaient abandonnés [7] ; qui

---

[1] *Vie de madame de Miramion*, 1706, in-4°, p. 24, 33, 35, 39-41.
[2] *Ibid.*, p. 31.
[3] *Ibid.*, p. 52, 65-194.
[4] *Ibid.*, p. 143. — Félibien, *Histoire de la ville de Paris*, vol. 1, part. 2, p. 1492.
[5] *Ibid.*, p. 50.
[6] *Ibid.*, p. 139.
[7] *Vie de madame de Miramion*, p. 73.

contribua par ses largesses à l'établissement des missions étrangères, et fit bénir le nom français jusqu'aux extrémités du globe. C'est encore elle qui se prosterna aux pieds d'un père irrité, arrêta sur ses lèvres la malédiction qui allait frapper un fils, et en fit descendre le pardon. C'est elle que les princesses enviaient aux pauvres, dont elles demandaient les conseils dans leurs afflictions, dont elles imploraient la présence et les prières à leurs derniers moments. Louis XIV, avec ce discernement exquis qui le caractérisait, l'avait choisie pour être la distributrice de ses aumônes [1]; toutes les personnes qui aspiraient au mérite de détruire ou de combattre les maux qui affligent l'humanité ou accablent l'infortune croyaient ne pouvoir accomplir leurs œuvres bienfaisantes sans sa participation.

Madame de Sévigné qualifie madame de Miramion de *Mère de l'Église*, et elle dit avec raison que sa perte a été une perte publique [2]. Quand elle en parlait ainsi, le nom de madame de Miramion, béni par tous les pauvres, prononcé avec respect par tous les riches, était devenu célèbre; mais à l'époque dont nous nous occupons ses vertus comme sa beauté étaient ignorées du monde, où elle ne paraissait jamais. Aussi, au milieu des événements qui attiraient alors l'attention publique, l'attentat de Bussy fit peu de bruit. Madame de Sévigné paraît l'avoir ignoré, ou ne l'avoir connu que d'une manière inexacte, et pro-

---

[1] DANGEAU, *Mémoires*, 24 mars 1696, t. II, p. 41. — *Vie de madame de Miramion*, p. 71. — SAINT-SIMON, *Mémoires*, 1829, t. I, p. 350, 351. — SAINT-SIMON, *Œuvres complètes*, 1791, t. XI, p. 35 et 36. — FÉLIBIEN, *Hist. de Paris*, p. 1520.

[2] SÉVIGNÉ, *Lettres* en date du 31 janvier 1689, t. VIII, p. 317; du 29 mars 1696, t. X, p. 201.

pre à justifier son cousin. Il est certain du moins que leur intimité n'en fut en rien altérée; au contraire, on verra, par la suite de notre récit, que la nécessité où fut Bussy d'échapper aux poursuites dirigées contre lui lui donna l'occasion, ou le prétexte, de résider pendant quelques jours sous le même toit avec sa cousine; ce qui augmenta encore cette familiarité qui existait entre elle et lui, qu'autorisait leur parenté, et qu'il considérait avec raison comme un des moyens les plus puissants de seconder l'exécution de ses desseins.

CHAPITRE XI.

1648.

Bussy revient à Paris. — Il n'y trouve pas madame de Sévigné. — Il apprend qu'elle est à l'abbaye de Ferrières. — Antiquité de cette abbaye. — Pourquoi possédée par l'évêque de Châlons. — Parenté de l'évêque de Châlons et des Rabutins. — Événements qui ont engagé M. et madame de Sévigné à l'aller voir. — Molé de Champlatreux intervient pour arranger l'affaire de Bussy. — On exige que Bussy s'éloigne de Paris. — Il se rend à Ferrières. — Retourne à Paris. — Reçoit des ordres pour organiser à Autun une compagnie de chevau-légers. — Pourquoi il se décide à écrire à M. et à madame de Sévigné en nom collectif. — Lettre de Bussy. — Perfection de la gastronomie à cette époque. — Nécessité, pour l'objet de cet ouvrage, de donner une idée exacte de la guerre et des personnages de la Fronde.

Bussy, ainsi que nous l'avons déjà dit, avait quitté subitement le château de Launay. Il s'était rendu à Paris, espérant y trouver madame de Sévigné. Il apprit qu'elle était allée avec son mari passer la belle saison chez son oncle l'évêque de Châlons, à Ferrières. Cette célèbre abbaye, dont on faisait remonter l'antiquité au temps de Clovis, était située sur les bords riants de la rivière de Loing, à trois lieues au nord de Montargis [1]. André Fremyot, archevêque de Bourges, frère de sainte Chantal, l'avait réformée et rebâtie, et y avait placé des bénédictins de la congrégation de Saint-Maur. Jacques Nuchèze, son neveu, nommé son coadjuteur, devint titulaire de cette abbaye, quoiqu'elle fût hors du diocèse de Châlons,

---

[1] *Gallia Christiana*, t. IV, p. 944; et t. XII, p. 156, 157 et 171.

dont il fut fait évêque [1]. Il aimait à y résider, à y jouir des délices de la campagne, et il y faisait bonne chère. Fils de Jacques de Nuchèze, baron de Bussy-le-Franc, et de Marguerite Fremyot, sœur de sainte Chantal, il était oncle de madame de Sévigné et de Bussy. Il se trouvait heureux de recevoir dans son riant séjour des hôtes jeunes et aimables tels que M. et madame de Sévigné, dont il avait béni le mariage [2]; et il eut d'autant moins de peine à les retenir près de lui, que les dissensions politiques avaient eu leur effet ordinaire. Tous les plaisirs étaient interrompus dans la capitale, toutes les relations sociales suspendues. La journée des Barricades avait eu lieu; la cour avait été obligée de s'enfuir à Saint-Germain. La paix offerte par le parlement ayant été acceptée aux conditions qu'il avait imposées, la cour était revenue à Paris, et Bussy avec elle. Le procès intenté contre lui pour le fait de l'enlèvement de madame de Miramion le força de s'en éloigner. Molé de Champlatreux, fils du premier président Molé, avait été chargé par le prince de Condé de s'entremettre entre Bussy et la famille de madame de Miramion, pour procurer un accommodement [3]; mais on exigea, pour condition préalable, que Bussy quittât Paris, pour ne mettre aucun obstacle à des négociations dont il désirait de voir la fin. Il se rendit d'abord dans ses terres de Bourgogne, où ses affaires le réclamaient; mais il se hâta de les terminer, et partit le 15 octobre 1648 pour aller à l'abbaye de Ferrières, charmé de l'idée de se trouver réuni dans la même habitation avec sa cousine. Entièrement occupé d'elle, il oubliait tout le reste, et serait

---

[1] *Gallia Christiana*, t. IV, p. 944.
[2] *Voyez* ci-dessus, chap. III, p. 21.
[3] Bussy, *Mémoires*, t. 1, p. 162.

resté longtemps dans cette agréable retraite, où les heures s'écoulaient avec une douce rapidité [1]. Mais au bout de dix jours une lettre de sa mère lui annonça que sa présence était indispensable à Paris pour y terminer son affaire [2] : il s'y rendit, et ne trouva point les choses aussi avancées qu'on le lui avait fait entendre. Il regrettait d'avoir quitté sa cousine, et se disposait à la rejoindre, lorsqu'il reçut des ordres du roi pour aller à Autun y compléter le régiment de chevau-légers du prince de Condé. Dans l'impossibilité où il se trouvait de retourner à Ferrières, il résolut d'écrire à madame de Sévigné; mais, comme il savait que sa lettre serait lue de son mari, il prit le parti d'écrire à tous deux en nom collectif, de manière à ne rien omettre de tout ce qu'il lui importait de dire, sans cependant faire naître les soupçons. Pour les écarter plus sûrement, il parle dans sa lettre d'une jeune beauté de Paris qui avait frappé ses regards. Naturellement vaniteux, il aimait à rendre sa cousine la confidente de ses amours passagères, afin de prouver qu'il ne manquait pas de moyens de se distraire de ses rigueurs, et qu'en l'aimant il lui sacrifiait plus d'une rivale.

LETTRE DE BUSSY A M. ET A MADAME DE SÉVIGNÉ.

« Paris, ce 15 novembre 1648.

« J'ai pensé d'abord écrire à chacun de vous en particulier; mais j'ai cru ensuite que cela me donnerait trop de peine, de faire ainsi des baise-mains à l'un dans la lettre de l'autre; j'ai appréhendé que l'apostille ne l'offen-

---

[1] Bussy, *Mémoires*, t. I, p. 165-179-184, p. 40.
[2] *Ibid.*, t. I, p. 165.

sât; de sorte que j'ai pris le parti de vous écrire à tous deux l'un portant l'autre.

« La plus sûre nouvelle que j'aie à vous apprendre, c'est que je me suis fort ennuyé depuis que je ne vous ai vus. Cela est assez étonnant; car enfin je suis venu voir cette petite brune pour qui vous m'avez vu le cœur un peu tendre : à la vérité, elle m'avait ce qu'on appelle sauté aux yeux, et je ne lui avais pas encore parlé. C'est une beauté surprenante, de qui la conversation guérit : on peut dire que pour l'aimer il ne faut la voir qu'un moment, car si on la voit davantage on ne l'aime plus; voilà où j'en suis réduit. Mais j'oubliais de vous demander des nouvelles de la santé de notre cher oncle. Je vous prie de l'entretenir de propos joyeux... Au reste, si vous ne revenez bientôt, je vous irai retrouver : aussi bien mes affaires ne s'achèveront qu'après les fêtes de Noël. Mais ne pensez pas revenir l'un sans l'autre, car en cette rencontre je ne suis pas homme à me payer de raisons.

« Depuis que je vous ai quittés, je ne mange presque plus. Vous qui présumez de votre mérite, vous ne manquerez pas de croire que le regret de votre absence me réduit à cette extrémité; point du tout : ce sont les soupes de messire Crochet qui me donnent du dégoût pour toutes les autres [1]. »

Il ne faut pas s'étonner de voir Bussy s'extasier sur les soupes de messire Crochet. Je ne sais si les *artistes en gastronomie* de notre siècle, qui prétendent bien du moins avoir une supériorité incontestable à cet égard sur les siècles qui l'ont précédé, pourraient nous donner une nomenclature de potages égale à celle des *officiers de*

---

[1] Bussy, *Mém.*, t. I, p. 166, édit. in-12. — *Ibid.*, t. I, p. 207, in-4°. — Sévigné, *Lettres*, t. I, p. 9, édit. 1820. (Les deux versions diffèrent.)

bouche de cette époque. Un livre qui paraît avoir eu alors beaucoup de vogue nous donne les noms et les recettes de trente-quatre potages différents [1].

La vie dissipée que madame de Sévigné menait alors, autant par inclination que pour plaire à son mari, ne contribuait pas peu à tenir en haleine la jalousie de son cousin, et lui faisait redouter d'être supplanté par un rival. Non-seulement la danse, la musique, les spectacles, les cercles brillants, et tous les plaisirs que son sexe préfère, étaient de son goût; mais elle aimait encore à partager ceux que les fatigues qu'il faut endurer semblent avoir exclusivement réservés aux hommes. C'est vers cette époque qu'elle alla passer quelques jours à la belle terre de Savigny-sur-Orges, non loin de Mouthléry, possédée alors par Ferdinand de la Baulme, comte de Mont-Revel. Là, elle rencontra Charlotte de Séguier, marquise de Sully, fille du chancelier Séguier [2], et un certain M. de Chate, dont elle garda un long souvenir, puisque vingt-quatre ans après elle parle à sa fille des trois jours qu'elle passa avec lui, et durant lesquels elle s'adonna aux plaisirs de la chasse. « Je suis étonnée d'apprendre que vous avez M. de Chate : il est vrai que j'ai été trois jours avec lui à Savigny. Il me paraissait fort honnête homme ; je lui trouvais une ressemblance en détrempe qui ne le brouillait pas avec moi. S'il vous conte ce qui m'arriva à Savigny, il vous dira que j'eus le derrière fort écorché d'avoir couru un cerf avec madame de Sully, qui est présentement madame de Verneuil [3]. »

---

[1] *L'Eschole parfaite des officiers de bouche*, seconde édition, chez Jean Ribou, 1666, in-12, p. 260 à 347.

[2] LE BOEUF, *Hist. du Diocèse de Paris*, t. XII, p. 70.

[3] SÉVIGNÉ, *lettre* du 6 septembre 1671, t. II, p. 180, édit. de Monmerqué ; t. II, p. 215, édit. de G. de S.-G.

Plusieurs conjectures se présentent sur cette *ressemblance en détrempe* que madame de Sévigné aimait à retrouver dans M. de Chate; mais il n'en est aucune que l'on puisse choisir de préférence et appuyer sur des faits; il vaut mieux les passer sous silence. Une erreur singulière est celle des commentateurs de madame de Sévigné, qui ont cru que ce de Chate était le même que le Clermont-Chate qui eut une intrigue avec la princesse de Conti en 1694, comme si les dates n'excluaient pas une telle supposition. On peut seulement présumer qu'il était son père, ou son frère aîné, beaucoup plus âgé[1].

Nos lecteurs se sont déjà aperçus, par quelques circonstances de nos récits, que le temps de paix et de bonheur qui signala les premières années de la régence d'Anne d'Autriche avait cessé. Déjà la Fronde et la guerre civile étaient commencées; et cette jeunesse folâtre qui fréquentait les ruelles et les salons des princesses s'était précipitée dans les factions avec toute l'inexpérience et l'emportement de son âge. Quand tout ordre social fut rompu, quand aucune passion ne connut plus de frein, la galanterie dégénéra en licence, et le plaisir en débauche. Il est nécessaire de donner une idée exacte de cette aventureuse époque, pour savoir ce que devint madame de Sévigné en la traversant. Sans cela on ne pourrait comprendre ni ses lettres, ni les motifs de ses actions, ni ceux des personnages du règne de Louis XIV avec lesquels elle fut liée.

[1] Madame de Verneuil, née en 1622, mourut en 1704, âgée de quatre-vingt un ans et dix mois.

CHAPITRE XII.

1648 — 1649.

Fausses idées des historiens sur la Fronde. — Caractère de cette époque. — Causes anciennes qui l'ont fait naître. — Nécessité de les connaître. — Les Gaules préparées par les Romains à former un seul État. — Gouvernement féodal produit par la distribution des bénéfices. — Autorité royale réduite à son plus bas degré à l'avénement de Hugues Capet. — Des causes qui tendaient à la relever de son abaissement. — Ruine du gouvernement féodal achevée sous Philippe le Bel. — Louis XI abat la puissance des gouverneurs qui s'étaient rendus indépendants. — Il élève les parlements et les offices judiciaires. — Le tiers état, élevé par l'autorité royale, veut en réprimer les excès. — L'autorité royale se sert des parlements contre le tiers état. — Les parlements prennent de l'ascendant, et veulent partager le pouvoir avec l'autorité royale. — Les grands et les nobles profitent des divisions entre le roi et le parlement pour tâcher de ressaisir leur ancienne puissance. — Le tiers état incline vers l'un ou l'autre parti pour assurer ses droits. — Affaiblissement de l'autorité royale sous la minorité de Louis XIII. — Richelieu la relève, et établit le despotisme. — Il y était forcé par l'état des partis. — Mesures qu'il prend pour anéantir l'ascendant des gouverneurs de province, des gens de robe et de finance. — Après Richelieu, nouvelle régence. — Nouvel affaiblissement de l'autorité. — Avénement de Mazarin au ministère. — Il veut continuer le système de gouvernement créé par Richelieu. — Les grands, les parlements et la bourgeoisie s'y opposent. — Naissance de la Fronde. — Tous les partis réunis contre le ministre avaient des vues différentes. — Pourquoi Condé, Turenne, La Rochefoucauld, le cardinal de Retz, changent si facilement de parti. — La Fronde moins sanglante que la Ligue, mais due à des causes aussi puissantes. — La religion, comme dans la Ligue, y joue un grand rôle. — Naissance du jansénisme. — La réforme de Luther éclaire sur les abus de la cour de Rome, et donne le goût des discussions théologiques.

CHAPITRE XII.

— Doctrine de saint Augustin et de l'Église sur l'autorité des papes. — Doctrine des jansénistes sur la grâce. — Effet de cette doctrine sur la morale. — Cause de son succès. — Port-Royal des Champs. — Des solitaires qui s'y retirent. — Leur genre de vie, leurs travaux, leurs écrits. — Pourquoi ils se trouvaient liés avec les chefs de la Fronde, avec le cardinal de Retz. — Composition de la société à cette époque. — Les grands avaient des clients et des vassaux tenant à eux, changeant de parti avec eux. — Les Sévignés, parents du cardinal de Retz, le reconnaissaient pour chef et protecteur de leur famille. — Madame de Sévigné jetée par son mari dans le parti de la Fronde et des jansénistes. — Situation des affaires en 1648. — Habileté de Mazarin. — Barricades. — Paix avec le parlement. — Griefs contre Mazarin. — Mécontentements des grands. — On inspire des craintes au peuple. — Une nouvelle crise se prépare.

La Fronde n'a duré que quatre ans. Placée entre le despotisme de Richelieu et le long règne de Louis XIV, ce choc si vif, si animé de toutes les puissances du corps social, de toutes les grandes capacités qui s'étaient subitement développées durant cette mémorable époque, n'a paru à presque tous les historiens qu'un accident, qu'une espèce d'interrègne du pouvoir absolu, résultat passager de quelques ambitions personnelles, de quelques intrigues d'amour. Telle est surtout l'idée que Voltaire en donne; mais elle est fausse. La Fronde est une des époques les plus remarquables de notre histoire, par les lumières qu'elle y répand, par les enseignements politiques qu'elle fournit. C'est l'expression la plus concentrée, la plus dramatique d'une lutte dont les causes ont toujours existé et ont produit des révolutions qui durent encore; causes qui, par leurs actions, tantôt cachées, tantôt dévoilées, tantôt lentes et progressives, tantôt rapides et violentes, ont sans cesse modifié, altéré ou subitement changé nos lois, nos mœurs et nos habitudes.

Aussi, pour les bien comprendre, il faut nous replacer au berceau de notre histoire, et saisir d'un seul regard la vie entière de la nation. Pour trouver comment s'opèrent les débordements d'un fleuve, il est nécessaire d'en tracer le cours et de remonter jusqu'à sa source.

La réunion de tous les peuples gaulois, de tous les pays compris entre le Rhin et les Alpes, la mer et les Pyrénées, en une seule province romaine; les grandes routes que ce peuple dominateur y pratiqua, et qui en unissaient toutes les parties; la conquête de ce pays par les Francs; l'établissement du vaste empire de Charlemagne, et les assemblées régulières et générales de la nation sous les deux premières races, donnèrent à la France une force d'agrégation et un sentiment de nationalité que les partages et les guerres entre des princes ennemis, et entre les différentes provinces, ont souvent affaibli, mais n'ont pu anéantir entièrement.

La distribution des terres à cultiver, ou des bénéfices concédés pour un temps ou pour la vie, fut une conséquence nécessaire d'un grand territoire conquis par une armée peu nombreuse, et donna naissance à la vassalité. L'application à la race royale des lois qui chez les Francs régissaient la famille produisit le partage égal de la monarchie entre tous les enfants du monarque, et fut une cause de divisions, de crimes, de malheurs et d'anarchie qui affaiblit l'autorité royale. Les bénéficiers en profitèrent pour retenir, au delà du temps prescrit, et sans l'aveu des concessionnaires, les terres qui leur avaient été concédées; et leurs héritiers en conservèrent la possession comme de biens qui leur appartenaient, dès qu'ils remplissaient, comme leurs auteurs, les conditions de la concession. Ainsi les bénéfices et les fiefs donnés à temps et révocables devinrent héréditaires ; la vassalité fut immobilisée : elle fut transportée des personnages aux terres. La même cause donna aux délégués des rois pour le gouvernement et la défense du pays, c'est-à-dire aux comtes, aux ducs et autres officiers de la couronne, les moyens d'être indépendants ou de se faire assez redouter pour rendre leurs charges et offices inamovibles, au lieu d'être, comme avant, révocables à volonté. Ils les firent convertir, sous de certaines conditions d'obéissance, en fiefs héréditaires. C'est ainsi que la féodalité prit naissance, et devint la loi des particuliers et la loi de l'État.

L'avénement de Hugues Capet au trône, ou le commencement de la troisième race, marque le plus haut degré du système féodal, et en même temps le plus grand abaissement de l'autorité royale. La France n'était alors qu'un ensemble d'États confédérés entre eux, et régis par la loi des fiefs. La couronne était un grand fief. Mais cependant même alors, au milieu de vassaux ayant tous des intérêts particuliers souvent opposés à ceux de l'État, et de serfs, qui n'étaient rien, celui qui portait cette couronne était le seul qui centralisât dans sa personne les intérêts généraux, et par conséquent le seul qui eût le grand caractère de nationalité ; le seul qui par son titre, ses droits, ses pouvoirs, ses devoirs, avait les moyens de former un lien commun, de réaliser cette idée de France qui sous Clovis, sous Charlemagne, et sous le système de vassalité absolue, avait eu autrefois tant de force, mais qui, toute faible qu'elle était, ne s'était pas effacée.

Cette position tendait à augmenter sans cesse l'autorité de ceux qui s'y trouvaient placés, malgré les fautes qu'ils pouvaient commettre. Par la même raison, le pouvoir des grands vassaux, dont les intérêts réciproques étaient divergents, et souvent opposés à ceux de l'État, devait diminuer graduellement, quelque habileté qu'ils missent à le défendre ou à le conserver. On peut renverser par la violence des institutions fortes ; mais tant qu'elles existent, on ne peut échapper à leurs conséquences.

L'abolition de l'esclavage personnel, due à la propagation de la morale évangélique, au véritable esprit du christianisme et aux progrès de l'industrie agricole, manufacturière et commerçante, fit surgir une nouvelle classe dans la nation, distincte de celle des nobles et du clergé. Cette classe s'accrut rapidement en nombre et en richesses ; et ses efforts pour prendre dans l'État une influence proportionnée à sa puissance réelle amenèrent l'affranchissement des communes et le pouvoir des villes. Les appels successifs en matière de justice remontant jusqu'au roi, introduits par saint Louis et nécessités par la complication des intérêts sociaux, fondèrent la puissance des gens de loi ou des parlements.

Nos rois, en s'appuyant habilement sur les communes et les villes, ou sur le tiers état et sur les parlements, purent lutter avec avantage contre leurs grands vassaux, dont quelques-uns étaient de puissants monarques. Ils ressaisirent ainsi graduellement le pouvoir utile à tous, qu'ils avaient perdu ; ils réunirent à la couronne les grands fiefs, qui recueillaient plus d'avantages à se mettre sous leur protection qu'à conserver leur indépendance ou leur allodialité. Ainsi se trouva peu à peu anéantie la féodalité dans ses rapports avec l'autorité royale. Philippe le Bel, par l'établissement des armées permanentes et le droit de battre monnaie enlevé à tous les seigneurs, acheva la ruine du gouvernement féodal.

Ce ne fut donc pas Louis XI, ainsi qu'on l'a dit, qui abattit la féodalité. Lorsque ce roi spirituel, rusé et cruel, parvint au trône, les provinces n'étaient point régies par des pairs du royaume, ni par de hauts barons, ni par les descendants des familles revêtues d'un droit héréditaire, mais par des gouverneurs nommés par l'autorité royale, et révocables à sa volonté. Seulement ces gouverneurs, il est vrai, étaient des princes du sang, des membres de la famille royale, qui avaient profité de l'état de démence de Charles VI et de l'indolence de Charles VII pour se rendre indépendants dans leurs gouvernements. Ce fut contre ces grands et récents usurpateurs que Louis XI eut à lutter. En rendant inamovibles les offices de judicature et de finance, et en les plaçant sous l'inspection et l'autorité des parlements, il restreignit la puissance des gouverneurs; mais en même temps, et sans le prévoir, il créa pour l'autorité royale des obstacles contre lesquels elle devait un jour se briser.

Le tiers état, après s'être en partie affranchi du joug féodal par le secours de la puissance royale, chercha en vain un point d'appui dans les états généraux contre l'envahissement et les abus de cette même puissance. Réduit à ses propres forces, et sans le secours des deux autres ordres, dont les intérêts étaient différents des siens, il ne put jamais parvenir à mettre hors de toute contestation sa part d'influence dans les affaires nationales; ce qui aurait dû être une conséquence des subsides et des subventions en hommes ou en nature accordés par l'organe de ses députés. Mais ses efforts pour acquérir une légitime indépendance furent souvent assez énergiques pour faire pressentir ce qu'on pouvait en redouter. Ce fut alors que les rois employèrent contre le tiers état les parlements, dont ils s'étaient heureusement servis contre la noblesse et le clergé. Les rois flattèrent l'orgueil de ces grandes compagnies judiciaires, en leur conférant en partie les attributions et l'autorité des états généraux, qu'ils redoutaient, et que la progression toujours croissante des taxes aurait forcé d'assembler trop fréquemment. Ainsi s'accrut successivement l'autorité des parlements, et particulièrement celle du parlement de Paris, qui renfermait dans son sein les pairs du royaume, les princes du sang, et les grands dignitaires de la couronne. Ces hautes cours nationales devinrent imposantes pour le monarque même. Toutefois, comme il en nommait les membres, tant que le gouvernement eut de l'énergie, les parlements servirent plutôt d'appui que d'obstacle au pouvoir ; mais sous les faibles règnes de Charles IX et de Henri III les parlements cherchèrent à leur tour à amoindrir l'autorité royale, pour accroître la leur. Les grands profitèrent alors des divisions qui s'établirent entre le roi et les parlements pour s'efforcer de reconquérir de nouveau l'indépendance qu'ils avaient perdue ; et le tiers état inclina tantôt vers l'un, tantôt vers l'autre de ces partis, selon qu'il avait plus à espérer ou à redouter des uns ou des autres. Les progrès de la réforme religieuse, qui augmentèrent encore les causes de discorde, et le fanatisme, en secouant ses torches sur ces matières inflammables, achevèrent de tout embraser. L'autorité royale, craignant de lutter à force ouverte, chercha à tromper et à diviser, et devint cruelle par peur. Un roi habile et victorieux, joignant l'énergie à la prudence, parvint à comprimer les éléments de trouble et de désordre, mais ne les anéantit pas. A la mort de Henri IV, et pendant la régence de Louis XIII, les grands, les gouverneurs de province, et les parlements, s'emparèrent de nouveau, à leur profit, des plus importantes attributions de l'autorité royale, au détriment du tiers état et des libertés publiques. Mais Richelieu parut.

Rendre à la couronne sa dignité et au pouvoir royal sa force et son action fut l'œuvre de Richelieu. Jamais on ne vit à la tête d'un grand État un génie plus digne de le gouverner. Le despotisme est une forme de gouvernement qui répugne à la raison ; la cruauté est sa compagne, et la terreur son moyen. Pour s'établir et se maintenir, il lui faut faire une continuelle violence à la nature humaine ; mais le médecin emploie aussi le poison pour sauver la vie à son malade, et le régime auquel il le contraint serait mortel pour celui qui jouirait d'une santé robuste. La première loi de l'homme d'État est de ne pas laisser périr l'État ; et avant de condamner en lui le despote il faut se demander s'il a pu éviter de le devenir. Richelieu pouvait-il sauver la France, la maintenir dans son intégrité, et y faire triompher sur tous les principes destructeurs le principe de la nationalité, qui n'y était plus représenté que par la personne du roi, sans faire dominer par-dessus toute autre puissance la puissance royale ? Telle est la question. Or, en examinant la situation du royaume à cette époque on reconnaîtra que toutes les autorités autres que celle du roi étaient usurpées, illégales, divergentes et oppressives. L'autorité royale était la seule régulatrice, la seule légitime, la seule protectrice, la seule conservatrice. Peut-être pourra-t-on penser que contre l'anarchie des pouvoirs Richelieu eût pu trouver un remède efficace dans l'imposante autorité des états généraux ; ce serait mal connaître la situation de la France à cette époque. Les états généraux, s'il les avait assemblés, eussent été sous l'influence des princes et des grands, alors maîtres de toutes les provinces, commandant dans toutes les forteresses ; leurs résolutions eussent accru le pouvoir des classes privilégiées, diminué l'autorité royale, et rendu encore plus insupportable le joug qui pesait sur le peuple ou le tiers état.

Du moins, dira-t-on encore, Richelieu aurait pu s'appuyer sur les parlements, et surtout sur celui de Paris, où siégeaient les princes du sang et les pairs de France, et par là, sous des formes plus convenables à une monarchie limitée, exercer un pouvoir plus légal que son despotisme farouche. Cela eût été possible, en effet, si les parlements avaient pu être restreints à leur fonction primitive, celle de rendre la justice, et aussi à celle que les rois leur avaient conférée, d'enregistrer les impôts; s'ils s'étaient contentés du droit, si utile, de faire des remontrances, le seul que l'usage et les ordonnances leur avaient donné dans les attributions législatives; mais en l'absence des états généraux ils voulaient être substitués à leur autorité. Ainsi que je l'ai déjà remarqué, les offices de finance avaient été rendus inamovibles, aussi bien que les offices de judicature; et ceux qui les possédaient, et dont le nombre se montait à plus de quarante mille chefs de famille, puissants par leurs richesses, étaient unis d'intérêt avec les parlements sous la juridiction desquels ils se trouvaient placés; tous étaient des membres ou des clients des familles parlementaires. Richelieu ne pouvait donc se flatter d'être secondé par les parlements dans sa régénération administrative. Ces compagnies se seraient, au contraire, opposées aux actes de vigueur qui étaient indispensables pour réprimer les abus, soulager les peuples, faire ployer les grands sous le joug des lois, et fonder un gouvernement régulier. Trop d'intérêts particuliers s'opposaient à l'intérêt général pour qu'on pût espérer que ce dernier prévalût, si l'on était assez imprudent pour établir entre eux et lui un conflit. Richelieu n'avait d'autre moyen que de saisir le pouvoir par lui-même, et sans le secours d'aucune autre force que celle du sceptre royal. Il y était contraint par sa position, lors même qu'il n'y aurait pas été enclin par son caractère. En politique on ne peut jamais isoler le passé du présent ; et c'est en se pénétrant des conditions que l'un et l'autre nous imposent, que l'on peut parvenir à dominer l'avenir. La création des intendants de province fut de la part de Richelieu une innovation hardie, par laquelle il affaiblit l'autorité des gouverneurs en la partageant, ou plutôt en lui ôtant ses plus solides appuis, la levée des impôts et l'administration des finances. Il ne s'en tint pas là. Les gouvernements des provinces furent donnés à des hommes de son choix, et qu'il eut soin de prendre dans des rangs moins élevés que les Condé, les Montmorency, les d'Épernon, les Vendôme, et autres seigneurs riches et puissants, et par conséquent très-insubordonnés : ceux-ci étaient parvenus à faire de ces grandes charges des portions de leur patrimoine particulier et des apanages de leur famille, quoiqu'elles fussent de droit à la discrétion du monarque. Richelieu détruisit la hiérarchie financière, et l'influence que les parlements exerçaient par elle. Il sépare habilement les affaires judiciaires de celles qui étaient administratives. Les charges des trésoriers et des élus, qui étaient héréditaires, furent abolies. Ils furent remplacés par des intendants de justice, de police et de finance, nommés par le roi et révocables à volonté.

Contre l'opposition et les clameurs d'une si grande multitude de personnages qu'il ruinait, par un changement subit et par une banqueroute inique; contre les complots et la fureur des grands, qu'il privait d'une autorité illégitimement acquise, mais en quelque sorte consacrée par le temps, Richelieu lutta avec des armes terribles. Il foudroya pour gouverner, mais enfin il gouverna. Partout il établit l'ordre et la sécurité et les bienfaits d'une administration vigilante et sévère; sous lui la France fut calme, forte, glorieuse et redoutée.

Il mourut admiré et abhorré. Les peuples, satisfaits d'être délivrés d'un joug aussi pesant, obéirent avec joie à la reine régente. Les courtisans furent d'abord enchantés de son gouvernement. Il ne leur refusait rien. Il semblait, a dit l'un d'eux, qu'il n'y eût plus que quatre petits mots dans la langue française : « La reine est si bonne[1] ! » Les prisons d'État s'ouvrirent; les attributions des parlements furent respectées; les princes du sang et les grands furent réintégrés dans leurs commandements. Ce fut pendant quelque temps un concert unanime de louanges et de continuelles actions de grâces. Mais lorsque les princes et les parlements voulurent, comme avant Richelieu, participer à la direction générale de l'État, et surtout à la distribution des places et des faveurs, on fut tout surpris de trouver de la résistance dans la reine régente. On se scandalisa de lui voir manifester la volonté de gouverner. Dans toutes les tentatives qu'elle fit alors pour retenir un pouvoir qu'on envahissait, ou ressaisir celui qu'elle avait imprudemment laissé échapper, on ne voulait voir que la continuation du système odieux de Richelieu. L'exaspération s'accrut au plus haut degré lorsqu'on la vit donner

[1] Retz, *Mém.*, dans Petitot, t. XLIV, p. 177.

toute sa confiance à un étranger, à un cardinal, à une créature de Richelieu. A ce triple titre, Mazarin était également odieux aux grands, aux parlements, à la bourgeoisie. Le pouvoir, que l'habitude avait fait considérer comme absolu, fut donc attaqué par ces trois partis simultanément; mais, malgré la crainte de l'ennemi commun, qui les unissait, ces partis n'en avaient pas moins une origine et des conditions d'existence différentes, et par conséquent aussi des intérêts différents. Les grands voulaient exercer la puissance en se plaçant au-dessus des lois; le parlement, augmenter la sienne par les lois; les bourgeois, établir la leur aux dépens des lois : à leurs yeux elles étaient abusives, et le pouvoir leur semblait oppresseur. Tous les partis, pour arriver à leur but, avaient recours à la violence ou en empruntaient le secours. Les grands voulaient contraindre le pouvoir à se mettre sous leur direction, afin qu'il ne fût exercé qu'à leur profit. Pour y parvenir, ils faisaient alliance avec le parlement, avec le peuple, avec l'étranger. Tout moyen leur était bon : ils n'avaient de crainte pour aucun péril, de répugnance pour aucun crime. Les parlements, plus scrupuleux, mais non moins passionnés, se servaient habilement des lois, dont ils se déclaraient les protecteurs, pour justifier leurs prétentions et satisfaire leur ambition. Le peuple inclinait toujours pour le parti qui annonçait vouloir le protéger contre l'oppression, alléger ses souffrances, et lui assurer ses franchises. Mais, sans organisation, sans expérience de sa force, il ne pouvait rien par lui-même, et recherchait l'appui des grands, ou du parlement, ou de l'autorité royale. Telle était la position de cette dernière, que quand elle se livrait aux grands, elle était toujours certaine de les mettre de son côté et de les détacher du parlement et du peuple ; quand elle se plaçait sous l'égide du parlement, les grands, qui tenaient les citadelles et le gouvernement des provinces, se liguaient contre elle, et conspiraient avec l'étranger pour lui faire la guerre. De là tant de changements de parti et d'intrigues contraires ; ce qui ne prouve pas, comme l'a dit Voltaire, qu'on ne savait ni ce qu'on voulait ni pourquoi on était en armes. On le savait très-bien. Les intérêts généraux sont stables ; les résolutions et les actions qu'ils nécessitent sont toujours les mêmes. Pour les servir, on ne peut aspirer qu'à un seul but, le bien public. Les moyens de l'atteindre sont dans tous les temps les mêmes : l'ordre, l'économie, la justice, le désintéressement, la fermeté, la vigilance, la droiture. Mais les intérêts privés varient sans cesse, comme les destinées particulières : ceux du lendemain ne sont pas toujours ceux de la veille ; le but qu'on a atteint devient un moyen pour arriver à un but plus éloigné, détourné, ou même opposé. Jamais l'ambition et la cupidité ne s'arrêtent ; elles ne peuvent réussir qu'en se déguisant, et comme elles savent que de toutes les formes qu'elles empruntent, celle de l'intérêt public contribue le plus à leur succès, elles n'épargnent rien pour le simuler. Cependant, au fond, elles leur sont presque toujours opposées, et il leur arrive souvent de travailler contre elles-mêmes et de servir cet intérêt contre lequel elles conspirent. La nécessité de dérober leurs secrets aux yeux de la multitude, dont la coopération leur est nécessaire, les y contraint. De là les changements de masque des hommes d'État, les contradictions que nous remarquons dans leurs actions et leurs discours, au milieu des tourbillons de la guerre civile et du tumulte des partis.

Nous voyons dans la Fronde Condé faire la guerre au

parlement et au peuple, et assiéger Paris pour le roi ; puis ensuite se mettre du côté du peuple et du parlement pour défendre Paris contre la cour. Pensez-vous que dans le premier cas il ait, sujet fidèle, été animé par le désir de rétablir l'autorité royale contre des sujets rebelles ? que dans le second, citoyen généreux, il se soit dévoué pour soutenir les droits du peuple contre les oppressives usurpations d'un ministre ? Nullement. Le but où tend Condé est toujours le même, quoique les moyens qu'il emploie soient différents : il ne veut qu'arracher le pouvoir à Mazarin, pour l'exercer à sa place.

Ce n'est pas seulement parce que la duchesse de Longueville est belle, que Turenne et La Rochefoucauld se disputent si ardemment ses faveurs ; mais c'est parce que, par son esprit et l'énergie de son caractère, elle a un grand ascendant sur son mari et sur son frère le grand Condé, et qu'après la chute de Mazarin on croit déjà voir Condé à la tête du gouvernement [1]. Pourquoi le coadjuteur change-t-il si souvent de parti ? pourquoi cherche-t-il à les brouiller entre eux et à négocier avec tous ? pourquoi, malgré sa fougue apparente, ménage-t-il à la fois la régente, le parlement, la Fronde, le pape et les jansénistes ? C'est qu'ayant reconnu la nullité du grand Condé hors du champ de bataille, celle du duc d'Orléans sur tous les points, il se croit plus d'esprit et de talent que Mazarin, qu'il a l'espoir de le remplacer, et qu'il veut aussi obtenir le chapeau de cardinal. Par là il se trouve forcé à seconder tour à tour ceux qui voulaient renverser le premier ministre et ceux qui voulaient

---

[1] Motteville, *Mém.*, t. XXXVIII, p. 128 ; t. XXXIX, p. 45. — Nemours, t. XXXIV, p. 406.

soutenir la régente, c'est-à-dire tous les partis contraires. S'il se montre si assidu auprès de mademoiselle de Chevreuse, cette beauté si peu spirituelle; s'il lui sacrifie deux de ses maîtresses, c'est qu'il a besoin de sa mère, son seul intermédiaire auprès de la reine. Ce n'était donc pas l'amour, comme le dit Voltaire, qui faisait et défaisait les cabales. L'amour, si on peut profaner ce nom pour des liaisons de cette nature, n'était dans la Fronde que le serviteur de l'ambition et l'esclave de la sédition. Sans doute cette guerre de la Fronde ne fut ni aussi longue ni aussi sanglante que celle de la Ligue. Le fanatisme n'avait pas séparé une même nation en deux peuples différents, dont chacun ne voyait de salut que dans la destruction de l'autre; on ne voulait point détrôner un roi, changer une dynastie, mais chasser un ministre, ou lui arracher des concessions. On le poursuivait plutôt par le ridicule que par la haine. En vain le parlement appela sur lui, par un arrêt, le fer des assassins, il ne s'en trouva point. Mais la verve des chansonniers et des poëtes satiriques, le cynisme injurieux des auteurs de libelles, ne tarissaient point sur son compte. La presse suffisait à peine pour reproduire les nombreux pamphlets dont il était l'objet. Cependant cette guerre civile ne se passa point non plus sans qu'il y eût du sang de répandu sur les champs de bataille, ni sans quelques actes de cruauté. La religion aussi, quoiqu'elle ne jouât pas, comme au temps de la Ligue, le principal rôle dans les discussions qui se produisaient, n'y était pas non plus étrangère; et c'est ici le lieu de faire connaître la nouvelle secte qui venait de s'élever au sein de l'Église catholique, et son influence sur les événements de cette époque.

La réforme de Luther avait non-seulement détaché des

papes une grande portion de l'Église, mais elle avait aussi éclairé celle qui leur était restée fidèle. Les plus fervents catholiques, en repoussant les dogmes des protestants, leurs interprétations de l'Écriture et des mystères, n'avaient pu s'empêcher d'approuver leurs efforts pour combattre les abus contraires à l'esprit de la religion, et d'admirer le courage, la science et l'habileté qu'ils avaient déployés dans cette lutte. Le pouvoir que les papes avaient usurpé semblait aux évêques attentatoire à leur autorité. Ils avaient vu avec peine la cour de Rome, après que les moyens sanglants de l'inquisition eurent été usés ou repoussés dans plusieurs pays, se créer un nouvel appui dans un corps religieux, organisé d'après le principe le plus absolu de l'obéissance passive; sorte de milice répandue partout, placée en dehors de la hiérarchie ecclésiastique, ou à côté d'elle, et ne pouvant être dominée ni restreinte par les moyens qui lui sont propres; sans attributions spéciales; s'adaptant à tout, dominant partout, et paraissant partout obéir. On trouvait que cet ordre, et par conséquent Rome, qui l'approuvait et le soutenait, avait dans ses livres corrompu la pureté de la foi, pour l'accommoder aux relâchements du siècle et servir ses ambitieux desseins. Des esprits religieux et rigides croyaient donc s'assurer des moyens de salut en ne reconnaissant dans les papes que l'autorité qui leur était attribuée par les constitutions de l'Église; en redonnant aux doctrines des Pères de l'Église, et surtout à celles de saint Augustin, l'ascendant que leur avaient fait perdre des doctrines contraires. Des théologiens renommés, Edmond Richer, syndic de la Sorbonne, et Michel Bains, professeur à Louvain, avaient publié, dans ce but, des livres qui, comme on devait s'y attendre, furent condamnés à

Rome[1]. Ces condamnations ne servirent qu'à augmenter le nombre des prosélytes à la cause qu'ils défendaient. Deux hommes liés par l'amitié la plus intime, Duverger de Hauranne, abbé de Saint-Cyran, et Jansenius, évêque d'Ypres, entreprirent de rassembler sous un même drapeau tous ces généreux sectaires, d'en augmenter le nombre, de les discipliner, et de faire en sorte qu'ils ne consumassent point inutilement leurs forces en efforts individuels. Le premier employa pour y parvenir un talent de persuasion auquel rien ne résistait, pas même les geôliers chargés de le garder dans la prison où il fut confiné. Doué d'une prodigieuse activité, il entretint une vaste correspondance, qui étendait au loin l'empire qu'il exerçait sur les esprits. Jansenius, son ami, avec plus d'érudition et une plus grande force de tête, donna les moyens de tirer des nombreux in-folio de saint Augustin un corps de doctrines conforme aux idées et aux principes des réformateurs. Son livre publié, en 1640, sous le titre d'*Augustinus* devint l'évangile de la nouvelle secte. C'est ce livre dont Nicolas Cornet, docteur de Sorbonne, prétendit avoir résumé les principes en cinq propositions, qu'on fit condamner par la cour de Rome; acte imprudent et impolitique, qui ne fit qu'augmenter le mal auquel on voulait remédier, et qui devint, dans ce siècle et dans le suivant, la source d'interminables discussions, de débats insensés et de déplorables persécutions.

Ainsi naquit la secte des jansénistes, en haine des jésuites, en opposition avec Rome, mais qui cependant aspirait à être le plus ferme soutien de Rome et du catholicisme, si Rome, cédant avec les progrès du temps et lui

[1] PETITOT, *Notice sur Port-Royal*, dans les *Mém. sur l'Hist. de France*, t. XXXIII, p. 15.

accordant ce qu'elle exigeait, eût voulu la seconder dans ses pieux desseins.

Les principaux points de leurs doctrines étaient que la juridiction ecclésiastique appartient essentiellement à toute l'Église ; que les évêques n'en étaient que les ministres ; qu'elle devait être exercée par les conciles assemblés, où les papes n'avaient que le droit de présidence [1]. Ils prétendaient aussi donner à la morale et aux actions humaines un mobile unique et divin, et ils soutenaient que l'homme ou le pécheur ne peut rien sans la grâce, c'est-à-dire sans l'intervention divine ; qu'il doit avant tout s'efforcer de l'obtenir par un pur amour de Dieu, dépouillé de tous motifs humains, même les plus louables. Selon eux, les justes ont besoin, pour accomplir les commandements de Dieu, et même pour prier sincèrement, que la grâce efficace détermine invariablement leur volonté ; et cette grâce dépend de la pure miséricorde de Dieu.

Cette doctrine paraît en effet être celle de saint Augustin, que Bossuet appelle le plus éclairé et le plus profond des docteurs. Mais de la manière dont elle était développée et expliquée par la nouvelle secte, elle conduisait au fatalisme, et était contraire aux dogmes de l'Église ; et les théologiens qui l'avaient adoptée ne pouvaient échapper aux conséquences qu'elle présente contre le libre arbitre ou l'indépendance de la volonté de l'homme, principe fondamental et incontesté dans la religion chrétienne.

Des maximes sévères de piété, une plus grande exaltation religieuse, résultaient de ces dogmes ou en étaient déduites par la secte. Aussi Bossuet, qui se rapprochait des jansénistes par ses doctrines sur le pouvoir du pape, sur la

---

[1] Petitot, *Notice sur Port-Royal*, t. XXXIII, p. 86.

nécessité de le restreindre et sur l'indépendance des évêques, se montre-t-il effrayé de l'absolutisme des doctrines de la nouvelle secte, « qui font paraître, dit-il, la religion trop pesante, l'Évangile excessif, et le christianisme impossible [1]. » Madame de Sévigné, liée avec les chefs des jansénistes, et qui inclinait pour leurs opinions, mais dont la raison et le bon sens s'accommodaient peu de leurs subtilités, leur demandait de vouloir bien, par pitié pour elle, épaissir un peu la religion, qui s'évaporait à force de raisonnements [2].

Cependant, à une époque où les combats répétés contre la réforme avaient, ainsi que je l'ai remarqué, donné aux idées religieuses un grand empire sur les esprits, la doctrine des jansénistes, malgré ses erreurs, par la base toute divine de sa morale, par l'enchaînement des principes et des conséquences, par les garanties qu'elle semblait donner contre les abus de la cour de Rome, était singulièrement propre à plaire aux âmes généreuses, aux hommes instruits et aux caractères énergiques. Elle se conciliait par son austérité même ceux que le monde avait entraînés dans de grands désordres, parce qu'elle semblait leur offrir des moyens plus certains de réparer en peu de temps les souillures de leur vie passée. Enfin, elle plaisait à la généralité des esprits, parce qu'elle établissait dans les matières religieuses ce droit d'examen et de résistance à l'autorité que l'on réclamait alors avec tant de chaleur pour les matières politiques. Il est des temps où les peuples supportent encore plus patiemment l'esclavage du corps que celui de la pensée.

Aussi le gouvernement ouvrit de bonne heure les yeux

---

[1] Bossuet, *Oraison funèbre de Cornet*.
[2] Saint-Simon, *Mémoires complets et authentiques*, t. I, p. 466.

sur les dangers de cette nouvelle secte. Duverger de Hauranne fut persécuté et emprisonné par Richelieu, ce qui augmenta encore le nombre de ses prosélytes.

Sous le règne suivant les disciples de l'abbé de Saint-Cyran, par leur union avec les religieuses de Port-Royal, alors gouvernées par une abbesse du plus grand mérite, Angélique Arnauld, acquirent la consistance d'un parti. Il était peu nombreux, mais très-respectable par les vertus, par les talents et la renommée de ceux qui le composaient. Ils s'étaient tous retirés dans un vallon sauvage et agreste, entouré de forêts et de marécages, à six lieues de Paris, près du village de Chevreuse. Les religieuses de Port-Royal avaient eu autrefois leur couvent dans ce vallon. Elles l'avaient depuis transporté à Paris ; mais elles l'y rétablirent de nouveau lorsque les disciples de l'abbé de Saint-Cyran et de Jansenius, qui la plupart étaient leurs frères, leurs parents ou leurs directeurs, eurent converti, par la culture et des travaux bien dirigés, ce vallon marécageux et malsain en un délicieux Élysée orné d'habitations charmantes. Ces solitaires formèrent, à la manière des anciens Pères du désert, dans leurs asiles champêtres, une espèce de communauté où chacun d'eux avait un emploi. Ils étaient jardiniers, maçons, vignerons, garde-chasse, laboureurs, aussi bien que prédicateurs, prêtres ou auteurs. Toujours étroitement unis entre eux, sincères dans leur renoncement au monde, convaincus de la sainteté de leur doctrine, regardant comme un devoir impérieux de leur conscience de chercher à la propager, ils étaient prêts à supporter tous les genres de persécution plutôt que de se résoudre à faire aucune concession qui pût y porter atteinte. Ils considérèrent qu'ils rempliraient un double but, celui de se faire des prosélytes et d'être utiles à la société, s'ils se dévouaient à l'instruction de la jeunesse. Ils ouvrirent donc une école, qui fut d'abord peu nombreuse, mais qui bientôt augmenta rapidement. Ils publièrent pour leurs élèves des traités élémentaires dans diverses branches des connaissances humaines, qui chacun dans leur genre sont restés des chefs-d'œuvre. L'admiration qu'ils inspirèrent leur fit des partisans de tous ceux qui s'étaient acquis quelque renommée dans les lettres [1].

Des esprits aussi élevés, des hommes aussi indépendants, d'une aussi grande austérité, unis pour la réforme des mœurs, ne pouvaient manquer de s'attirer la haine et la colère d'un gouvernement dissipateur. Ils avaient donc pour amis, ou pour partisans déclarés ou secrets, tous ceux qui, par quelque motif que ce fût, formaient opposition au ministre ; tous ceux qui, par intérêt ou par zèle pour le bien public, aspiraient à réformer les abus qui déshonoraient l'Église ou appauvrissaient l'État.

Ainsi, quoique les solitaires de Port-Royal eussent l'air de ne vouloir prendre aucun parti dans les dissensions civiles, et que, fidèles aux préceptes de l'Évangile, ils se montrassent soumis aux autorités dans tout ce qui était étranger au culte, cependant ils étaient liés avec tous les chefs de la Fronde et détestés à la cour à l'égal des frondeurs. Par une alliance nécessaire de la religion avec la politique, tout janséniste était frondeur, tout frondeur était disposé à devenir janséniste. Les uns et les autres aspiraient également à réformer l'État et l'Église, dont alors on ne séparait pas les intérêts. Le cardinal Mazarin avait d'ailleurs approuvé la bulle du pape qui condam-

---

[1] Petitot, *Notice sur Port-Royal*, t. XXXIII, p. 9. — Sévigné, 26 janv. 1674, t. III, p. 327, édit. 1823. — *Ibid.*, t. III, p. 227, édit. 1820.

naît Jansenius, et il favorisait les jésuites ; tous les jansénistes étaient par cette seule raison ligués contre ce ministre, et enclins à favoriser les frondeurs.

Le cardinal de Retz, qui gouvernait le diocèse de Paris comme coadjuteur de son oncle, malade et incapable, avait sous sa juridiction le couvent de Port-Royal. Il se trouvait avoir avec les jansénistes une trop grande conformité de but, pour ne pas leur être favorable; et il était trop habile pour ne pas tirer parti de l'influence que leur donnaient leur vertu et leurs grands talents. Par eux il gouvernait les curés de Paris, qui presque tous avaient embrassé les dogmes de la nouvelle secte ; et l'ascendant que les curés avaient alors sur le peuple lui servait à soulever ou à calmer à son gré les flots de la sédition [1].

Cependant l'alliance que les chefs de faction formaient avec les jansénistes était souvent peu durable. Les premiers se gouvernaient par des intérêts variables, les seconds par des principes inflexibles. Les premiers étaient des hommes agités par toutes les passions mondaines, les seconds n'aspiraient qu'à la propagation de leur croyance : mais la piété n'éteignait point en eux l'orgueil, le plus indomptable des vices de l'homme, parce qu'il est le seul assez habile pour revêtir des formes qui font méconnaître sa nature, le seul assez audacieux pour s'asseoir à côté de la vertu. Les jansénistes, comme les jésuites, leurs adversaires, regardaient comme un devoir, pour le succès de leur prosélytisme, de ne pas rester étrangers aux agitations de la politique et aux révolutions de l'État. Ils avaient même à cet égard un avantage sur les jésuites : ils ne s'étaient point cloîtrés; ils n'avaient formé aucun vœu,

---

[1] RETZ, *Mémoires*, t. XLV, p. 77.

prononcé aucun serment, contracté aucun engagement, ni fait aucune promesse d'obéissance envers des supérieurs. Ceux d'entre eux qui s'étaient condamnés à la retraite, les solitaires de Port-Royal, étaient restés séculiers ; la plupart avaient joué des rôles importants sur la scène du monde ; et on pouvait dire que s'ils s'étaient retirés volontairement des premiers plans, ce n'était pas pour rompre toute liaison avec les acteurs qui s'y trouvaient, mais pour former un aparté. Là ils ne s'occupaient que d'un seul point, et, comme tous les sectaires, entraînés par une idée fixe, ils agréaient ou repoussaient les actions et les sentiments, selon qu'ils étaient favorables ou contraires à leur projet de réforme. Comme alors les hommes changeaient souvent de parti, et que les partis eux-mêmes variaient dans leur but et dans leurs moyens, tantôt combattant contre le gouvernement, tantôt s'alliant avec lui, les jansénistes se trouvaient fréquemment avoir pour ennemis les mêmes hommes qui avaient été leurs partisans les plus déclarés, et pour amis ceux qui s'étaient montrés leurs plus violents persécuteurs. Ces continuelles péripéties ajoutaient encore à la complication, déjà si grande, des intrigues multipliées de ce singulier drame politique.

Pour bien comprendre comment les grands pouvaient, à cette époque, changer si souvent de bannière, et faire tourner subitement les partis au gré de leurs intérêts, il faut se reporter à la composition de la société telle qu'elle était alors en France. La féodalité du siècle de Hugues Capet avait depuis bien longtemps disparu de la constitution de l'État ; mais elle existait encore dans les lois privées, dans les priviléges particuliers, et encore plus dans les mœurs, qui survivent longtemps à la destruction des lois. Toutes ces causes faisaient de la noblesse un peuple à part. Louis XI et ensuite Richelieu avaient bien pu comprimer les grands, et leur ôter le pouvoir de porter leurs mains sur le sceptre; mais ils n'avaient pu faire qu'il n'y eût des grands, ils n'avaient pu leur enlever ni leurs vastes domaines, ni la vénération attachée à leurs noms; ils n'avaient pu empêcher que leurs vassaux, les membres de leurs familles, les nobles des provinces où ils tenaient un si grand état, ne continuassent, par intérêt comme par habitude, à se grouper autour d'eux, ne se plaçassent sous leur protection, n'obéissent à leurs ordres, ne se fissent un honneur de les servir. Sans doute les progrès du commerce, du luxe et de l'industrie avaient beaucoup diminué cette triple influence des richesses territoriales, du rang et de la naissance; cependant elle était encore très-puissante à cette époque. Rien n'est plus commun, dans les mémoires de ce temps, que de lire au sujet de personnages nobles et titrés, qu'ils étaient ou avaient été domestiques de tel prince, de tel duc, de tel maréchal; ce qui signifie seulement qu'ils avaient ou avaient eu un emploi dans leurs maisons. Dans les moments de péril et de crise, il suffisait au coadjuteur, au duc de Longueville, ou à tel autre individu de ce rang, d'écrire dans les provinces où leurs terres étaient situées pour faire arriver aussitôt dans la capitale deux ou trois cents gentils-hommes qui leur servaient d'escorte, et qui étaient prêts à se battre pour eux aussitôt qu'ils en auraient reçu l'ordre[1]. Il leur importait peu de quel parti était leur chef, quelle cause il avait embrassée. La fortune de tous dépendait de lui; c'est à sa fortune qu'ils s'attachaient. Quand ils l'abandonnaient, ils renonçaient en

---

[1] RETZ, *Mémoires*, t. XLV.

même temps à sa protection et au soutien qu'ils pouvaient prétendre de tous ceux qui lui appartenaient ; et alors c'était presque toujours pour se placer comme client obéissant et soumis sous un patron plus puissant, ou dont ils espéraient davantage. Ils entraînaient en même temps dans leur défection tous les nobles qui leur étaient subordonnés, ou qui se trouvaient sous leur dépendance immédiate. Un noble était donc habitué à n'avoir point d'autre opinion que celle de son chef. Il ne pouvait rester isolé, sans protecteur et sans compagnons d'armes, sans serviteurs, comme un vilain ou un bourgeois, qui à ses yeux, quelque riche qu'il fût, était sans seigneur, et par conséquent sans honneur. Son honneur à lui, il le plaçait dans sa servitude ; c'était la preuve de sa noblesse, la marque de sa puissance, le signe de son crédit.

C'est ainsi que toutes les branches de la famille de Sévigné reconnaissaient alors pour protecteur et pour chef Gondi, archevêque de Corinthe, coadjuteur de l'archevêque de Paris, et oncle du mari de madame de Sévigné. Sa naissance, son rang, ses richesses, le pouvoir dont il était revêtu comme seul administrateur du premier diocèse du royaume, comme l'homme le plus populaire de Paris, comme un des chefs de la Fronde, le rendaient un des personnages les plus importants de l'État. Ses grands talents lui donnaient d'ailleurs un irrésistible ascendant sur tous ceux qui l'approchaient. Le chevalier Renaud de Sévigné, qui habitait une maison dans la cour extérieure de Port-Royal [1], et le marquis de Sévigné [2] se trouvèrent donc, par le coadjuteur, nécessairement enrôlés sous les drapeaux de la Fronde, et imbus de la doctrine des jan-

[1] Petitot, *Mémoires*, t. XXXIII, p. 85.
[2] Conrart, *Mémoires*, t. XLVIII, p. 188.

sénistes. Par les mêmes causes, la jeune marquise de Sévigné, qui aimait son mari, qui goûtait fort l'esprit, l'éloquence, le caractère aimable, et les vertus domestiques (car il en avait) du coadjuteur, devint frondeuse et janséniste [1].

Cependant le cardinal Mazarin, malgré la haine et l'opposition des partis, faisait preuve d'une grande étendue de vue et d'une rare habileté dans le gouvernement. C'est en 1648, l'année même où l'emprisonnement de Broussel avait donné lieu à la journée des Barricades, qu'il consomma le grand ouvrage de la paix de Munster, si avantageuse à la France. Mais il avait laissé dilapider les finances par Particelli Emeri, Italien comme lui; et il acquérait, en vendant les grâces de la cour, une fortune immense et honteuse.

La reine, après la journée des Barricades [2], s'était retirée à Ruel, chez la duchesse d'Aiguillon [3]. La déclaration du 24 octobre satisfit le parlement et sembla tout apaiser, et fut comme un traité de paix, qui ramena la reine à Paris [4]. Elle y revint le 21 octobre, et y fut bien reçue; mais cette paix qui avait été conclue ne devait être qu'une courte trêve. Le parlement, qui avait obtenu des garanties de liberté, était seul intéressé à la maintenir. L'orgueil d'Anne d'Autriche s'indignait d'avoir été obligée de céder [5]. Les princes du sang, c'est-à-dire le duc

---

[1] MOTTEVILLE, *Mém.*, t. XXXVIII, p. 34.

[2] RETZ, *Mémoires*, t. XLIV, p. 206-210. — MOTTEVILLE, *Mémoires*, t. XXXVIII, p. 13. — PETITOT, *Notice sur la Fronde*, t. XXXV, p. 89. — *Fastes des Rois*, 1697, in-8°, p. 190.

[3] MOTTEVILLE, t. XXXVIII, p. 41.

[4] *Ibid.*, t. XXXVIII, p. 100.

[5] *Ibid.*, t. XXXVIII, p. 96.

d'Orléans, Condé, le duc de Bouillon, étaient mécontents que la cour eût accepté des conditions qui ne leur laissaient aucune influence. Le coadjuteur, chef de la Fronde, et les jeunes membres du parlement avec lesquels il était d'accord, et qui formaient la force de son parti, étaient déterminés à ne point souffrir que les rênes du gouvernement fussent abandonnées à Mazarin. Ils étaient les moins satisfaits de tous, les moins disposés au repos ; de sorte que les satires, les épigrammes, les chansons contre le ministre, et même contre la reine, recommencèrent de nouveau. On inspira des craintes au peuple, au sujet de quelques troupes qu'on avait fait approcher. Le parlement, s'apercevant que la déclaration n'était pas exécutée, recommença ses assemblées et ses remontrances ; et tout faisait présager une nouvelle crise [1].

[1] Retz, *Mémoires*, t. XLIV, p. 261, ou p. 18 de l'édit. de 1836.

CHAPITRE XIII.

1648 — 1649.

Madame de Sévigné accouche d'une fille. — Conjectures sur le lieu de sa naissance. — Date du séjour de madame de Sévigné au château de Ferrières; son retour à Paris. — Elle y trouve Marigny. — Impromptu qu'il fait pour elle. — Brusqueries et mauvais procédés du marquis de Sévigné envers sa femme. — Bussy devient le confident des deux époux. — Sentiments de madame de Sévigné pour son cousin. — Il conçoit l'espérance de la séduire. — Fuite de la cour à Saint-Germain. — Bussy est obligé de la suivre. — Commencement de la première guerre de Paris. — Le marquis de Sévigné se rend en Normandie. — Rôle qu'il joue dans cette guerre. — Le chevalier Renaud de Sévigné est employé par le coadjuteur. — Bussy réclame auprès du ministre l'argent qui lui est dû. — Il sert avec zèle le parti du roi. — Il envoie à Paris pour ramener ses chevaux. — Il écrit à sa cousine. — Lettre de Bussy à madame de Sévigné. — Bussy se trouve à l'attaque du pont de Charenton. — Il envoie réclamer les chevaux qu'on lui avait pris. — Madame de Sévigné s'emploie pour lui, et lui répond. — Autre lettre de Bussy à madame de Sévigné. — Paix conclue entre la cour et le parlement. — Bussy veut rentrer dans Paris, et manque d'être assommé à la barrière. — Il repart de Paris. — Condé, mécontent, lui donne des ordres, qu'il fait exécuter par son maréchal des logis. — Bussy se rend en Bourgogne; il y trouve Condé, qui l'oblige à partir pour l'armée. — Bussy insatiable d'intrigues galantes. — Pendant son séjour au Temple, Bussy fait sa cour à une jeune personne, et s'en fait aimer. — Forcé de la quitter, il lui écrit de l'armée.

Pendant toute cette orageuse année de 1648, qui vit commencer les troubles précurseurs de la guerre civile, madame de Sévigné avait été retenue par son mari loin de la capitale; elle était accouchée d'une fille, celle-là même qui devait remplir une si grande place dans son existence, et devenir pour elle la source de tant de tendresse, d'inquiétudes, de plaisirs et de tourments. Les noms de baptême donnés à cette enfant, devenue, sous le nom de Grignan, plus célèbre par les lettres de sa mère que par l'antique noblesse de celui qu'elle épousa, furent Françoise-Marguerite. Le jour précis et le lieu de sa naissance ne sont pas connus avec certitude. Tout porte à croire cependant que mademoiselle de Sévigné est née à la terre des Rochers. Nous avons vu que madame de Sévigné se trouvait encore à l'abbaye de Ferrières le 15 novembre. Elle revint à Paris à la fin de ce même mois : elle y trouva toute la cour. La reine régente, accompagnée du roi son fils, avait fait son entrée dans la capitale, la veille de la Toussaint, au bruit des acclamations de joie de tout le peuple [1].

Madame de Sévigné retrouva encore à Paris son cousin Bussy et le gai et spirituel Marigny. Il revenait de Suède [2]. Aussitôt après son retour, le coadjuteur s'était empressé de se l'attacher; il employait utilement sa muse joviale, burlesque et populaire, à ridiculiser tous ceux qui se montraient contraires à ses projets [3]. Marigny, le 1er janvier 1649, envoya, sous le titre d'étrennes à la marquise de Sévigné, pour lui souhaiter la bonne année, les vers suivants, écrits dans ce mauvais style grotesque si fort à la mode alors :

> Adorable et belle marquise,
> Plus belle mille fois qu'un satin blanc tout neuf;
> Au premier jour de l'an mil sept cent quarante-neuf,
> Je vous présenterais de bon cœur ma franchise;

---

[1] MOTTEVILLE, *Mémoires*, t. XXXVIII, p. 100.
[2] Voyez la *Correspondance de Chanut*, mss., Bibl. du Roi, t. I, *lettre* du 13 janvier.
[3] RETZ, *Mémoires*, t. XLIV, p. 281-302; t. XLV, p. 54 et 59.

Mais les charmes que vous avez
Depuis quelque temps me l'ont prise.
Je ne sais si vous le savez [1].

Bussy, de plus en plus amoureux de sa cousine, continuait à se montrer très-assidu auprès d'elle. Il s'était habilement insinué dans la confiance de son mari. Admis comme parent dans la familiarité la plus intime des deux époux, il était souvent témoin des brusqueries de Sévigné envers sa femme; il écoutait avec une apparente sympathie les plaintes de celle-ci sur les infidélités répétées du marquis et sur les peines qu'elle en éprouvait. Abusant de l'inexpérience de sa jeune cousine, il acceptait le rôle de conciliateur, dont elle le chargeait, avec une feinte répugnance, mais avec une joie secrète. Elle croyait qu'il employait dans l'intérêt de son bonheur conjugal l'ascendant que lui donnaient sur le marquis de Sévigné la supériorité de son esprit et l'amitié qu'il paraissait avoir pour lui. Peut-être aussi, sans qu'elle s'en doutât, madame de Sévigné aimait-elle à trouver dans les soins, les flatteries et la conversation d'un homme aussi aimable et aussi spirituel que Bussy, un dédommagement aux délaissements d'un époux dont les manières à son égard faisaient un si grand contraste avec celles de son cousin; et le besoin d'être consolée n'était pas le seul motif qui lui faisait prolonger ses entretiens avec le consolateur. Les lettres qui nous restent d'elle et les ménagements qu'elle eut toujours pour Bussy, même après les torts les plus grands qu'un homme puisse avoir envers une femme, donnent lieu de le croire [2].

[1] Charles DE SERCY, *Poésies choisies*, 2ᵉ partie, 1653, in-12, p. 217. — *Œuvres de* MARIGNY, 1670, in-12, p. 94. — *Recueil des plus belles pièces des poëtes français*, 1692, t. IV, p. 200.

[2] BUSSY, *Histoire amoureuse des Gaules*, p. 34 et 37, édition sans date; *Histoire amoureuse des Gaules*, 1754, in-12, t. I, p. 251.

Quoi qu'il en soit, Bussy n'en doutait pas, et un caractère moins présomptueux que le sien en eût été également persuadé. Aussi écrivait-il et agissait-il en conséquence : quoiqu'il n'ignorât pas tous les scrupules qu'il avait à vaincre, il était plein d'espoir, et de jour en jour moins réservé dans son langage. A mesure que les torts du mari se multipliaient, et qu'ils froissaient et humiliaient le cœur d'une épouse dont la tendresse, l'esprit et les attraits devaient la garantir de tout outrage, Bussy devenait plus entreprenant. Il se croyait près du but qu'il avait tant désiré atteindre, lorsque, par une fatalité qui semblait lui être particulière dans ses amours avec sa cousine, il se vit subitement séparé d'elle par un événement qui non-seulement compromettait le succès de sa longue attente, mais les destinées de la France entière.

Le lendemain du jour des Rois, le 7 janvier, on apprit que la reine régente, qui avait reçu la veille et tenu son cercle comme à l'ordinaire, était partie dans la nuit avec le roi et toute sa cour, et qu'elle s'était retirée à Saint-Germain. Elle fut suivie par le duc d'Orléans et le prince de Condé. La première guerre civile, ou la première guerre de Paris, commença aussitôt [1].

Le duc de Longueville se rendit en Normandie. Il était le gouverneur de cette province, et il voulait la faire déclarer contre la cour et pour la Fronde. Il emmena avec lui un grand nombre de gentils-hommes, et entre autres le marquis de Sévigné, dont les hauts faits les plus remar-

---

[1] Motteville, *Mémoires*, t. XXXVIII, p. 139, 155. — Retz, *Mémoires*, t. XLIV, p. 284. — La Rochefoucauld, *Mém.*, t. LI, p. 460. — Omer Talon, *Mém.*, t. LXI, p. 380. — Guy-Joly, *Mém.*, t. XLVII, p. 45. — Monglat, *Mém.*, t. L, p. 141.

quables dans cette guerre furent, si l'on en croit le spirituel Saint-Évremond, d'avoir su en mainte occasion faire rire son altesse le gouverneur par ses quolibets et son esprit goguenard [1]. Son oncle Renaud de Sévigné joua un rôle plus important. Le coadjuteur lui donna le commandement du régiment qu'il fit lever à ses frais pour la défense de Paris; et comme Gondi avait aussi le titre d'archevêque de Corinthe, on nomma le régiment que commandait Renaud de Sévigné, le régiment de Corinthe. Quand ce corps eut été battu dans une sortie, les royalistes appelèrent cette déroute *la première aux Corinthiens*, plaisanterie qui fit rire les frondeurs eux-mêmes [2]. Renaud de Sévigné fut encore employé par le coadjuteur dans quelques-unes des nombreuses négociations qu'on pouvait dire être continuelles en ces temps de trouble, où l'on ne se déclarait presque jamais pour un parti sans offrir en même temps des conditions, pour prix de sa défection, au parti contraire. Renaud de Sévigné fut pendant la Fronde considéré comme un personnage assez notable pour que le cardinal de Retz, dans une de ses conférences avec la reine et Mazarin, ne voulût point faire sa paix avec la cour sans le comprendre au nombre de ceux pour lesquels il réclamait des indemnités pécuniaires [3]. Il demandait pour lui 22,000 livres, ou 44,000 fr. de notre monnaie actuelle. Aucune mention ne fut faite alors du marquis de Sévigné. L'expédition où il avait été employé n'eut aucun succès. Plusieurs nobles, et entre autres Saint-Évremond, refusèrent de se joindre au duc de Longueville;

---

[1] Saint-Évremond, *Retraite de M. le duc de Longueville*, Œuvres, 1753, t. II, p. 12.

[2] Retz, *Mémoires*, t. XLIV, p. 321. — Joly, *Mém.*, t. XLVII, p. 52.

[3] Retz, *Mémoires*, t. XLV, p. 99.

et le projet qu'il avait de faire révolter la Normandie échoua par l'arrivée du comte d'Harcourt, que la reine se hâta d'envoyer dans cette province [1].

La duchesse de Longueville n'alla point rejoindre la cour ni son mari ; elle se déclara pour la Fronde, et resta dans Paris. Toutes les femmes des seigneurs qui avaient embrassé le même parti imitèrent son exemple. Madame de Sévigné fut de ce nombre : elle n'accompagna point son mari en Normandie, et resta dans la capitale. Les courageuses résolutions de tant de beautés d'un haut rang, qui avaient dans l'armée des assiégeants leurs frères, leurs parents, leurs amis, excitèrent parmi les bourgeois et le peuple un enthousiasme extraordinaire, et accrurent encore le feu de la sédition.

Bussy, que la reine n'avait pas mis dans le secret de son évasion, s'échappa avec peine de Paris, maudissant Mazarin, la guerre, et sa position, qui le forçaient de se séparer de sa cousine, de servir le prince de Condé, dont il était mécontent, et de suivre la cour, qui ne lui payait point les deux années d'appointements dus pour sa lieutenance de Nivernais [2]. Cependant il obéit avec zèle aux ordres qui lui furent donnés. Il tira du Nivernais les régiments qui y étaient en quartier, et d'Autun les chevau-légers du prince de Condé ; il conduisit toutes ces troupes à Saint-Denis, où il fut placé sous les ordres du maréchal Duplessis-Praslin [3]. Bussy envoya un de ses laquais à

---

[1] DE MAIZEAUX, *Vie de Saint-Évremond*, dans les *Œuvres de* SAINT-ÉVREMOND, t. I, p. 20 ; t. II, p. 1.

[2] BUSSY, *Mémoires*, édit. in-12, t. I, p. 171, 173, 176 ; édit. de 1696, in-4°, t. I, p. 214, 215 et 219.

[3] RETZ, *Mém.*, t. XLIV, p. 319. — Maréchal DUPLESSIS, *Mémoires*, t. LVII, p. 291.

CHAPITRE XIII.

Paris, pour lui ramener ses chevaux de carrosse; et pour qu'on les laissât sortir de la ville, il les fit passer pour être ceux de son oncle le grand prieur du Temple. Il ne négligea pas en cette occasion d'écrire à sa cousine, et lui envoya la lettre suivante[1] :

LETTRE DE BUSSY A MADAME DE SÉVIGNÉ.

« A Saint-Denis, 5 février 1649.

« J'ai longtemps balancé à vous écrire, ne sachant si vous étiez devenue mon ennemie ou si vous étiez toujours ma bonne cousine, et si je devais vous envoyer un laquais ou un trompette. Enfin, me ressouvenant de vous avoir ouïe blâmer la brutalité d'Horace pour avoir dit à son beau-frère qu'il ne le connaissait plus depuis la guerre déclarée entre leurs républiques, j'ai cru que l'intérêt de votre parti ne vous empêcherait pas de lire mes lettres; et pour moi, je vous assure que, hors le service du roi mon maître, je suis votre très-humble serviteur.

« Ne croyez pas, ma chère cousine, que ce soit ici la fin de ma lettre : je vous veux dire encore deux mots de notre guerre. Je trouve qu'il fait bien froid pour faire garde. Il est vrai que le bois ne nous coûte rien ici, et que nous y faisons *grande chère* à bon marché. Avec tout cela il m'y ennuie fort; et sans l'espérance de vous faire quelque plaisir au sac de Paris, et que vous ne passerez que par mes mains, je crois que je déserterais. Mais cette vue me fait prendre patience.

---

[1] SÉVIGNÉ, *Lettres*, n° 7, t. I, p. 11, édit. de Monmerqué. — BUSSY, *Mémoires*, t. I, p. 174, édit. in-12; et de l'édit. in-4°, t. I, p. 218. — Cette lettre est mal datée dans les éditions.

« J'envoie ce laquais pour me rapporter de vos nouvelles, et pour me faire venir mes chevaux de carrosse, sous le nom de notre oncle le grand prieur. Adieu, ma chère cousine. »

Le lendemain du jour qui suivit le départ de cette lettre, Bussy partit de Saint-Denis dans la nuit, aux flambeaux, par un froid excessif; et au lever de l'aurore sa cavalerie se trouva rangée entre le parc de Vincennes et Conflans. Condé attaqua Charenton et s'en empara, mais seulement après trois combats meurtriers. Le marquis de Chaulieu du côté des frondeurs, et Gaspard de Coligny, duc de Châtillon, du côté des royalistes, y furent tués [1]. Les frondeurs s'étaient emparés de Brie-Comte-Robert. On forma le projet de reprendre cette place, dans le dessein où l'on était d'affamer Paris. Le maréchal de Grancey eut cette commission, et le maréchal Duplessis-Praslin fut chargé de protéger ses opérations avec un corps de troupes. Les chevau-légers de Bussy en faisaient partie. Il marcha donc pour cette expédition, qui ne dura que huit jours [2]. Revenu dans son cantonnement de Saint-Denis, Bussy apprit que les gens du maréchal la Mothe-Houdancourt avaient rencontré sur la route ses chevaux

---

[1] Bussy, *Mémoires*, t. I, p. 176 de l'édit. in-12, et p. 219 de l'édit. in-4°.—Guy-Joly, *Mém.*, t. XLVII, p. 56.— La Rochefoucauld, *Mém.*, t. LI, p. 465 —Motteville, *Mém.*, t. XXXVIII, p. 183.—Montpensier, t. XLI, p. 47 et 50. — Retz, *Mém.*, t. XLIV, p. 325. — Monglat, *Mém.*, t. L, p. 158. — Omer Talon, *Mém.*, t. LXI, p. 104. — Avrigny, *Mémoires chronologiques*, t. II, p. 425. — *Mémoires de ***, pour servir à l'hist. du dix-septième siècle*, t. LVIII, p. 102. — *Fastes des Rois des maisons de Bourbon et d'Orléans*, 1697, in-8°, p. 190.

[2] Monglat, *Mémoires*, t. L, p. 159. — Duplessis, *Mém.*, t. LVII, p. 295. — Omer Talon, *Mém.*, t. LXI, p. 424.

que son cocher lui amenait, et qu'ils s'en étaient emparés. Bussy se décida à envoyer un trompette au maréchal pour les réclamer, et en même temps il chargea le trompette de la lettre suivante pour madame de Sévigné[1] :

LETTRE DE BUSSY A MADAME DE SÉVIGNÉ.

« Saint-Denis, le 5 mars 1649.

« C'est à ce coup que je vous traite en ennemie, Madame, en vous écrivant par mon trompette. La vérité est que c'est au maréchal de la Mothe que je l'envoie, pour le prier de me renvoyer les chevaux du carrosse du grand prieur notre oncle, que ses domestiques ont pris comme on me les amenait. Je ne vous prie pas de vous y employer, car c'est votre affaire aussi bien que la mienne ; mais nous jugerons, par le succès de votre entremise, quelle considération on a pour vous dans votre parti ; c'est-à-dire que nous avons bonne opinion de vos généraux, s'ils font le cas qu'ils doivent de vos recommandations.

« J'arrive présentement de notre expédition de Brie-Comte-Robert, las comme un chien. Il y a huit jours que je ne me suis déshabillé : nous sommes vos maîtres, mais il faut avouer que ce n'est pas sans peine. La guerre de Paris commence fort à m'ennuyer. Si vous ne mourez bientôt de faim, nous mourrons de fatigue ; rendez-vous, ou nous allons nous rendre. Pour moi, avec tous mes autres maux, j'ai encore une extrême impatience de vous voir. Si M. le cardinal (*Mazarin*) avait à Paris une cou-

---

[1] Bussy, *Mém.*, t. I, p. 177, édit. in-12 ; de l'édit. in-4°, t. I, p. 221. — Sévigné, *Lettres*, t. I, p. 12, n° 3.

sine faite comme vous, je me trompe fort, ou la paix se ferait à quelque prix que ce fût; tant y a que je la ferais, moi, si j'étais à sa place, car, sur ma foi, je vous aime fort. »

Madame de Sévigné s'employa d'une manière active pour faire rendre à son cousin ses chevaux; mais le maréchal de la Mothe s'y refusa. Elle répondit à la lettre de Bussy, et lui apprit le mauvais succès de sa négociation. On voit, par la réponse qu'il lui adressa le même jour, l'empressement qu'il mettait à saisir toutes les occasions de correspondre avec elle, et le plaisir qu'il avait à la railler sur les défaites de son parti [1].

LETTRE DE BUSSY A MADAME DE SÉVIGNÉ.

« Saint-Denis, le 6 mars 1649.

« Tant pis pour ceux qui vous ont refusé mes chevaux, ma belle cousine; je ne sais pas si cela leur fera grand profit, mais je sais bien que cela ne leur fait pas grand honneur. Pour moi, je suis tout consolé de cette perte, par les marques d'amitié que j'ai reçues de vous en cette rencontre. Pour M. de la Mothe, *maréchal* de la Ligue, si jamais il avait besoin de moi, il trouverait un chevalier peu courtois.

« Mais parlons un peu de la paix : qu'en croit-on à Paris? L'on en a ici fort méchante opinion : cela est étrange que les deux partis la souhaitent, et qu'on n'en puisse venir à bout.

[1] Bussy, *Mém*, t. I, p. 177, et p. 222 de l'édit. in-4°. — *Lettres de Sévigné*, t. 1, p. 13, n° 9. — Cette lettre est mal datée dans les éditions.

« Vous m'appelez insolent, de vous avoir mandé que nous avions pris Brie. Est-ce que l'on dit à Paris que cela n'est pas vrai? Si nous en avions levé le siége, nous aurions été bien inquiets; car pour vos généraux, ils ont eu toute la patience imaginable : nous aurions tort de nous en plaindre.

« Voulez-vous que je vous parle franchement, ma belle cousine? Comme il n'y a point de péril pour nous à courre avec vos gens, il n'y a point aussi d'honneur à gagner : ils ne disputent pas assez la partie, nous n'y avons point de plaisir; qu'ils se rendent, ou qu'ils se battent bien. Il n'y a, je crois, jamais eu que cette guerre où la fortune n'ait point eu de part : quand nous pouvons tant faire que de vous trouver, c'est un coup sûr à nous que de vous battre, et le nombre ni l'avantage du lieu ne peuvent pas seulement faire balancer la victoire.

« Ah! que vous m'allez haïr, ma belle cousine! toutes les fleurettes du monde ne pourront pas vous apaiser. »

Cette paix que Bussy désirait tant fut conclue six jours après la lettre que nous venons de citer. Elle fut consentie le 11 mars entre la reine et les commissaires du parlement; mais on ne le sut à Paris que le 13, et la déclaration royale qui en réglait les dispositions ne fut approuvée par le parlement que le 1er avril. On convint d'une trêve de trois jours entre les parties belligérantes, à partir du jour où les commissaires du parlement étaient tombés d'accord des conditions de la paix avec la reine. On renouvelait cette trêve tous les trois jours avant qu'elle fût expirée, afin de procurer au parlement le temps de délibérer et de donner son approbation. Bussy, dans cet intervalle, entreprit de se rendre à Paris, afin de voir sa cousine. Arrivé à la porte Saint-Martin, où il se présenta accompagné de son frère et de deux autres personnes, l'officier du poste, à moitié ivre, voulut l'empêcher de passer outre, et lui demanda s'il avait un billet du maréchal Duplessis. Bussy lui répondit que la trêve était publiée, et qu'il n'avait pas besoin de billet pour entrer. L'officier lui dit qu'il n'entrerait pas sans billet. Bussy, contrarié de ce refus, déclara qu'il s'en allait aussi de son côté empêcher les gens de Paris d'entrer à Saint-Denis. Alors l'officier se mit à crier « au Mazarin! » Aussitôt Bussy fut enveloppé par une foule de gens qui sortirent des maisons environnantes : on l'assaillit lui et ses compagnons. Bussy reçut un coup de bâton sur la tête, qui lui fit une large blessure, et ce fut avec peine qu'on parvint à le faire entrer, ainsi que sa suite, dans un corps de garde voisin. On s'occupa à panser sa blessure ; mais la multitude augmentait autour de lui et de ceux qui l'accompagnaient. On se pressait pour les voir comme des bêtes curieuses ; on vociférait, on menaçait de les massacrer. Bussy, dans cette situation critique (il dit dans ses Mémoires qu'il n'a jamais vu la mort de si près), osa prendre à partie un homme qui s'emportait en injures contre le roi ; mais comme en même temps Bussy, en défendant le roi, se mit à maudire Mazarin, il fut applaudi par le peuple et ne courut plus de danger : on lui permit d'écrire, et il en profita pour donner avis de son aventure au chevalier Dufresnoy, qui vint six heures après, muni d'un ordre du prévôt des marchands, délivrer les malheureux captifs. Le chevalier Dufresnoy prit Bussy dans son carrosse, et le conduisit au Temple, chez son oncle le grand prieur.

Bussy ne put jouir longtemps du bonheur de se trouver à Paris avec sa cousine. Le prince de Condé, qui avait contre lui des sujets de mécontentement graves, ou à qui son esprit caustique et son caractère présomptueux et moqueur avaient déplu, cherchait à lui occasionner des dégoûts; il voulait que Bussy vendît à Guitaut sa charge de capitaine-lieutenant des chevau-légers. Le comte de Guitaut était cornette dans cette compagnie, et il avait toute la confiance du prince [1]. Bussy résista; alors Condé donna l'ordre à sa compagnie de chevau-légers de marcher en Flandre. La guerre s'y continuait. Les Espagnols, profitant des troubles civils, avaient repris Ypres et Saint-Venant. Bussy évita cette fois l'obligation de se rendre à l'armée, en chargeant son maréchal des logis de l'exécution des ordres qu'il avait reçus, et en prétextant des affaires de famille qui exigeaient sa présence en Bourgogne, où en effet il eut soin de se rendre. Malheureusement pour lui, le prince de Condé y vint aussi, et Bussy se trouva dans la nécessité d'aller lui rendre ses devoirs à Dijon. Là, le prince lui réitéra l'ordre d'aller à l'armée; il fallait nécessairement ou vendre sa charge, ou faire la campagne : Bussy préféra ce dernier parti [2].

Ni les projets de mariage que Bussy formait à cette époque [3], ni la mort du seul frère qui lui restait, et dont il avait reçu des marques de dévouement et d'amitié [4], ni l'amour qu'il avait pour sa cousine, ne pouvaient arrêter ce besoin d'intrigues galantes qui le dominait. Pendant son séjour à Paris, il eut occasion de voir dans le Temple, où il demeurait, deux demoiselles [5]. Elles étaient sœurs,

---

[1] Bussy, *Mémoires*, t. I, p. 181 de l'édit. in-12; et de l'édit. in-4°, p. 226.
[2] *Ibid.*, t. I, p. 151, édit. in-12.
[3] *Ibid.*, t. I, p. 183 de l'édit. in-12; et de l'édit. in-4°, p. 229.
[4] *Ibid.* t. I, p. 181 de l'édit. in-12; et de l'édit. in-4°, p. 227.
[5] *Suppl. aux Mémoires et Lettres de M. le comte de* Bussy, p. 37.

« aussi jolies femmes, dit-il, qu'il y en eût en France, et jusque alors en fort bonne réputation ». Elles demeuraient avec leur mère. De concert avec un autre gentil-homme, qui devait l'accompagner à l'armée comme volontaire, Bussy s'introduisit chez elles, et se fit aimer de la cadette, tandis que son compagnon adressait ses hommages à l'aînée. Tous deux se montraient fort assidus dans cette maison, et n'en sortaient le soir que fort tard. D'après une lettre de Bussy, datée de Clermont en Beauvoisis le 15 septembre 1649, il paraît même que les deux galants passèrent avec les deux sœurs la nuit entière du jour qui précéda leur départ pour l'armée ; mais cette lettre même prouve qu'ils ne purent parvenir à exécuter leurs coupables projets de séduction.

CHAPITRE XIV.

1649 — 1650.

Réflexions sur l'effet des dissensions civiles. — Bussy ne se détermine que par son seul intérêt. — Arrestation des princes. — Effets produits par cette mesure. — Récit des circonstances qui l'ont amenée. — Rôle que joue Gondi au milieu de ces événements. — Bussy offre de vendre sa charge à Guitaut, qui s'y refuse. — Bussy ne se déclare pour aucun parti. — Il se marie. — Il continue à suivre le parti de Condé. — Il enlève en Berry le régiment du comte de Saint-Aignan. — Bussy est toujours amoureux de madame de Sévigné. — Il charge Launay-Liais de lui remettre une lettre. — Lettre de Bussy à madame de Sévigné. — Vanité de Launay-Liais. — Tavannes lui adresse un mot humiliant. — Launay-Liais avait toute la confiance de Bussy. — Bussy, par son secours, se rend en Bourgogne, et échappe aux ennemis au moyen d'un déguisement. — Réflexions sur les travestissements pendant toute la durée de la Fronde.

Les dissensions civiles, en se prolongeant, ne manquent jamais de montrer le triste spectacle des torts de tous les partis ; ceux même qui y étaient entrés avec les penchants et les illusions de la vertu, honteux des souillures qu'ils ont contractées dans la lutte, finissent presque toujours par se renfermer dans le cercle étroit des intérêts individuels, et achèvent de se dégrader, en ne reconnaissant plus pour seul mobile de leurs actions qu'un lâche égoïsme. Alors tout amour du bien public s'éteint; les cœurs deviennent insensibles à toute généreuse sympathie ; l'âme se flétrit, tout ce qu'elle avait de divin disparait; semblable à ces aromates qui, après avoir répandu au loin l'odeur et l'éclat de leur ardent brasier, ont perdu par la combustion jusqu'à la faculté de s'enflammer, et ne forment plus qu'une cendre vile, sans chaleur, sans lumière et sans parfum.

Bussy n'était pas même au rang de ceux dont le patriotisme avait besoin d'être détrompé par l'inutilité de ses efforts : jamais il ne s'était laissé guider par d'autre motif que par son ambition, sa cupidité et les autres passions qui le dominaient. Quoique mécontent du prince de Condé, il n'avait pas hésité à suivre son parti, parce que c'était en même temps celui de la cour, dont il attendait des grâces. Lorsque la paix fut faite, il se disposait à quitter le prince et à s'attacher à Mazarin, qui était devenu la source des faveurs, tandis que Condé perdait tous les jours de son crédit. Bussy avait consenti, dans ce but, à vendre à Guitaut sa charge de capitaine de chevau-légers ; Condé le pressait de conclure. Le 18 janvier 1650 Bussy était allé rendre ses devoirs au prince, qui lui demanda si son affaire avec Guitaut était terminée, ajoutant que l'argent de ce dernier était tout prêt. C'était le prince qui le lui prêtait. Bussy promit de terminer cette affaire sans perdre de temps ; et en effet telle était son intention [1]. Mais le soir même il apprit que le prince de Condé, le prince de Conti, son frère et le duc de Longueville, avaient été arrêtés au Palais-Royal, au sortir du conseil, et conduits à Vincennes comme prisonniers d'État [2].

Cet événement inattendu, qui frappa de stupeur la cour, Paris, la France entière, paraîtrait inexplicable, si les Mémoires des principaux acteurs qui occupaient alors

---

[1] Bussy, *Mém.*, t. I, p. 190 de l'édit. in-12, et p. 238 de l'édit. in-4°.
[2] Retz, *Mémoires*, t. XLV, p. 102, ou p. 191 de l'édit. 1836 de M. Champollion-Figeac. — Arnauld, t. XXXIV, p. 287. — Brienne, t. XXXVI, p. 160. — Joly, t. XLVII, p. 97.

la scène politique, et qui pour cette seule année forment plusieurs volumes, ne nous avaient fait connaître jusque dans les plus petits détails les luttes secrètes des partis, la complication des intérêts individuels, la multiplicité des intrigues, qui rendirent un tel acte de l'autorité non-seulement possible, mais nécessaire. Autrement, on ne pourrait comprendre comment la reine et son ministre purent arbitrairement et injustement faire arrêter et conduire en prison le vainqueur de Rocroi et de Lens, le héros qui avait deux fois sauvé la France et la capitale des armes de l'Espagne, le prince du sang qui avait soutenu l'autorité du roi contre les Parisiens révoltés, le plus éminent des pairs de France ; et cela sans qu'il eût conspiré contre l'État, sans qu'il pût être accusé d'aucun délit. On ne pourrait même deviner pourquoi toute la cour avait à se féliciter d'une si violente et si injuste rigueur ; pourquoi le parlement, dont Condé avait maintenu l'autorité contre les séditieuses émeutes de la Fronde, ne songea pas à réclamer contre une telle atteinte portée aux lois du royaume, aux conventions protectrices de la liberté individuelle faites entre lui et le gouvernement ; pourquoi, enfin, le peuple de Paris fit des feux de joie en apprenant la captivité de ce même prince dont il fêta depuis le retour par d'autres feux de joie, et des acclamations non moins unanimes et non moins bruyantes [1].

Notre sujet exige que les lecteurs connaissent l'enchaînement des scènes politiques qui amenèrent de si étranges résultats.

L'accommodement fait l'année précédente était plutôt une trêve entre les partis qu'une paix solide. Le parle-

---

[1] MOTTEVILLE, t. XXXIX, p. 7. — JOLY, t. XLVII, p. 100. — MONGLAT ; t. L, p. 217.

ment avait conservé le droit de s'assembler et de délibérer sur les affaires d'État, ce que la cour avait voulu empêcher ; et Mazarin resta ministre, quoique le parlement, le peuple, les princes mêmes eussent désiré qu'il cessât de l'être. Ce qui prolonge l'infortune des États, c'est que rarement parmi les hommes qui se montrent les plus actifs et les plus habiles au renversement d'un gouvernement, il s'en trouve qui soient capables de le conduire ; et quand ils existent, le sort s'arrange presque toujours de manière à ce que les circonstances les empêchent de se placer au premier rang. C'était à Gaston, oncle du roi, lieutenant général du royaume, qu'appartenait, de concert avec la régente, la principale direction des affaires ; mais Gaston se reconnaissait lui-même trop faible et trop incapable pour prétendre à se charger d'un tel fardeau. Il ne voulait rien décider, et se trouvait offensé quand on décidait sans lui. Jaloux de l'influence de Mazarin, plus jaloux encore de celle de Condé, aucun des deux ne pouvait prétendre à gouverner avec lui ; et cependant Gaston était assez puissant pour avoir un parti et empêcher qu'on ne pût gouverner sans lui : propre à s'opposer à tout, inhabile à rien exécuter. Lors même qu'Anne d'Autriche eût consenti à éloigner son ministre, à vaincre sa répugnance pour la Fronde et les frondeurs, elle n'aurait pu former un gouvernement avec les chefs de ce parti. Le duc de Beaufort, son chef nominal, était sans instruction et sans esprit. Gondi, son véritable chef, homme éloquent, spirituel, hardi, habile dans la conduite des affaires, dans l'art de se faire des partisans, brave, généreux, loyal même quand il suivait les mouvements de son âme et ses inclinations naturelles, était sans foi, sans scrupule, sans retenue, sans prévoyance, quand il s'abandonnait à ses passions, qui le poussaient sans cesse à un libertinage excessif et hors de raison. Un tel homme n'eût pu remplacer celui qui s'était depuis longtemps formé aux affaires de France sous un maître tel que Richelieu ; qui, profondément dissimulé, était inaccessible à tout sentiment qui aurait pu déranger les calculs de son ambition. D'ailleurs, ainsi que Mazarin, Gondi eût eu contre lui les princes, et n'eût pu résister à leurs nombreux partisans. Gondi avait, par l'ascendant de ses talents, une grande influence dans le parlement de Paris ; mais on s'y défiait de lui, et cette compagnie, dans sa composition hétérogène, offrait plutôt des moyens à l'opposition que des forces au gouvernement. Condé, à qui l'État devait sa gloire et le roi sa sûreté, était donc le seul sur lequel Anne d'Autriche aurait pu s'appuyer ; mais ce jeune héros était sans capacité pour les affaires. Il n'aurait donc pu remplir le vide qu'eût laissé la retraite de Mazarin. Condé, dont l'orgueil était encore exalté par les flatteries des jeunes seigneurs qui formaient sa cour, et qu'on appelait les petits maîtres, n'usait de l'influence que sa position lui donnait que pour arracher de Mazarin les places et les grâces dont il pouvait disposer : lui et ses adhérents se montraient insatiables. Ainsi, Condé se rendait redoutable et odieux à Mazarin, et se faisait détester du peuple comme soutien de Mazarin, en même temps qu'il choquait, par son arrogance, le parlement, déjà indisposé contre lui à cause de son avidité et de son ambition [1].

Tel était l'état des choses, lorsque des circonstances singulières, qui accompagnèrent le meurtre d'un des domestiques de Condé, firent croire à ce prince que les chefs de

[1] TALON, *Mém.*, t. LXII, p. 65-105.

la Fronde avaient conspiré contre lui pour l'assassiner. Il crut, par ce crime, avoir trouvé une occasion d'anéantir cette faction dans la personne de ses chefs, et il intenta un procès en parlement contre les auteurs de ce meurtre. La voix publique en indiquait particulièrement deux, Beaufort et Gondi ; et Condé, par son accusation, espérait les forcer à quitter Paris, où ils trouvaient dans le peuple leur principal moyen d'influence. Mais en attaquant ainsi, et pour ainsi dire corps à corps, les deux hommes les plus populaires, Condé ne ménageait pas davantage le premier ministre. Il se conduisait avec lui avec tant de hauteur et d'arrogance, que la jeune noblesse qui entourait ce prince, lorsqu'elle voulait le flatter, appelait Mazarin son esclave [1]. Un gentil-homme nommé Jarzé, attaché à Condé, s'imagina follement que la reine régente avait du goût pour lui ; et il osa lui faire parvenir une déclaration d'amour. La reine, en présence de toute la cour, le tança en termes très-durs sur sa ridicule fatuité, et lui défendit de jamais paraître devant elle. Le prince de Condé se prétendit blessé de l'affront fait à Jarzé ; et dès le lendemain il alla voir le premier ministre, et exigea insolemment que Jarzé fût reçu le soir même chez la reine. Anne d'Autriche se soumit, mais ne put supporter une telle humiliation sans chercher à s'en venger. Dans le cœur d'une femme, tout ressentiment cède à celui de l'orgueil irrité. Un billet écrit au coadjuteur, de la main même d'Anne d'Autriche, amena près d'elle ce singulier archevêque, ce tribun si redouté. Des négociations avaient précédé cette entrevue. Les conditions de l'accord furent facilement stipulées. Gondi, avec une inexprimable adresse et un bonheur extraordi-

---

[1] MOTTEVILLE, *Mémoires*, t. XXXIX, p. 4. — MONTPENSIER, t. XLI, p. 78. — GUY-JOLY, t XLVII, p 93.

naire, se joua au milieu des intrigues qui en furent la suite. Il parvint à se rendre le confident de Gaston ; il le fit renoncer à son favori l'abbé de la Rivière ; il l'engagea dans la coalition qui venait de s'opérer entre la cour et la Fronde, et il obtint son assentiment pour l'arrestation des trois princes. Tout réussit : la reine régente, au moment du conseil, donna l'ordre fatal, puis se renferma dans son oratoire. Elle fit mettre à ses côtés l'enfant-roi, afin qu'il priât Dieu de concert avec elle pour obtenir l'heureux achèvement d'un acte tyrannique, qui devait produire dans le royaume de nouveaux malheurs et rallumer le feu des guerres civiles [1].

Aussitôt que Bussy connut l'arrestation du prince de Condé, il alla trouver Guitaut, et lui proposa de signer le traité, sur lequel ils étaient tombés d'accord ; mais Guitaut s'y refusa, disant que l'argent dont il avait besoin devait être fourni par le prince, dont la captivité empêchait l'exécution de la promesse qu'il avait faite. Alors Bussy n'osa se déclarer pour la cour, comme il en avait le projet, parce que Condé l'aurait privé, et à bon droit, du prix de sa charge de capitaine-lieutenant des chevau-légers. Toutefois, il ne s'empressa pas de prendre parti pour un prince dont il croyait avoir à se plaindre. Il s'abstint d'aller au Palais-Royal ; mais il ne rejoignit pas les autres officiers du prince de Condé, qui s'étaient renfermés dans Stenay et dans Bellegarde. Pour pouvoir garder une sorte de neutralité et tarder à se déclarer, il profita des soins et des préparatifs qu'exigeait son mariage projeté avec Louise

---

[1] Retz, *Mémoires*, t. XLV, p. 102. — L'abbé Arnauld, *Mémoires*, t. XXXIV, p. 287. — Brienne, *Mémoires*, t. XXXVI, p. 160. — Joly, t. XLVII, p. 97. — Motteville, *Mém.*, t. XXXIX, p. 7. — Monglat, t. L, p. 217.

de Rouville, cousine issue de germain de Marguerite de Lorraine, seconde femme de Gaston, duc d'Orléans. La mère de Bussy et son oncle le grand prieur de France le pressaient de conclure cette union, dans l'espoir de voir continuer le nom des Rabutins, dont Bussy était le seul rejeton mâle. Ce mariage se fit au mois de mai [1]. Dès lors, quoique le parlement eût enregistré sans opposition la déclaration royale qui faisait connaître les motifs de l'arrestation des princes, quoique la Normandie et la Bourgogne se fussent soumises à la cour, cependant une partie de la Guienne, la ville et le parlement de Bordeaux, avaient levé l'étendard de la révolte et s'étaient déclarés pour Condé. Turenne et la duchesse de Longueville avaient, pour soutenir la cause des princes captifs, rassemblé des troupes à Stenay. Un fort parti s'était formé pour eux dans le parlement de Paris et dans toute la France. Toute la noblesse était à juste titre révoltée d'un acte aussi inique d'oppression envers un prince du sang, et envers un guerrier qui avait rendu de si grands services à l'État. Bussy, sans se priver du droit qu'il avait au remboursement de sa charge, ne pouvait hésiter plus longtemps à prendre le parti de Condé; il se déclara donc pour lui. Clémence de Maillé, femme du prince, qui dans cette crise déploya un courage et une force de caractère dont personne, et son époux moins que tout autre, ne l'aurait crue capable, s'était échappée de Chantilly, et s'était renfermée dès le 14 avril dans Montrond [2]. Ce château, qui depuis l'année 1621 appartenait à la maison de Condé, était alors bien fortifié, et dominait la petite ville de Saint-Amand dans

---

[1] Bussy, *Mém.*, t. I, p. 194 de l'édit. in-12, et p. 243 de l'édit. in-4°. — Bussy, *Discours à ses Enfants*, 1694, in-12, p. 240.

[2] Lenet, *Mém.*, t. LIII, p. 157.

le Bourbonnais. La princesse quitta Montrond pour se rendre à Bordeaux, où elle arriva le 15 juin [1]. Les ducs de Bouillon et de La Rochefoucauld, aidés du parlement et du peuple, se disposaient à y soutenir un siége contre l'armée royale; et la princesse, qui s'y était renfermée avec eux, envoya un exprès à Paris, pour donner l'ordre aux comtes de Bussy, de Tavannes et de Chastelux de se rendre à Montrond. Elle écrivit en particulier à Bussy pour l'engager, lorsqu'il serait dans le pays, à faire tous ses efforts, à user de l'influence que lui donnait sa qualité de lieutenant de roi de Nivernais, pour se rendre maître de la Charité-sur-Loire [2]. Bussy obéit; et, après avoir reçu à Montrond ses commissions, il ouvrit la campagne en Berry par l'enlèvement d'une partie du régiment d'infanterie du comte de Saint-Aignan.

Cependant ni la guerre ni le mariage conclu avec Louise de Rouville ne purent triompher de la passion que Bussy avait conçue pour sa cousine et le distraire de ses projets sur elle. Il l'avait laissée à Paris, toujours fidèle au parti de Gondi ou de la Fronde, et par conséquent actuellement dans celui de la cour et de Mazarin, réuni à celui de la Fronde, ou ayant fait avec ce parti un pacte momentané contre l'ennemi commun. Ainsi madame de Sévigné se trouvait contraire au parti des princes, dans lequel Bussy était engagé. Le sort semblait s'attacher à placer le cousin et la cousine, qui toujours désiraient se réunir, dans des camps opposés et ennemis. Launay-Liais, ce gentil-homme breton dont nous avons parlé [3], que madame de Sévigné

---

[1] MOTTEVILLE, t. XXXIX, p. 41.

[2] LENET, *Mémoires*, t. LIII, p. 157.

[3] Voyez ci-dessus, chap. IX, p. 122; et SÉVIGNÉ, *Lettres*, t. I, p. 15, n° 10, édit. M.; t. I, p. 16, édit. G. de S.-G.

avait recommandé à Bussy, et qu'il avait pris à son service, désira se rendre à Paris. Bussy le lui permit, et saisit cette occasion, que peut-être lui-même avait fait naître, pour envoyer à sa cousine la lettre suivante, datée de Montrond le 2 juillet[1] :

LETTRE DE BUSSY A MADAME DE SÉVIGNÉ.

« Au camp de Montrond, ce 2 juillet 1650.

« Je me suis enfin déclaré pour M. le Prince, ma belle cousine ; ce n'a pas été sans de grandes répugnances, car je sers contre mon roi un prince qui ne m'aime pas. Il est vrai que l'état où il est me fait pitié ; je le servirai donc pendant sa prison comme s'il m'aimait ; et s'il en sort jamais, je lui remettrai sa lieutenance, et je le quitterai aussitôt pour rentrer dans mon devoir.

« Que dites-vous de ces sentiments-là, madame ? Mandez-moi, je vous prie, si vous ne les trouvez pas grands et nobles. Au reste, écrivons-nous souvent, le cardinal n'en saura rien ; et s'il venait à le découvrir et à vous faire donner une lettre de cachet, il est beau à une femme de vingt ans d'être mêlée dans les affaires d'État. La célèbre madame de Chevreuse n'a pas commencé de meilleure heure. Pour moi, je vous l'avoue, ma belle cousine, j'aimerais assez à vous faire faire un crime, de quelque nature qu'il fût. Quand je songe que nous étions déjà l'année passée dans des partis différents, et que nous y sommes encore aujourd'hui, quoique nous en ayons changé, je crois que nous jouons aux barres. Cependant votre parti est toujours le meilleur ; car vous ne sortez point de

---

[1] Bussy, *Mémoires*, t. I, p. 196 de l'édit. in-12.

Paris, et moi je vais de Paris à Montrond, et j'ai peur qu'à la fin je n'aille de Montrond au diable.

« Pour nouvelles, je vous dirai que je viens de défaire le régiment de Saint-Aignan; si le mestre de camp y avait été en personne, je n'en aurais pas eu si bon marché.

« Le sieur de Launay-Liais vous dira la vie que nous faisons; c'est un garçon qui a du mérite, et que par cette considération je servirai volontiers; mais la plus forte sera parce que vous l'aimez, et que je croirai vous faire plaisir. Adieu, ma belle cousine. »

Launay-Liais avait accompagné Bussy lorsqu'il partit de Paris en poste avec Tavannes, Chastelux et Chavagnac, et quelques autres officiers de Condé, pour se rendre à Montrond. Bussy et ses compagnons avaient tous pris, pour leur sûreté, des noms supposés. Launay-Liais voulut les imiter, et semblait éprouver de la difficulté à choisir un nom pour lui; Tavannes, qui trouva sa vanité ridicule, lui dit: « Prenez le nom que j'ai adopté, et je m'appellerai Launay-Liais; plus certain de me cacher avec ce nom mieux que qui que ce soit dans la compagnie. » Bussy, qui rapporte dans ses Mémoires [1] ce trait humiliant pour ce pauvre gentil-homme, eut beaucoup à se louer de ses services et de sa fidélité. Quand Bussy fut obligé de se rendre à Paris, et d'y demeurer déguisé, afin de conférer avec le duc de Nemours sur les moyens de servir la cause des princes, il avoue que Launay-Liais était le seul en qui il pût avoir une confiance entière. Deux mois plus tard, Bussy fut forcé de se déguiser encore pour se rendre en Bourgogne; la mort de sa mère l'obligeait à participer de sa personne à l'arrangement de ses affaires. Ce fut encore

---

[1] Bussy, *Mém.*, t. 1, p. 193 de l'édit. in-12; et de l'édit. in-4°, p. 242.

Launay-Liais qu'il employa pour achever heureusement ce voyage difficile, et dangereux pour lui dans les circonstances où il se trouvait. Bussy fit jouer à Launay-Liais le rôle du maître, et le faisait marcher en avant; tandis que lui, affublé d'une perruque noire, avec un emplâtre sur l'œil, et de tout point méconnaissable, suivait à cheval comme domestique, et portait la valise [1]. Jamais l'on ne vit un plus grand nombre de déguisements et de travestissements, même de la part des plus hauts personnages, que pendant les quatre années que dura la Fronde. Les aventures qui les rendaient nécessaires, ou auxquelles ils donnaient lieu, surpassaient tout ce que les auteurs des comédies espagnoles, alors à la mode, avaient imaginé de plus étrange, de plus inattendu et de plus romanesque.

[1] Bussy, *Mémoires*, t. I, p. 199-201 de l'édit. in-12; et de l'édit. in-4°, t. I, p. 249 et 251.

CHAPITRE XV.

1650.

L'arrestation des princes augmente le nombre des partis. — On en compte cinq. — Celui de Mazarin. — Celui de Condé, ou la nouvelle Fronde. — Celui de l'ancienne Fronde, ou de Gondi. — Celui du parlement. — Celui de Gaston. — Noms des chefs et des principaux personnages de chaque parti. — Leurs caractères, leurs intrigues. — Nature de l'attachement d'Anne d'Autriche pour son ministre. — Motifs qui faisaient agir Mazarin, Gaston, La Rochefoucauld, Turenne, Châteaubriand, Nemours, Gondi, et la duchesse de Chevreuse. — Madame de Sévigné, liée avec la duchesse de Chevreuse, lui donne un souper splendide. — Citation de la *Gazette* de Loret à ce sujet. — Loret appartenait au parti de la cour. — Sa *Gazette* était dédiée à mademoiselle de Longueville; caractère de cette princesse.

L'arrestation des princes avait singulièrement compliqué les événements de la scène politique; elle avait déplacé tous les intérêts, et au lieu de réunir les partis et de les comprimer, elle en avait augmenté le nombre. On en comptait cinq, représentés par autant de chefs principaux, autour desquels se groupaient toutes les affections et toutes les ambitions particulières.

D'abord le parti de Mazarin, seul contre tous, dont Servien, la marquise de Sablé, et quelques autres personnages de la cour, étaient plutôt les complices intéressés que les partisans[1]. Ce parti avait pour appui l'habileté

---

[1] BRIENNE, *Mémoires*, t. XXXVI, p. 161, 165. — LENET, *Mémoires*, t. LIII, p. 479.

de son chef, la prédilection invincible, l'inébranlable fermeté d'Anne d'Autriche, et le nom du roi. C'était là toute sa force, mais cette force était immense; c'était elle qui lui assurait l'obéissance d'hommes éclairés et consciencieux, tels que les Palluau, les Duplessis-Praslin, les Saint-Simon, ayant une grande influence dans l'armée; les Brienne, dans la diplomatie; les Talon, les de Mesmes [1], dans la magistrature. Ces hommes obéissaient au premier ministre par honneur, et par suite de leurs habitudes monarchiques. Au milieu des déchirements des partis, ils ne voyaient d'autorité légitime que dans la reine régente; mais ils souhaitaient, aussi vivement peut-être que ceux des partis contraires, que Mazarin fût éloigné. Cet étranger les exposait tous à l'animosité publique qui le poursuivait. Anne d'Autriche employa souvent les artifices familiers à son sexe pour détourner leur opposition dans le conseil, et calmer leurs mécontentements.

Le parti des princes, que les succès des ennemis de la France durant leur captivité rendaient de jour en jour plus populaires et plus intéressants, était composé de toute la jeune noblesse. De ces chefs apparents, le seul capable de le diriger était le duc de Bouillon. Mais pour conduire un parti il faut s'identifier avec lui, se dévouer à lui tout entier; et le duc de Bouillon avait des vues particulières, étrangères, ou même contraires, à l'intérêt de son parti; et avant cet intérêt il plaçait celui du maintien ou de l'élévation de sa maison. La duchesse de Longueville, la princesse de Condé, La Rochefoucauld et Turenne n'avaient ni assez de finesse, ni assez d'habileté en intrigues, pour pouvoir diriger ce parti et lutter contre Mazarin; mais ils

---

[1] MOTTEVILLE, *Mémoires*, t. XXXIX, p. 47. — TALON, *Mémoires*, t. LXII, p. 60.

étaient secondés par trois hommes qui, quoique obscurs, déployèrent dans ces circonstances difficiles des talents extraordinaires. C'était Lenet, qui ne quittait pas la princesse de Condé, et la servait de sa plume et de ses conseils; c'était Montreuil, frère de l'ami de madame de Sévigné, dont nous avons parlé. Montreuil, quoiqu'il n'ait jamais rien publié, fut de l'Académie Française, et il était secrétaire du prince de Condé. Il sut, par une adresse infinie, et en imaginant sans cesse de nouveaux moyens, correspondre avec les princes, et mettre toujours en défaut la vigilance de leurs gardiens [1]. C'était surtout Gourville, qui, après avoir porté la livrée comme valet de chambre du duc de La Rochefoucauld, était devenu son homme d'affaires, son confident, son ami; Gourville, qui sous un air épais cachait l'esprit le plus fin, le plus délié, le plus fécond en ressources; persuasif, insinuant, énergique, prompt, réfléchi; sachant arriver au but par la route directe; ou, sous les regards des opposants, l'atteindre inaperçu, par voies souterraines et tortueuses : homme qui jamais ne connut de situation, quelque désespérée qu'elle fût, sans avoir la confiance qu'il pourrait en sortir. Les plus habiles considéraient-ils une affaire comme perdue, Gourville survenait, donnait de l'espoir, promettait de s'en mêler : aussitôt le succès était certain et l'échec impossible.

Cependant Gourville n'était pas même encore, sous le rapport de l'habileté, le premier de son parti. Le personnage qui méritait ce titre était une femme : c'était Anne de Gonzague, princesse Palatine. Par son penchant à la galanterie, elle n'échappait point aux faiblesses de son sexe; mais par son calme imperturbable au milieu des plus

---

[1] PELLISSON, *Hist. de l'Académie Française*, 1749, in-4°, p. 182, 261, 363. — RETZ, t. XLV, p. 163. — GUY-JOLY, t. XLVII, p. 102.

violentes agitations, par la hauteur de ses vues, la profondeur de ses desseins, la justesse et la rapidité de ses résolutions, l'art de tout faire concourir à son but, elle montra dans toute sa vigueur le caractère de l'homme d'État et l'âme du conspirateur [1]. Sa générosité l'avait portée à tout faire pour tirer les princes de prison; elle y travaillait constamment. Et tel est l'ascendant des talents et d'une volonté énergique, que c'est à ses conseils que se soumettaient tous les partisans des princes, c'est à elle qu'aboutissaient les fils de toutes les intrigues [2].

Le parti des princes avait été surnommé la nouvelle Fronde. L'ancienne, quoique ayant perdu de son énergie par son union avec la cour, conservait cependant sa haine contre le premier ministre. Il n'était pas au pouvoir de Gondi de faire cesser entièrement ces dispositions hostiles; mais il pouvait empêcher qu'elles ne fussent mises en action d'une manière dangereuse. Gondi agit d'abord dans ce sens avec bonne foi, et fut fidèle dans les premiers moments à l'accord qu'il avait fait avec la reine. Peut-être qu'on eût pu le rattacher alors pour toujours au parti de la cour; mais Mazarin ne put croire que le coadjuteur, si fertile en ruses, doué de tant de finesse, fût capable de générosité et de franchise. Dans la pratique de la vie, la défiance a ses dangers comme l'aveugle confiance; et on échoue aussi bien pour n'avoir pas voulu croire à la vertu, que pour n'avoir pas su deviner le vice. Mazarin jugeait d'après lui-même un homme qui lui ressemblait sous beaucoup de rapports, mais non pas sur tous. D'ailleurs, il craignait qu'il ne cherchât à lui enlever l'affection de la

---

[1] MOTTEVILLE, *Mém.*, t. XXXIX, p. 45-78. — GOURVILLE, t. XXXV, p. 266 et suiv. — RETZ, t. XLV et XLVI. — GUY-JOLY, t. XLVII.

[2] MOTTEVILLE, *Mémoires*, t. XXXIX, p. 29.

reine; et cette crainte n'était pas sans motifs. Gondi se vit en butte aux soupçons et ensuite aux machinations du pouvoir, qui travaillait à le perdre, tandis que lui compromettait pour le pouvoir son influence et sa popularité. Il se hâta, pour la reconquérir, de se jeter avec tout son parti du côté des princes, et ne vit de salut que dans leur délivrance. Cette alliance de deux camps depuis si longtemps ennemis fut conclue entre le coadjuteur et la princesse Palatine, et rendue tellement ferme et secrète par la confiance que ces deux chefs de parti s'inspiraient mutuellement, que Mazarin, qui redoutait sans cesse cette union, qui la soupçonnait toujours, ne la connut d'une manière certaine que quand elle éclata par ses effets [1].

Le parlement formait un quatrième parti. Non que cette compagnie fût unanime; mais il y avait dans son sein une honorable majorité qui repoussait également les frondeurs, les séditieux et le ministre. Le parlement aurait donc été disposé à se réunir au parti des princes, et à lui prêter appui; mais il eût fallu pour cela que les chefs de ce parti renonçassent à se lier avec les étrangers. Turenne et madame de Longueville s'étaient joints aux Espagnols pour combattre la France. La princesse de Condé, les ducs de Bouillon et de La Rochefoucauld, qui s'étaient renfermés dans Bordeaux, avaient fait alliance avec eux, et en avaient reçu des secours en argent. Les envoyés espagnols à Paris conféraient journellement avec les chefs de l'ancienne comme de la nouvelle Fronde.

Gaston, qui aurait pu être le modérateur de tous les partis, en formait à lui seul un cinquième. Ses irrésolutions empêchaient qu'il ne donnât de force à aucun des

---

[1] MOTTEVILLE, *Mémoires*, t. XXXIX, p. 103; t. XLI, p. 115, 116. — JOLY, t. XLVII, p. 114 à 116. — LENET, t. LIII, p. 478.

autres, mais il formait à tous un obstacle redoutable. Son inclination comme son intérêt auraient dû ne le jamais faire dévier du parti de la cour; et il lui fut toujours opposé. Poussé par sa jalousie contre Condé et contre le premier ministre, il agissait d'une manière contraire à ses désirs. Il ne manquait cependant ni d'esprit, ni de finesse, ni même d'une sorte d'éloquence; et le chef-d'œuvre de l'adresse de Gondi fut d'avoir su, selon le besoin de ses desseins, mettre Gaston avec la Fronde contre les princes, et ensuite pour les princes contre Mazarin.

La complication et la multiplicité des partis n'était rien en comparaison de celle des intérêts privés, qui se croisaient tellement et en tant de sens divers, qui tournaient avec une telle mobilité, que, dans l'ignorance où l'on était des motifs secrets des principaux acteurs de cette scène si vive, si mêlée, si turbulente, on ne concevait plus rien à leurs actions, et on était disposé quelquefois à les regarder tous comme des insensés, plus ennemis d'eux-mêmes qu'il ne l'étaient de leurs antagonistes.

Si l'on en croyait les libelles du temps, et surtout la satire en vers qui fit condamner le poëte Marlet [1] à être pendu, l'obstination que mettait la reine régente à exposer la couronne de son fils en gardant un ministre détesté de tous s'expliquerait naturellement par une raison toute différente de la raison d'État. L'avocat général Talon, madame de Motteville et la duchesse de Nemours [2] disculpent Anne d'Autriche sous ce rapport. Ce sont trois témoins respectables et sincères; sans nul doute, ce qu'ils ont dit, ils l'ont pensé. Mais MADAME, duchesse d'Or-

---

[1] GUY-PATIN, *Nouveau Recueil de Lettres choisies*, t. V, p. 31.
[2] TALON, *Mémoires*, t. LXII, p. 61. — MOTTEVILLE, t. XL, p. 304 à 308. — NEMOURS, t. XXXIV, p. 472 et 382.

léans, Elisabeth-Charlotte, affirme dans sa correspondance [1] qu'Anne d'Autriche avait épousé secrètement le cardinal Mazarin, qui n'était point prêtre. Elle dit qu'on connaissait tous les détails de ce mariage, et que l'on montrait de son temps, au Palais-Royal, le chemin dérobé par lequel Mazarin se rendait de nuit chez la reine. Elle observe que ces mariages clandestins étaient fréquents à cette époque, et cite celui de la veuve de Charles Ier, qui épousa secrètement son chevalier d'honneur. On peut penser qu'Élisabeth-Charlotte n'a pu écrire que d'après la tradition, et que ses récits ne peuvent contre-balancer les assertions des personnages contemporains que nous avons rapportées. Mais certains faits sont souvent mieux connus longtemps après la mort des personnes qu'ils concernent, que de leur vivant ou des temps voisins de leur décès; ils ne sont entièrement dévoilés que lorsqu'il n'existe plus aucun motif pour les tenir secrets. On ne peut douter des sentiments de la reine pour Mazarin, lorsqu'on lit une lettre qu'elle lui écrivit en date du 30 juin 1660, dont on possède l'autographe [2]; l'aveu qu'elle fit dans son oratoire à madame de Brienne [3]; les confidences de madame de Chevreuse au cardinal de Retz [4]. D'ailleurs, quels qu'aient été les motifs de l'attachement d'Anne d'Autriche pour Mazarin, il est certain qu'ils étaient tout-puissants sur elle. Elle se prêta à tous les projets que formait son mi-

---

[1] *Mémoires sur la cour de Louis XIV et de la régence, extraits de la correspondance allemande d'*Élisabeth-Charlotte, duchesse d'Orléans, *mère du régent*, 1823, in-8°, p. 319. — *Ibid.*, *Mémoires et fragments historiques*, édit. 1832, p. 330.

[2] *Lettre d'Anne d'Autriche au cardinal Mazarin*, en date du 30 juin 1660, mss., Biblioth. Royale; et IIIe partie, p. 471.

[3] Loménie de Brienne, *Mém.*, 1828, t. II, p. 40, 42, 43, et p. 337.

[4] Retz, *Mémoires*, t. XLV, p. 415 à 417, et p. 303 de l'édit. 1836.

nistre pour accroître son pouvoir et sa fortune. La guerre de Bordeaux s'alluma parce que Mazarin voulait faire épouser une de ses nièces par le duc de Candale, fils du duc d'Épernon; et pour ne pas laisser partir, faute de solde, les Suisses lorsque leur secours était le plus nécessaire, Anne d'Autriche mit ses pierreries en gage, et ne voulut pas souffrir que Mazarin répondît de la somme qu'il fallait payer [1].

Gaston d'Orléans, après avoir consenti à l'emprisonnement des princes, ne se décidait à entrer dans le projet de leur délivrance que sous la promesse du mariage de sa fille, la duchesse d'Alençon, avec le duc d'Enghien, fils du grand Condé [2]. La Rochefoucauld et Turenne songeaient alors souvent moins à leur gloire ou au succès de leur parti, qu'à ce qui pouvait être utile à la duchesse de Longueville, dont ils désiraient se faire aimer. De plus obscures liaisons, qui ont échappé même à l'abondance anecdotique des Mémoires de ce temps, semblent aussi avoir exercé leur influence sur la conduite des plus hauts personnages. Dans une lettre que Gondi avait écrite à Turenne, et qu'il observe avoir été honnêtement folle, il ne déguise pas qu'au milieu de beaucoup de motifs sérieux qu'il donnait à ce grand guerrier pour le déterminer à la paix, il n'oubliait pas de l'entretenir de l'espoir de revoir une petite grisette de la rue des Petits-Champs, que Turenne aimait de tout son cœur [3]. Les plus faibles causes avaient action sur des hommes qui, tous jeunes et ardents, suivaient des partis différents, mais sans préjugés, sans principes, sans conviction, sans haine et sans attache-

---

[1] MOTTEVILLE, *Mémoires*, t. XXXIX, p. 47.
[2] GUY-JOLY, *Mémoires*, t. XLVII, p. 115.
[3] RETZ, *Mémoires*, t. XLV, p. 148, ou p. 209 de l'édit. 1836.

ment. Les femmes jouaient dans tous ces événements des rôles importants, auxquels le genre de galanterie et de culte envers la beauté mis en honneur par l'hôtel de Rambouillet n'était pas étranger. Ainsi on ne pouvait rien espérer du duc de Beaufort, même dans ce qui le touchait le plus, si on ne s'était avant assuré du consentement de la duchesse de Montbazon, qui avait sur lui tout pouvoir. Nemours, amoureux de la duchesse de Châtillon, aimée du prince de Condé, embrassait avec chaleur la cause de ce prince, parce que sa maîtresse l'y excitait ; et la duchesse de Nemours s'employait de toutes ses forces pour procurer la liberté au prince de Condé, dans l'espérance qu'il surveillerait la duchesse de Châtillon, et empêcherait les infidélités de son mari. Enfin, le garde des sceaux Châteauneuf, septuagénaire, tournait au gré de cette madame de Rhodes que Bussy nous a déjà fait connaître lorsqu'elle était demoiselle de Romorantin.

Gondi lui-même, malgré la supériorité de son esprit, se laissait aller, par suite de ses inclinations pour les femmes, à des imprudences et à des indiscrétions qui mettaient sa vie en danger et faisaient avorter ses mesures les mieux concertées. Pour apaiser la jalousie de mademoiselle de Chevreuse, il se permit une expression méprisante sur la reine, qui fut redite, et qui devint la cause de la haine violente qu'elle conserva toujours contre lui. La princesse de Guéméné, furieuse d'avoir été abandonnée, offrit à la reine, si elle voulait y consentir, de faire disparaître le coadjuteur en l'attirant chez elle, et en le confinant dans un souterrain de son hôtel. Gondi sut qu'on avait formé le projet de l'assassiner ; et lorsqu'il allait à l'hôtel de Chevreuse, il plaçait, pour sa sûreté, des vedettes en dehors de la porte de cet hôtel, et tout près des sentinelles de la reine qui gardaient le Palais-Royal [1], sans faire attention à l'effet que produisait cet excès d'insolence et de scandale. Avec tous les talents propres à dominer les partis, il ne pouvait s'attirer la confiance d'aucun. Il regardait toute alliance avec l'étranger comme odieuse et impolitique ; et cependant, lorsque ses embarras augmentaient il prêtait l'oreille à l'envoyé de l'archiduc, et même à celui de Cromwell [2]. En même temps, plein d'admiration pour le comte de Montrose, qu'il appelait un héros à la Plutarque, il se liait avec lui d'une étroite amitié, et l'aidait de tout son crédit dans les efforts qu'il faisait pour rétablir sur le trône le roi légitime de la Grande-Bretagne. Gondi semblait, en un mot, se montrer jaloux d'épuiser tous les contrastes. Lorsque le nœud du drame où il s'était engagé fut devenu tellement compliqué par ses intrigues qu'il n'entrevit plus la possibilité de le dénouer, il chercha les moyens de se retirer de la scène avec le plus d'avantages possible pour les siens et pour lui, et à obtenir le chapeau de cardinal. Le mariage de mademoiselle de Chevreuse avec le prince de Conti devint la condition essentielle de toutes les négociations qu'il entamait soit avec la cour, soit avec la duchesse de Chevreuse : celle-ci, Caumartin et madame de Rhodes, l'aidaient puissamment dans ses intrigues [3]. Les souvenirs d'une ancienne et étroite amitié, l'habitude d'une familiarité contractée dans la jeunesse, donnaient auprès de la reine des moyens d'influence à la duchesse de Chevreuse, si constante dans ses haines, si inconstante dans ses

---

[1] RETZ, *Mémoires*, t. LXV, p. 185.
[2] *Ibid.*, t. LXV, p. 151.
[3] *Ibid.*, t. XLV, p. 157 et 158, 192 et 197. — JOLY, t. XLVII, p. 93, 111 et 114.

amours. La reine, qui d'ailleurs se trouvait encore malheureuse par les obstacles que lui opposaient tant de factions, lui avait rendu en partie sa confiance. La duchesse de Chevreuse semblait aussi avoir les mêmes intérêts que Gondi, puisque, ainsi que lui, elle désirait vivement l'union de sa fille avec un prince du sang. Mais elle avait de grandes sommes à réclamer du gouvernement, et le succès de ses réclamations dépendait de la décision du premier ministre : elle ménageait donc Mazarin, et négociait en même temps avec lui et avec l'ancienne et la nouvelle Fronde. Elle mettait à profit pour elle-même l'influence que ses liaisons à la cour, avec le coadjuteur et avec les princes, lui donnaient dans tous les partis. Elle était aidée dans ses intrigues par le marquis de Laigues, homme de courage, mais de peu de sens [1], qui, lors de son exil à Bruxelles, s'était déclaré son amant pour se rendre important dans le parti de la Fronde, qu'il avait embrassé. Comme il ne restait plus à la duchesse de Chevreuse des appas de sa jeunesse que leur ancienne célébrité [2], elle n'avait pas toujours beaucoup à se louer de l'humeur et des procédés de Laigues [3]. Celui-ci avait été jusque alors tout dévoué au coadjuteur ; mais Gondi s'aperçut bientôt que Laigues entrait dans des projets différents des siens. Afin d'avoir quelqu'un qui pût lui répondre de la duchesse de Chevreuse, il aurait voulu substituer auprès d'elle d'Hacqueville à Laigues. D'Hacqueville était l'ami particulier de Gondi et aussi celui de madame de Sévigné ; et secondé par madame de Chevreuse et madame de Rhodes, Gondi aurait réussi à faire expulser Laigues, si d'Hac-

---

[1] Retz, *Mémoires*, t. XLIV, p. 408.
[2] Loménie, comte de Brienne, t. I, p. 317.
[3] Retz, *Mémoires*, t. XLV, p. 157 ; t. XLVII, p. 271.

queville avait voulu consentir à ce projet. Nul homme n'était plus obligeant que d'Hacqueville ; mais, malgré le désir qu'il montrait d'être utile à ses amis, il recula devant cette continuelle immolation de lui-même. Peut-être aussi était-il trop honnête homme pour se prêter à un tel rôle [1].

Madame de Sévigné, tout entière à son mari et à ses enfants, était étrangère à toutes ces intrigues ; mais elle était liée avec les personnes qui secondaient les projets du coadjuteur, et par conséquent avec la duchesse de Chevreuse. Un article de la *Muse historique de Loret* (quelle étrange Muse !) nous prouve combien la liaison de madame de Sévigné avec cette duchesse était intime. Dans le mois de juillet de cette année 1650, au retour de la promenade du Cours, où la haute société allait alors en voiture prendre le frais, le marquis et la marquise de Sévigné donnèrent un souper splendide à la duchesse de Chevreuse. La manière bruyante dont éclata la joie des frondeurs fit ressembler ce repas nocturne à une petite orgie ; et par cette raison il devint un moment l'objet des entretiens de la capitale. Voici comment s'exprime à ce sujet le rimeur gazetier, dans sa feuille du 26 juillet 1650 :

> On fait ici grand'mention
> D'une belle collation
> Qu'à la duchesse de Chevreuse
> Sévigné, de race frondeuse,

---

[1] *Le secret ou les véritables causes de la détention et de l'élargissement de MM. les princes de Condé et de Conti, et le duc de Longueville, avec un exact recueil de toutes les délibérations du parlement dans les assemblées qui ont été faites pour leur liberté et pour l'éloignement du cardinal Mazarin, où sont exposés tous les raisonnements de chacun de Messieurs dans leurs opinions*; 1651, in-4° de 84 pages, p. 25, 26 et 29, et p. 45.

Donna depuis quatre ou cinq jours,
Quand on fut revenu du Cours.
On y vit briller aux chandelles
Des gorges passablement belles :
On y vit nombre de galants ;
On y mangea des ortolans ;
On chanta des chansons à boire ;
On dit cent fois non — oui — non, voire.
La Fronde, dit-on, y claqua :
Un plat d'argent on escroqua ;
On répandit quelque potage,
Et je n'en sais pas davantage [1].

On voit, d'après ces détails, que déjà les manières et les habitudes du grand monde se ressentaient de la licence des guerres civiles, et qu'elles ne ressemblaient plus à celles dont l'hôtel de Rambouillet offrait encore le modèle épuré. Il serait possible aussi qu'il y eût quelque exagération dans le récit de Loret : il était du parti de la cour ; il recevait de Mazarin une pension de deux cents écus, et détestait la Fronde. Sa gazette en vers était adressée à sa protectrice, mademoiselle de Longueville, d'autant plus contraire à la Fronde que sa belle-mère était l'héroïne de ce parti. Mademoiselle de Longueville est cette princesse qui nous a laissé des Mémoires ; elle épousa le duc de Nemours, et il est souvent fait mention d'elle dans les écrits de ce temps, quoiqu'elle ne se soit mêlée dans aucune intrigue, qu'elle n'ait participé à aucun événement. Son immense fortune, les lumières de son esprit, la hauteur de ses sentiments, ses grands airs, la sévère dignité de ses manières, l'énergie de son caractère, en ont fait pendant la régence, et durant le long règne de Louis XIV, un personnage à part, qui ne se soumit à aucune influence,

---

[1] LORET, *Muse historique*, liv. I, p. 28, *lettre* 10.

et ne permettait pas plus au monarque absolu de faire varier ses déterminations, qu'à la mode de changer les formes de son habillement [1].

[1] Montpensier, *Mém.*, t. XLII, p. 182 et 183; t. XLI, p. 57. — Loret, liv. I, p. 9. — Motteville, t. XXXVIII, p, 275. — Saint Simon, t. I, p. 251 ; t. V, p. 425. — Petitot, *Notice*, t. XXXIV, p. 381.

CHAPITRE XVI.

1650 — 1651.

Mariage de madame de La Vergne avec le chevalier de Sévigné. — Détails sur mademoiselle de La Vergne. — Sa correspondance avec Costar. — Explications de certains passages des lettres de ce dernier. — Lettres de Scarron à madame Renaud de Sévigné. — Erreur de l'éditeur sur ces lettres. — La maison de Scarron était fréquentée par toute la haute société de la Fronde. — Scarron était recherché par des femmes différentes de rang et de réputation. — Licence de ses mœurs; sa difformité, ses dispositions joyeuses. — Il aimait les beaux-arts, et commandait des tableaux au Poussin. — Scarron devient à la mode, et est importuné par les visites. — Pourquoi la marquise de Sévigné ne voyait point Scarron. — Explication de la lettre de Scarron à madame Renaud de Sévigné. — Remarque sur le mot *précieuse*. — Cause de l'erreur des éditeurs de Scarron.

A la fin de cette même année il y eut un événement inattendu dans la famille des Sévignés, qui probablement fut la cause de la longue et étroite liaison de la marquise de Sévigné avec une des femmes les plus justement célèbres de ce siècle, l'auteur de la *Princesse de Clèves* et de *Zaïde*.

Madame de La Vergne épousa en secondes noces le chevalier Renaud de Sévigné, dont il a été fait mention précédemment [1]. Il paraît qu'en l'épousant elle lui donna l'usufruit de tous ses biens après sa mort. Ce mariage et les conditions du contrat ne plurent pas à mademoiselle

---

[1] Voyez ci-dessus, ch. XII, p. 180; ch. XIII, p. 187, et Loret, *Muse historique*, liv. II, p. 2. — Guy-Joly, *Mémoires*, t. XLVII, p. 52.

de La Vergne ; voici comme le gazetier Loret en parle dans sa feuille du 1er janvier 1651 :

> Madame, dit-on, de La Vergne,
> De Paris, et non pas d'Auvergne,
> Voyant un front assez uni
> Au chevalier de Sévigni,
> Galant homme, et de bonne taille
> Pour bien aller à la bataille,
> D'elle seule prenant aveu,
> L'a réduit à rompre son vœu ;
> Si bien qu'au lieu d'aller à Malte,
> Auprès d'icelle il a fait halte
> En qualité de son mari,
> Qui n'en est nullement marri,
> Cette affaire lui semblant bonne.
> Mais cette charmante mignonne
> Qu'elle a de son premier époux
> En témoigne un peu de courroux ;
> Ayant cru, pour être fort belle,
> Que la fête serait pour elle ;
> Que l'Amour ne trempe ses dards
> Que dans ses aimables regards ;
> Que les filles fraîches et neuves
> Se doivent préférer aux veuves,
> Et qu'un de ces tendrons charmants
> Vaut mieux que quarante mamans.

Mademoiselle de La Vergne, fille d'Aymar de La Vergne, gouverneur du Havre, auquel elle dut son éducation, avait près de dix-neuf ans lorsque sa mère se remaria [1]. Déjà elle-même était recherchée pour sa beauté et son esprit, et donnait de l'emploi aux poëtes. Ménage, qui lui

---

[1] Conférez *Lettres* de mesdames de Villars, de Coulanges, de la Fayette, et de Ninon de Lenclos, 1803, in-12, t. II, p. 3. — *Lettres de Sévigné*, t. I, p. 127 de la *Notice* SAINT-SURIN. — GROUVELLE, *Lettres de Sévigné*, t. I, p cxvii.

avait enseigné le latin et l'italien, avait composé pour elle des vers qui valent beaucoup mieux que ceux qu'elle lui a inspirés lorsqu'elle fut devenue comtesse de La Fayette[1].

L'abbé Costar, l'ami de Ménage, et aussi celui de Voiture et de Balzac, archidiacre du Mans, lieu de sa résidence, où il était recherché, autant à cause de ses bons dîners que de sa réputation de bel esprit[2], entretenait avec mademoiselle de La Vergne une correspondance suivie. Il lui envoyait les livres qu'il composait, comme à une des personnes dont il ambitionnait le plus le suffrage ; il aimait à recevoir ses lettres. Dans une de celles qu'il lui écrit, il lui donne l'épithète d'*incomparable*[3] ; dans une autre, il lui parle de l'extrême joie qu'il a de l'avoir revue si belle, si spirituelle, si pleine de raison. Ailleurs il lui demande « si elle jouit paisiblement de la chère compagnie de ses pensées et de celle de monsieur et de madame de Sévigné, » c'est-à-dire de celle de sa mère et de son beau-père, retirés alors avec elle dans leur château de Champiré, près de Segré, en Anjou[4]. La mère de mademoiselle de La Vergne mourut cinq ou six ans après avoir contracté ce second mariage, puisque la lettre de condoléance écrite au sujet de sa mort, par Costar, est adressée non à mademoiselle de La Vergne, mais à madame la comtesse de La Fayette. Or, mademoiselle de La Vergne ne fut mariée au comte de La Fayette qu'en 1655, et le recueil où cette lettre se trouve fut achevé d'imprimer le 1er mars 1657. C'est donc entre ces deux dates que Re-

---

[1] MENAGII *Poemata*, éd. 3e, p. 320 ; 4e éd., p. 283 ; 7e édit., p. 272.

[2] *Ménagiana*, t. I, p. 283 ; t. II, p. 76 ; t. III, p. 296.

[3] COSTAR, *Lettres*, 1657, in-4°, p. 547 ; *lettres* 97, p. 540 ; *lettres* 194, 548 et 549 ; *lettres* 197-198.

[4] *Ibid.*, p. 545, 548 et 549 ; *lettres* 196, 198.

naud de Sévigné devint veuf[1]; et c'est aussi à sa femme, et non à la marquise de Sévigné, qu'est adressée la lettre de Costar que Richelet a reproduite dans le *Recueil des plus belles Lettres françaises*[2].

Ces éclaircissements étaient nécessaires pour que la similitude des noms ne produisît pas la confusion des faits et des personnes.

Ce n'est pas que Costar ne connût aussi la marquise de Sévigné : nous verrons bientôt qu'il partageait l'admiration qu'elle excitait; mais il était lié moins intimement avec elle qu'avec son amie. Celui dont on disait qu'il était le plus galant des pédants et le plus pédant des galants, devait moins plaire à la gaie et folâtre marquise de Sévigné qu'à la sérieuse et savante comtesse de La Fayette[3].

Si les lettres de Costar réclament une grande attention, à cause du manque de dates et de désignation précise des personnes auxquelles elles sont adressées, ici elles nous garantissent de l'erreur que pourrait nous faire commettre la ressemblance des noms. Il n'en est pas de même des lettres de Scarron publiées après sa mort : là se trouve précisément le genre de méprise contre lequel nous avons dû prémunir les lecteurs. L'éditeur qui le premier a publié les œuvres posthumes de Scarron a trouvé, parmi les papiers de ce poëte burlesque qui lui furent remis par d'Elbène, son ami, le brouillon ou la copie d'une lettre adressée à madame de Sévigné[4]. N'en connaissant pas la date, il s'est

---

[1] Costar, *Lettres*, 1er recueil, t. I, p. 852, *lettre* 200.

[2] *Ibid.*, t. I, p. 892, *lettre* 354. — Richelet, *Recueil des plus belles Lettres françaises*, t. II, p. 515.

[3] *Ménagiana*, t. II, p. 76. — Tallemant, t. IV, p. 98, 1re édit.; t. VII, p. 1-14, 2e édit.

[4] *Dernières Œuvres de* Scarron, 1669, in-12, t. I, p. 2 de l'*Épître*

imaginé à tort qu'elle concernait la marquise de Sévigné, et il place son nom en tête. Cependant il est évident que cette lettre, comme celle de Costar que nous venons de mentionner, a été adressée à madame de Sévigné, femme du chevalier, et non à la marquise; et il est inutile pour le but que nous nous proposons, de la transcrire ici.

LETTRE DE SCARRON A MADAME RENAUD DE SÉVIGNÉ.

« Madame,

« Encore que je n'aie pas si souvent l'honneur de vous voir que quantité de beaux esprits et de beaux hommes, qui font si souvent chez vous de grosses assemblées, je vous prie de croire qu'il n'y a ni bel homme ni bel esprit qui vous honore tant que moi. Cela étant si vrai qu'il n'y a rien de plus vrai, je crois que vous m'obtiendrez de votre grande-duchesse une lettre pour le gouvernement du Havre, afin qu'il facilite notre gouvernement. Quand je dis votre grande-duchesse, je dirais aussi bien la mienne, si j'osais; mais je sais assez bien régler mon ambition pour un poëte. Vous ne serez pas aujourd'hui quitte avec moi pour une importunité; je vous prie de donner les placets que je vous envoie à M. de Barillon et à ceux de sa chambre qui sont connus de vous. Je baise humblement les mains à monseigneur de Sévigné, à mademoiselle de La Vergne, toute lumineuse, toute précieuse, toute, etc., et à vous, madame, à qui je suis de toute mon âme,

« Madame,

« Votre très-humble et très-affectionné serviteur,

« SCARRON. »

dédicatoire, et p. 28; *ibid.*, édit. de 1700, t. I, p. 16; *ibid.*, édit. de 1737, in-18, t. I, p. 47.

Comme on le voit par les dernières lignes, cette lettre a été écrite antérieurement au mariage de mademoiselle de La Vergne avec le comte de La Fayette; et alors madame de Sévigné, la marquise, n'avait point vu Scarron, quoique son mari fût fort lié avec lui et se plût dans sa société. Ainsi que nous le dirons par la suite, elle ne fit connaissance avec ce poëte qu'après être devenue veuve; mais nous ne devons pas différer les éclaircissements qui peuvent expliquer cette singularité.

La maison de Scarron, toujours fréquentée par les nombreux admirateurs de l'esprit burlesque et bouffon, devint vers l'époque dont nous nous occupons le rendez-vous général des frondeurs. Gondi y allait souvent, et y menait tous ses amis; ceux du prince de Condé s'y réunissaient aussi, et nulle part on ne faisait des soupers où l'on fût plus à l'aise, où régnât une gaieté plus franche, mais en même temps plus licencieuse [1]. Scarron s'était rendu cher à la Fronde, en partageant son animosité contre Mazarin. Quoique pensionné par la reine, il n'en fut pas moins ardent à poursuivre le ministre par ses épigrammes et par ses satires. Le ressentiment d'auteur se joignait en lui à la malignité de l'homme de parti. Scarron avait dédié au cardinal Mazarin son poëme du *Typhon*, le premier qu'il ait composé dans le genre burlesque, et aussi le meilleur; le ministre n'y fit aucune attention. Scarron exhala son dépit dans une satire intitulée *la Mazarinade* [2], avec une telle violence, qu'il est difficile de comprendre comment un amas d'injures sans gaieté comme sans esprit, écrit dans

---

[1] SEGRAIS, *Œuvres*, t. II, p. 110, édit. de 1756, in-12. — SCARRON, *Œuvres*, t I, p. 46.

[2] SCARRON, *Œuvres*, 1737, in-12, t. I, p. I-XIII. — JOLY, *Mémoires* t. XLVII, p. 53.

le style le plus cynique, n'a pas révolté généralement les lecteurs de ce temps, de quelque parti qu'ils fussent. Bien loin de là, cette satire eut un succès prodigieux, non-seulement parmi le peuple, mais encore parmi les personnages de la Fronde de l'esprit le plus cultivé : tant il est vrai que les partis se plaisent à nourrir leur haine des plus grossiers aliments, et à se précipiter dans tous les excès quand ils entrevoient par là les moyens d'accroître ou d'accélérer leur vengeance. On dit que Mazarin lui-même, qu'un déluge de libelles plus virulents les uns que les autres avait trouvé impassible, ne put se contenir en lisant *la Mazarinade*, et qu'il ressentit vivement, et n'oublia jamais, les outrages qu'elle contenait [1].

Scarron, devenu ainsi célèbre par son esprit, et encore plus par l'usage qu'il en faisait, était quelquefois invité chez les dames dont les maris étaient les habitués de ses réunions. Il se faisait transporter (car il ne pouvait marcher) chez la duchesse de Lesdiguières, chez la marquise de Villarceaux, la duchesse d'Aiguillon, mesdames de Fiesque, de Brienne, la marquise d'Estissac, mesdemoiselles de Hautefort, de Saint-Mégrin, d'Escars, la présidente de Pommereul. Il se montrait alors le plus réjouissant des causeurs ; mais celles qui goûtaient le plus sa société n'osaient fréquenter ses réunions. Celui qui tolérait dans sa maison les désordres de sa propre sœur, qui même en plaisantait, et disait que le marquis de Tresmes lui faisait des neveux, non à la mode de Bretagne, mais à la mode du Marais [2], ne pouvait recevoir chez lui que des

---

[1] SEGRAIS, *Mémoires*, t. II des *Œuvres*, p. 98 et 123.
[2] *Vie de Scarron*, t. I de ses *Œuvres*, édit. de 1737 ; t. I, p. 41. — LA BEAUMELLE, *Mémoires de Maintenon*, t. I, p. 155. — SEGRAIS, *Mémoires anecdot.*, t. II, p. 105.

femmes qui avaient banni tous les scrupules de la pudeur. Aussi toutes celles que l'on y voyait étaient de cette sorte. C'était la célèbre Marion de Lorme, qui mourut dans le cours de cette année 1650 [1]; la comtesse de la Suze, qu'on disait avoir changé de religion afin de ne voir son mari ni dans ce monde ni dans l'autre; Ninon de Lenclos, qu'il suffit de nommer, et que nous allons faire connaître plus particulièrement à nos lecteurs. A cette liste il faut ajouter encore quelques femmes auteurs : madame Deshoulières et la célèbre mademoiselle Scudéry.

En dépit de ses infirmités, du délabrement de sa fortune, des guerres civiles et des procès de famille, Scarron conservait sa gaieté, et les inclinations de sa jeunesse : il aimait les femmes, le vin, la bonne chère, la poésie et les beaux-arts. Assiégé sans cesse par tous les genres de souffrances, victime de tous les événements publics et privés, plus la nature et la destinée faisaient d'efforts pour l'accabler sous le poids des calamités, plus il semblait s'attacher à les narguer par son étonnant courage : non-seulement il les supportait, mais il ne paraissait pas même les ressentir. Stoïcien d'une nouvelle espèce, et bien plus véritablement tel que ceux qui dans l'antiquité se paraient de ce titre pompeux; bien plus vrai surtout, bien plus franc dans sa philosophie, il n'avait rompu avec aucun de ses goûts; et quoiqu'il perdît chaque jour les moyens de les satisfaire, il ne voulait pas reconnaître la nécessité d'y renoncer, tant qu'un souffle de vie lui restait pour éprouver les impressions du plaisir. Ainsi on apprend avec étonnement que, malgré la réduction

---

[1] LORET, *Muse historique*, liv. I, p. 22.

qu'avaient éprouvé ses revenus, il continuait toujours à acheter des tableaux. Dans sa jeunesse, il avait cultivé la peinture avec assez de succès; il s'était trouvé (en 1634) à Rome avec le Poussin; et nous lisons dans les lettres de ce grand peintre que pendant la Fronde (en 1649-1650) il s'occupait à Rome de deux tableaux qui lui avaient été commandés par Scarron : l'un des deux devait représenter un sujet bachique [1].

La marquise de Sévigné, qui, bien loin d'être prude, a mérité le reproche d'avoir été un peu trop libre dans ses expressions, était cependant du nombre des jeunes femmes que la licence de Scarron et le cynisme de ses écrits effarouchaient. Il était d'ailleurs tellement difforme, qu'il dit dans plusieurs de ses lettres qu'on interdisait sa vue aux femmes enceintes; et, d'après les descriptions que nous avons de sa personne, il ne paraît pas que cette assertion fût seulement une plaisanterie, ni qu'elle eût rien d'exagéré. Enfin, une des femmes avec lesquelles Scarron se plaisait le plus était Ninon de Lenclos; et nos lecteurs seront, dans le chapitre suivant, instruits des motifs qu'avait la marquise de Sévigné pour éviter tous les lieux où elle pouvait se rencontrer avec cette femme, alors si scandaleusement célèbre.

Quelques-unes de ces causes, ou peut-être toutes ces causes réunies, ont empêché longtemps la marquise de Sévigné non-seulement d'admettre Scarron dans sa société, mais même de le voir, quoique ce fût alors une mode de l'avoir vu, et que par ses difformités mêmes il fût devenu l'objet d'une curiosité que chacun s'empressait de satisfaire. C'est ce dont lui-même se plaint amè-

---

[1] NICOLAS POUSSIN, *Lettres*, 1824, in-8°; p. 297 et 317; *lettres* en date du 7 février 1649, et du 29 mai 1650.

rement, quand il dépeint, dans une de ses épîtres, le campagnard qui dans Paris séjourne,

> Et, n'ayant rien à faire tous les jours,
> Lui rend visite avant l'heure du Cours,
> Comme on va voir un lion de la foire [1].

Madame Renaud de Sévigné, qui tenait chez elle des assemblées de beaux esprits, n'avait pas les mêmes motifs que la marquise pour éviter Scarron, et elle en avait plusieurs pour rechercher sa société. Aussi est-ce à elle qu'il s'adresse pour obtenir, par la lettre que nous avons transcrite, des recommandations pour le gouverneur du Havre, neveu de la duchesse d'Aiguillon, qu'il appelle sa grande-duchesse. Le placet pour le président Barrillon était probablement relatif au procès que Scarron perdit contre sa belle-mère, quelque temps après; et ce qui excuse en partie l'éditeur qui a le premier publié cette lettre, en 1669, d'avoir cru qu'elle était adressée à la marquise de Sévigné, c'est que celle-ci était alors liée avec Barillon autant que, de son vivant, l'avait été madame Renaud de Sévigné [2]. Mais ce qui est dit à la fin de cette lettre sur mademoiselle de La Vergne aurait dû, avec un peu d'attention, lui faire apercevoir son erreur. Remarquons de quelle manière Scarron fait l'éloge de cette jeune personne, « toute lumineuse, dit-il, toute *précieuse*. » Ce mot *précieuse* était alors la louange la plus grande que l'on pût faire d'une femme. C'est parmi les précieuses que se trouvaient les meilleures amies et les protectrices

---

[1] SCARRON, *Épître chagrine au maréchal d'Albret*, Œuvres, 1737, t. I, p. 216.

[2] SÉVIGNÉ, *Lettres*, t. I, p. 296; t. II, p. 394; t. VIII, p. 287, 299, 306, 303; t. IX, p. 464.

de Scarron : c'est dans les rangs des précieuses qu'il obtenait le plus de succès, car en tout genre les extrêmes se touchent. Depuis que le mot *précieuse* a changé de signification, il n'a été remplacé par aucun autre. Dans son acception primitive il exprimait par un seul mot la grâce et la dignité des manières unies à la culture de l'esprit et aux talents, l'accord parfait du bon goût et du bon ton; en un mot, tout ce qui dans les hauts rangs de la société peut donner l'idée d'une femme accomplie. Tout cela se trouvait alors renfermé dans cette courte phrase : « C'est une précieuse. »

CHAPITRE XVII.

1650.

Le marquis de Sévigné devient amoureux de Ninon de Lenclos. — Le mari, le fils et le petit-fils de madame de Sévigné s'attachent à Ninon. — Nécessité de bien connaître les circonstances de sa vie pour éclaircir les faits qui se rattachent à celle de madame de Sévigné. — Époques de la naissance et de la mort de Ninon. — Trois périodes à distinguer dans sa longue vie. — Différences qui les caractérisent. — Fixité de ses principes. — Son inconstance en amour. — Sa constance en amitié. — Portrait de sa personne. — Noms de ses principaux amants. — Sa conduite envers les plus riches; elle les distingue en trois classes. — Jugement de Châteauneuf à son sujet. — Célébrée par les poëtes. — Épigramme du grand prieur de Vendôme contre elle. — Sa réplique. — Billet qu'elle donne à La Châtre. — Sa passion pour le marquis de Villarceaux. — Aventures de sa jeunesse. — Noms de ses premiers amants. — Admise d'abord dans la haute société du Marais. — Ses amours avec le duc de Châtillon. — Avec le duc d'Enghien. — Vers de Saint-Évremond à ce sujet. — Elle fait une maladie grave. — Mot qu'elle dit, croyant mourir. — Son trait d'espiéglerie envers Navailles. — Querelles produites par les passions qu'elle excite. — La reine régente veut la faire enfermer au couvent. — Réponse de Ninon à l'exempt. — Marque insigne de considération que lui donne le grand Condé. — Sa liaison avec Émery et les gens de finance. — Avec Coulon. — Avec d'Aubijoux. — Le comte de Vasso fait sa cour à la marquise de Sévigné, et est supplanté auprès de Ninon par le marquis de Sévigné.

Un peu avant l'époque du mariage de madame de La Vergne, dont nous venons de parler, le cœur de madame de Sévigné fut contristé par un malheur dont elle semblait plus que toute autre femme devoir être préservée. Jeune, belle, mère de deux enfants charmants, dont l'un continuait le nom de l'ancienne famille dans laquelle elle était entrée, pleine d'esprit, d'attraits, de grâce et d'enjouement, quelle autre femme pouvait mieux qu'elle se flatter de captiver un époux qu'elle aimait, et dont ses actions et sa conduite devaient lui concilier la tendresse? Nous avons déjà remarqué qu'il n'en fut pas ainsi. Madame de Sévigné eut à supporter les fréquentes infidélités d'un homme qu'aucun sentiment de devoir ne retenait, et qui trouvait dans la vertu même de sa femme des motifs pour se livrer avec plus de sécurité à la vie licencieuse dont il avait contracté l'habitude; mais du moins le cœur n'était pour rien dans ces liaisons passagères, et l'obscurité de celles qui en subissaient la honte les avait dérobées jusqu'alors à la malignité publique, et peut-être même à la connaissance de celle qu'elles offensaient. Mais madame de Sévigné apprit enfin (nous dirons bientôt par qui) que son mari se trouvait engagé dans les liens de la plus dangereuse des beautés du jour, de celle qu'on ne pouvait se résoudre à quitter, même lorsqu'on n'en était plus aimé, et qui, tel qu'un souverain altier, avait le privilége d'enchaîner à sa suite, et de retenir à sa cour, ses favoris disgraciés. Elle sut que le marquis de Sévigné était devenu l'amant préféré de Ninon de Lenclos.

Elle ne pouvait douter que cet attachement, trompant l'espoir de nombreux rivaux, allait être partout divulgué, et que personne n'ignorerait l'affront qu'elle se trouvait forcée de subir et la douleur qu'elle en ressentait.

Ninon de Lenclos avait alors trente-quatre ans, et par conséquent dix ans de plus que madame de Sévigné; et non-seulement elle lui enleva le cœur de son mari, mais elle inspira une folle passion à son fils, fut aimée de son petit-fils, et fit ainsi subir dans la même famille, après sa jeunesse écoulée, l'influence de ses attraits et la puissance de ses séductions à trois générations successives. L'antiquité païenne eût été moins que nous surprise d'un fait aussi singulier, et moins embarrassée pour s'en rendre compte : elle n'eût pas manqué d'y voir un effet de la volonté des dieux, un résultat de la fatalité et du destin, un prodige de la mère des Amours. La superstition du moyen âge eût infailliblement expliqué la chose par le pouvoir du démon, par des conjurations et des sorcelleries. Quant à nous, rejetons d'un siècle qui repousse toute illusion, nous avons à faire connaître quels sont les enchantements naturels qui produisirent de tels effets, et nous ne pouvons y parvenir qu'en recherchant tout ce qui peut nous donner une idée exacte de la personne et du caractère de cette femme séduisante.

Née le 15 mai 1616, et morte le 17 octobre 1705 [1], Anne de Lenclos a vécu près de quatre-vingt-dix ans. Ornement de la fin du règne de Louis XIII, elle a brillé dans la régence, et a parcouru presque en entier le long règne de Louis XIV. Elle expira avant que les revers des dernières années de ce règne mémorable eussent terni la gloire du grand roi. Comme pour les personnes qui ont joui de l'existence dans toute sa durée, on doit distinguer dans sa vie trois phases différentes : la jeunesse, l'âge mûr, et la vieillesse. Mais pour Ninon de Lenclos, cette distinction ne suffit pas ; elle n'est pas assez tranchée. On peut dire d'elle

---

[1] Et non en 1706. Conférez *Hist. de la vie et des ouvrages de La Fontaine*, 3ᵉ édition, p. 448. — DE B*** (de Bret), *Mémoires sur la vie de Lenclos*, 1751, in-12. — DOUXMESNIL, *Mémoires et Lettres pour servir à l'Histoire de la vie de mademoiselle de Lenclos*, 1751. — VOLTAIRE, *OEuvres*, édit. de Renouard, t. XLIII, p. 470 ; *Dictionnaire Philosophique*, t. XXXV, p. 224.

que dans les trois âges de sa longue carrière, par ses relations avec le monde, elle a été trois personnes différentes. Dans tous les temps l'histoire de sa vie se trouve mêlée avec celle de madame de Sévigné, à laquelle elle a survécu; aussi nous aurons souvent occasion de parler d'elle dans ces Mémoires. Nous dirons donc seulement ici ce qu'elle fut dans sa jeunesse et ce qu'elle a été depuis, jusqu'à l'époque où elle commença à se faire aimer du marquis de Sévigné.

Mais il est impossible d'obtenir une image fidèle de cette femme extraordinaire dans un des divers périodes de sa vie, si on ne les compare pas entre eux; et rien ne peut mieux servir à établir d'une manière courte et précise les différences qui les caractérisent, que les noms mêmes par lesquels il fut d'usage de la désigner dans ces trois âges différents. Dans sa vieillesse, c'est, pour tout le monde, mademoiselle de Lenclos; madame de Sévigné elle-même ne la mentionne jamais alors que par ce nom, et elle en parle d'une manière conforme à la considération dont celle-ci jouissait parmi les femmes de la haute société, qui lui savaient gré de l'heureuse influence qu'elle y exerçait. Il en était de même parmi les hommes les plus graves, les plus élevés en dignités, qui s'honoraient d'être admis chez elle. Dans l'âge mûr, c'est Ninon de Lenclos, blâmée pour ses opinions en matière de religion, redoutée encore pour ses séductions, mais avec laquelle le monde s'habituait à compter; recherchée pour son esprit et son amabilité, et s'acquérant chaque jour de plus en plus l'estime générale, par la loyauté de son caractère et la sûreté de son commerce. Pour Saint-Évremond, pour les esprits forts et les libertins, comme on les appelait alors, c'est-à-dire les incrédules en religion, Ninon de

Lenclos était à cette époque un sage, sous les atours des Grâces; c'était la moderne Léontium [1]. Dans sa jeunesse brillante et désordonnée, c'est pour ses nombreux adorateurs la charmante Ninon; mais le plus souvent, et surtout pour mademoiselle de Longueville, pour madame de Sévigné, pour toutes les dames de haut parage, pour le gazetier Loret, qui est leur parasite et leur écho, c'est la Ninon, la dangereuse Ninon, Ninon la courtisane [2].

Qu'on ne croie pas que ces différences aient été les résultats des changements et des modifications qu'éprouvent souvent les natures les plus fermes et les plus énergiques pendant le cours d'une longue vie. Le temps a bien pu altérer les attraits de Ninon de Lenclos, mais il n'a eu aucune prise sur ses principes et sur son caractère. Jamais femme ne s'est montrée sous ce rapport plus constante et plus d'accord avec elle-même. De bonne heure formée au scepticisme et à une sagesse toute mondaine par la lecture de Montaigne et de Charron, elle se montra éprise des charmes de la société. Elle se fit aimer de toutes les personnes qui lui en faisaient goûter les jouissances. Son âme s'abandonna tout entière à l'amitié; elle chérit toutes les vertus, perfectionna en elle toutes les qualités qui font naître ou consolident ce sentiment. Quant à l'amour, elle ne le considérait que comme un besoin des sens, auquel la nature n'a attaché le plus vif de tous les plaisirs que pour nous ôter la volonté de lui résister. Selon elle, ce besoin ne produit en nous qu'un penchant aveugle, qui n'est fondé sur aucun mérite de l'objet aimé,

---

[1] Saint-Évremond, *Œuvres*, 1753, in-12, t. V, p. 173.
[2] Loret, *Muse historique*, liv. II, 1651, p. 14.

et qui n'engage à aucune reconnaissance [1]. Abandonnée à elle-même dès l'âge de quinze ans [2], son ardente constitution lui fit peut-être de cette licencieuse doctrine une nécessité ; et le degré d'intensité avec lequel cette nécessité pesa sur sa vie explique toute la différence qu'on observe chez elle dans les trois périodes dont nous avons parlé. Dans le premier, elle fut dominée par ses désirs ; dans le second, elle put composer avec eux ; dans le dernier, elle s'en vit entièrement délivrée ; et sa raison forte, pure et radieuse, débarrassée de l'obstacle qui l'offusquait, brilla dans toute sa clarté, et lui concilia tous les suffrages. Sa société fut alors recherchée par les femmes avec autant d'empressement que par les hommes.

Si dans l'effervescence de la jeunesse Ninon ne se fit aucun scrupule sur le nombre de ses amants, elle se montra pourtant très-délicate sur le choix. Tout ce qui était vulgaire, tout ce qui s'éloignait de cette politesse exquise, de cette élégance de manières dont elle avait contracté l'habitude, ne lui inspirait que du dégoût. Sous tous ces rapports, c'était une véritable *précieuse*. Mais, à part ces formes et ces apparences extérieures qui alors distinguaient fortement de la bourgeoisie les hautes classes de la société, Ninon n'était guidée dans ses liaisons amoureuses que par l'intérêt de ses plaisirs ; et comme les sens que le cœur ne domine pas ont essentiellement besoin de variété, elle était dans ses amours d'une extrême légèreté. Non qu'elle eût recours aux perfidies ou aux infidélités : gardant toujours son indépendance quand elle voulait

---

[1] L'abbé DE CHATEAUNEUF, *Dialogue sur la Musique des Anciens*, 1725.

[2] DOUXMESNIL, *Mémoires et Lettres pour servir à l'Histoire de Ninon de Lenclos*, 1751, in-12, p. 6.

quitter un amant, elle lui déclarait ses intentions, et ne le traitait pas alors comme ami avec moins d'affection[1]. Mais il fallait qu'il se soumît, et cédât la place à son rival : ni soupirs, ni plaintes, ni gémissements, n'y pouvaient rien. S'il avait fait résistance, il aurait cessé d'être son ami et d'user du privilége de la voir. Il n'en était pas un que cette crainte ne retînt ; tant cette femme enchanteresse savait captiver par les charmes de sa conversation, tant elle exerçait de puissance sur ceux qui l'approchaient[2] ! D'ailleurs, le succès d'un rival n'empêchait pas qu'on eût l'espoir de le supplanter un jour, et en ne désertant pas la place, l'heureux moment du retour pouvait arriver, et arrivait quelquefois.

Afin d'attirer autour d'elle une cour nombreuse d'adorateurs assez fervents pour se montrer dociles à ses capricieux désirs, il n'était pas besoin qu'elle fît aucun effort : la nature y avait pourvu.

Sa taille était grande et bien prise ; toutes les parties de son corps, dans des proportions parfaites ; la jambe fine, la main petite et potelée ; les bras, le cou et la gorge admirables par leurs contours gracieux ; la peau blanche, le teint légèrement coloré : elle avait cette sorte d'embonpoint modéré qui annonce une santé ferme et constante. Sa tête présentait un ovale régulier ; ses cheveux étaient châtain brun ; ses sourcils, noirs, bien séparés et bien arqués ; ses yeux, grands et noirs, ombragés par de longues

---

[1] SAINT-ÉVREMOND, *Œuvres*, t. IV, p. 306, *lettres à Ninon.* — VOLTAIRE, *Lettres sur Ninon, Mélanges*, t. XLIII des *Œuvres.* — SAINT-SIMON, *Mémoires*, t. IV, p. 420 à 423.

[2] SAINT-SIMON, *Mémoires authentiques et complets*, 1829, in-8°, ch. XXXIV, t. IV, p. 420. — LA MESNARDIÈRE, *Poésies*, 1656, in-fol., p. 65.

paupières, qui en tempéraient l'éclat. Son nez et son menton, bien modelés, étaient dans une harmonie parfaite avec le reste de ses traits ; ses lèvres vermeilles, un peu saillantes et relevées vers les coins, et ses dents du plus bel émail, rangées avec une régularité remarquable, donnaient à sa bouche et à son sourire un attrait inexprimable [1]. Sa physionomie était à la fois ouverte, fine, tendre et animée. Quand rien ne l'affectait, et dans l'habitude de la vie, elle paraissait froide et indolente ; mais au moindre objet qui faisait sortir son âme de cet état de repos, que la multiplicité de ses émotions semblait lui rendre nécessaire, toute sa personne paraissait transformée ; ses traits se passionnaient, le son de sa voix allait au cœur ; la grâce de ses gestes et de ses poses, l'expression de ses regards, tout en elle charmait les sens et excitait leur ardeur [2]. Parfaitement décente dans la manière de se vêtir, elle ne montrait de ses attraits que ce que la mode chez les femmes de mœurs sévères ne leur permettait pas de cacher. De riches habillements ne la couvraient jamais ; ils étaient toujours de la plus élégante simplicité et de la plus exquise fraîcheur.

Telle était Ninon. Quand Homère nous raconte l'arrivée d'Hélène à Troie, il dépeint non-seulement les jeunes guerriers, mais les vieillards, ravis à son aspect. L'influence de la beauté est générale, et l'âge même ne nous en garantit pas. Qu'on juge donc de l'impression que dut faire une femme telle que nous l'avons dépeinte, dans un siècle de galanterie et de volupté, à une époque où

---

[1] Gédéon Tallemant des Réaux, *Historiettes*, t. IV, p. 310 à 320, 1re édition ; t. VII, p. 224 et 225, 2e édition. — Douxmesnil, *Mém. et Lettres*, p. 10.

[2] Douxmesnil, *Mém. et Lettres*, p. 12.

plaire aux dames et s'en faire aimer semblait être un des plus grands besoins, une des principales occupations de la vie! Tout ce qu'il y avait de beau, de brillant et d'illustre parmi les jeunes seigneurs de la cour, ceux même qui comptaient des conquêtes dans les rangs les plus élevés, s'empressèrent d'accroître le nombre des adorateurs de Ninon, et briguèrent ses faveurs. Dans le nombre on remarqua le jeune duc d'Enghien, depuis si célèbre sous le nom de grand Condé; le comte de Miossens, depuis maréchal d'Albret; le comte de Palluau, depuis maréchal de Clérambault; le marquis de Créqui, le commandeur de Souvré, le marquis de Vardes, le marquis de Jarzé, le comte de Guiche [1], le beau duc de Candale, Châtillon, le prince de Marsillac, le comte d'Aubijoux, Navailles, et plusieurs autres.

Ninon jouissait d'un patrimoine modique, mais suffisant pour la rendre indépendante. L'intérêt n'eut aucune part à ses choix; et même dans le second période de sa vie elle s'abstint de rien accepter de ses amants ou de ses amis qui eût quelque valeur [2]. Mais dans sa jeunesse, moins prudente et moins réservée, elle ne se refusa pas à entraîner dans d'assez grandes prodigalités ceux que lui asservissait l'amour : il lui semblait que c'était là une preuve de plus de l'effet de ses charmes, dont elle se plaisait à essayer la puissance. Comme les despotes, qui ne croient pas régner s'ils n'abusent de leur pouvoir, c'est envers ceux qui étaient les plus disposés au faste et à la magnificence qu'elle se montrait plus difficile. Un de ses contemporains nous apprend qu'alors on distinguait les

---

[1] Somaize, *Grand Dictionnaire des Précieuses*, p. 53.
[2] Tallemant des Réaux, *Historiettes*, t. VII, p. 229, édit. in-12. — Voltaire, *Lettres sur Lenclos*, t. XLIII.

adorateurs de Ninon en trois classes : les payants, les martyrs, et les favoris. Mais bien souvent les payants n'arrivaient pas à être classés parmi les favoris ; et lorsqu'ils devenaient exigeants, elle n'en voulait ni comme amis ni comme amants. Tallemant des Réaux rapporte dans ses Mémoires qu'à Lyon un nommé Perrachon, frère d'un avocat célèbre [1], en fut tellement épris, qu'il la pria d'accepter de lui une superbe maison, sans réclamer d'elle d'autre faveur que la permission de la voir quelquefois. Elle y consentit, et l'acte de donation se fit ; mais Perrachon ayant manifesté d'autres intentions, elle lui rendit sa maison, et le congédia. Un nommé Fourreau, homme fort riche, grand gourmet, qui savait par elle-même qu'il ne devait rien espérer d'elle que le plaisir d'être admis dans sa société, ne s'exposa jamais à être traité comme Perrachon. Sa générosité fut sans bornes comme son désintéressement. Quand elle avait besoin de répandre quelques bienfaits ou d'acquitter quelques dépenses, elle tirait sur lui, comme sur un banquier, des billets au porteur, qui commençaient toujours par ces mots : « Fourreau payera, » et Fourreau payait toujours. Ce fut Ninon qui se lassa la première de faire payer Fourreau, et qui cessa de tirer sur lui [2].

Ceux qu'on nommait ses martyrs se trouvaient dans les rangs de ses amis les plus chéris, de ceux pour lesquels elle ne connaissait pas l'inconstance, de ceux qui ne la

---

[1] TALLEMANT DES RÉAUX, *Historiettes*, 1834, in-8°, t. IV, p. 114 ; ou t. VII, p. 229, in-12. Voyez, sur Perrachon l'avocat, *le Faux satirique puni* ; Lyon, 1696, in-8°.

[2] TALLEMANT DES RÉAUX, *Historiettes*, t. IV, p. 315 ; ou t. VII, p. 230, édit. in-12. — SCARRON, *Épître à Fourreau*, *Œuvres*, t. VIII, p. 131.

quittaient presque jamais et dont la société lui était nécessaire, mais qui cependant se trouvaient malheureux par la contemplation de ses appas et auraient voulu avoir part à ses faveurs. On remarquait parmi eux Saint-Évremond, Regnier-Desmarais, la Mesnardière, et le gentil et spirituel Charleval. Elle se plaisait tant avec ce dernier, qu'il eut toujours l'espoir de la fléchir, sans que jamais elle lui ait rien accordé. Mais quoiqu'elle ne demandât point dans ses amants les qualités qui rendirent le marquis de Soyecour si fameux dans les annales de la galanterie[1], cependant elle ne put jamais se résoudre à essayer d'un homme dont Scarron, en faisant allusion à la délicatesse de son corps et à la finesse de son esprit, disait qu'il avait été nourri par les Muses avec du blanc-manger et du blanc de poulet; ce qui ne l'empêcha pas de vivre jusqu'à l'âge de quatre-vingt ans [2]. Tallemant des Réaux nomme encore au nombre des martyrs de Ninon le comte de Brancas, et un jeune homme nommé Moreau, fils du lieutenant civil, remarquable par les agréments de sa figure et de son esprit; il faillit succomber à l'excès de sa passion pour Ninon.

Quelques-uns de ceux qui composaient le cortége habituel de Ninon ne supportaient pas aussi patiemment ses refus, et n'acceptaient point le martyre; alors ils cessaient de vouloir être comptés au nombre de ses amis, lorsqu'ils avaient perdu l'espoir de parvenir dans les rangs de ses favoris. Tel fut le grand prieur de Vendôme, qui, désespérant de l'emporter sur ses rivaux, se retira en lui faisant remettre ce quatrain injurieux :

---

[1] BRET, p. 94.

[2] VIGNEUL DE MARVILLE (Bonaventure d'Argonne), *Mélanges d'Histoire et de Littérature*, t. II, p. 243.

> Indigne de mes feux, indigne de mes larmes ;
> Je renonce sans peine à tes faibles appas ;
> Mon amour te prêtait des charmes,
> Ingrate, que tu n'avais pas.

Elle lui renvoya sur-le-champ son quatrain ainsi parodié :

> Insensible à tes feux, insensible à tes larmes,
> Je te vois renoncer à mes faibles appas :
> Mais si l'amour prête des charmes,
> Pourquoi n'en empruntais-tu pas [1] ?

L'abbé de Châteauneuf a dit de Ninon que ses amants n'avaient pas de plus dangereux rivaux que ses amis, parce qu'en effet on savait que personne ne pouvait fixer son inconstance. Tout le monde connaît la singulière précaution que prit avec elle La Châtre, colonel général des Suisses, son amant favorisé. Il se voyait obligé de partir pour l'armée : dans un moment où le regret d'une séparation le rendait l'objet des plus tendres caresses, il demanda à son amante de lui signer un billet par lequel elle promettait de lui être fidèle jusqu'à son retour. A peine La Châtre fut-il parti, que Ninon choisit un autre amant ; et dans le moment même de son infidélité, la promesse qu'elle avait faite lui revenant en mémoire, elle ne put s'empêcher de s'écrier en riant : « Ah ! le bon billet qu'a La Châtre ! » L'amant favorisé demanda à Ninon l'explication de ces paroles ; elle la lui donna. Il raconta la chose ; ce qui, dit Saint-Simon, accabla La Châtre d'un ridicule qui gagna jusqu'à l'armée [2].

---

[1] BRET, p. 24 et 25.

[2] SAINT-SIMON, *Mémoires*, édit. 1829, t. IV, p. 320. — BUSSY-RABUTIN, *Œuvres mêlées*, t. III des *Mémoires*, p. 264. — *Discours de Bussy à ses Enfants*, 1694, p. 161.

Cette humeur volage de Ninon laissait de l'espérance à tous ses poursuivants, surtout aux amis qui étaient toujours là pour en profiter. Ainsi, aucun des martyrs ne désespérait de pouvoir passer dans la classe des favoris. D'ailleurs elle-même les encourageait dans cet espoir, non par coquetterie, non par calcul, mais parce qu'en effet elle n'était jamais certaine de ses propres dispositions. A ceux de ses plus intimes amis qui la pressaient trop vivement, elle disait souvent : « Attends mon caprice. » Ses liaisons amoureuses n'étaient en effet à ses yeux que des caprices des sens. Interrogée sur le nombre de ses amants, Tallemant des Réaux lui a entendu répondre : « J'en suis à mon dix-huitième caprice. J'en suis à mon « vingtième caprice [1]. »

On conçoit facilement tout ce qu'un tel mode d'existence donnait d'activité à cette jeunesse qui entourait Ninon et composait ses cercles ; combien sa seule présence excitait le désir de plaire ; combien on calculait avec impatience la durée de ses caprices, et comment celui qui parvenait à la tenir plus longtemps engagée semblait, en quelque sorte, faire tort à tous les autres.

J'ai dit que le sentiment n'avait aucune part aux liaisons amoureuses de Ninon ; il faut cependant admettre une exception à cette assertion, mais une seule exception dans tout le cours de sa vie. Une seule fois Ninon connut l'amour, ses peines, ses anxiétés, ses emportements, ses jalousies. Le marquis de Villarceaux fut le seul qui sut lui inspirer une passion forte et durable, peut-être parce qu'il fut pour elle l'amant le plus passionné, celui dont le cœur était le plus véritablement épris. Les familiarités de Ninon

---

[1] Tallemant des Réaux, t. IV, p. 314 ; ou t. VII, p. 229, édit. in-12.

avec ses amis donnèrent à Villarceaux de telles craintes, lui occasionnèrent tant de jalousie, qu'il en tomba malade[1]. La douleur de Ninon fut alors excessive; et pour qu'il ne doutât pas de ses intentions de se consacrer uniquement à lui, elle coupa ses beaux cheveux, et les lui envoya. Il fut si vivement touché de cette marque de tendresse, qu'il guérit. Villarceaux, pour mieux s'assurer de sa précieuse conquête, l'emmena en Normandie, dans le château de Varicarville, son ami. Ninon amoureuse, Ninon se consacrant à un seul homme, fut un désappointement des plus violents pour toute cette brillante jeunesse dont elle faisait les délices, pour toutes les sociétés dont elle était l'âme. Ce fut à cette époque que Saint-Évremond lui adressa cette jolie élégie où, après lui avoir rappelé ses triomphes sur le duc de Châtillon et le duc d'Enghien, il tâche de lui faire honte de son asservissement actuel, et où il lui rappelle ses propres maximes :

> Écoutez donc un avis salutaire,
> Sachez de moi ce que vous devez faire.
> Un dieu chagrin s'irrite contre vous :
> Tâchez, Philis, d'apaiser son courroux.
> . . . .
> Il faut brûler d'une flamme légère,
> Vive et brillante, et toujours passagère;
> Être inconstante aussi longtemps qu'on peut :
> Car un temps vient que ne l'est pas qui veut [2].

Mais la passion de Ninon pour Villarceaux date de l'année 1652, et est ainsi postérieure de deux ans au choix qu'elle fit de Sévigné. Ceci me rappelle qu'il est nécessaire

---

[1] TALLEMANT DES RÉAUX, *Historiettes*, 1834, in-8°, t. IV, p. 318; ou t. VII, p. 232, édit. in-12.

[2] SAINT-ÉVREMOND, *Œuvres*, t. II, p. 92, édit. de 1753.

à mon sujet de raconter ce qu'on sait de cette femme célèbre antérieurement à cette époque, et de reprendre l'ordre chronologique des faits qui la concernent, que le désir de la faire connaître à mes lecteurs m'a fait abandonner. A cet égard, les Mémoires de Tallemant des Réaux me serviront de guide. Il dit que Villarceaux avait été le dernier amant de Ninon ; il est donc évident qu'il écrivait à l'époque même de cette liaison, et il nous fournit un des témoignages les plus rapprochés des faits qu'il raconte.

Ninon était encore très-jeune lorsque son père, M. de Lenclos, gentil-homme de Touraine de la suite du duc d'Elbeuf, fut forcé de sortir de France pour avoir tué en duel le comte de Chabans, d'une manière peu honorable [1], Lenclos jouait fort bien du luth [2], et communiqua ce talent à sa fille. C'était son seul enfant, et il avait pris plaisir à la former. Elle fit de si grands progrès dans la musique, et dansait la sarabande avec tant de grâce, qu'elle fut, avec sa mère, invitée dans les cercles les plus brillants du Marais ; et dans un âge aussi précoce elle se fit déjà remarquer par la vivacité de son esprit. Son père, homme d'une vie peu réglée, lui avait inculqué des principes conformes à ceux qu'il avait lui-même adoptés. Sa mère, nommée Abra Raconis, demoiselle de l'Orléanais, était au contraire très-pieuse, et avait cherché à inspirer à sa fille des sentiments semblables aux siens, et à combattre, autant qu'il était en elle, les effets de l'éducation paternelle ; mais ce fut en vain ; la fougue des sens entraînait

---

[1] TALLEMANT DES RÉAUX, *Historiettes*, t. VII, p. 225, édit. in-12 ; t. V, p. 202, édit. in-8°.

[2] Conférez TALLEMANT DES RÉAUX, t. VII, p. 225. — DOUXMESNIL, *Mém. et Lettres*, p. 4. — VOLTAIRE, *Mélanges*, t. XLIII, p. 48.

la jeune Ninon, et l'empêchait d'écouter les sages conseils d'une mère que pourtant elle chérissait tendrement.

Saint-Étienne, capitaine des chevau-légers, homme d'une bravoure extraordinaire, qui ne dut sa fortune qu'à son épée, fut le premier amant de Ninon [1]. Il s'était présenté pour l'épouser, et la séduisit. Si l'on s'en rapporte à Segrais et à Voltaire [2], il paraîtrait que le cardinal de Richelieu en voyant la jeune Ninon ne put s'empêcher de ressentir des désirs. Saint-Étienne aurait été son intermédiaire ; il portait les billets que l'Éminence adressait à Ninon, et rapportait les réponses. « Ce fut la seule fois, dit Voltaire, qu'elle se donna sans consulter son goût. » Cette assertion n'est peut-être pas exacte, même en supposant que l'anecdote soit véritable. Voltaire a négligé de rappeler les dates ; et il a cru que lorsque Ninon fut en âge de pouvoir inspirer de l'amour, Richelieu approchait du terme de sa vie : le goût de l'antithèse a fait dire à Voltaire que Ninon avait eu les dernières faveurs de ce grand ministre, et qu'elle lui avait accordé ses premières. Mais il n'a pas fait attention qu'en 1632, lorsque Ninon avait seize ans, Armand de Richelieu n'en avait que quarante-sept ; il était donc encore alors dans la force de l'âge, et tout le monde sait qu'il avait une fort belle figure. Voltaire ajoute que Richelieu fit à Ninon une pension de deux mille livres. Elle comptait au nombre de ses amis plusieurs créatures du cardinal [3] ; et peut-être une pension généreu-

[1] La Chesnaye des Bois, *Dictionnaire de la Noblesse*, t. XII, p. 442. — Tallemant, *Historiettes*, t. IV, p. 31 ; ou t. VII, p. 225, édit. in-12.

[2] Segrais, *Mémoires et Anecdotes*, t. II des *Œuvres*, p. 133. — Voltaire, *Œuvres*, édit. de Renouard, t. XLIII, p. 463.

[3] Tallemant des Réaux, *Historiettes*, t. VII, p. 232 et 236, édit. in-12.

sement accordée sur leur sollicitation par le ministre pour cette jeune et noble orpheline, peu favorisée par la fortune, a-t-elle donné lieu à la supposition d'une liaison qui n'exista point. Le récit du comte de Chavagnac est plus obscur et plus invraisemblable encore que celui de Voltaire; il le tenait de son frère, qui avait été l'amant de Marion de Lorme. Ce fut Marion de Lorme, selon Chavagnac, que Richelieu chargea d'offrir à la jeune Ninon cinquante mille écus pour prix de ses faveurs; et Ninon, qui depuis la mort de Cinq-Mars vivait avec un conseiller au parlement, refusa, dit-on, l'offre magnifique du cardinal [1].

Quoi qu'il en soit de ces assertions diverses et contradictoires, il est certain que s'il a existé une liaison entre Richelieu et Ninon, elle fut longtemps ignorée. Tallemant des Réaux, qui se montre très-bien instruit des anecdotes scandaleuses de son temps, et prend plaisir à les raconter, dans le long article qu'il a consacré à Ninon ne nous dit rien de sa liaison avec le cardinal de Richelieu; et il nous apprend que le chevalier de Rarai succéda à la passion qu'elle avait eue pour Saint-Étienne. Ce Rarai ou Raré nous paraît être le même personnage que Scarron a mentionné dans sa légende des eaux de Bourbon:

> Raré, cet aimable garçon [2],
> Lequel a si bonne façon?

Le chevalier de Raré était le fils de madame de Raré, gouvernante des filles de Gaston, duc d'Orléans; il fut tué

---

[1] CHAVAGNAC (Gaspard), *Mémoires*, 1699, in-12, t. I, p. 57. — *Ibid.*, 3ᵉ édit., 1701, in-12. — BRET, p. 24 et 28.

[2] SCARRON, *Œuvres*, t. I, p. 18. — TALLEMANT, t. VII, p. 225, édit. in-12; ou t. IV, p. 310.

le 17 août 1655, au siège de Condé. S'il n'y a pas confusion de deux personnages du même nom ou de la même famille, Raré aurait été de la maison de Grignan ; et la femme qu'il épousa, et dont il eut au moins un enfant, devrait être comptée au nombre des amies de madame de Sévigné, car elle est souvent mentionnée dans sa correspondance [1].

Il paraît, d'après une circonstance peu importante rapportée par Tallemant des Réaux [2], qu'à l'époque de son intrigue avec Raré, Ninon était surveillée de près par sa mère ; ce qui prouverait qu'elle avait été bien précoce en ses amours, puisqu'il est certain qu'elle perdit sa mère en 1630, avant d'avoir atteint l'âge de quinze ans. La douleur qu'elle ressentit fut si vive, que le lendemain même de cette perte fatale elle alla se jeter dans un couvent, et annonça l'intention d'y rester [3]. Cette résolution ne dura pas. Son père mourut l'année suivante, âgé de cinquante ans. Ainsi à quinze ans Ninon se trouva maîtresse de sa fortune et de ses actions. Elle sortit du couvent, et reprit facilement le goût du monde.

La jeune orpheline fut d'abord accueillie avec empressement dans toutes les sociétés du Marais où elle avait été reçue du vivant de sa mère. Scarron, qui habitait aussi

---

[1] MONGLAT, *Mémoires*, t. I, p. 466. — MONTPENSIER, t. XLI, p. 313. — SÉVIGNÉ, *Lettres*, t. VI, p. 401, édit. de Monmerqué ; t. VII, p. 142, édit. de G. de S.-G. (*lettre* en date du 31 juillet 1680). — SAINT-SIMON, *Mém.*, t. VIII, p. 154. Sur les de Lancy, marquis de Rarai, cousins maternels de mademoiselle de Sévigné, voyez la troisième partie de ces *Mémoires*, p. 133.

[2] TALLEMANT DES RÉAUX, t. VII, p. 226, édition in-12 ; t. IV, p. 312, édition in-8°.

[3] TALLEMANT DES RÉAUX, *ibid.* — BRET, p. 40. — DOUXMESNIL, p. 6. — SCARRON, *Épître à Sarrazin*, t. VIII, p. 98, édit. de 1737.

ce quartier du monde élégant, et qui d'un petit abbé au teint frais, à la taille svelte et bien prise, beau danseur, habile musicien, était devenu, par l'horrible maladie qui l'avait défiguré, l'objet de la pitié de ce même monde où il avait autrefois brillé, nous apprend, dans une de ses épîtres, quelles étaient les dames qui présidaient aux cercles où Ninon était admise, et qui toutes demeuraient dans ce quartier. C'étaient la princesse de Guéméné, la duchesse de Rohan, la marquise de Piennes, la maréchale de Bassompierre ; mesdames de Maugiron, de Villequier, de Blerancourt, de Lude, de Bois-Dauphin (Souvré), la marquise de Grimault [1]. Plusieurs des femmes que nous venons de nommer étaient loin d'être irréprochables ; cependant toutes blâmèrent sévèrement la conduite de la jeune Ninon, et s'accordèrent à ne plus la recevoir chez elles. Les sociétés de Ninon en femmes se trouvèrent donc réduites à Marion de Lorme [2], qui avait été célèbre par sa beauté et le scandale de sa vie ; à la comtesse de la Suze, et à quelques autres *précieuses* qui avaient secoué le joug de l'opinion.

Ce fut lors de son inclination pour Coligny, marquis d'Andelot, depuis duc de Châtillon [3], que Ninon jeta le masque et bannit toute contrainte. Cette conquête lui acquit dans tout Paris une célébrité qui s'était auparavant renfermée dans le cercle des sociétés dont elle faisait le charme. Avant cette époque, le secret de ses amours avait

---

[1] SCARRON, Œuvres, t. VIII, p. 28. — CONRART, Mém., t. XLVIII, p. 81.

[2] SCARRON, Adieu au Marais et à la place Royale, t. VIII, p. 33.

[3] CHAVAGNAC, Mémoires ; Besançon, 1699, in-12, t. I, p. 57 et 105. — BUSSY, Mém., t. I, p. 82.

été si bien gardé, que l'on crut généralement que Châtillon avait été sa première inclination. Cette croyance était celle de Saint-Évremond, qui lui rappelle à elle-même cet accord ravissant de deux êtres qui aiment pour la première fois :

> Ce beau garçon dont vous fûtes éprise
> Mit dans vos mains son aimable franchise [1].
> Il était jeune, il n'avait point senti
> Ce que ressent un cœur assujetti :
> Et jeune encore, vous ignoriez l'usage
> Des mouvements qu'excite un beau visage ;
> Vous ignoriez la peine et le plaisir
> Qu'ont su donner l'amour et le désir.
> . . . .
> Jamais les nœuds d'une chaîne si sainte
> N'eurent pour vous ni force ni contrainte ;
> Une si douce et si tendre amitié
> Ne vit jamais un tourment sans pitié ;
> Les seuls soupirs que l'amour nous envoie
> Furent mêlés à l'excès de la joie,
> Et les plaisirs sans cesse renaissants
> Remplirent l'âme et comblèrent les sens [2].

L'illustration d'une grande naissance était un des moindres avantages qui distinguaient Gaspard de Châtillon. Sa belle taille, son air noble, fier et doux, son teint frais et animé, ses grands yeux noirs et brillants, son esprit enjoué, son caractère complaisant, ses manières élégantes et polies, le rendaient un des hommes les plus séduisants de son temps. Renommé pour sa valeur dans les combats, il promettait à la France un grand capi-

---

[1] Ce mot veut dire liberté, indépendance, dans le langage de ce temps ; on pourrait en citer cent exemples.
[2] SAINT-ÉVREMOND, t. II, p. 88.

taine, lorsqu'il fut tué dans la guerre de la Fronde, à l'attaque du pont de Charenton [1].

A Châtillon succéda Miossens, depuis maréchal d'Albret; ce Miossens, dit Scarron,

> . . . . aux maris si terrible,
> Ce Miossens à l'amour si sensible,
> Mais si léger en toutes ses amours,
> Qu'il change encore, et changera toujours [2].

C'est Miossens [3], Charleval et d'Elbène que Tallemant accuse d'avoir le plus contribué à inspirer à Ninon ces principes épicuriens et irréligieux dont elle faisait profession dans sa jeunesse, et qu'elle mettait en pratique. Nous avons déjà fait mention de Charleval. D'Elbène fut d'abord capitaine-lieutenant des chevau-légers, puis chambellan de Gaston, duc d'Orléans. Il était connu par l'originalité de son esprit et son insouciance pour les affaires; et il vécut toute sa vie de ses dettes, comme un autre de ses revenus [4]. C'est Miossens qui, par son faste, donna le plus d'éclat aux déréglements de Ninon. Cependant il fut promptement supplanté près d'elle par le jeune duc d'Enghien (depuis le grand Condé), tout resplendissant alors des premiers lauriers de la victoire. C'est ce que Saint-Évremond rappelle encore à Ninon dans la pièce de vers que nous avons déjà citée :

> Un maréchal, l'ornement de la France,
> Rare en esprit, magnifique en dépense,

[1] CHAVAGNAC, *Mémoires*, t. I, p. 195.
[2] SCARRON, *Épître chagrine* ou *Satire* II, t. VIII, p. 206.
[3] TALLEMANT, *Historiettes*, t. IV, p. 315; ou t. VII, p. 230; t V, p. 293; ou t. IX, p. 158.— DE LA CHESNAYE DES BOIS, *Dictionnaire de la Noblesse*, t. X, p. 143. — BRET, *Vie de Ninon*, p. 23.
[4] LA CHESNAYE DES BOIS, *Dictionnaire de la Noblesse*, t. VI, p 14. — RETZ, *Mém.*, t. XLV, p. 56.—CHAPELLE et BACHAUMONT, p. 7 de l'éd. 1755.— *Lettre de Ninon à S.-Évremond*, dans DOUXMESNIL, p. 194.

Devint sensible à tous vos agréments,
Et fit son bien d'être de vos amants.
Ce jeune duc qui gagnait des batailles,
Qui sut couvrir de tant de funérailles
Les champs fameux de Norlingue et Rocroi,
Qui sut remplir nos ennemis d'effroi,
Las de fournir des sujets à l'histoire,
Voulant jouir quelquefois de sa gloire,
De fier et grand rendu civil et doux,
Ce même duc allait souper chez vous.
Comme un héros jamais ne se repose,
Après souper il faisait autre chose ;
Et sans savoir s'il poussait des soupirs,
Je sais au moins qu'il aimait ses plaisirs [1].

Ce fut peu de temps après sa liaison avec le duc d'Enghien, à l'âge de vingt-deux ans, c'est-à-dire en 1638, que Ninon de Lenclos fit une longue maladie, qui la conduisit aux portes du tombeau. Elle crut sa fin prochaine ; entourée de ses nombreux amis et songeant à la brièveté de la vie, elle dit à toute cette jeunesse qui s'affligeait de la perdre : « Hélas ! je ne laisse au monde que des mourants. »

Elle se rétablit, et quand sa convalescence fut terminée, elle reparut dans le monde plus belle encore qu'elle n'était avant sa maladie. Elle reprit son genre de vie habituel, et devenue plus hardie elle se montra plus gaie, plus folâtre que dans sa première jeunesse. Ses liaisons avec le marquis de Jarzé et le chevalier de Méré datent de cette époque [2].

Ninon fit, en 1648, un voyage à Lyon déguisée en homme, et courant la poste à franc étrier pour atteindre ce beau Villars, que sa mine héroïque fit surnommer

---

[1] SAINT-ÉVREMOND, Œuvres, t. II, p. 89 et 90.
[2] MÉRÉ, Œuvres, t. I, p. 196, lettre 88. — MORÉRI, t. VII, p. 479.

Orondate [1]. Elle le quitta ou en fut quittée, et alla se renfermer au couvent. Elle plut aux religieuses par son enjouement, et le cardinal-archevêque de Lyon lui rendit de fréquentes visites. Peut-être, d'après les dispositions à la retraite qu'elle semblait montrer, conçut-il l'espérance de lui faire changer de conduite, et de la ramener à la religion par ses raisonnements et ses pieuses exhortations; mais cette tâche était difficile. Du Plessis de Richelieu, cardinal-archevêque de Lyon, était le frère aîné du ministre, et autant il le surpassait en vertus et en piété, autant il lui était inférieur par l'esprit et les talents [2].

Ninon revint à Paris, et signala son retour par une aventure dont la singularité piquante devint pendant quelques jours l'objet des entretiens de toutes les sociétés de la capitale avides de scandale. Navailles, qui fut depuis créé duc et maréchal de France, était un des plus jolis hommes et un des mieux faits de son temps. Ninon ne l'avait jamais vu. Elle se promenait au Cours, et aperçut le maréchal de Gramont qui faisait approcher de lui un cavalier. Celui-ci descendit de cheval, et monta dans la voiture du maréchal. Ce cavalier était Navailles. Ninon, après l'avoir considéré attentivement, lui fit dire qu'à la sortie du Cours elle désirait lui parler. Navailles se rendit avec empressement à cette invitation. Ninon le fait monter dans son carrosse, l'emmène, lui fait servir un bon souper, et le conduit ensuite elle-même dans une chambre à coucher élégamment ornée; puis elle lui dit de se mettre au lit, lui fait espérer qu'il aura bientôt compagnie, et se

---

[1] TALLEMANT DES RÉAUX, *Historiettes*, t. IV, p. 313; ou t. VII, p. 228, édit. in-12. Le beau Villars était le père du maréchal.

[2] TALLEMANT DES RÉAUX, t. VII, p. 228. — *Biographie universelle*, t. XXXVIII, p. 33.

retire. Navailles s'était ce jour-là levé de très-bonne heure pour chasser, et il avait passé la plus grande partie de la journée à cet exercice violent : cependant la délicieuse attente de la promesse qui lui avait été faite le tint longtemps éveillé ; mais la fatigue qu'il avait éprouvée, la mollesse de sa couche, le firent enfin succomber au sommeil. Ninon entre doucement dans sa chambre, et emporte ses habits. Le lendemain de grand matin, revêtue de l'uniforme du dormeur, l'épée au côté, le chapeau à plumet enfoncé sur la tête, la folle femme s'approche du lit où reposait Navailles, profondément endormi ; elle frappe du pied la terre, et prononce des paroles de mort et de vengeance. Navailles se réveille en sursaut, s'imaginant que c'est un rival qui veut l'assassiner. « Point de surprise, dit-il, au nom de Dieu point de surprise ! je suis homme d'honneur, et je vous donnerai satisfaction. » Ninon ôte le chapeau qui lui couvre la tête, laisse les longs flots de ses beaux cheveux retomber sur ses épaules, et éclate de rire. Ce nouveau caprice ne subsista pas aussi longtemps que Navailles aurait dû l'espérer, d'après d'aussi heureux commencements ; il dura encore trois mois : au bout de ce temps Navailles se vit forcé, non sans de douloureux regrets, de céder la place à un successeur [1].

Le nombre des poursuivants de Ninon augmentait en raison de sa célébrité ; et l'émulation que l'ardeur de lui plaire excitait souvent entre tant de rivaux amenait des altercations, dont elle avait bien de la peine à prévenir les suites dangereuses. C'est ce que Scarron a exprimé à sa manière burlesque et cynique dans ses *Adieux au*

---

[1] TALLEMANT DES RÉAUX, *Historiettes*, t. IV, p. 312 ; ou t. VII, p. 227, édit. in-12.

Marais, où il parle de toutes les beautés célèbres de ce quartier de Paris [1] :

> Adieu, bien que ne soyez blonde,
> Fille dont parle tout le monde,
> Charmant esprit, belle Ninon.
> La maîtresse d'Agamemnon
> N'eut jamais rien de comparable
> A tout ce qui vous rend aimable,
> Était sans voix, était sans luth,
> Et mit pourtant les Grecs en rut :
> Tant est vrai que fille trop belle
> N'engendre jamais que querelle.

Cependant la vie licencieuse de Ninon et le trouble qu'elle portait dans les familles, peut-être aussi un zèle vrai et désintéressé pour le maintien des bonnes mœurs, suscitèrent contre elle un parti nombreux et puissant. On s'adressa à la reine-mère pour faire cesser un scandale qu'elle avait, dit-on, trop longtemps toléré. Ninon était *demoiselle*, c'est-à-dire noble de naissance; et comme telle, selon les mœurs et les habitudes de ce temps, placée sous la surveillance de l'autorité; elle se trouvait, plus qu'une simple bourgeoise, obligée de se conformer aux volontés de la cour. La reine lui envoya l'ordre de se retirer dans un couvent. Un exempt fut chargé de l'exécution de cette lettre de cachet. Ninon, à qui il la présenta, la lut, et remarqua qu'on n'y avait désigné aucun couvent particulier. « Monsieur, dit-elle à l'exempt, « puisque la reine a tant de bontés pour moi que de me « laisser le choix du couvent où elle veut que je me retire, « je choisis celui des grands Cordeliers [2]. » L'exempt, stu-

---

[1] SCARRON, *Œuvres*, 1737, t. VIII, p. 32.
[2] GASPARD COMTE DE CHAVAGNAC, *Mém.*, t. I, p. 57-59. — SAINT-SIMON, *Mém.*, édit. 1829, t. IV, p. 420, ch. 34. — VOLTAIRE, *Mélanges*,

péfait, ne répliqua rien, et on alla porter cette réponse a la reine, qui, selon Saint-Simon et Chavagnac, la trouva si plaisante qu'elle laissa Ninon en repos [1]; mais, selon des récits plus vraisemblables, cette affaire se passa tout autrement. Des amis puissants de Ninon, les ducs de Candale et de Mortemart, et surtout le prince de Condé, intervinrent, et elle ne dut qu'à leurs sollicitations de continuer à jouir de son indépendance. Il est certain que pendant que Ninon se trouvait ainsi menacée d'être frappée par l'autorité le prince de Condé, qui depuis longtemps n'avait eu avec elle que des relations de simple amitié, l'ayant aperçue dans son carrosse, fit arrêter le sien, en descendit, et alla chapeau bas saluer Ninon, en présence de la foule étonnée. Cette marque de déférence et de respect de la part du vainqueur de Rocroi et de Lens envers celle qu'on traitait de courtisane imposa silence à ses ennemis. Cependant le bruit avait couru dans Paris qu'on voulait la mettre aux Filles repenties; « ce qui serait « bien injuste, disait le comte de Bautru, car elle n'est ni « fille ni repentie [2]. »

Il est présumable que la peur causée par ces menaces de l'autorité détermina Ninon à s'abstenir de choisir ses amants parmi les gens de cour. Du moins pendant quelque temps les financiers et les gens de robe eurent des succès auprès d'elle. Elle engagea dans ses liens Émery, le surintendant des finances, auquel elle fit succéder Coulon, conseiller au parlement de Paris, grand frondeur,

---

lettre sur mademoiselle de Lenclos, t. XLIII, p. 464, édit. de Renouard. — TALLEMANT DES RÉAUX, *Historiettes*, t. IV, p. 316; t. VII, p. 231, édit. in-12.

[1] CHAVAGNAC, édit. 1699, t. I, p. 59.
[2] *Ménagiana*, t. II, p. 130. — BRET, p. 60.

fort riche, et qui surpassa pour elle en magnificence le surintendant lui-même. Émery, avant de devenir amoureux de Ninon, vivait depuis longtemps avec la femme de Coulon, fille de Cornuel, contrôleur général des finances, dont la femme fut si célèbre par son esprit et ses bons mots [1]. Lorsque Coulon enleva à Émery sa maîtresse, on trouva qu'il y avait entre ces deux hommes une sorte de parité de procédés, une application plaisante de la loi du talion ; et cette double intrigue donna lieu à quelques chansons insipides, mais auxquelles la malignité publique prêta cours dans le monde ; on les a recueillies dans les volumineux recueils manuscrits de vaudevilles et de couplets relatifs aux événements de cette époque [2]. De tous les amants de Ninon, Coulon fut celui qui sut le mieux lui faire agréer le faste et le luxe dont il affectait de se parer auprès de celle qu'il aimait. Mais il eut tort de compter ce moyen au nombre de ceux qui pouvaient fixer l'humeur volage de sa maîtresse. Elle n'aimait ni la pompe ni le fracas dans ses plaisirs, et revint bientôt à la prédilection qu'elle avait toujours montrée pour les gens de cour, la haute noblesse, et les militaires ; classe d'hommes qui à cette époque avait un avantage marqué sur toutes les autres, par tout ce qui peut plaire et contribuer aux agréments de la vie sociale.

Coulon fut congédié pour le comte d'Aubijoux, dont Ninon s'éprit fortement. Il était homme d'esprit et de mérite, riche, et d'une ancienne famille ; il fut gouverneur

---

[1] Voltaire, t. XLIII, p. 464. — Tallemant des Réaux, t. VII, p. 226.

[2] Tallemant des Réaux, t. IV, p. 311, in-8°. — Conrart, *Mém.*, t. XLVIII, p. 238. — *Chansons historiques*, ms. de mon cabinet, en 8 vol. in-folio, t. II, p. 203, verso. — Retz, *Mém.*, t. XLV, p. 244. — Motteville, t. XXXIX, p. 126.

de la ville et citadelle de Montpellier, et lieutenant général pour le roi dans l'Albigeois [1]. C'est dans ses jardins, près de Toulouse, que furent supposés tracés les vers du voyage de Chapelle et de Bachaumont, si souvent cités. Il mourut dans cette même retraite, le dernier de son nom, le 9 novembre 1656 [2]. Pour lui Ninon abandonna le Marais, et alla demeurer au faubourg Saint-Germain. Ce changement de quartier ne diminua pas son penchant à l'inconstance : il sembla, au contraire, l'augmenter, en lui facilitant les moyens de faire de nouvelles connaissances.

Ninon, par sa nouvelle demeure, était devenue la voisine de l'abbé de Bois-Robert et de madame Paget [3], femme d'un maître des requêtes fort riche, homme à bonnes fortunes, qui partagea assez longtemps, avec le beau duc de Candale, les faveurs de la comtesse d'Olonne, si scandaleusement célèbre [4]. Madame Paget, que de Somaize [5] nomme au nombre des illustres précieuses du faubourg Saint-Germain, était à la fois prude et galante. Lorsqu'elle allait à l'église, elle se trouvait souvent placée près de Ninon ; en attendant le prédicateur, elle prenait plaisir à s'entretenir avec elle sans la connaître ; et elle eut un

---

[1] COMPAYRE, *Études historiques sur l'Albigeois*; Albi, 1845, in-8°, p. 112-119.

[2] DE LA CHESNAYE DES BOIS, *Dictionnaire de la Noblesse*, 1770, in-4°, t. I, p. 504; t. VI, p. 58. — CHAPELLE, *Œuvres*, édit. 1755, in-12, p. 38 et 40, édit. 1826, in-8°, p. 29. — TALLEMANT, *Historiettes*, t. IV, p. 311; ou t. VII, p. 226; et t. V, p. 288; ou t. IX, p. 154.

[3] DE BOIS-ROBERT-METEL, *Œuvres poétiques*, 1659, in-8°, p. 303; *Stances à madame Paget*. Ces stances prouvent le voisinage.

[4] BUSSY DE RABUTIN, *Histoire amoureuse des Gaules*, p. 11 à 21, édit. de Liége in-18; p. 14 à 21, édit. de 1754, in-12.

[5] DE SOMAIZE, *Dictionnaire des Précieuses*, t. II, p. 87; *Polénic*, p. 30 *de la Clef*.

grand désir de savoir le nom d'une femme si spirituelle et si belle. Elle s'aperçut qu'un de ses amis, un nommé du Pin, trésorier des Menus-Plaisirs, saluait cette étrangère; et aussitôt elle l'arrêta pour obtenir de lui les informations qu'elle désirait. Du Pin ne jugea pas à propos de lever l'incognito que Ninon avait gardé. Il répondit donc que c'était madame d'Argencourt de Bretagne, qui était sortie de sa province pour un procès qu'elle avait à Paris; et il équivoqua et plaisanta sur ce nom de d'Argencourt. Madame Paget n'eut rien de plus pressé que d'offrir ses services, et même au besoin les secours de sa bourse, à la prétendue madame d'Argencourt; elle lui nomma les nombreux amis qu'elle avait dans le parlement, et dont la protection pouvait lui assurer le gain de son procès. Elle insista avec chaleur pour qu'elle acceptât ses offres, et l'assura qu'elle ne pouvait avoir de plus grande joie que d'être utile à une aussi aimable personne. Ninon, qui avait beaucoup de peine à garder son sérieux, témoigna à madame Paget sa reconnaissance, et lui dit qu'elle profiterait de ses offres obligeantes si le besoin s'en présentait. Comme Ninon finissait de parler, l'abbé de Bois-Robert vint à passer, et la salua. Madame Paget, étonnée, interrogea Ninon pour savoir d'où elle connaissait cet abbé. « Il est mon voisin, répondit Ninon, depuis que je loge au faubourg, et il vient souvent me voir. » Alors madame Paget crut devoir prémunir la belle étrangère contre les dangers d'une telle liaison, et, pour lui prouver jusqu'à quel point elle devait la redouter, elle lui dit que l'abbé de Bois-Robert faisait sa société habituelle de la trop célèbre Ninon, dont elle se mit à parler en termes très-injurieux. Ninon, sans se déconcerter, lui dit : « Ah, madame! il ne faut pas croire tout ce qu'on dit de cette Ninon; on en dit peut-être autant de vous et de moi : la médisance n'épargne personne. » Au sortir de l'église, l'abbé de Bois-Robert, qui ne savait rien de la méprise de madame Paget, s'approcha d'elle en lui disant : « Vous avez bien causé avec Ninon. » Madame Paget devint furieuse de cette mystification, et ne pouvait la pardonner ni à du Pin ni à Ninon. Mais bientôt elle se rappela le plaisir qu'elle avait éprouvé dans ses entretiens avec cette femme extraordinaire ; elle regretta de ne plus pouvoir en jouir, et elle employa ce même du Pin pour trouver les moyens de la revoir encore. Cette entrevue se fit dans le jardin d'un oculiste nommé Thévenin, allié à la famille Paget ; les voisins avaient la faculté d'entrer à toute heure dans ce jardin et de s'y promener. Ce fut madame Paget qui, dans ce lieu, aborda Ninon la première, et elles conversèrent ensemble avec la même amitié et le même abandon qu'auparavant, sans qu'il fût en rien question de la feinte qui avait eu lieu, et de ce qui s'était passé précédemment [1].

Après avoir donné au comte d'Aubijoux quelques successeurs dont nous ignorons les noms, Ninon parut un instant disposée à céder aux instances du comte de Vassé. Celui-ci avait cherché à séduire la marquise de Sévigné ; et, par une sorte de justice de la destinée, ce fut le marquis de Sévigné qui lui enleva la conquête de Ninon, et qui lui fit donner son congé au moment même où il croyait son succès assuré [2].

[1] TALLEMANT DES RÉAUX, *Historiettes*, 1834, in 8°, t. IV, p. 316 ; sur l'entrevue de Ninon avec la présidente Tamboneau, voyez t. V, p. 300 ; ou t. IX, p. 165, édit. in-12.
[2] BUSSY-RABUTIN, *Hist. amoureuse des Gaules*, t. I, p. 154, édit. 1754, in-12 ; et dans l'édition de Liége, p. 36 de la suite de l'*Histoire d'Ardelise* ; et p. 227, édit. de Liége, 1666 (sans nom d'auteur).

CHAPITRE XVIII.

1651.

Bussy toujours amoureux de madame de Sévigné cherche à la séduire. — Il devient le confident de son mari et le sien. — Parti qu'il tire de cette position. — Il instruit madame de Sévigné de la liaison de son mari avec Ninon. — Le courroux qu'elle en ressent engage Bussy à se déclarer. — Récit qu'il fait lui-même des suites de sa déclaration. — Madame de Sévigné parle à son mari de sa liaison avec Ninon. — Bussy persuade au marquis de Sévigné que ce n'est pas lui qui en avait instruit sa femme. — Bussy écrit à madame de Sévigné pour lui reprocher son indiscrétion, et l'engage en même temps à se venger de son mari. — Le marquis de Sévigné intercepte cette lettre, et défend à sa femme de voir Bussy.

Bussy, qui, malgré son récent mariage, était toujours épris de sa cousine, ne la perdait pas de vue. Il avait eu l'adresse de se concilier l'amitié et la confiance de son mari. Celui-ci l'avait pris pour confident de ses désordres ; peut-être il les encourageait. A l'égard de madame de Sévigné, au contraire, Bussy jouait le rôle d'ami et de conciliateur : il semblait compatir à ses peines ; il lui offrait ses bons offices et son influence auprès de son époux ; il recevait les témoignages de reconnaissance de sa cousine pour l'intérêt qu'il mettait à servir sa tendresse conjugale. Par cette conduite, il était parvenu à déguiser ses projets, à écarter toute défiance, à se rendre nécessaire : il avait habitué madame de Sévigné à ne lui rien cacher, à se confier à lui avec l'abandon le plus entier. Puis, quand il s'aperçut que les brusqueries de Sévigné, sa froideur, ses fréquentes infidélités, avaient commencé à lui aliéner le cœur de sa femme, il pensa qu'il était temps de se montrer à elle sous un autre aspect. Il voulut se hâter d'arriver au but où il tendait depuis longtemps avec tant de patience et de persévérance. L'amitié que sa cousine avait pour lui, les éloges qu'elle donnait à son esprit, la familiarité produite par un commerce intime et habituel, furent, de la part d'un homme aussi vain et aussi présomptueux, autant de signes interprétés en faveur de sa passion. Il ne douta point que celle qui en était l'objet ne la partageât, et il crut trouver une occasion favorable de faire taire ses scrupules en l'instruisant de la liaison de Ninon avec le marquis de Sévigné, dont celui-ci lui avait fait confidence lorsque cette liaison était encore ignorée de tout le monde. Quand il vit madame de Sévigné courroucée de ce nouvel outrage, et douloureusement affectée de l'éclat qu'il ferait dans le monde, Bussy se crut au comble de ses vœux, et ne craignit pas de se démasquer entièrement. Mais il faut l'entendre faire lui-même le récit de sa perfidie, et ne pas oublier qu'il a écrit dans le but de diffamer sa cousine, avec laquelle, ainsi que nous le dirons plus tard, il s'était brouillé. Il faut donc, en le lisant, faire la part des expressions que lui arrachent le dépit et l'orgueil humiliés, expressions qu'il a depuis démenties de la manière la plus forte, et avec toutes les marques du plus sincère repentir. Dans tout le reste, son récit est parfaitement exact; et ce qui le prouve, c'est que madame de Sévigné, qui se plaignit par la suite de ce qu'il avait, par cet écrit satirique, calomnié ses sentiments et noirci son caractère [1], ne l'accusa jamais d'avoir altéré la vérité des faits [2].

[1] Sévigné, *lettre* en date du 26 juil. 1668, n° 53, t. I, p. 127, éd. 1820.
[2] Bussy, *Hist. am. des Gaules*, t. I, p. 251 de l'édit. 1754; p. 33 de la suite de l'*Histoire d'Ardelise*, dans l'édit. de Liége, *ibid.*; *Hist. am. de la France*, 1710, p. 293; p. 224, édit. de Liége, 1666, in-18.

« Voilà, mes chers, le portrait de madame de Sévigné. Son bien, qui accommodait fort le mien, parce que c'était un parti de ma maison, obligea mon père de souhaiter que je l'épousasse ; mais, quoique je ne la connusse pas alors si bien que je fais aujourd'hui, je ne répondis point au dessein de mon père. Certaine manière étourdie dont je la voyais agir[1] me la faisait appréhender, et je la trouvais la plus jolie fille du monde pour être la femme d'un autre. Ce sentiment-là m'aida fort à ne la point épouser ; mais comme elle fut mariée un peu de temps après moi, j'en devins amoureux ; et la plus forte raison qui m'obligea d'en faire ma maîtresse fut celle qui m'avait empêché de souhaiter d'être son mari.

« Comme j'étais son proche parent, j'avais un fort grand accès chez elle, et je voyais les chagrins que son mari lui donnait tous les jours ; elle s'en plaignait à moi bien souvent, et me priait de lui faire honte de mille attachements ridicules qu'il avait. Je la servis en cela quelque temps fort heureusement ; mais enfin le naturel de son mari l'emportant sur mes conseils, de propos délibéré je me mis à être amoureux d'elle, plus par la commodité de la conjoncture que par la force de mon inclination.

« Un jour donc que Sévigné m'avait dit qu'il avait passé la veille la plus agréable nuit du monde, non-seulement pour lui, mais pour la dame avec qui il l'avait passée : Vous pouvez croire, ajouta-t-il, que ce n'est pas avec votre cousine ; c'est avec Ninon. — Tant pis pour vous, lui dis-je ; ma cousine vaut mille fois mieux ; et je suis persuadé que si elle n'était pas votre femme elle serait votre maîtresse. — Cela pourrait bien être, me répondit-il.

---

[1] Il y a dans l'édition de Liége, sans date, p. 33, et dans celle avec la date de 1666, p. 225 : « Certaine manière effrontée que je lui voyais. »

« Je ne l'eus pas si tôt quitté, que j'allai tout conter à madame de Sévigné. — Il y a bien de quoi se vanter à lui, dit-elle en rougissant de dépit. — Ne faites pas semblant de savoir cela, lui répondis-je; car vous en voyez la conséquence. — Je crois que vous êtes fou, reprit-elle, de me donner cet avis, ou que vous croyez que je suis folle. — Vous le seriez bien plus, madame, lui répliquai-je, si vous ne lui rendiez la pareille, que si vous lui redisiez ce que je vous ai dit. Vengez-vous, ma belle cousine, je serai de moitié dans la vengeance; car enfin vos intérêts me sont aussi chers que les miens propres. — Tout beau, monsieur le comte! me dit-elle, je ne suis pas si fâchée que vous le pensez.

« Le lendemain, ayant trouvé Sévigné au Cours, il se mit avec moi dans mon carrosse. Aussitôt qu'il y fut : — Je pense, dit-il, que vous avez dit à votre cousine ce que je vous contai hier de Ninon, parce qu'elle m'en a touché quelque chose. — Moi! lui répliquai-je, je ne lui en ai point parlé, monsieur; mais, comme elle a de l'esprit, elle m'a dit tant de choses sur le chapitre de la jalousie, qu'elle rencontre quelquefois juste. Sévigné s'étant rendu à une si bonne raison, me remit sur le chapitre de sa bonne fortune; et, après m'avoir dit mille avantages qu'il y avait d'être amoureux, il conclut par me dire qu'il le voulait être toute sa vie, et même qu'il l'était alors de Ninon autant qu'on le pouvait être; qu'il s'en allait passer la nuit à Saint-Cloud avec elle et avec Vassé, qui leur donnait une fête, et duquel ils se moquaient ensemble.

« Je lui redis ce que je lui avais dit mille fois, que quoique sa femme fût sage, il en pourrait faire tant qu'enfin il la désespérerait; et que, quelque honnête homme devenant amoureux d'elle dans le temps qu'il lui ferait de méchants tours, elle pourrait peut-être chercher des douceurs dans l'amour et dans la vengeance, qu'elle n'aurait pas envisagée dans l'amour seulement. Et là-dessus nous étant séparés, j'écrivis cette lettre à sa femme :

Lettre.

« Je n'avais pas tort hier, madame, de me défier de votre imprudence : vous avez dit à votre mari ce que je vous ai dit. Vous voyez bien que ce n'est pas pour mes intérêts que je vous fais ce reproche ; car tout ce qui m'en peut arriver est de perdre son amitié, et pour vous, madame, il y a bien plus à craindre. J'ai pourtant été assez heureux pour le désabuser. Au reste, madame, il est tellement persuadé qu'on ne peut être honnête homme sans être toujours amoureux, que je désespère de vous voir jamais contente si vous n'aspirez qu'à être aimée de lui. Mais que cela ne vous alarme pas, madame ; comme j'ai commencé de vous servir, je ne vous abandonnerai pas en l'état où vous êtes. Vous savez que la jalousie a quelquefois plus de vertu pour retenir un cœur que les charmes et le mérite ; je vous conseille d'en donner à votre mari, ma belle cousine, et pour cela je m'offre à vous. Si vous le faites revenir par là, je vous aime assez pour recommencer mon premier personnage de votre agent auprès de lui, et me faire sacrifier encore pour vous rendre heureuse ; et s'il faut qu'il vous échappe, aimez-moi, ma cousine, et je vous aiderai à vous venger de lui en vous aimant toute ma vie. »

« Le page à qui je donnai cette lettre l'étant allé porter a madame de Sévigné, la trouva endormie ; et comme il attendait qu'on l'éveillât, Sévigné arriva de la campagne. Celui-ci ayant su de mon page, que je n'avais pas instruit là-dessus, ne prévoyant pas que le mari dût arriver si tôt, ayant su, dis-je, qu'il avait une lettre de ma part à sa femme, la lui demanda sans rien soupçonner; et l'ayant lue à l'heure même, lui dit de s'en retourner, qu'il n'y avait nulle réponse à faire. Vous pouvez juger comme je le reçus : je fus sur le point de le tuer, voyant le danger où il avait exposé ma cousine; et je ne dormis pas une heure de cette nuit-là. Sévigné, de son côté, ne la passa pas meilleure que moi; et le lendemain, après de grands reproches qu'il fit à sa femme, il lui défendit de me voir. Elle me le manda, en m'avertissant qu'avec un peu de patience tout cela s'accommoderait un jour [1]. »

Ainsi Bussy ne recueillit d'autre fruit de ses intrigues que de se voir expulsé de chez une parente dont la société lui était devenue d'autant plus nécessaire qu'il en avait toujours joui depuis son enfance, et qu'il n'en avait jamais si bien apprécié les douceurs et les agréments qu'à l'époque où il se trouvait forcé d'y renoncer.

[1] BUSSY DE RABUTIN, *Hist. am. des Gaules*, édit. de Liége, p. 33 à 39 de la suite de l'*Histoire d'Ardelise*, t. I, p. 251-257 de l'édition 1754, in-12; p. 230 de l'édit. de Liége, 1666, in-18, avec la sphère, intitulée *édition nouvelle*.

CHAPITRE XIX.

1651.

Des causes qui éteignent le patriotisme et produisent les émigrations. — État des partis en France. — Projet de former une colonie en Amérique. — Il s'établit une compagnie pour exploiter la Guyane et faire le commerce d'esclaves. — Scarron et Ninon sont au nombre de ceux qui veulent émigrer. — La crainte d'une nouvelle persécution avait déterminé Ninon à s'expatrier; cependant, ni elle ni Scarron ne s'embarquent. — Ninon quitte le marquis de Sévigné, qui est remplacé par Rambouillet de la Sablière. — Vassé succède à Rambouillet. — Citation des Mémoires de Tallemant. — Désintéressement de Ninon. — Elle refuse les dons du marquis de Sévigné. — L'abbé de Livry force madame de Sévigné à se séparer de biens de son mari. — Jugement que porte Tallemant sur celui-ci. — Madame de Sévigné s'engage pour son mari. — Remontrance de Ménage à ce sujet. — Repartie un peu libre de madame de Sévigné à Ménage. — Pourquoi les éditeurs de madame de Sévigné ont été obligés de changer dans ses lettres quelques expressions.

Quand le gouvernement est dans toute son intégrité, les peuples songent moins aux avantages qu'aux abus qu'entraîne l'exercice d'une puissance toujours trop faible pour protéger l'État contre les intérêts privés qui lui font sans cesse la guerre, toujours trop forte pour n'être pas tentée d'usurper sur les droits individuels et les libertés publiques. Mais lorsque, après un bouleversement d'État, la puissance gouvernementale se trouve incapable, par son affaiblissement, d'assurer le règne des lois; quand un pays est déchiré par les partis, qui s'oppriment tour à tour et exercent avec violence un pouvoir éphémère, alors les victimes de ces révolutions successives, et ceux qui ne partagèrent jamais les fureurs des factieux ni les bassesses des ambitieux, désespérant de voir une fin aux maux de leur patrie, s'en détachent, et cherchent souvent dans d'autres contrées une existence plus tranquille, ou du moins l'espérance d'un meilleur avenir; sentiment qui ne s'éteint jamais dans le cœur de l'homme, et qui est à la fois le mobile de ses efforts et l'appui de son courage.

Tels étaient les motifs qui agissaient sur les esprits au commencement de l'année 1651, et qui favorisèrent en France les projets d'une colonisation en Amérique. A cette époque, tous les partis s'étaient réunis contre celui qui voulait les dominer tous; ils désiraient tous également que l'on mît fin à la captivité des princes, parce que chacun d'eux espérait pouvoir se faire un appui de leur autorité, et un moyen de leur influence, pour anéantir leurs adversaires. Le parti de la cour même avait aussi cette espérance. Les princes furent donc mis en liberté. Mais cette réparation tardive d'une grande injustice affaiblissait encore l'autorité de la reine régente et de son ministre, qui s'en étaient rendus coupables; et l'on ne pouvait que prévoir des troubles plus grands encore que ceux qu'on avait vus, lorsque le parti des princes, longtemps opprimé, viendrait encore ajouter son action à la fermentation produite par le parti de la cour, celui du parlement et celui de la Fronde.

Des quatre nations bornées par la mer Atlantique, la nation française était la seule qui ne se fût point mise en mesure d'entrer dans le partage des richesses que promettait le Nouveau Monde. Cependant quelques aventuriers français, au commencement du dix-septième siècle, s'étaient fixés à Cayenne; et en 1643 des négociants de

Rouen avaient en vain cherché à tirer parti de cet établissement.

En 1651 une compagnie se forma, qui obtint du gouvernement la concession de cette colonie, et réunit à Paris sept à huit cents individus disposés à s'y transporter. Les contrées qu'entouraient la mer et les grands fleuves Amazone et Orénoque, n'étaient pas alors, comme aujourd'hui, considérées comme des lieux d'exil et de mort, comme des pays humides et malsains, et souvent visités par des fièvres pestilentielles. Au contraire, on ajoutait foi aux brillantes descriptions qu'en avaient données ceux qui les premiers en firent la découverte, l'Espagnol Orellana et le célèbre Walter Ralegh [1]. On croyait, d'après leurs relations, qu'il existait dans l'intérieur une contrée qu'on désignait par le nom magnifique de *el Dorado* ; qu'elle renfermait des mines d'or, et des pierreries plus riches que toutes celles du Pérou ; et on se faisait l'idée la plus délicieuse de la beauté du pays, de la douceur et de la salubrité de son climat. Les belles fleurs, les oiseaux brillants, les animaux singuliers qu'on en tirait et qu'on transportait en Europe, semblaient ne laisser aucun doute sur la réalité de ces illusions. On citait des vieillards qui s'étaient guéris de la goutte par un voyage à l'île Martinique [2] ; et il semblait qu'il suffisait de se transporter dans le Nouveau Monde pour se délivrer de tous les maux et pour y jouir du bonheur et de la santé. Un grand nombre de personnes notables de Paris, après avoir pris des actions dans la nouvelle compagnie, fatiguées du gouverne-

---

[1] Conférez l'article *Ralegh*, dans la *Biographie universelle*, et dans les *Vies de plusieurs Personnages illustres*, t. I, p. 260.

[2] SCARRON, *Œuvres*, 1737, in-12, t. I, p. 55 de l'histoire des ouvrages de Scarron, et p. 41 du texte, *Lettre à Sarrazin*.

ment comme des partis qui lui étaient opposés, avaient résolu de se joindre à la nouvelle colonie. Indépendamment des richesses qu'on espérait recueillir, on se croyait certain de faire une prompte et rapide fortune par l'achat et la vente des esclaves dont on avait besoin pour la culture des îles, genre de trafic que l'opinion publique ne proscrivait pas. Dans le nombre de ces émigrants se trouvait la femme d'un maréchal de France. L'infortuné Scarron avait placé une petite somme dans cette entreprise; et, entraîné comme malgré lui par les sollicitations de ses amis, qui le flattaient de pouvoir guérir ses infirmités par les bienfaits d'un meilleur climat, il se décida à s'embarquer [1]. Ninon prit aussi la même résolution. Un événement bien futile en apparence, mais qui eut des suites graves, l'avait forcée à cette étrange détermination. Plusieurs jeunes seigneurs dînaient chez elle un jour de carême; un des convives jeta par la fenêtre un os de poulet qui tomba dans la rue, sur l'épaule d'un prêtre de la paroisse de Saint-Sulpice. Le curé se plaignit à l'abbé de Saint-Germain des Prés. Avant l'édit de 1674, qui réunit les justices particulières au Châtelet de Paris, cet abbé avait droit de juridiction sur le faubourg Saint-Germain des Prés. Un fait bien simple en lui-même fut représenté comme une atteinte grave envers la religion, comme un dessein prémédité d'insulter à ses ministres [2]. La reine régente, irritée, voulait faire enfermer Ninon; mais on apaisa tout avec de l'argent. La résolution que Ninon prit alors de

---

[1] *Histoire de M. Scarron*, par la Martinière, 1737, dans les *Œuvres*, t. I, p. 55; et *Lettre à Sarrazin*, p. 41 du texte. — LORET, liv. II, p. 179, *lettre* 52, en date du 31 décembre 1651.

[2] TALLEMANT DES RÉAUX, *Mém.*, t. IV, p. 316, édit. in-8°; ou t. VII, p. 231.

s'embarquer désarmait ses antagonistes; ils n'osèrent plus l'attaquer, et ils gardaient le silence en présence des clameurs occasionnées par l'annonce de son prochain départ. Ceux qui s'étaient accoutumés à la voir (et le nombre en était grand) ne pouvaient penser sans les plus vifs regrets qu'ils allaient être privés d'elle pour longtemps, et peut-être pour toujours : hommes puissants à la cour et dans la haute société, leurs plaintes bruyantes et amères retentissaient dans tous les cercles, et ils n'épargnaient ni ceux ni celles dont le rigorisme et l'intolérance amenaient de tels résultats.

Cependant la première embarcation pour la nouvelle colonie eut lieu; elle consistait en sept cents individus, tant hommes que femmes; Scarron et Ninon n'étaient point du nombre [1]. Il est probable que leur trajet dans le Nouveau Monde devait se faire sur un navire particulier. Quoi qu'il en soit, ce délai leur fut utile. Cette nouvelle tentative de colonisation fut encore plus malheureuse que les précédentes, et, de même que Scarron, Ninon ne partit point.

Il semblait que cette circonstance dût être fâcheuse pour madame de Sévigné, mais elle lui était indifférente. Déjà l'inconstance de Ninon, mieux que n'aurait pu faire son absence, avait cessé de la lui rendre redoutable; déjà Rambouillet de la Sablière, dont le nom a conservé quelque célébrité, plus par sa femme que par ses madrigaux, avait fait congédier Sévigné. Tallemant des Réaux [2] était

[1] LORET, liv. III, p. 57, *lettre* en date du 19 mai 1652.

[2] Conférez la *Vie de Rambouillet de la Sablière*, dans les *Poésies diverses de Rambouillet de la Sablière et Fr. de Maucroix*, 1825, in-8°; et l'article *Sablière*, dans la *Biographie universelle*. — TALLEMANT DES RÉAUX, *Historiettes*, t. IV, p. 274, in-8°; t. VII, p. 189. — WALCK, *Vie de plusieurs Personnages célèbres*, t. II, p. 227.

le beau-frère de Rambouillet. Ce fut lui qui l'introduisit chez Ninon. Après avoir parlé du voyage qu'elle fit à Lyon, et de sa liaison avec Sévigné, il ajoute : « M. de Rambouillet eut son tour ; durant sa passion, personne ne la voyait que celui-là. Il allait bien d'autres gens chez elle, mais ce n'était que pour la conversation, et quelquefois pour souper ; car elle avait un ordinaire assez raisonnable ; sa maison était passablement meublée : elle avait une chaise [une voiture] fort propre. Elle écrivit en badinant à Rambouillet : « Je crois que je t'aimerai trois mois ; c'est trois siècles pour moi. » Charleval ayant trouvé chez elle ce jouvenceau, qu'il n'y avait pas encore vu, s'approcha de l'oreille de la belle, et lui dit : « Ma chère, voilà qui a bien l'air d'être un de vos caprices [1]. »

Le règne de Rambouillet ne fut pas plus long que celui du marquis de Sévigné ; il fut supplanté par Vassé, qui recueillit ainsi le fruit de sa longue persévérance. Comme Coulon et d'Aubijoux, Vassé, se plut à user de ses richesses pour satisfaire sa vanité, et à faire parade d'une conquête dont il était glorieux ; et ce fut aussi la cause qui la lui fit perdre.

Tallemant remarque à ce sujet que Ninon ne voulut rien recevoir du marquis de Sévigné qu'une bague de peu de valeur : peut-être eût-il été à désirer pour madame de Sévigné que son mari eût conservé plus longtemps une maîtresse aussi désintéressée ; il n'en continua pas moins, après l'avoir perdue, de donner en ce genre de nouveaux sujets de peine à sa femme. Les nouvelles liaisons qu'il contracta contribuèrent, ainsi que son défaut d'ordre, à déranger sa fortune. Ce fut alors que madame

---

[1] TALLEMANT DES RÉAUX, t. IV, p. 314, in-8°; et t. VII, p. 229, in-12.

de Sévigné se sépara de biens d'avec lui ; mais elle ne put s'y déterminer qu'après y avoir été en quelque sorte contrainte par les instances de l'abbé de Livry. Celui-ci ne put empêcher que, peu de temps après cette séparation, elle ne se rendît caution pour M. de Sévigné d'une somme de cinquante mille écus. Ménage, qui n'aimait pas le marquis, ne put se contenir quand il apprit ce nouvel engagement. Usant des droits d'une ancienne amitié, il gronda vivement madame de Sévigné de cette faiblesse, et lui dit : Madame, une femme prudente ne doit jamais placer de si fortes sommes sur la tête d'un mari. — Pourvu que je ne mette que cela sur sa tête, que pourra-t-on me dire ? » répondit-elle [1]. — Nous n'eussions pas reproduit cette grivoise repartie, si elle ne servait à faire ressortir une singularité du caractère de madame de Sévigné, dont nous avons déjà parlé : c'est que le besoin de gaieté qu'éprouvait cette femme spirituelle la rendait très-libre dans ses propos, et que son imagination n'était pas aussi chaste que sa raison et sa conscience.

« Sévigné, dit Tallemant, n'était point un honnête homme : il ruinait sa femme, qui est une des plus agréables de Paris. Elle chante, elle danse, elle a de l'esprit, elle est vive, et ne peut se tenir de dire ce qu'elle croit joli, quoique assez souvent ce soient des choses un peu gaillardes : même elle en affecte, et trouve moyen de les faire venir à propos [2]. »

Ce n'est pas seulement ceux qui ont eu occasion de voir madame de Sévigné et de s'entretenir avec elle qui confirment cette observation, mais ce sont ses lettres mêmes.

---

[1] TALLEMANT, t. IV, p. 300, édit. in-8°; t. VII, p. 216, édit. in-12.
[2] *Ibid.*, p. 299, in-8°; t. VII, p. 217, édit. in-12.

Ceux qui les ont les premiers livrées à l'impression sous le règne de Louis XV, à l'époque de la plus grande dépravation des mœurs en France, ont cru nécessaire de changer quelques expressions, et d'adoucir certains passages, par trop libres, pour ne pas choquer la délicatesse du public de leur temps. Le plus savant et le plus exact éditeur de madame de Sévigné n'a pas osé rétablir dans son édition ces parties du texte telles qu'il les trouvait dans les lettres autographes qu'il a collationnées, et s'est déterminé à laisser subsister les changements que les précédents éditeurs y avaient faits; et il est telle repartie échappée à madame de Sévigné dans la vivacité du dialogue, citée par Tallemant, que nous ne voudrions pas reproduire dans ces Mémoires. Chose étrange, que nous soyons devenus plus scrupuleux et plus susceptibles qu'une *précieuse* formée à l'école de Rambouillet!

CHAPITRE XX.

1651.

Sévigné conduit sa femme en Bretagne, et revient à Paris. — Il devient amoureux de madame de Gondran. — Détails sur madame de Gondran et sa famille. — Ses amours avec la Roche-Giffart, lorsqu'elle était demoiselle Bigot. — Ses autres amants lorsqu'elle fut mariée. — Sévigné obtient ses faveurs. — Il emprunte à mademoiselle de Chevreuse ses pendants d'oreilles, pour les prêter à madame de Gondran. — Comment l'abbé de Romilly s'y prend pour l'humilier. — Le bruit court que le marquis de Sévigné s'est battu en duel. — Alarme que cette nouvelle cause à madame de Sévigné. — Le chevalier d'Albret fait sa cour à madame de Gondran. — Il ne peut réussir. — Le bruit court que le marquis de Sévigné a fait des plaisanteries sur son compte. — Le chevalier d'Albret provoque Sévigné en duel. — Ils se battent. — Sévigné est blessé, et meurt.

Le marquis de Sévigné, pour se livrer avec moins de contrainte à sa vie licencieuse et désordonnée, avait conduit sa femme en Bretagne, à sa terre des Rochers ; il l'y avait laissée, et était revenu à Paris. Après avoir été quitté par Ninon, il devint amoureux de madame de Gondran, qui s'était acquis à Paris une certaine célébrité par sa beauté et ses galanteries. Pour ce qui concerne sa beauté, je dois faire observer cependant que Tallemant, en parlant de cette nouvelle inclination de Sévigné, interrompt souvent son récit en disant : « Pour moi, j'eusse mieux aimé sa femme. » Et Bussy a fait la même réflexion sur toutes les maîtresses de Sévigné.

Madame de Gondran était la fille de Bigot de la Honville, secrétaire du roi, et contrôleur général des gabelles.

Elle perdit sa mère fort jeune; et son père, ne jugeant pas à propos de la garder avec lui, la mit sous la tutelle de sa sœur aînée, mariée à Louvigny, secrétaire du roi [1]. Madame de Louvigny, femme modeste et retirée, vit tout à coup sa maison envahie par un grand nombre de jeunes gens de la cour et de la ville, qu'attiraient la beauté et plus encore les coquetteries de sa sœur [2]. Madame de Louvigny n'osa point faire refuser sa porte à des personnes qui par leur rang, beaucoup au-dessus du sien, commandaient des égards; et elle ne put empêcher sa sœur de se plaire dans leurs entretiens, et d'être l'objet de leurs attentions et de leurs civilités. Cependant le nombre s'en accroissait sans cesse, et il n'était bruit dans Paris, parmi les jeunes seigneurs coureurs des belles, que de la charmante *Lolo*. C'est par ce surnom, diminutif du nom de Charlotte, qui était le sien, qu'on avait pris l'habitude de désigner mademoiselle Bigot de la Honville. Son père, tous ses parents, et surtout sa sœur, pensèrent que, pour éviter les dangers des inclinations qu'elle manifestait, il fallait se hâter de la marier. Un parti se présentait : c'était de Gondran, un des fils de Galland, avocat célèbre [3]. Le fils aîné de Galland s'était aussi distingué dans la carrière du barreau, et soutenait dignement un nom que son père avait illustré. Quant à de Gondran, il était paresseux, glouton, ivrogne, brutal [4]. Aucune qualité personnelle ne le recommandait, mais il était riche. Il devint

---

[1] Qu'il ne faut pas confondre avec le comte de Louvigny, depuis duc de Gramont.

[2] Conrart, *Mémoires*, t. XLVIII, p. 192.

[3] Loret, liv. V, p. 39, 18 mars 1654.

[4] Tallemant des Réaux, t. IV, p. 288, édit. in-8°; t. VII, p. 190, édit. in-12.

très-amoureux de la jeune Bigot. Elle n'avait pour lui ni affection ni estime. Aussi, malgré les avantages qu'il pouvait offrir sous le rapport de la fortune, le père et les parents de mademoiselle Bigot se refusaient à favoriser ses prétentions. Mais on s'aperçut bientôt que la jeune fille avait formé une liaison amoureuse avec la Roche-Giffart[1], gentilhomme breton, et marié. On se hâta d'accepter les offres de Gondran, et on lui accorda mademoiselle Bigot. Moins épris et moins stupide, il eût été facile à de Gondran de prévoir le sort qui l'attendait. Conrart, qui nous fournit ces détails, décrit de la manière suivante les préliminaires de ce mariage : « Pendant que mademoiselle Bigot était accordée, nombre de galants étaient tous les jours chez sa sœur à lui en conter, se mettant à genoux devant elle, et faisant toutes les autres badineries que font les amoureux : le pauvre futur était en un coin de la chambre avec quelqu'un des parents à s'entretenir, sans oser presque approcher d'elle ni lui rien dire[2]. »

Mademoiselle Bigot, devenue madame de Gondran, n'en continua pas moins sa liaison avec la Roche-Giffart. Le secret de cette liaison fut longtemps bien gardé ; mais la femme de la Roche-Giffart, ayant conçu quelque soupçon, força le secrétaire de son mari, et y trouva vingt lettres de madame de Gondran, toutes plus libres et plus passionnées les unes que les autres[3]. L'éclat que madame de la Roche-Giffart fit de cette aventure autorisa la belle-

---

[1] CONRART, *Mém.*, t. XLVIII, p. 111 et 190. — Duchesse DE NEMOURS, *Mém.*, t. XXXIV, p. 531. — RETZ, *Mém.*, t. XLVI, p. 124. — TALLEMANT DES RÉAUX, t. IV. p. 270 à 298, in-8°; ou t. VII, p. 192-197.

[2] CONRART, *Mém.*, t. XLVIII, p. 190.

[3] TALLEMANT, *Mém.*, t. VII, p. 185 à 214, édit. in-12.

mère de madame de Gondran, chez laquelle cette dernière demeurait, à la surveiller de près. Elle l'empêcha de recevoir le chevalier de Guise, quoique son mari y consentît. Cependant, à l'abri de la soutane, elle laissa s'introduire auprès d'elle le jeune abbé d'Aumale, beau comme un ange, selon l'expression du cardinal de Retz[1], et beaucoup plus dangereux que ne l'eût été le chevalier de Guise. Cet abbé fut nommé depuis archevêque de Reims ; puis, après la mort de son aîné, qui fut tué en duel par le duc de Beaufort, il devint duc de Nemours, et épousa, au grand étonnement du monde, mademoiselle de Longueville[2], dont nous avons parlé.

Le même motif qui avait protégé l'abbé d'Aumale contre les soupçons de la belle-mère de madame de Gondran, permit aussi à l'abbé de Romilly[3] de fréquenter sa maison[4]. Cet abbé, impudent, débauché, sujet à l'ivresse, compromit la femme de Gondran par ses propos indiscrets. La belle-mère était âgée, prude et acariâtre ; sa belle-fille, par ses complaisances, ses souplesses et ses flatteries, sut se la rendre favorable, et finit enfin par obtenir la liberté de recevoir tous ceux qui lui convenaient. Sévigné fut de ce nombre, et obtint ses faveurs : il plaisait aussi à son mari, qu'il menait partout avec lui ; il le mettait de tous les festins, de tous les divertissements et de toutes les fêtes qu'il donnait à madame de Gondran. Pour elle il se montra plus prodigue qu'il n'avait jamais

---

[1] Retz, *Mém.*, année 1650, t. XLV, p. 183.

[2] *Gallia christiana*, t. IX, p. 162. — Nemours, *Mém.*, t. XXXIV, p. 379, 380, 462. — Motteville, *Mém.*, t. XXXIX, p. 241.

[3] Tallemant des Réaux, t. VII, p. 205, édit. in-12.

[4] *Ibid.*, t. IV, p. 290 ; t. V, p. 340, in-8° ; ou t. IX, p. 205, édit. in-12. — Conrart, *Mém.*, t. XLVIII, p. 191.

été. Elle désira, pendant le carnaval, pouvoir se parer des superbes pendants d'oreilles qu'elle avait vus à mademoiselle de Chevreuse. Le marquis de Sévigné eut, pour la satisfaire, la faiblesse d'aller chez mademoiselle de Chevreuse, et la pria de lui prêter ses pendants d'oreilles pour mademoiselle de La Vergne. Mademoiselle de Chevreuse les lui remit; il les porta sur-le-champ à sa maîtresse, qui se montra le même soir au bal avec ce riche ornement. Tout le monde reconnut aussitôt les pendants d'oreilles de mademoiselle de Chevreuse; et plusieurs personnes, le lendemain, lui témoignèrent leur étonnement qu'elle eût pu se décider à prêter cette parure à madame de Gondran. Le marquis de Sévigné, craignant les reproches de mademoiselle de Chevreuse, alla voir mademoiselle de La Vergne, lui avoua tout, et fit si bien par ses instances et ses prières, qu'il la décida à empêcher qu'on ne découvrît son honteux stratagème. Mademoiselle de La Vergne alla chez mademoiselle de Chevreuse pour lui faire ses remercîments, et mit en même temps sur son compte le prêt qui avait été fait à madame de Gondran [1]. Celle-ci ainsi que son mari se trouvaient, au moyen des dépenses du marquis de Sévigné, en communauté de plaisirs avec toute la jeune noblesse : le mari et la femme commencèrent bientôt à dédaigner la bourgeoisie, et même leurs anciens amis et leurs propres parents, qui appartenaient comme eux à cette classe; ils répétaient souvent qu'il n'y avait que les gens de cour qui fussent aimables. Cette ridicule vanité donna envie à plusieurs des amants de madame de Gondran de se venger d'elle. L'abbé de Romilly, dans un moment d'ivresse, tint sur son compte en présence de

---

[1] Tallemant des Réaux, *Mém.*, t. IV, p. 302, édit. in-8°; t. VII, p. 218, édit. in-12.

son mari les propos les plus grossiers et les plus insultants [1]. Un nommé Lacger [2], qui fut secrétaire des commandements de la reine Christine, se plut à raconter dans un bal cette scène étrange. Tout fut redit au marquis de Sévigné, qui devint furieux. Pour punir l'outrage fait à sa maîtresse, il s'était proposé de donner des coups de canne à Lacger, dans une nombreuse assemblée où il croyait le rencontrer. Mais Lacger, averti à temps, n'y parut point. Ces circonstances, dénaturées et racontées diversement, firent dire que Sévigné s'était battu en duel, et avait reçu un coup d'épée. Cette fausse nouvelle courut les provinces, et parvint jusqu'en Bretagne. Madame de Sévigné, alarmée, écrivit à son mari une lettre pleine de tendres reproches et d'inquiétude sur sa santé. Cette lettre sur ce faux duel parvint au marquis quatre jours [3] avant le duel véritable où il succomba, et qui nous reste à raconter.

Le chevalier d'Albret, frère cadet de Miossens, bien fait, aimable, spirituel, se mit à faire sa cour à madame de Gondran; mais il ne put parvenir à supplanter le marquis de Sévigné, qui par une constante assiduité, par des plaisirs variés et continuels, par l'or qu'il prodiguait pour elle, la retenait dans ses liens. D'Albret y renonça, après s'être vu quatre fois de suite refuser la porte. Il ne pouvait douter qu'en lui faisant cette espèce d'affront, madame de Gondran n'eût cédé aux désirs ou à la volonté de son

---

[1] CONRART, *Mémoires*, t. XLVIII, p. 191.
[2] TALLEMANT DES RÉAUX, *Mém.*, t. IV, p. 301, éd. in-8°; t. VII, p. 217, éd. in-12.—*Lettres de feu Balzac à M. Conrart*, 1659, in-18, p. 195, lettre 24. Voy. la *Lettre de Lacger à Balzac*, en date du 2 mars 1652.
[3] TALLEMANT DES RÉAUX, *Mém.*, t. IV, p. 303, édit. in-8°; t. VII, p. 219, édit. in-12.

amant. Il était donc déjà fort mal disposé envers Sévigné, lorsqu'on lui dit que celui-ci s'était permis avec sa maîtresse des railleries sur son compte, et qu'il avait tenu des propos tendant à le déprécier, sinon sous le rapport de l'honneur, du moins sous celui des femmes. C'était Lacger, qui, avec toute l'habileté et la perfidie de la haine et de la vengeance, avait inventé cette fable, et l'avait racontée au chevalier d'Albret, en lui donnant toutes les couleurs de la vraisemblance. Pour s'en éclaircir, le chevalier d'Albret pria le marquis de Soyecour, son ami, de demander à Sévigné lui-même s'il avait réellement tenu à son sujet le discours qu'on lui prêtait[1]. Sévigné dit à Soyecour qu'il n'avait jamais parlé au désavantage du chevalier d'Albret; en même temps, ne voulant pas avoir l'air de redouter un rival, il ajouta qu'il ne lui disait cela que pour rendre hommage à la vérité, mais nullement pour se justifier, parce qu'il ne le faisait jamais que l'épée à la main.

Sur cette réponse on se donna rendez-vous derrière le couvent de Picpus, le vendredi 3 février 1651, à midi. De part et d'autre on fut exact. Le marquis de Sévigné, qui avait fait porter les épées, dit d'abord au chevalier d'Albret qu'il n'avait jamais dit de lui ce qu'on lui avait rapporté, et qu'il était son serviteur. Les deux antagonistes s'embrassèrent. Le chevalier d'Albret dit ensuite qu'il ne fallait pas moins se battre. Sévigné répondit qu'il l'entendait bien ainsi, et qu'il ne s'était pas rendu en ce lieu pour s'en retourner sans rien faire. Aussitôt on s'écarte, et le combat commence. Sévigné porte trois ou quatre bottes à son adversaire, qui eut son haut-de-chausse

---

[1] CONRART, *Mémoires*, t. XLVIII, p. 86.

percé, mais ne fut point blessé. Sévigné veut récidiver ; il se découvre : Albret prend son temps et pare ; Sévigné se précipite sur son adversaire, reçoit un coup d'épée qui lui traverse le corps, et tombe. On le ramène à Paris : dès que les chirurgiens eurent examiné sa blessure, ils déclarèrent qu'elle était mortelle. Il expira, en effet, le lendemain, regrettant de mourir à vingt-sept ans. Ses amis, ou plutôt ses compagnons de plaisir, étaient accourus auprès de lui. Parmi eux se trouvait Gondran, celui de tous qui était le plus sincèrement affligé de sa perte [1].

[1] Conrart, *Mémoires*, t. XLVIII, p. 185-187.

CHAPITRE XXI.

1651.

Le marquis de Sévigné peu regretté du monde. — Il était dissipateur et fâcheux. — Explication de ce mot. — Madame de Sévigné fut violemment affligée de la mort de son mari. — Signes qu'elle donne de sa douleur deux ans après l'événement. — Elle revient à Paris aussitôt qu'elle l'a appris. — Elle est obligée de s'adresser à madame de Gondran pour avoir des cheveux de son mari et son portrait. — État de Paris lorsque madame de Sévigné y arriva. — Tout y était en fermentation. — La cour et le roi gardés dans la capitale. — Condé mauvais politique. — Habileté de la reine régente. — Ses manœuvres pour ravoir son ministre. — La reine est soupçonnée à tort d'avoir voulu faire emprisonner le coadjuteur. — Condé quitte Paris, et se retire à Saint-Maur. — Les députés de la noblesse demandent la convocation des états généraux. — La reine et le parlement s'y opposent. — La reine régente travaille à diviser les partis. — La plupart des agents de toutes ces intrigues étaient des femmes. — Détails sur la princesse Palatine. — Mademoiselle de Chevreuse. — La duchesse de Lesdiguières. — Mademoiselle de Longueville. — Mademoiselle de Montpensier. — Madame de Rhodes. — La duchesse de Montbazon. — La duchesse de Châtillon. — La duchesse de Longueville. — Fêtes données dans la capitale. — Nouveautés théâtrales. — Mariages du duc de Mercœur et de mademoiselle de Mancini. — Brillant carnaval. — Madame de Sévigné passe son deuil dans la solitude. — Se dispose à retourner en Bretagne. — Scarron lui écrit pour se plaindre de ne l'avoir pas vue. — Elle lui promet d'aller lui rendre visite à son retour de Bretagne.

Quoique le marquis de Sévigné fût bien fait, d'une figure agréable; quoiqu'il ne manquât ni d'esprit ni d'amabilité, qu'il fût homme d'honneur, et ne fût ni méchant, ni trompeur, ni perfide, si ce n'est envers sa femme, ce qui domptait peu, même alors, cependant il ne fut point regretté[1]. Il s'était partout acquis la réputation d'un de ces hommes qu'on désignait par le nom de fâcheux, c'est-à-dire de ceux qui occupent sans cesse les autres d'eux-mêmes, et se rendent par là fatigants et importuns. De plus il était dissipateur ; et les dissipateurs sont toujours besoigneux. Bien loin de pouvoir être utiles à leurs amis, ils leur sont souvent à charge ; leur prodigalité ne s'exerce qu'au profit des usuriers, des parasites et des flatteurs, ou des femmes sans honneur, sans conscience et sans délicatesse. Il y a donc des défauts et un genre d'inconduite qui nuisent plus à un homme dans l'estime et dans l'affection des autres, que des vices reconnus, que certaines actions coupables ; car on voit des hommes qui, malgré ce double cachet de réprobation, conservent encore dans l'adversité des amis sincères et dévoués. C'est qu'il est des vices qui peuvent s'allier avec de nombreuses et fortes vertus, et des torts graves qui n'excluent ni l'élévation de l'âme ni un cœur capable de sympathiser avec les autres. Au lieu que le double caractère de fâcheux et de dissipateur implique un égoïsme profond ; et l'égoïsme repousse toutes les résolutions généreuses, ne tient aucun compte des autres, resserre et concentre toute l'existence dans le moi individuel. Il est l'opposé de l'amitié et de l'amour, qui ne connaissent de vie et de bonheur que par l'expansion des sentiments, la réciprocité des services, l'échange du dévouement, des affections et des jouissances.

Cependant il fallait bien que le marquis de Sévigné possédât quelques qualités aimables, puisqu'il fut aimé de sa femme. La douleur que madame de Sévigné ressentit de la perte de son mari fut sincère, violente et durable.

[1] CONRART, *Mémoires*, t. XLVIII, p. 188.

Elle s'évanouit la première fois qu'elle revit, dans une assemblée, le chevalier d'Albret; et deux ans après le duel Tallemant la vit, dans un bal, pâlir et presque défaillir à la vue de Soyecour. En apercevant Lacger dans une allée de Saint-Cloud, où elle se promenait, elle dit : « Voilà l'homme du monde que je hais le plus, par le mal que m'ont fait ses indiscrétions. » Deux officiers aux gardes, qui se trouvaient près d'elle, lui offrirent de le fustiger devant elle : « Gardons-nous-en bien, dit-elle; il est avec plusieurs de mes parents, auxquels vous ne voudriez pas faire affront. » Et elle se détourna avec son cortége dans une autre allée du parc, pour éviter de rencontrer Lacger [1].

Aussitôt que madame de Sévigné eut appris en Bretagne que son mari s'était battu en duel, elle revint en toute hâte à Paris; mais elle n'arriva point assez tôt pour lui rendre les derniers devoirs. Le bruit courut même que n'ayant de lui ni portrait ni cheveux, elle en avait fait la demande à madame de Gondran, qui y satisfit sur-le-champ. De son côté, madame de Sévigné renvoya à madame de Gondran toutes les lettres que celle-ci avait écrites au marquis de Sévigné. Tallemant dit que ces lettres étaient, pour le style et l'indécence des expressions, semblables à celles que, plus jeune, madame de Gondran avait autrefois adressées à la Roche-Giffart [2].

Jamais Paris n'avait eu un aspect plus alarmant que lors du tragique événement qui força madame de Sévigné à y revenir; jamais le Palais de Justice, le Palais-Royal, le Luxembourg, l'archevêché, les hôtels des princes et des grands seigneurs, n'avaient présenté le spectacle de

---

[1] TALLEMANT DES RÉAUX, *Mémoires*, t. IV, p. 303; t. VII, p. 219, édit. in-12.

[2] *Ibid.*, t. IV, p. 303, in-8°; t. VII, p. 218, in-12.

tant d'agitations tumultueuses, de tant de changements rapides, de passions ardentes, d'intrigues compliquées. Cette capitale se remplissait de gens de guerre, que les princes, le duc de Beaufort, le coadjuteur, le duc d'Orléans, y appelaient. Poursuivi par la haine de tous les partis, Mazarin avait été obligé de céder enfin à l'orage. Il s'était déterminé à fuir; et la crainte de voir s'échapper à sa suite le roi et la reine régente avait soulevé le peuple de Paris, et y avait fait prévaloir l'influence du duc d'Orléans et du coadjuteur, qui s'était rendu maître de l'esprit de ce prince. Toutes les portes étaient gardées; aucune femme même ne pouvait sortir du Palais-Royal sans ôter son masque et décliner son nom [1]. A toute heure du jour, et même de la nuit, des émissaires du duc d'Orléans, des officiers de la garde bourgeoise, pénétraient dans le palais pour s'assurer si le roi s'y trouvait; et ils forçaient la reine régente à le leur montrer. Le monarque enfant, par sa beauté, ses grâces, le calme de son sommeil, saisissait de respect et d'amour ceux qui étaient admis à le contempler. Ceux-ci rendaient compte au peuple de leur mission, en termes qui faisaient partager à la multitude attentive les sentiments que la vue du roi leur avait inspirés; et, au milieu de leurs actes les plus séditieux, ils portaient ainsi un remède à la sédition [2].

La reine régente, dans le dessein de sortir de la captivité, avait été obligée de rendre la liberté au prince de Condé, ainsi qu'à son frère et à son beau-frère. Ils étaient rentrés dans Paris en vainqueurs, aux acclamations de

---

[1] RETZ, *Mém.*, t. XLV et XLVI. — MOTTEVILLE, *Mémoires*, t. XXXIX, p. 152 et 162. — MONTPENSIER, *Mémoires*, t. XLI, p. 127.

[2] MONGLAT, *Mém.*, t. L, p. 282, 290. — DUPLESSIS, *Mém.*, t. LVII, p. 363-366.

tout le peuple, de la noblesse et du parlement. Mazarin, qui s'était rendu au Havre pour implorer la protection du prisonnier qu'il était venu délivrer, était sorti du royaume. On crut son autorité pour toujours anéantie ; mais un petit nombre de courtisans, qui lisaient dans le cœur de la reine, en jugèrent autrement, et durent à la conduite habile qu'ils tinrent dans ces circonstances la haute fortune où ils s'élevèrent dans la suite.

Nul doute que dans le premier moment Condé n'eût pu enlever facilement la régence à la reine, dépourvue de son premier ministre et reconnue incapable de gouverner par elle-même ; mais alors la direction des affaires appartenait de droit au duc d'Orléans, dont Condé était jaloux. Condé aima mieux conserver la régence à la reine, et, en ne se séparant ni du duc d'Orléans ni de la Fronde, se rendre redoutable au gouvernement et le forcer de compter avec lui [1]. Si cette union des princes entre eux et avec le parti de la Fronde avait subsisté, le rétablissement de l'autorité royale eût été impossible ; et le commencement du règne de Louis XIV, qui, quoique âgé seulement de treize ans accomplis, allait, d'après une loi exceptionnelle, être déclaré majeur, aurait offert le spectacle, si fréquent dans nos annales, d'un État en proie aux déchirements des factions et aux horreurs de l'anarchie.

Mais, par bonheur pour la France et pour la reine régente, Condé était aussi mauvais politique que grand guerrier. Il ne tint aucune des promesses qu'il avait faites aux chefs de la Fronde, auteurs de sa délivrance [2]. Le

---

[1] Retz, *Mém.*, t. XLV, p. 477. — La Rochefoucauld, t. LII, p. 64. — Joly, t. XLVII, p. 148.

[2] Motteville, t. XXXIX, p. 184, 209-212. — Joly, t. XLVII, p. 132. — Claude Joly, t. XLVII, p. 491-497.

mariage du prince de Conti et de mademoiselle de Chevreuse, qui avait été la base du traité, et entraînait d'autres engagements, fut rompu sans aucun égard [1]. La reine régente, pour parvenir au rappel de son ministre, eut l'habileté de déguiser sa marche, et choisit d'abord pour le remplacer Chavigny, ennemi personnel de Mazarin; puis elle négocia avec tout le monde, et opposa habilement la Fronde au prince de Condé, celui-ci au duc d'Orléans [2], le parlement à l'assemblée de la noblesse, l'aversion contre Mazarin à la crainte qu'inspirait le coadjuteur [3]. L'autorité royale, tout affaiblie qu'elle était, devint pour elle un puissant moyen d'influence par les faveurs qu'elle avait à distribuer, par les espérances qu'elle faisait naître. Enfin la reine se prévalait aussi d'un commencement de popularité acquise par le renvoi de son ministre, et par sa fermeté, son calme, sa douceur au milieu des émeutes populaires [4]. Ses ministres, qu'elle abusait, n'avaient que les apparences du pouvoir; ce qu'il avait de réel, Mazarin le possédait tout entier. De Bruhl, le lieu de son exil, il gouvernait la France; la reine ne prenait aucune résolution sans qu'elle lui eût été inspirée par lui, ou sans qu'il l'eût approuvée. Condé, au contraire, ne faisait rien, ne résolvait rien qu'on n'eût prévu longtemps d'avance, et qui ne fût aussitôt divulgué par les indiscrétions de son parti, ou par les siennes. Il révoltait par son orgueil, et

---

[1] LORET, *Muse historique*, t. I, p. 5.— RETZ, *Mém.*, t. XLV, p. 280 à 287. — MOTTEVILLE, t. XXXIX, p. 213.—CLAUDE JOLY, t. XLVII, p. 494-497.

[2] NEMOURS, *Mémoires*, t. XXXIV, p. 384-502. — MONTPENSIER, *Mém.*, t. XLI, p. 29 et 130.—GUY-JOLY, *Mém.*, t. XLVII, p. 151-158.

[3] MOTTEVILLE, t. XXXIX, p. 188. — NEMOURS, t. XXXIV, p. 487.

[4] MOTTEVILLE, *Mém.*, t. XXXIX, p. 191.

décourageait par ses indécisions et ses défiances. Effrayé de son isolement, déjà il était entré en négociation avec les Espagnols, et songeait à la guerre. On le sut, et les projets les plus violents furent proposés contre lui. D'Harcourt et d'Hocquincourt s'offrirent de le tuer. Le coadjuteur, dans ses Mémoires, insinue que la reine le désirait, et qu'il s'y opposa. Madame de Motteville, au contraire, prétend que le coadjuteur avait conçu le crime, et que la reine s'y refusa. Il y a calomnie de part et d'autre. Nous apprenons, par les Mémoires de Monglat, que Gondi et Anne d'Autriche rejetèrent également ce parti, proposé par de vils et ambitieux courtisans[1]. Mais si on ne voulut pas faire assassiner ce prince, on résolut de s'en défaire en le faisant arrêter de nouveau. Prévenu à temps par Chavigny[2], Condé quitta Paris, et se retira à Saint-Maur, appelant autour de lui tous ses amis. C'était annoncer la guerre civile. Elle n'effrayait pas la reine régente, parce qu'elle rendait nécessaire le rappel de son ministre[3].

Pour éviter d'en venir à cette extrémité, une pensée salutaire avait germé parmi les députés de la noblesse des provinces, réunis à Paris au nombre de plus de huit cents. Ils avaient adressé une requête à la reine régente, pour qu'elle convoquât les états généraux[4]. La reine promit qu'ils seraient assemblés à Tours, aussitôt après que la

---

[1] Retz, *Mém.*, t. XLV, p. 290-292. — Motteville, *Mém.*, t. XXXIX, p. 184. — Monglat, *Mém.*, t. L, p. 289. — Claude Joly, *Mém.*, t. XLVII, p. 490.

[2] Guy-Joly, *Mém.*, t. XLVII, p. 153.

[3] Monglat, *Mém.*, t. L, p. 304. — Chavagnac, *Mém.*, 1699, t. I, p. 125.

[4] Guy-Joly, *Mém.*, t. XLVII, p. 143. — Monglat, t. L, p. 282.

majorité du roi serait déclarée; et l'assemblée des nobles, satisfaite, se sépara. C'était tout ce qu'on désirait; cette réunion inquiétait l'autorité, et on était pressé d'y mettre un terme. Pour s'en délivrer, on lui fit une promesse qu'on n'avait pas intention de tenir. Il était facile de l'éluder : si on excepte cette masse d'hommes éclairés et sincères amis de leur pays, qui dans les temps de troubles ne forment point de factions, parce qu'ils se tiennent éloignés de toutes, personne ne voulait les états généraux. Tous les partis s'accordaient donc à rejeter cette mesure : le gouvernement, parce qu'elle aurait ajouté à ses embarras et restreint son autorité; le parlement, parce qu'elle lui aurait ôté ce grand privilége d'être le protecteur du peuple et le gardien des libertés publiques; les princes, parce qu'elle aurait diminué leur influence et mis des bornes à leur illégale puissance. Cependant le duc de La Rochefoucauld est forcé d'avouer qu'alors les états généraux eussent sauvé le royaume[1]. Cela était vrai; quoique, un siècle et demi plus tard, ils le plongèrent dans l'abîme des révolutions.

La reine régente, pour rompre les alliances qui s'étaient formées entre les partis, fut contrainte de prendre des engagements qu'elle aurait voulu rompre, et elle se vit entraînée à consentir à l'élévation de ses ennemis, ou plutôt des ennemis de Mazarin : par là elle les rendit plus redoutables[2]; et il fut plus difficile de prévoir quelle serait l'issue de la guerre civile, qu'on ne cherchait pas trop à éviter. Ainsi, Gondi parvint par la cour, et malgré la cour, au but où tendait depuis longtemps son ambition : il fut

---

[1] LA ROCHEFOUCAULD, *Mémoires*, t. LII, p. 64.
[2] MOTTEVILLE, *Mém.*, t XXXIX, p 203. — GUY JOLY, *Mémoires*, t. XLVII, p. 147.

nommé cardinal. Condé, dont la reine aurait voulu atténuer l'influence, reçut le gouvernement de Guienne, qui conférait une autorité presque absolue sur une des plus vastes et des plus guerrières provinces de France. Il est remarquable que les agents principaux de toutes ces grandes intrigues furent des femmes ; que ce furent elles qui les firent réussir, en préparèrent ou en précipitèrent les résultats, au gré de leurs passions ou de leurs intérêts particuliers. Ainsi, la reine régente, entourée des ennemis de Mazarin, forcée de dissimuler, et se défiant de ceux de sa propre maison qui détestaient ce ministre[1], ou d'hommes timides, qui craignaient de se mettre à dos le gouvernement et les princes, montra souvent autant de résolution, de fermeté et de présence d'esprit que celui pour lequel elle se sacrifiait. Elle fut parfaitement secondée par la duchesse de Navailles, qui entretenait une correspondance active avec Mazarin[2]. Ce fut mademoiselle de Longueville qui détacha son père du parti des princes et le réconcilia avec la reine[3]. La princesse Palatine, après avoir si habilement manœuvré pour faire cesser la captivité des princes, se montra également adroite pour servir la reine, quand elle vit que Condé lui refusait son influence pour porter aux finances le marquis de la Vieuville, père de son amant[4]. La duchesse de Chevreuse, qui avait fait du mariage de sa fille avec Conti l'une des conditions de la liberté des

---

[1] Monglat, *Mém.*, t. L, p. 279. — Retz, t. XLV, p. 319. — La Rochefoucauld, t. LII, p. 64.

[2] Motteville, *Mém.*, t. XXXIX, p. 4, 109, 148, 164, 191, 192.

[3] Nemours, *Mém.*, t. XXXIV, p. 484, 491, 492. — Motteville, t. XXXIX, p. 240.

[4] Retz, t. XLV, p. 282. — Motteville, t. XXXIX, p. 165, 186, 215. — Joly, t. XLVII, p. 153. — La Rochefoucauld, t. LII, p. 50. — Monglat, t. L, p. 29.

princes, se tourna subitement du côté de la reine quand elle s'aperçut que Condé, après avoir recueilli les avantages d'une des deux clauses du traité, cherchait à éluder l'autre. C'est alors que, de concert avec la duchesse de Lesdiguières, qui était de la maison de Gondi [1], elle forma entre le coadjuteur et la reine cette alliance dont le mystère fut pendant quelque temps d'autant plus impénétrable, que, pour conserver son influence et nuire plus efficacement au prince de Condé, il fut permis au coadjuteur de seconder, dans le parlement et dans la Fronde, les haines populaires contre Mazarin. Ainsi, pendant que Gondi était d'accord avec ce ministre, il agissait de manière à faire croire qu'il était son plus mortel ennemi [2]. MADEMOISELLE, fille du premier lit de Gaston d'Orléans, à qui sa naissance, ses grands biens, son caractère altier donnaient l'importance d'un personnage politique, s'offrait de servir la reine régente auprès de son père, ou contre son père; mais elle ne prétendait à rien moins, pour prix de son appui, que de se faire reine, et d'épouser le jeune monarque son cousin, dont l'âge était si fort au-dessous du sien. Elle s'agitait sans cesse pour parvenir à son but, mais sans avancer d'un pas; et, selon les alternatives de l'accroissement ou de la diminution de ses espérances, elle flottait continuellement entre le parti d'Orléans ou celui de la cour, sans en tromper aucun, mais sans se donner franchement et sans retour ni à l'un ni à

---

[1] TALON, *Mém.*, t. LXII, p. 226. — Cardinal MAZARIN, *Lettres publiées par Ravenel*, 1836, in-8°, p. 16 et 17. — Les rendez-vous de mademoiselle de Chevreuse et du coadjuteur se donnaient chez la marquise de Rhodes; le coadjuteur trompait alors la princesse de Guémené, dont il était l'amant. Voyez ci-dessus, chap. VII, p. 98.

[2] GUY-JOLY, t. XLVII, p. 151, 153. — RETZ, *Mém.*

l'autre¹. Le duc d'Orléans était conseillé par sa femme Marguerite de Lorraine² et par l'abbé de la Rivière. La duchesse de Bouillon avait pris un grand ascendant sur son mari, homme de tête et de mérite³. Madame de Rhodes gouvernait le garde des sceaux Châteauneuf⁴; madame de Montbazon, le duc de Beaufort⁵. La duchesse de Longueville, par haine pour la duchesse de Chevreuse et pour sa fille, brouillait le parti des princes avec la Fronde, et ménageait la reine régente, pour n'être pas forcée d'exécuter la promesse qu'elle avait faite à tous les siens d'aller en Normandie rejoindre son mari : elle poussait à la guerre civile, contre leur intention et leurs désirs, les princes de Condé et de Conti ses frères, le duc de Nemours, son amant, et le duc de La Rochefoucauld, qu'elle lui avait donné pour rival. En même temps elle entretenait des intelligences avec la princesse Palatine, et par elle avec la reine, dans le but de se rendre à la fois utile et redoutable au parti des princes comme à celui de la cour⁶.

Mazarin était instruit de toutes ces intrigues par sa correspondance, par la *Gazette* imprimée, par des gazettes à la main⁷; il savait en démêler les ressorts avec une

---

¹ Motteville, t. XXXIX, p. 315.
² Retz, t. XLV, p. 376; t. XLVI, p. 5.—Talon, t. LXII, p. 226.
³ La Rochefoucauld, t. LII, p. 98.
⁴ Motteville, t. XXXIX, p. 211. — Joly, t. XLVII, p. 152.
⁵ Retz, t. XLV, p. 406. Voyez ci-dessus, chap. VII, p. 98.
⁶ Nemours, *Mém.*, t. XXXIV, p. 484, 491, 492, 510.—Motteville, t. XXXIX, p. 179, 181, 203, 210, 240, 296, 319. — Joly, t. XLVII, p. 144, 185. — Conrart, t. XLVIII, p. 225. — La Rochefoucauld, t. LII, p. 72. — Talon, t. LXII, p. 225. — Chavagnac, 1699, in-12, t. I, p. 124. — Monglat, t. I, p. 305.
⁷ Mazarin, *Lettres à la reine, à la princesse Palatine*, etc., 1836, in-8°, p. 60, 61.

admirable sagacité; il en informait la reine, et lui envoyait de longs mémoires pour l'éclairer sur les intentions de ceux qui dirigeaient ses conseils, et pour lui enseigner les moyens de faire concourir tous les partis à son rappel et au rétablissement de son autorité. Il y intéressait sa religion, et son affection pour lui : « Je vous conjure, lui disait-il dans sa lettre du 12 mai 1651, de bien considérer ce mémoire et la lettre qui l'accompagne au moins trois fois, quand ce ne serait qu'en trois jours. Vous le pouvez faire dans vos retraites; et croyez que cela importe au service de Dieu, du roi, au vôtre, et à celui du plus passionné pour la moindre de vos volontés. »

Il l'engageait à dissimuler avec tout le monde, à caresser tout le monde, à se servir de tout le monde, à se défier de tout le monde, à ne se faire aucun scrupule de se raccommoder avec des gens qui lui avaient fait du mal, et qu'elle avait juste sujet de haïr et de vouloir perdre; « car, dit-il, la règle de conduite des princes ne doit jamais être la passion de la haine ou de l'amour, mais l'intérêt et l'avantage de l'État et le soutien de leur autorité[1]. » On voit que la politique de la reine tendait à faire offrir son alliance à tous les partis, pour écraser le parti contraire; mais elle y mettait pour condition première de l'aider à effectuer le rappel de son ministre. Mazarin, par sa correspondance, paraît avoir été assez certain de la fidélité de Le Tellier; mais nous voyons, par une lettre et un mémoire envoyés à la reine, que Mazarin considérait Servien, de Lyonne et Chavigny comme les soutiens du prince de Condé. La princesse Palatine était l'âme du parti de madame de Longueville, qu'elle cherchait à entraîner du

---

[1] MAZARIN, *Lettres*, etc., p 76 (à M. de Lyonne, mai 1651).

côté de celui de la reine et de Mazarin, avec lequel elle était en correspondance secrète. La duchesse d'Aiguillon, artificieuse et intéressée, se servait du respectable Vincent de Paul, de madame de Saujeon et de Le Tellier, pour faire agir le duc d'Orléans dans un sens contraire à Mazarin, et pour créer des obstacles au retour de ce ministre, qu'elle n'aimait pas [1]. Ce que Mazarin surtout s'attachait à démontrer à la reine, comme le plus grand danger pour l'autorité du roi, qui dans quatre mois devait être majeur, c'était de donner trop de puissance au prince de Condé [2]. Par cette raison, il ne voulait pas que l'on favorisât l'ambition des maréchaux du Dognon, Palluau, Gramont, qui, ainsi que Chavigny, Servien et de Lyonne, étaient du parti de ce prince [3]. Il écrivit cependant à de Lyonne; mais c'était pour lui adresser des reproches. Selon lui, le prince de Condé avait réduit le *ministériat* en république.

Ce qu'il y a surtout de remarquable dans les lettres que Mazarin pendant son exil écrivit à la reine, c'est la vive expression contenue dans quelques-unes de ses sentiments pour elle, qui laisse peu de doute sur la nature de leur liaison [4]. Il lui conseille de plier jusqu'à la majorité du jeune roi, qui dans quelques mois devait avoir treize ans accomplis [5]; et elle conforme sa conduite envers

---

[1] *Documents historiques*, Lettres de MAZARIN *à la reine*, et *Mémoire dans le Bulletin de la Société de l'Histoire de France*, t. II, p. 1, 15, 17, etc. — *Lettres du cardinal* MAZARIN *à la reine, à la princesse Palatine*, etc., écrites pendant sa retraite hors de France, en 1651 et 1652; Paris, 1836, in-8°, p. 44.

[2] MAZARIN, *Lettres*, etc., p. 47.

[3] *Ibid.*, p. 62 et 63.

[4] *Ibid.*, p. 71. Voyez la 3e partie de ces *Mémoires*, p. 471.

[5] Conférez la lettre du 11 mai 1651, p. 30, 38.

le duc d'Orléans, le parlement et Condé, à ce conseil ; simulant et dissimulant toujours [1].

Au milieu de toutes ces intrigues politiques et galantes, de ces ruptures et de ces coupables négociations avec les ennemis de l'État, de ces projets d'assassinats ou d'arrestations nouvelles ; quand on craignait que le roi ne s'enfuît, quand on redoutait que les princes ne voulussent l'enlever, la capitale semblait plongée dans le délire de la joie, dans le tumulte des plaisirs. Jamais autant de bals et de fêtes ; jamais autant de gaieté et d'insouciance apparente ; jamais les promenades publiques aussi fréquentées, les théâtres aussi encombrés de spectateurs [2]. A Saint-Maur, la comédie, la chasse, la bonne chère, contribuaient à grossir le nombre de ceux qui se préparaient à la guerre civile [3]. Partout les visages paraissaient calmes, et tous les cœurs étaient agités. C'était au milieu d'une contredanse que Monglat apprenait la nouvelle de l'armement de Paris ; c'était parmi les pompeuses réunions, les jeux et les divertissements de tous genres, que le prétendant d'Angleterre, le frivole Charles II, de retour de sa malheureuse expédition, oubliait l'échec qu'il venait d'éprouver, et son trône perdu, et la sauvage Écosse par lui abandonnée. C'était aussi au milieu des fêtes splendides dont elle gratifiait deux fois la semaine toute la haute société [4], que MADEMOISELLE refusait la

---

Pag. 192, *lettre* 30.
[2] MONGLAT, *Mém.*, t. L, p. 275. — RETZ, t. XLV, p. 299, 382. — MOTTEVILLE, t. XXXIX, p. 108. — PARFAICT, *Hist. du Théastre françois*, t. VII, p. 289 à 319. — MONTPENSIER, t. XLI, p. 299. — MOTTEVILLE, t. XXXIX, p. 108.
[3] LA ROCHEFOUCAULD, *Mém.*, t. LII, p. 78.
[4] MONTPENSIER, t. XLI, p. 121, 145, 146, 152, 155. — LORET, *Muse historique*, liv. III, p. 17 (14 janvier 1652) ; p. 21 (février). —

main de ce monarque dépossédé, plus courageux qu'heureux, plus aimable que grand. Enivrée des hommages dont elle était l'objet, elle s'imaginait déjà être reine de France, et prévoyait peu que celui qu'elle refusait dût régner un jour. Elle était bien loin de penser que, pour obtenir une couronne qu'on ne pensait pas à lui donner, elle en perdait une qui lui était offerte. Cependant, longtemps après, en écrivant ses Mémoires, malgré les regrets que le souvenir de ces temps devait lui faire éprouver, nous voyons qu'elle aimait à se rappeler le brillant et joyeux carnaval de cette année, comme une des plus riantes époques de sa vie.

Madame de Sévigné ne prit part ni à ces intrigues ni à ces plaisirs. Elle termina aussi promptement qu'elle put les affaires qui l'avaient amenée à Paris, et elle repartit aussitôt pour aller dans sa terre des Rochers se livrer à sa douleur, et passer dans la solitude les premiers temps d'un veuvage qui ne devait finir qu'avec sa vie. Scarron, ami de son mari, avait envoyé chez elle avant son départ, pour lui faire connaître combien il regrettait que ses souffrances et ses infirmités ne lui permissent pas d'aller lui faire en personne ses compliments de condoléance. Il s'affligeait de ce qu'il était forcé de laisser échapper, même dans cette triste occasion, le plaisir de la voir au moins une fois avant de mourir. Madame de Sévigné, touchée de ses regrets, et peut-être aussi flattée de ses louanges (car à cette époque le pauvre Scarron, à l'apogée de sa réputation, était aussi le célèbre Scarron), lui

---

Vie de Jacques II, roi d'Angleterre, d'après les Mémoires écrits de sa main, 1819, in-8°, t. I, p. 69 à 70. — MONTPENSIER, *Mém.*, t. XLI, p. 156. Conférez la troisième partie de ces *Mémoires*, chapitre XIV, p. 239 et suiv.

fit dire que puisqu'il ne pouvait venir chez elle, elle lui promettait qu'aussitôt après son retour elle irait lui rendre visite. C'est alors que Scarron la pria, dans le style burlesque qui lui était familier, d'exécuter avant son départ une si séduisante promesse, parce que plus tard il ne serait plus temps, attendu qu'il serait mort. Madame de Sévigné partit, mais après avoir écrit à Scarron de ne pas mourir avant son retour, et avant qu'elle l'eût vu. Cette plaisanterie était permise avec un homme qui avait résolu de ne prendre rien au sérieux, pas même la douleur, pas même la mort. Ce fut alors qu'il lui écrivit la lettre suivante :

LETTRE DE SCARRON A MADAME DE SÉVIGNÉ.

« Madame,

« J'ai vécu de régime le mieux que j'ai pu, pour obéir au commandement que vous m'avez fait de ne mourir point que vous ne m'eussiez vu. Mais, madame, avec tout mon régime, je me sens tous les jours mourir d'impatience de vous voir. Si vous eussiez mieux mesuré vos forces et les miennes, cela ne serait pas arrivé. Vous autres dames de prodigieux mérite, vous vous imaginez qu'il n'y a qu'à commander : nous autres malades, nous ne disposons pas ainsi de notre vie. Contentez-vous de faire mourir ceux qui vous voient plus tôt qu'ils ne veulent, sans vouloir faire vivre ceux qui ne vous voient pas aussi longtemps que vous le voulez ; et ne vous en prenez qu'à vous-même de ce que je ne puis obéir au premier commandement que vous m'avez jamais fait, puisque vous aurez hâté ma mort, qu'il y a grande apparence que pour vous plaire j'aurais de bon cœur reçue aussi bien qu'un autre. Mais ne pourriez-vous pas changer le genre de mort? Je ne vous en serais pas peu obligé. Toutes ces morts d'impatience et d'amour ne sont plus à mon usage, encore moins à mon gré ; et si j'ai pleuré cent fois pour des personnes qui en sont mortes, encore que je ne les connusse point, songez à ce que je ferai pour moi-même, qui faisais état de mourir de ma belle mort. Mais on ne peut éviter sa destinée, et de près et de loin vous m'auriez toujours fait mourir. Ce qui me console, c'est que si je vous avais vue, j'en serais mort bien plus cruellement. On dit que vous êtes une dangereuse dame, et que ceux qui ne vous regardent pas assez sobrement en sont bien malades, et ne la font guère longue. Je me tiens donc à la mort qu'il vous a plu de me donner, et je vous la pardonne de bon cœur. Adieu, madame ; je meurs votre très-humble serviteur ; et je prie Dieu que les divertissements que vous aurez en Bretagne ne soient point troublés par le remords d'avoir fait mourir un homme qui ne vous avait jamais rien fait.

> Et du moins souviens-toi, cruelle,
> Si je meurs sans te voir,
> Que ce n'est pas ma faute.

« La rime n'est pas trop bonne; mais à l'heure de la mort on songe à bien mourir, plutôt qu'à bien rimer[1]. »

---

[1] *Les dernières Œuvres de M. Scarron*, 1669, t. I, p. 21 ; édit. de 1700, t. I, p. 12. — *Œuvres de M. Scarron*, 1737, in-12, t. I, p. 43. L'intitulé est : *A madame de Sévigny la veuve*, selon la manière habituelle d'écrire ce nom alors. — Conférez RICHELET, *Les plus belles Lettres françoises sur toutes sortes de sujets, tirées des meilleurs auteurs, avec les noms*; 4ᵉ édition, 1708, t. I, p. 50.

CHAPITRE XXII.

1651.

Réflexion sur l'état de l'âme quand un événement change notre destinée. — Courage des femmes dans l'adversité. — Caractère de madame de Sévigné. — Résolution qu'elle prend de consacrer sa vie à ses enfants. — Réflexions qui ont dû la déterminer. — Grandeur de son sacrifice. — Motifs tirés de la conduite de son mari. — Aveux qu'elle fait sur les deux années les plus heureuses de sa vie. — Ce qu'elle dit du temps de son existence écoulé depuis son veuvage. — Elle se replace sous la tutelle de l'abbé de Livry. — Il remet ses affaires en ordre. — Elle quitte les Rochers, et revient à Paris à l'entrée de l'hiver. — Citation de la Gazette de Loret à ce sujet. — Elle va rendre visite à Scarron. — Vers qu'il lui adresse. — État de Paris lorsqu'elle y arriva. — Tumulte au parlement le 21 octobre. — Lit de justice. — Majorité du roi déclarée. — Déjà il sait dissimuler. — Il signe l'ordonnance du rappel de Mazarin. — Position de la cour à l'égard de Condé. — La reine mère se décide à le poursuivre. — Elle sort de Paris avec le roi. — Le cardinal de Retz se trompe en croyant qu'il aurait pu empêcher ce départ. — Quelle était la position du cardinal de Retz à l'égard des partis. — Changements opérés dans les intentions et les projets du président Molé et de la princesse Palatine. — Le parti de Condé et celui de la Fronde s'affaiblissent. — Embarras de la reine. — Conduite du parlement, ses désirs et ses craintes. — Progrès de l'anarchie. — Preuve tirée de la conduite du comte du Dognon. — Désordre dans les finances. — Mazarin rentre en France, accompagné d'une armée. — Le parlement charge en vain le duc d'Orléans d'exécuter ses arrêts. — Pourquoi le pouvoir échappait au duc d'Orléans.

Quand un événement inattendu rompt subitement le cours de notre destinée, notre âme, étonnée du coup qui la frappe, semble d'abord douter d'elle-même, l'altération qu'elle éprouve réagit sur tout ce qui nous environne. Le monde nous apparaît sous un nouvel aspect; toutes nos illusions s'évanouissent. Dans nos longues rêveries, nous soumettons à un nouvel examen nos idées, nos opinions, et même nos affections. Nous interrogeons nos souvenirs; et le passé se montre alors sous un jour tout nouveau. Il semble qu'après avoir terminé toute une existence, avant d'en recommencer une autre, et de s'élancer vers un douteux avenir, on éprouve le besoin d'examiner autour de soi le sol sur lequel on se trouve transporté et les écueils qu'il faudra surmonter dans cette nouvelle carrière où le sort nous précipite. Cette nécessité réveille alors souvent en nous une puissance de réflexion, une force de résolution, que nous n'avions jamais connues; notre nature même semble changée. On a vu des individus soumis à une telle influence acquérir tout à coup, comme par un don surnaturel, les qualités et les vertus nécessaires à leur nouvelle vie. Pour justifier ces réflexions, l'exemple d'hommes longtemps inconnus et médiocres sous des conditions communes, qui soudainement, dans de grandes circonstances ou de grands revers, ont montré un courage et déployé des facultés qu'on ne leur aurait pas soupçonnés, ne manquerait pas; mais ces heureuses et étonnantes métamorphoses sont peut-être encore plus fréquentes et plus remarquables parmi les femmes; elles présentent du moins des contrastes plus frappants, plus étonnants. Quelque timide que soit une femme, quelque bornée même que soit son intelligence, il est rare qu'elle ne surprenne pas ceux qui la connaissent par une énergie et une présence d'esprit propres à la tirer des crises les plus difficiles, lorsqu'un sentiment profond l'anime, et surtout lorsque c'est celui de l'amour maternel. L'histoire nous en fournit d'illustres exemples. Plusieurs reines régentes ont fait voir dans les orages de leur courte administration une sérénité de caractère et une habileté dont peu d'hommes eussent été capables. Mais les faits les plus décisifs en ce genre ne sont pas ceux que l'histoire puisse consigner dans ses annales, puisqu'ils ont surtout lieu dans les conditions privées, où les sentiments naturels ont bien plus de force que dans les cours, que parmi les grands, condamnés aux tourments de l'ambition et de l'envie.

Madame de Sévigné, qui, sous une apparence de légèreté, joignait à une sensibilité exquise une grande élévation d'âme, eut dans la solitude où elle s'était renfermée tout le temps de faire les réflexions que lui suggéraient sa nouvelle position et le malheur qu'elle venait d'éprouver. Agée seulement de vingt-cinq ans; déjà célèbre par son esprit, son amabilité, ses attraits; libre de choisir entre un grand nombre de concurrents qui allaient se disputer sa main; assez versée dans la connaissance du monde pour espérer de faire un bon choix, elle pouvait, par un nouveau mariage, accroître sa fortune, et se promettre un bonheur que son premier époux semblait ne lui avoir fait connaître que pour lui en rendre la privation plus pénible. Mais elle se donnait un maître, elle en donnait un à ses enfants; elle faisait tort à leur fortune, si une nouvelle famille, résultant d'un nouvel hymen, nécessitait la division de son bien en un plus grand nombre de parts. Pouvait-elle se flatter alors de conserver les mêmes sentiments pour les deux chères créatures sorties de son sein? Une tendresse plus partagée serait-elle toujours aussi vive? Malgré ses résolutions, pouvait-elle être certaine de ne pas préférer un jour les enfants d'un mari vivant à ceux d'un mari qui n'existait plus, les enfants de celui qui la rendait heureuse aux enfants de celui qui n'avait payé son amour que par l'abandon et l'infidélité ? N'est-ce pas d'ailleurs une des nécessités comme un des bienfaits de la nature, que l'inclination des mères pour leurs enfants soit toujours en raison des besoins qu'ils ont d'elles, et que l'enfant le plus jeune, ou le plus débile, soit toujours celui qu'elles préfèrent ? Tout était donc en faveur des derniers survenants, et au détriment de leurs aînés. Pouvait-elle, de plus, espérer que le soin de plaire à un nouvel époux, les dissipations du monde qui en seraient la conséquence, ne l'empêcheraient pas de diriger l'éducation de ce fils et de cette fille, objets de toutes ses affections, de toutes ses pensées ? Qui sait si cette tendresse même ne deviendrait pas une occasion de discorde et de contrariété entre elle et son époux ? si elle ne serait pas forcée, pour ne pas nuire à l'union conjugale, de comprimer le plus fort comme le plus vertueux de tous ses penchants ? Si donc un nouveau mariage lui promettait des jouissances et de la sécurité pour son avenir, il n'offrait pour ses enfants que pertes et que dangers. Après avoir fait toutes ces réflexions, madame de Sévigné n'hésita pas, et prit la résolution de se condamner toute sa vie au veuvage, de consacrer à ses enfants toute son existence. Lorsqu'on songe aux embarras de fortune que lui avait créés son mari, aux domaines qu'il lui fallait régir, et qui se trouvaient aux deux extrémités du royaume, à ses inclinations pour le plaisir, aux mœurs de cette époque, à tous les genres de séduction auxquels une jeune femme de la classe élevée était sans cesse en butte, on ne peut s'empêcher de reconnaître qu'il y eut dans la résolution de madame de Sévigné un grand héroïsme maternel ; et cette résolution, elle l'exécuta de manière à se rendre digne de servir de modèle à toutes les mères.

S'il est vrai d'affirmer que madame de Sévigné ne put trouver que dans sa tendresse pour ses enfants la force nécessaire pour consommer un sacrifice qui tant que dura sa jeunesse devait se renouveler à tous les instants, cependant on peut croire aussi que la conduite que tint son premier mari a pu lui faciliter ce sacrifice, en lui inspirant des craintes pour un second mariage. Les témoignages irrécusables de Bussy et de Tallemant ne nous laissent aucun doute qu'elle n'aimât son mari ; et nous avons vu précédemment que longtemps après elle ne put sans s'évanouir supporter la vue de ceux qui avaient causé sa mort ; mais nous avons son propre témoignage pour nous convaincre qu'elle n'était point aveugle sur ses défauts, et que si dans les premiers temps de leur union elle a joui de quelque bonheur, ce bonheur fut passager. Elle ressentit vivement la tyrannie dont plus tard il la rendit victime.

Trois ans seulement après la mort du marquis de Sévigné, dans une lettre écrite le 1er octobre 1654, madame de Sévigné s'étonne que Ménage lui ait parlé avec tant d'éloge du grand prieur de Malte, Hugues de Rabutin, brave gentil-homme, dit son neveu de Bussy, mais brusque, et d'une politesse telle qu'un corsaire en peut avoir [1]. Elle rappelle que le marquis de Sévigné l'appelait toujours *mon oncle le pirate* ; et elle ajoute : « Il s'était mis dans la fantaisie que c'était sa bête de ressemblance, et je trouve qu'il avait assez raison [2]. » Vers la fin de sa vie, en 1687, à l'âge de soixante ans, elle s'excuse envers Bussy de ne

---

[1] Bussy, *Mémoires*, t. II, p. 62, édit. in-12, 1721 ; t. II, p. 274 de l'édit. in-4°.

[2] Sévigné, *Lettres*, 1er octobre 1654, t. I, p. 28, édit. M. ; t. I, p. 36, édit. G. de S.-G.

pouvoir lui donner les dates des changements de charge de son fils, et ajoute : « Je confonds quasi toutes les années, parce qu'il n'y en a qu'une ou deux dans mon imagination qui aient mérité d'y demeurer et d'y tenir place [1]. » La curiosité de Bussy fut excitée par cet aveu; et, dans la réponse qu'il lui fit, il l'interroge ainsi : « Je voudrais bien savoir quelles sont les deux de vos années qui méritent de rester dans votre mémoire. D'une autre que vous, je dirais que c'est l'année où vous fûtes mariée, et celle où vous devîntes veuve [2]. » Madame de Sévigné lui répond : « Je n'avais retenu de dates que l'année de ma naissance et celle de mon mariage; mais sans augmenter le nombre, je m'en vais oublier celle où je suis née, qui m'attriste et qui m'accable [parce qu'elle lui rappelle son âge], et je mettrai à la place celle de mon veuvage, et le commencement d'une existence qui a été assez douce et assez heureuse, sans éclat et sans distinction : mais elle finira plus chrétiennement que si elle avait eu de grands mouvements; et c'est en vérité le principal [3]. »

Ainsi, madame de Sévigné n'eut jamais lieu de se repentir de la résolution qu'elle avait prise. Aussitôt après la mort de son mari, elle se remit sous la tutelle de l'excellent abbé de Livry, du moins pour la gestion de ses affaires, qui étaient dans une grande confusion. Après le gain de plusieurs procès et quelques années d'une sévère économie, les dettes furent payées, les terres remises en bon état, et l'ordre partout établi [4]. Cela se fit sans que

---

[1] SÉVIGNÉ, *Lettres* (en date du 31 mai 1687), t. VII, p. 446, édit. de M.

[2] SÉVIGNÉ, *lettre de Bussy*, 4 juin 1687, t. VII, p. 449, édit. de M.

[3] SÉVIGNÉ, 17 juin 1687, t. VII, p. 454, édit. de M.

[4] SÉVIGNÉ, *lettre* du 2 septembre 1687, t. VII, p. 470.

madame de Sévigné fût obligée de se retirer du monde. Elle y reparut même avant la fin de son veuvage [1], et au milieu des événements qui occupaient alors toute la France. Loret crut devoir annoncer, dans la *Gazette* du 19 novembre 1651, comme une nouvelle qui intéressait toute la capitale, le retour de cette jolie veuve :

> Sévigné, veuve, jeune et belle,
> Comme une chaste tourterelle
> Ayant d'un cœur triste et marri
> Lamenté monsieur son mari,
> Est de retour de la campagne,
> C'est-à-dire de la Bretagne ;
> Et, malgré ses sombres atours
> Qui semblent ternir ses beaux jours,
> Vient augmenter dans nos ruelles
> L'agréable nombre des belles [2].

Fidèle à sa promesse, madame de Sévigné alla voir Scarron aussitôt après son arrivée ; ce qui lui valut, de la part du pauvre malade, ce mauvais madrigal qui a été recueilli dans ses œuvres [3] :

> Bel ange en deuil qui m'êtes apparue,
>   Je suis charmé de votre vue :
>   Je ne l'aurais pas cru
> Que vous fussiez de tant d'attraits pourvue.
>   Sont-ils de votre cru ?
> Ou, si l'on vous les vend, enseignez-moi la rue
>   Où vous prenez de si charmants attraits
>   Qui charment de loin et de près.

---

[1] M. DE SAINT-SURIN, *Notice*, p. 61, dit à tort qu'elle ne reparut qu'en 1654.

[2] LORET, *Muse historique*, liv. II, t. I, p. 157.

[3] SCARRON, *Œuvres*, 1737, in-18, t. VIII, p. 427, *Madrigal à madame de Sévigné*.

Lorsque madame de Sévigné revint à Paris après huit mois d'absence, tout y paraissait tranquille, et les habitants de cette grande capitale, naguère si agités, ne semblaient penser qu'à leurs plaisirs : mais c'était un calme entre deux tempêtes. Le parlement, les princes, la cour, le cardinal Mazarin, occupaient tous les esprits; tous étaient attentifs à leurs moindres actions; ils étaient les sujets de tous les entretiens. Il semblait, dit madame de Motteville, que Paris était toute la France [1]. On prévoyait, on redoutait de nouvelles crises. Les partis venaient de se livrer à tous leurs emportements : effrayés de leurs excès, ils négociaient, et cherchaient à éviter les maux où devait les plonger la guerre civile; mais ils voulaient tous y parvenir sans rien sacrifier de leurs prétentions. Comme ils étaient tous sans bonne foi, sans conscience, ils ne pouvaient s'inspirer aucune confiance; ils parlaient sans cesse de conciliation, ils tâchaient de se tromper, de s'écraser mutuellement. L'arène de leurs débats, depuis que les chefs de la Fronde s'étaient secrètement réunis avec la cour [2], avait été transportée des rues et des places publiques dans le sein même du parlement. Tout le monde avait été glacé d'effroi en apprenant les détails de cette fameuse journée du 21 août, lorsque les partisans du coadjuteur et ceux du prince de Condé, occupant, comme deux armées en présence, tous les postes du Palais de Justice, au dedans et au dehors, avaient tiré l'épée, et avaient été sur le point de souiller le temple des lois par un affreux carnage [3]. Dans cette journée, Gondi avait

---

[1] MOTTEVILLE, *Mémoires*, t. XXXIX, p. 271.
[2] Ibid., *Mém.*, t. XXXIX, p. 274.
[3] Ibid., *Mém.*, t. XXXIX, p. 267. — MONGLAT. *Mém.*, t. L, p. 293. — TALON, t. LXII, p. 242.

failli être écrasé entre les deux énormes battants des portes de la grand'chambre, et poignardé par les ordres de La Rochefoucauld. Peu après, Condé, irrité de voir que Gondi était le seul obstacle qui empêchât le duc d'Orléans de se réunir à lui, résolut de faire enlever ce prélat factieux et de le retenir en captivité. L'habile Gourville se chargea de l'exécution de ce projet, qui n'avorta que par une cause toute fortuite[1].

Gondi ne redoutait pas les émeutes populaires; courageux jusqu'à l'imprudence, il prenait plaisir à se jouer des dangers qui lui étaient interdits par son état : Condé, au contraire, accoutumé à de plus illustres périls, s'indignait d'être exposé aux chances d'une si ignoble lutte. Dominé par la crainte de succomber, il se hâta trop de sortir de Paris. Son éloignement alarma la cour, mais rassura le parlement et les bourgeois. Le parlement désirait la paix, les principaux chefs de son parti la désiraient aussi; mais chacun d'eux se trouvant dans une position à l'égard de la cour telle qu'ils ne pouvaient traiter avec avantage pour eux-mêmes, ils opinèrent à la guerre. Condé s'y résolut, quoique prévoyant qu'il serait abandonné de ceux qui l'y entraînaient, si la fortune ne lui était pas favorable[2]. Il refusa de se trouver avec les autres princes du sang au lit de justice où la majorité du roi fut déclarée[3]. Cette cérémonie, qui eut lieu le 7 septembre (1651), fut

---

[1] Gourville, *Mém.*, t. LII, p. 241. — La Rochefoucauld, t. LII, p. 101. — Guy-Joly, t. XLVII, p. 193 et 197. — Motteville, t. XXXIX, p. 301, 320, 321.

[2] Talon, *Mém.*, t. LXII, p. 220. — La Rochefoucauld, t. LII, p. 101. — Guy-Joly, t. XLVII, p. 193 et 197. — Motteville, t. XXXIX, p. 301.

[3] Retz, *Mém.*, t. XLV, p. 430. — La Rochefoucauld, t. LII, p. 91. — Talon, t. LXII, p. 247.

faite avec éclat[1]. L'enfant-roi traversa à cheval les rues de Paris, escorté de toute sa maison et de toute sa cour ; mais le peuple, conservant encore des rancunes et des dispositions factieuses, n'avait contemplé qu'avec froideur ces premières pompes du règne le plus fastueux et le plus glorieux de notre histoire. Cependant, de dessus son coursier que sa jeune main gouvernait avec grâce, Louis XIV salua l'homme le plus populaire du moment, le coadjuteur, qu'il aperçut à une fenêtre[2]. Déjà le novice souverain savait pratiquer la dissimulation, qu'une politique, qui se prend souvent dans ses propres piéges, enseigne comme la première qualité de l'art de régner.

Le roi en commençant son règne confirma, par sa première ordonnance, les arrêts du parlement qui bannissaient Mazarin ; et les premières lettres qu'il signa furent pour lui ordonner de revenir[3]. Il y eut cependant un intervalle de deux mois entre ces deux actes. Anne d'Autriche hésita longtemps à faire ce qu'elle désirait le plus. Beaucoup plus puissante comme reine mère que comme reine régente, désormais elle parlait au nom du roi, qui ne devait compte qu'à Dieu de ses résolutions. Elle n'était plus dans la nécessité de se concerter avec le lieutenant général du royaume ou avec le parlement. Elle était résolue à poursuivre Condé dans son gouvernement de Guienne : il avait fait, sans avoir pris les ordres du roi, des levées de troupes ; et le parlement l'avait déclaré rebelle, et cri-

---

[1] GUY-JOLY, t. XLVII, p. 186. — MOTTEVILLE, t. XXXIX, p. 278.

[2] GUY-JOLY, t. XLVII, p. 186. — MOTTEVILLE, t. XXXIX, p. 278. — Conférez t. XXIV de l'*Hist. de France en estampes*, Bibliothèque royale.

[3] MONGLAT, t. L, p. 294. — DUPLESSIS, t. LVII, p. 379.

minel de haute trahison et de lèse-majesté¹. Ces actes de rébellion ouverte fournissaient à la reine des prétextes pour sortir de Paris, et des moyens de soustraire le roi à la domination des frondeurs. Le coadjuteur s'accuse fortement d'avoir permis ce départ, et d'y avoir fait consentir le duc d'Orléans. Il cite cet exemple pour prouver que dans les grandes crises d'État il y a des moments d'erreur et d'aveuglement qui font commettre aux plus habiles des fautes que les moins expérimentés auraient pu éviter ; mais il avoue qu'il désirait lui-même ce départ, sans lequel il ne pouvait conserver son ascendant sur le duc d'Orléans². Le cardinal de Retz a écrit ses Mémoires comme les grands généraux leurs campagnes, en se donnant tout le mérite des succès que le hasard a produits, en assujettissant les faits aux règles de la stratégie. Il exagère ici beaucoup la puissance qu'il avait à cette époque. Il lui eût été difficile, et même impossible, d'empêcher la cour d'aller rejoindre l'armée. L'état des choses était bien changé pour le coadjuteur et pour la Fronde. Les intelligences du coadjuteur avec la cour étaient connues; et sa nomination au cardinalat, qui révéla le but de tous les mouvements qu'il s'était donnés, lui avait fait perdre beaucoup de sa popularité³. Les bourgeois de Paris étaient fatigués d'une lutte si nuisible à leur fortune et à la prospérité de leur ville. Ils haïssaient toujours Mazarin, mais ils détestaient encore plus l'orgueil insultant de Condé. L'influence du coadjuteur dans le parlement avaient dé-

---

¹ Retz, *Mém.*, t. XLV, p. 460. — Guy-Joly, t. XLVII, p. 192. — Chavagnac, *Mém.*, 1699, in-12, t. I, p. 113.

² Retz, *Mém.*, t. XLV, p. 438.

³ Motteville, t. XXXIX, p. 322.

cliné encore plus que dans le peuple. Gondi ne comptait guère de son parti qu'une vingtaine de jeunes gens des plus fougueux[1]. Le reste, tout en admirant ses talents, n'avait aucune confiance en lui, et redoutait son esprit factieux. Le premier président Matthieu Molé, qui par ses vertus et sa courageuse résistance envers la cour, sa fermeté au milieu des émeutes populaires, avait acquis sur sa compagnie une si haute autorité, ne se montrait plus tel qu'il avait été dans la régence. Il avait peu de biens, dix enfants, soixante et six ans, et réprouvait également les factieuses prétentions des chefs de la Fronde et la coupable ambition des princes. Toujours prêt à dire aux dépositaires de l'autorité du roi de mâles vérités, il était décidé, après ce devoir accompli, à plier sous la volonté de cette autorité lorsqu'elle aurait prononcé. Il avait accepté les sceaux; et en s'en allant rejoindre la cour, non-seulement il n'avait rien caché à sa compagnie de ses résolutions, mais il avait usé de tout son ascendant pour les lui faire partager : s'il n'y était pas entièrement parvenu, il avait de beaucoup diminué la force et l'âpreté de l'opposition. La princesse Palatine, toujours asservie au besoin de ses passions, toujours nécessiteuse, s'était réunie sincèrement à la cour, dont elle avait reçu cent mille écus, et qui avait, selon ses désirs, accordé les finances au marquis de la Vieuville[2].

Quoique mademoiselle de Chevreuse n'eût cessé d'aimer Gondi et qu'elle lui fût restée fidèle, la duchesse sa mère s'était arrangée secrètement avec Mazarin; et sa défection devint manifeste et publique lorsqu'elle quitta

---

[1] Talon, *Mém.*, t. LXII, p. 296. — Retz, *Mém.*, t. XLVI, p. 2.

[2] Montpensier, *Mém.*, t. XLI, p. 142 à 154.

Paris, sous le prétexte d'aller conduire sa fille abbesse à Pont-aux-Dames [1].

L'affaiblissement du parti de Condé était aussi rapide que celui de la Fronde. Ce prince, après les ennuis de la captivité, aurait voulu jouir des délices de son beau séjour de Chantilly; ses inclinations guerrières fléchissaient sous les attraits de la volupté, dont son amour pour la duchesse de Châtillon lui faisait éprouver toute la puissance [2]. C'est avec regret qu'il avait été entraîné dans la guerre civile; et pourtant le dépit et l'orgueil lui faisaient oublier ses glorieuses victoires, son rang, sa patrie, ses propres intérêts. Il se portait aux plus coupables extrémités. En vertu du traité qu'il avait conclu avec les plus grands ennemis de la France, des vaisseaux espagnols chargés de subsides et de munitions étaient entrés dans le port de Bordeaux, au grand scandale des membres du parlement siégeant en cette ville, le seul parmi tous les autres parlements du royaume qui se fût ouvertement déclaré pour lui [3]. Il cherchait à traiter avec Cromwell et à faire renaître le parti des protestants; mais ceux-ci n'étaient nullement mécontents de Mazarin, qui, en habile ministre, avait veillé à ce que les ordonnances rendues en leur faveur fussent fidèlement exécutées. Ils résistèrent aux suggestions de Condé. Cependant le parlement de Toulouse et celui de Provence avaient enregistré les ordonnances qui déclaraient Mazarin rebelle. Le parlement de Paris nourrissait contre lui des sentiments plus haineux et plus hostiles encore; mais la crainte de son retour rendait l'illustre compagnie plus

---

[1] TALON, *Mém.*, t. LXII, p. 300. — LA ROCHEFOUCAULD, *Mém.*, t. LII, p. 84.

[2] JOLY, *Mém.*, t. XLVII, p. 184. — MOTTEVILLE, t. XXXIX, p. 296.

[3] LA ROCHEFOUCAULD, *Mém.*, t. LII, p. 97.

prudente et plus politique que les autres, et elle ménageait dans Condé le plus puissant ennemi d'un ministre proscrit par ses arrêts [1].

Cependant un grand nombre de ceux qui étaient jusque là restés fidèles au parti du vainqueur de Rocroi l'abandonnèrent : quelques-uns, gagnés par les places et les récompenses que la cour leur offrait ; d'autres, parce qu'après avoir sans scrupule résisté à la reine régente, ils se considéraient comme criminels en portant les armes contre le roi, déclaré majeur. Laigues, Noirmoutier, le maréchal de la Mothe, furent de ce nombre [2]. Le duc de Bouillon même et Turenne refusèrent de se joindre à Condé : le premier, parce qu'il espérait, par sa soumission à l'autorité royale, rentrer plus promptement dans sa principauté de Sedan ; le second, parce que la cour lui offrit le commandement en chef d'une armée. Bussy-Rabutin, auquel le prince de Condé avait écrit de sa main le 15 septembre, pour l'inviter à venir le joindre, alla porter cette lettre à la reine, et se rangea sous les drapeaux du roi : il reçut l'ordre d'aller dans sa lieutenance de Nivernais, avec les troupes qu'il avait sous son commandement [3].

L'armée royale, commandée par le comte d'Harcourt, remportait en toute occasion la victoire sur les troupes de Condé [4]. Tout semblait favoriser la reine, et cependant ses embarras et sa perplexité augmentaient avec ses succès mêmes. Elle désirait par-dessus tout rappeler le cardinal Mazarin ; mais elle ne se déguisait pas que par

---

[1] Retz, *Mém.*, t. XLV, p. 460. — Guy-Joly, t. XLVII, p. 192.

[2] Monglat, *Mém.*, t. L, p. 303 et 304. — Guy-Joly, t. XLVII, p. 185.

[3] Bussy-Rabutin, *Mém.*, t. I, p. 203, 205, 216 et 222 de l'édit. 1721, in-12.

[4] Motteville, *Mém.*, t. XXXIX, p. 327.

la rentrée de ce ministre l'inflammation des esprits arrêterait les progrès de l'armée royale, et jetterait un grand nombre de personnes dans le parti de Condé; tandis qu'en continuant à poursuivre ses avantages contre ce prince, il n'était pas douteux qu'elle ne le forçât promptement à la soumission, aux conditions qu'il lui plairait de lui imposer; mais alors elle craignait que les ministres qu'elle avait nommés (Châteauneuf, Le Tellier, Lyonne et Brienne), après avoir rendu au pays et à la couronne un aussi grand service que de mettre fin à la guerre civile, n'eussent assez de crédit et d'autorité pour se maintenir, malgré elle, au timon des affaires, à l'exclusion de Mazarin, qu'ils détestaient [1]. Elle savait que ses ministres, en lui faisant ainsi violence pour maintenir l'exil du cardinal, acquerraient dans toute la France une immense popularité; et qu'ils étaient certains d'être appuyés par la noblesse, les princes, le duc d'Orléans, les parlements.

Durant ces dissensions et ces temporisations, les Espagnols avaient repris presque toutes les villes que Condé leur avait précédemment enlevées [2]. L'anarchie croissait. De simples commandants de place se rendaient indépendants, levaient des taxes, et soumettaient par la crainte le pays qui les environnait. Le désordre était dans les finances, et l'on était sur le point de suspendre le payement des rentes à l'hôtel de ville [3].

Pour se tirer de tous ses embarras, ou du moins pour mettre un terme à ses incertitudes et à ses anxiétés, la

---

[1] Nemours, *Mém.*, t. XXXIV, p. 519. — Brienne, t. XXXVI, p. 187. — Motteville, t. XXXIX, p. 299. — Duplessis-Praslin, t. LVII, p. 336, 374, 375 et 386. — La Rochefoucauld, t. LII, p. 113.

[2] Motteville, t. XXXIX, p. 299. — Monglat, t. L, p. 300.

[3] Talon, t. LXII, p. 294.

reine se résolut à rappeler auprès d'elle son ministre. Les nouveaux arrêts rendus par le parlement de Paris pour empêcher le retour de Mazarin contribuèrent encore à l'affermir dans sa résolution. Elle s'indignait que cette compagnie de juges et de légistes eût la prétention de s'immiscer dans le gouvernement du roi, déclaré majeur. L'éloignement du cardinal avait-il pacifié le royaume? avait-il remédié à l'orgueil des grands, à la morgue et aux prétentions des parlements, à l'insolence de la Fronde? Point. C'est depuis lors, au contraire, que le roi avait été menacé, tenu prisonnier dans son palais, et qu'il avait été obligé de s'éloigner de la capitale pour pouvoir agir en liberté [1].

Par ces considérations, la reine se décida à donner les ordres nécessaires pour le rappel de Mazarin. L'émotion du parlement de Paris à cette nouvelle alla encore au delà de ce qu'on aurait pu prévoir. Par un arrêt [2], il confirma celui par lequel il avait déjà prononcé l'exil de Mazarin; il défendit à tous les gouverneurs et commandants de place de le recevoir [3]; il ordonna à tout sujet du roi de lui courir sus; il fit vendre à l'encan son riche mobilier, sa nombreuse et précieuse bibliothèque [4], et enfin il mit sa tête à prix; genre d'atrocité qu'on s'interdisait

---

[1] DUPLESSIS-PRASLIN, t. LVII, p. 376 et 377.

[2] *Arrest de la cour du parlement, donné contre le cardinal de Mazarin, publié le trentième décembre mil six cent cinquante et un. A Paris, par les imprimeurs du roy, M. DC. LI, avec privilége de Sa Majesté*; sept pages in-4°.

[3] TALON, t. XLII, p. 295, 305. — ANQUETIL, *Intrigue du cabinet*, t. IV, p. 134. Voir les arrêts des 7 et 8 février, 11 mars, 2 et 8 août.

[4] LORET, *Muse historique*, liv. III, p. 6, *lettre* 1, en date du 14 janvier 1652. Il y avait 700 romans, 550 comédies, 330 tragédies.

même contre les pirates[1]. Ces mesures ne l'effrayèrent pas, il entra en France ; et dans une lettre à la reine, datée de Pont-sur-Yonne, le 11 janvier 1652, il écrivit : « On me mande que quantité d'assassins sont partis de Paris pour entreprendre contre le cardinal, après avoir reçu la bénédiction de M. de Beaufort ; mais Dieu le garantira. Je vous promets qu'il n'appréhende rien, et qu'il fait le voyage avec la tranquillité d'esprit que ce porteur vous pourra dire[2]. »

[1] Talon, t. LXII, p. 305.
[2] *Lettres du cardinal* Mazarin *à la reine, à la princesse Palatine,* etc., *pendant sa retraite hors de France, en 1651 et 1652,* avec notes et explications par Ravenel ; Paris, 1836, in-8°, p. 484.

CHAPITRE XXIII.

1651 — 1652.

Réflexions sur le sentiment produit par un événement redouté et longtemps différé. — Surprise qu'occasionne la nouvelle de l'entrée de Mazarin en France. — Le parlement envoie des commissaires pour arrêter sa marche. — Conduite du duc d'Orléans. — Condé organise la guerre civile avec des moyens insuffisants. — Le parti des princes s'unit à la Fronde. — Intrigues de Gondi. — Il est en défiance au peuple. — Mazarin et la reine intriguent contre lui en cour de Rome. — Il les déjoue. — Efforts que font les ministres pour conserver leurs places. — Rôle que jouent les acteurs secondaires. — Détails sur Nemours, Beaufort, la duchesse de Châtillon, le prince de Conti, la duchesse de Longueville. — Le parti du duc d'Orléans, aussi divisé que celui de la Fronde. — Désastres et famine qui sont les résultats de la guerre civile. — Conférences pour la paix.

Il n'y a pas de sentiment plus élastique que l'espérance : le moindre véhicule suffit pour soulever le poids qui le comprime, et lui rendre toute son expansion. Lorsqu'une calamité que tout le monde considère comme inévitable et imminente se trouve seulement retardée, on se persuade aussitôt que les causes qui devaient l'amener s'affaiblissent ou ont disparu ; on calcule toutes les chances qui lui sont contraires, on ferme les yeux sur celles qui la favorisent ; tous les délais ajoutent à la confiance, et si ces délais se prolongent, on finit par se rassurer. On ne croit plus à un danger qui a inutilement et longtemps fatigué nos prévisions ; on s'habitue à un orage qui gronde sans cesse, sans jamais éclater. On s'arrange comme si on n'avait plus rien à en craindre ; et quand la foudre tombe et frappe, elle surprend et accable ceux-là même qui avaient le plus formellement annoncé sa prochaine détonation, et qui s'étaient prémunis contre les périls de sa chute.

Cette vérité se fit surtout sentir lorsque Mazarin rompit son ban, et entra en France, suivi d'une armée qu'il amenait, disait-il, au roi, pour l'aider à combattre les rebelles, mais qui était plutôt destinée à protéger la personne de son ministre [1]. On savait depuis longtemps que des lieux où la cour, sans cesse ambulante, faisait temporairement sa résidence, et de Bruhl, où s'était retiré Mazarin, partaient et arrivaient sans cesse des personnes qui avaient toute la confiance de la reine et du cardinal. Les noms de ces messagers même n'avaient pu être cachés; on n'ignorait pas qu'ils étaient au nombre de quatre: Bartet, Brachet, Milet et l'abbé Fouquet; et la singulière similitude des finales de leurs noms avait fait dire plaisamment au duc d'Orléans que désormais il fallait changer une des règles du rudiment de Despautère sur les genres, et mettre: « Omnia nomina terminata in *et* sunt *mazarini* generis. » (Tous les noms qui se terminent en *et* sont du genre mazarin.) L'intelligence de la reine avec le ministre proscrit n'était donc plus un mystère [2]. On se doutait qu'aucune mesure importante n'était résolue dans le conseil sans que la reine eût reçu

---

[1] LORET, *Muse historique*, liv. III, p. 3, *lettre* 1, en date du 7 janvier. — MONGLAT, *Mém.*, t. L, p. 317 et 320. — BRIENNE, t. XXXVI, p. 98. — NEMOURS, t. XXXIV, p. 519 et 520.

[2] LA FARE, *Mém.*, t. LXV, p. 163. — Depuis que ceci a été écrit, la correspondance de Mazarin avec la reine a été publiée par la Société de l'Histoire de France : *Lettres du cardinal Mazarin à la reine*, etc., 1836, in-8°. Nous l'avons déjà plusieurs fois citée.

l'avis du cardinal; on s'était aperçu que si l'on y prenait une résolution contraire à ses secrètes instructions, des ordres cachés en empêchaient l'exécution. Cependant, lorsque, après la déclaration de la majorité du roi, Condé eut levé l'étendard de la révolte, il se vit abandonné de presque toute la France [1]. Les mesures de Châteauneuf et de Villeroi furent si bien prises, que le cabinet acquit plus d'influence et d'autorité; le gouvernement du roi se raffermit; il marcha pour la première fois de concert avec le parlement. La reine parut se confier à ses ministres. On ne la vit plus avoir si souvent recours aux conseils du cardinal; elle dit même aux plus intimes amis de Mazarin, que celui-ci avait habilement placés près d'elle, qu'on ne pouvait pas penser encore à le rappeler, et que son retour devait être différé, au moins jusqu'à l'entière réduction de Condé et de son parti. Les ministres, qui s'appuyaient sur le besoin qu'on avait d'eux, mais dont aucun ne pouvait prétendre à la suprématie ou aux priviléges de la faveur, introduisirent dans le conseil le prince Thomas de Savoie, guerrier assez distingué, mais non heureux; d'un sens assez droit, mais borgne, sourd, et pesant : il ne pouvait donner aucun ombrage à ceux qui exerçaient le pouvoir [2]. Cousin germain de la reine, elle avait en lui toute confiance; et la présidence du conseil, que les ministres lui déféraient, convenait également à son rang, à sa naissance, à sa réputation d'intégrité, à sa position à la cour. Toutes les dépêches se signaient en sa présence; « et il fut, dit madame de Nemours, favori, et presque premier ministre, sans qu'il en eût seulement le moindre soupçon. »

[1] LORET, *Muse hist.*, t. III, p. 52. Lettre du 21 avril 1652.
[2] NEMOURS, *Mémoires*, t. XXXIV, p 517 et 519

CHAPITRE XXIII.

Un tel état des choses rassurait tout le monde contre le retour, au moins prochain, du cardinal Mazarin. L'on espérait bien qu'après l'entière extinction de la révolte de Condé, le concours de tous les ordres de l'État, des princes et des ministres, empêcherait pour toujours ce retour, et qu'on ne reverrait jamais en France cet étranger proscrit par tous les parlements, devenu odieux à tous les partis.

Telle était à cet égard la disposition des esprits, lorsqu'on apprit tout à coup qu'il était rappelé; qu'il s'avançait dans l'intérieur du royaume, et que, de plus, un arrêt du conseil d'en haut (mot nouveau, et dont s'offensaient les défenseurs des libertés publiques) avait cassé l'arrêt que le parlement de Paris venait de rendre pour le repousser [1].

Il suffit de connaître le caractère fougueux et emporté de la nation française pour concevoir quelle fut, à cette nouvelle si inattendue, la fureur générale. Tous les partis se reformèrent instantanément, et semblaient avoir acquis plus de violence. Les nobles, le peuple, le parlement, les partisans des princes, ceux de la Fronde, n'eurent plus qu'un seul sentiment, qu'un seul intérêt, qu'un seul cri, l'expulsion de Mazarin. La cour même et la plus grande partie des royalistes [2] formaient en secret le même vœu; plusieurs le manifestaient hautement, se croyant certains que Mazarin ne pourrait jamais résister à cette unanimité

---

[1] *Recueil des arrêts*, etc. : arrêt du parlement du 29 décembre 1651; arrêt du conseil d'en haut du 18 janvier 1652. — *Gouvernement de France justifié par l'ordre des temps, servant de réponse au prétendu arrêt de cassation du conseil, du 18 janvier 1652*; in-4°, 41 pages.

[2] LORET, liv. III, p. 14 et 15. Lettre du 28 février 1652.

de haine, à cet accord d'opposition de tous contre un seul [1].

Mais ce torrent qui s'élançait avec tant d'impétuosité, et avec un fracas capable de faire croire à quiconque le considérait de loin qu'il allait tout submerger, se dispersait après sa chute dans un si grand nombre de lits différents, et se subdivisait en tant de petites rigoles, que vu de près il cessait de paraître redoutable.

C'est qu'aucun événement peut-être ne produisit une péripétie plus grande que celle qu'occasionna le retour de Mazarin en France. Tous les partis se trouvèrent par là placés dans des positions si bizarres et si monstrueuses; les intérêts particuliers, les passions, les haines des différents acteurs de ce grand drame firent éclore subitement une telle multitude d'intrigues, que, malgré les dépositions et les aveux de presque tous ceux qui y jouèrent les principaux rôles, et les minutieux détails où ils sont entrés dans leurs Mémoires, les historiens n'ont pas su les démêler toutes, et par conséquent n'ont pu les exposer avec clarté.

Le parlement rendait des arrêts [2] et envoyait des commissaires pour arrêter Mazarin dans sa marche; mais en même temps, instruit par le passé et en garde contre les funestes résultats de ses emportements, redoutant les princes et leur domination, il ne voulait pas qu'aucune atteinte fût portée aux droits du roi. Il refusait d'autoriser la saisie des deniers publics [3], et il interdisait toute levée de soldats qui n'était pas faite au nom du roi; ce qui était

---

[1] Duplessis, *Mém.*, t. LVII, p. 38. — Anquetil, t. IV, p. 10.

[2] Talon, *Mém.*, t. LXIX, p. 305, 326. — Nemours, t. XXXIV, p. 521.

[3] Montpensier, t. XLI, p. 3. — Retz, t. XLVI, p 6, 14, 17.

accorder au seul Mazarin la faculté de se recruter [1] ; le parlement s'effrayait à la seule proposition d'un arrêt d'union avec les autres cours souveraines, croyant déjà voir par là renouveler les scènes tumultueuses de la première Fronde. Cependant il implorait en même temps l'appui du duc d'Orléans, et il acceptait le secours des troupes qui étaient à sa disposition. Pourtant Gaston, ayant cessé d'être lieutenant général, ne pouvait légalement lever des troupes et commander une armée sans le consentement du roi, devenu majeur. Le parlement proscrivait Condé et ses adhérents, qui s'étaient armés pour repousser Mazarin. Le duc d'Orléans, de son côté, aurait voulu s'unir intimement au parlement, et ne pas enfreindre les lois du royaume [2] : il faisait alliance avec Condé, et se compromettait pour lui, en prenant sous sa protection les troupes que Nemours avait été chercher en Flandre chez les Espagnols [3]. Tout en détestant l'étranger, il favorisait l'exécution du traité que Condé avait contracté avec lui ; il s'en rendait complice. Il dissimulait avec les amis des lois, qui avaient mis en lui toutes leurs espérances, et ne répondait que par des subterfuges et des assertions mensongères aux discours éloquents du vertueux Talon. Il se trouvait entraîné dans toutes ces démarches par la nécessité de pourvoir au plus pressé, en repoussant Mazarin ; mais comme il ne craignait rien tant que l'élévation de Condé en le secondant contre Mazarin, il cherchait à lui nuire dans le parlement, dans le peuple, et dans son propre parti.

[1] TALON, t. LXIX, p. 326.
[2] RETZ, t. XLVI, p. 13. — MONGLAT, *Mém.*, t. L, p. 317, 330. — LA ROCHEFOUCAULD, t. LII, p. 110.— RETZ, *Mém.*, t. XLVI, p. 24, 30.
[3] TALON, *Mém.*, t. LXIX, p. 317 et 318. — LA ROCHEFOUCAULD, t. LII, p. 110.

Condé, entraîné à organiser la guerre civile avec des partisans divisés entre eux, d'une fidélité douteuse, fut obligé de combattre, avec des recrues à peine instruites, à peine enrégimentées, les meilleures troupes de l'Europe [1], celles-là même qui avaient vaincu sous lui. Il lui fallut soutenir son parti par sa seule personne, faire taire toutes ses répugnances, changer toutes ses anciennes combinaisons, toutes ses habitudes. Il voulait dominer, et arracher des places et de l'argent pour une noblesse altière et avide qui se dévouait pour le servir; et tous les moyens lui semblaient bons, parce qu'il éprouvait le besoin d'avoir recours à tous. L'adversité le mettait dans la nécessité de faire violence à son caractère, naturellement impérieux, peu affable, impatient de toute contrainte [2]. Proscrit par le parlement de Paris, il cherchait à s'en faire un appui, en s'associant à lui dans sa haine contre Mazarin. Détesté de la reine, qu'il avait outragée, il négociait en secret avec elle; et pour la gagner, il consentait à la rentrée de Mazarin en France et à son maintien au ministère, mais avec de telles conditions, que si on les avait acceptées, le roi se serait trouvé sous sa domination. Ennemi personnel de Gondi, il concluait un traité avec le duc d'Orléans, par lequel il consentait que Gondi restât son conseil et conservât toute sa confiance. Plein de mépris pour toutes les influences populaires, il cherchait à se faire un parti dans la Fronde, et donnait à celui qui en était le chef, au duc de Beaufort, le commandement d'un de ses corps de troupes.

De son côté, la Fronde, ou les populations bourgeoises qui la formaient, se montraient également opposées à Ma-

---

[1] Retz, t. XLVI, p. 52.
[2] Monglat, *Mém.*, t L, p. 318. — Chavagnac, *Mém.*, 1699, in-12, t. I, p. 131.

zarin et aux princes. Il faut cependant en excepter Bordeaux, où ces derniers s'étaient retirés, et s'étaient formé un parti ; mais ils n'étaient pas les maîtres de cette ville, et c'était plutôt la haine contre le duc d'Épernon, que leur inclination pour les princes, qui avait poussé les Bordelais à la révolte. Les autres principales villes du royaume eussent montré, si elles en avaient eu l'occasion, les mêmes dispositions que Paris et Orléans, qui toutes deux, en haine de Mazarin comme de Condé, refusèrent l'entrée de leurs remparts aux troupes du roi ainsi qu'à l'armée des princes. Cependant l'esprit d'opposition protestante qui dominait dans le midi fit beaucoup de partisans à Condé dans cette partie de la France ; et Chavagnac nous apprend qu'il n'eut pas alors plus de peine à lever un régiment pour ce prince que si c'eût été pour le roi [1]. Il eût fallu au peuple des chefs puissants, pour qu'il pût intervenir entre ces ambitions rivales d'une manière utile pour lui ; mais tous ceux qui auraient pu se mettre à sa tête, tels que le duc de Bouillon et Turenne, s'étaient rangés du côté de la cour. En général, presque tous les grands personnages politiques de cette époque avaient des intérêts différents de ceux des partis qu'ils avaient embrassés. Voilà pourquoi on ne peut démêler les fils de ce drame compliqué qu'en entrant dans les détails de la vie privée de chacun des principaux acteurs, et en s'instruisant des motifs qui les faisaient agir.

Gondi, dont la nomination au cardinalat n'était pas encore confirmée par le pape, agissait de manière à ce que la cour n'eût aucun prétexte pour la révoquer. Quoiqu'il n'eût point cessé de fréquenter l'hôtel de Chevreuse, il savait qu'il n'y était plus sur le même pied

---

[1] CHAVAGNAC, *Mémoires*, 1699, in-12, t. I, p. 113, 141.

qu'auparavant ; il n'ignorait pas que la duchesse de Chevreuse, entraînée par des nécessités de fortune dans le parti de Mazarin, ne se conduisait plus que par les conseils de l'abbé Fouquet ; que sa fille, jalouse de la princesse Palatine [1], et irritée des fréquentes visites qu'il lui avait faites, avait, par dépit et par vengeance, redit à la reine les plaisanteries qu'il s'était permises sur son compte. Ainsi Gondi, ayant dans Mazarin et dans Anne d'Autriche deux ennemis personnels, ne pouvait les empêcher de lui nuire qu'en continuant de se montrer pour la cour un allié fidèle, mais prêt à être un antagoniste redoutable si on l'y contraignait, en manquant aux promesses qui lui avaient été faites. C'est pourquoi il s'attachait à se rendre maître de l'esprit du duc d'Orléans, et qu'il le fit résoudre à armer contre Mazarin et à réunir ses troupes à celles de Condé [2]. Il aurait bien désiré exercer sur le parti dont celui-ci était le chef la même influence que sur celui d'Orléans ; mais l'aversion que les dernières luttes avaient fait naître à son égard dans le cœur de Condé n'était pas le seul obstacle qui s'y opposait. La Rochefoucauld, Chavigny, la duchesse de Longueville, avaient tous trois l'ambition de diriger ce parti ; et quoiqu'ils ne fussent pas toujours d'accord entre eux, ils l'eussent été pour empêcher que Gondi, qu'ils haïssaient et dont ils redoutaient les talents, pût entrer en partage de l'ascendant qu'ils avaient pris dans le conseil de Condé [3]. Aussi Gondi, quoiqu'il cherchât à rendre l'armée commandée par Condé assez forte pour repousser celle de Mazarin, s'efforçait d'un autre côté à ruiner le parti de ce prince dans le par-

---

[1] Guy-Joly, t. XLVII, p. 208 à 211.
[2] Retz, t. XLVI, p. 55. — Guy-Joly, t. XLVII, p. 210.
[3] La Rochefoucauld, t. LII, p. 211.

lement et dans le peuple. Pour cet effet il s'était étroitement uni avec la princesse Palatine et avec madame de Rhodes : celle-ci avait fait nommer le maréchal de l'Hospital, son beau-père, au gouvernement de Paris; et Gondi disposait du prévôt des marchands, son ami intime [1]. Ainsi toutes les hautes autorités de la capitale étaient dévouées à la cour et à Gondi; mais les agents de Condé animaient le peuple contre Gondi [2] : de sorte qu'il n'osait plus sortir qu'entouré d'une escorte de gentils-hommes armés qui faisaient partie de sa maison ou qui s'étaient déclarés ses partisans [3].

Ces divisions parmi les frondeurs occasionnaient des émeutes, où, selon sa coutume, la populace ne distinguait ni amis ni ennemis. Ainsi l'on se jeta sur le carrosse de la comtesse de Rieux, quoique son mari se fût déclaré contre Mazarin [4]; on attaqua celui du président Thoré [5]; le marquis de Tonquedec, ami de madame de Sévigné, fut dépouillé et outragé; on voulait piller l'hôtel de Nevers, qui appartenait à Duplessis-Guénégaud, bien connu pour être partisan de Mazarin [6]. Le peuple maltraitait les personnes qui par ruse cherchaient à sortir de Paris; il poursuivit pour ce motif deux filles de la reine, Ségur et Gourdon, leur enleva tout ce qu'elles emportaient avec elles, et voulait brûler la maison où elles s'étaient réfugiées [7]. Elles furent obligées de se faire reconduire au Luxembourg, chez le duc d'Or-

---

[1] Guy-Joly, t. XLVII, p. 207, 208. — Talon, t. LXII, p. 851.
[2] Retz, t. XLVI, p. 30, 33, 49.
[3] Loret, liv. III, p. 46; *Gazette* du 7 avril 1652.
[4] Retz, t. XLVI, p. 48 et 70.
[5] Loret, liv. III, p. 86 et 88, du 23 et 25 juin 1652.
[6] Guy-Joly, *Mém.*, t. XLVII, p. 213, 214.—Talon, *Mém.*, t. LXII, p. 151. — Conrart, t. XLVIII, p. 55, 56, 59.
[7] Loret, liv. III, p. 69, 70; du 26 mai 1652.

léans, qui leur donna les moyens d'aller rejoindre la cour. Les duchesses de Bouillon et d'Aiguillon coururent aussi les plus grands dangers en faisant une semblable tentative [1]. Dans le même temps la populace forçait les portes de la Conciergerie; et tandis que les prisonniers et les criminels étaient ainsi rendus à la liberté, Paris était devenu pour ses habitants les plus inoffensifs une vaste prison.

Des raisons d'étiquette et de préséance empêchaient Gondi de siéger au parlement jusqu'à ce que sa nomination au cardinalat eût été confimée; mais sa double opposition contre Mazarin et contre Condé, l'affaiblissement de son crédit parmi le peuple, lui avaient fait regagner toute son influence sur cette puissante compagnie; et il l'exerçait par le moyen du duc d'Orléans, qui avait une grande facilité d'élocution, et dont il dirigeait toutes les démarches. Toutefois, l'ascendant que Gondi avait reconquis sur le parlement était accompagné de beaucoup de défiance. On redoutait les entraves que ses intérêts privés pouvaient apporter à la pacification générale, que l'on désirait vivement. Il fut sur le point de manquer le but qu'il se proposait par toutes ces manœuvres. Mazarin et la reine avaient fait écrire par le roi au pape pour révoquer sa nomination au cardinalat; et ils avaient, en envoyant cette dépêche au bailli de Vallançay, l'ambassadeur de France à Rome, autorisé celui-ci à solliciter le chapeau pour lui-même. Le ressentiment des obstacles que Gondi apportait à la réconciliation de Gaston avec la cour, et des conseils qu'il avait donnés à celui-ci, avait été la cause de cette nouvelle détermination de Mazarin et de la reine. On faisait

---

[1] LORET, *Muse historique*, liv. III, p. 66; du 19 mai 1552. — CONRART, *Mém.*, t. XLVIII, p. 56.

valoir auprès du pape, pour la justifier, les liaisons de Gondi avec les jansénistes et la licence de ses mœurs : ces deux motifs publics et notoires semblaient ne devoir laisser aucun doute sur l'issue de cette affaire, car déjà les jansénistes, devenus assez puissants pour paraître redoutables, étaient détestés à Rome[1]. Cependant Innocent X, instruit secrètement du contenu de la dépêche de la cour de France avant qu'on ne la lui eût fait connaître officiellement, se hâta de tenir un conclave le 22 février 1652, et y préconisa Gondi au cardinalat ; de sorte que la cour de France se vit forcée de considérer sa révocation comme non avenue, de supprimer la dépêche envoyée à son ambassadeur, et de paraître satisfaite de la confirmation de sa propre nomination[2]. Ce résultat fut produit par l'antipathie personnelle du pape contre Mazarin, qu'il avait connu à Rome avant son élévation ; par l'opinion qu'on avait en Italie de la prochaine et inévitable chute de ce ministre ; et encore plus peut-être par une révolution de palais qui substitua à l'influence qu'exerçait la princesse Olympie, celle de la princesse Rossane, qu'avait épousée le neveu du pape, et que Gondi avait su gagner par des présents. L'abbé Charrier, son agent principal à Rome, sut mettre habilement à profit tous ces moyens, et conduisit avec adresse cette négociation, dont le succès causa une surprise générale.

On ne peut s'empêcher de reconnaître que le cardinal de Retz déploya dans le cours de tous ces événements de prodigieux talents. On s'étonne de la multiplicité de ses

---

[1] Guy-Joly, *Mém.*, t. XLVII, p. 208.
[2] Loret, t. III. p. 33, *lettre* du 3 mars 1652.—Brienne, t. XXXVI, p. 205. — Retz, t. XLVI, p. 40. — Monglat, t. L, p. 328. — Nemours, t. XXXIV. — Guy-Joly, t. XLVII, p. 207.

combinaisons, mais on peut douter qu'elles fussent bien réfléchies et toutes propres à concourir au but. Il s'était aliéné la duchesse de Chevreuse et la princesse de Guémené, qui, aussi, s'était tournée du côté de la cour. Il avait offensé la reine, exaspéré Mazarin; il excitait la défiance du parlement; il ne satisfaisait pas les frondeurs, n'obtenait du duc d'Orléans, et avec des peines infinies, qu'une confiance imparfaite [1]; et enfin il s'était fait du vainqueur de Rocroi et de Lens un ennemi mortel [2]. Il semblait que Gondi ne se trouvât bien que dans les agitations et les intrigues, et qu'il se plût à les faire naître; semblable à ces gladiateurs qui appellent des adversaires au combat, et aiment à en voir accroître le nombre, afin de faire admirer plus longtemps leur adresse et leur énergie dans la lutte. Gondi, emporté par la fougue de ses passions, leur sacrifiait trop souvent ses intérêts; Mazarin, sans haine comme sans affection, ne se laissait jamais distraire des siens [3].

Châteauneuf, aussitôt après l'arrivée de Mazarin à Poitiers, avait pris le parti de la retraite [4]; et depuis le retour du premier ministre on remarqua plus d'ensemble et plus de secret dans les résolutions du conseil: ses résolutions furent suivies d'une plus rapide exécution. Chavigny, à Paris, s'était fait l'agent du parti de Condé. Une ambition plus élevée que celle de la réussite de ce parti le faisait agir. Chavigny, formé aux affaires par Richelieu,

---

[1] Retz, t. XLVI, p. 55. — Guy-Joly, t. XLVII, p. 212.

[2] Monglat, t. L, p. 338.

[3] Duplessis, *Mémoires*, t. LVII, p. 384. — La Fare, t. LXV, p. 144.

[4] Duplessis, *Mém.*, t. LVII, p. 381. — Loret, liv. III, p. 20, *lettre* du 11 février 1652.

et pour lequel ce grand homme avait une tendresse toute paternelle, ne pouvait oublier que Mazarin lui devait son élévation [1]. Appelé un instant au ministère par la politique d'Anne d'Autriche, Chavigny voulait y rentrer. Il était le plus redoutable ennemi de Gondi, et comme chef du parti de Condé, et comme lui disputant la confiance de Gaston, sur l'esprit duquel Chavigny avait de l'influence. De concert avec le duc de Rohan, la duchesse d'Aiguillon et Fabert, il forma le dessein d'un traité entre les princes et Mazarin; et au moyen de l'alliance que Condé avait formée avec les Espagnols, il voulait conclure ensuite la paix générale. Comme alors il eût été le principal négociateur de cette paix et le premier auteur d'un si grand bienfait, il espérait acquérir par là une autorité assez grande dans le cabinet et dans les conseils pour expulser Mazarin et prendre sa place. Mais Condé s'aperçut bientôt que Chavigny, dans ses conférences avec le premier ministre, ne se conformait pas à ses instructions; il lui retira sa confiance, et, sans l'en prévenir, il se servit pour ces négociations de Gourville, de La Rochefoucauld et de la duchesse de Châtillon [2].

Les acteurs secondaires de ce grand drame n'offraient pas moins de diversité dans les motifs de leurs actions. Beaufort, qui commandait les troupes de Gaston, et Nemours celles du prince de Condé, quoique beaux-frères, affaiblissaient par leurs divisions une armée que leur concorde aurait pu rendre redoutable. La nécessité des opérations militaires exigeait qu'ils s'éloignassent de Pa-

---

[1] CONRART, t. XLVIII, p. 69. — MONGLAT, t. L, p. 338.
[2] LA ROCHEFOUCAULD, *Mém.*, t. LII, p. 128, 148, 150.— CONRART, t. XLVIII, p. 70.

ris ; et ils aimaient au contraire à s'y montrer à leurs maitresses revêtus de l'uniforme de général et munis du bâton de commandement [1]. Beaufort, comme chef de la Fronde, autrefois d'accord en tout avec Gondi, maintenant le contrariait dans toutes ses mesures. Le prince de Conti, auquel son frère n'avait pu se dispenser de donner une autorité au moins nominale, avait presque toujours été gouverné par sa sœur la duchesse de Longueville, au point de donner cours à des bruits et à des libelles outrageants pour tous deux [2]. La duchesse était sous l'influence du duc de La Rochefoucauld, son amant, et la plus forte tête du parti. Le prince de Conti se montrait jaloux de cette influence ; son secrétaire, le poëte Sarrasin, était fort lié avec une demoiselle de la Verpillière, fille d'honneur de la duchesse de Longueville ; et comme il arrive toujours que les subordonnés croient avancer leur fortune en servant les passions de leurs maîtres, Sarrasin et la Verpillière se concertèrent avec les marquis de Jarzé et de Saint-Romain pour donner un rival au duc de La Rochefoucauld. Ils introduisirent le beau duc de Nemours auprès de la duchesse de Longueville ; et celle-ci, qui détestait la duchesse de Châtillon, crut triompher en lui enlevant cet amant. Le prince de Condé se vit avec satisfaction délivré par sa sœur des trop justes motifs de jalousie que lui inspirait le duc de Nemours ; et ce dernier sacrifia son amour à son ambition. La Rochefoucauld dut regretter l'ascendant que lui donnait un illustre attachement, mais non pas la perte d'une maîtresse qui, si l'on en croit Bussy, négligeait par trop le soin

[1] Retz, *Mém.*, t. XLVI, p. 56.
[2] Conrart, *Mém.*, t. XLVIII, p. 72, 226.

de sa personne, et avait dans le commerce intime les fâcheux inconvénients qu'entraîne une telle négligence [1]. Mais on n'obtint pas de ces combinaisons, formées au profit de petits intérêts et de petites passions, les résultats qu'on s'était promis. Le prince de Conti et la duchesse de Longueville ne furent pas plus d'accord entre eux que lorsque La Rochefoucauld les divisait. A Bordeaux ils favorisèrent des partis contraires, et contribuèrent à augmenter les troubles et à affaiblir le parti des princes en le divisant. La duchesse de Longueville, lorsqu'elle ne fut plus dirigée par La Rochefoucauld, ne cessa de s'égarer dans des projets sans but, et de se compromettre dans des intrigues sans résultat [2]. Quand Nemours eut été blessé, sa femme se rendit à l'armée pour le soigner, et la duchesse de Châtillon, sous prétexte de visiter un de ses châteaux, l'accompagna jusqu'à Montargis : elle se rendit dans le couvent des Filles de Sainte-Marie, d'où, se croyant bien cachée, elle allait, sous divers déguisements, voir celui qu'elle n'avait pas cessé d'aimer. Ces mystérieuses visites ne furent bientôt plus un secret pour personne ; et alors Condé et sa sœur purent se convaincre combien sont différents les sentiments que l'amour inspire et ceux que simulent l'intérêt et la vanité [3]. Le grand Condé, par son esprit et sa figure, avait tous les moyens de plaire aux femmes ; mais il y réussissait peu. Si on excepte mademoiselle du Vigean, qui se fit carmélite ne pouvant l'épouser, il ne paraît pas qu'il ait pu contracter de véritables

---

[1] Nemours, t. XXXIV, p. 528. — Chavagnac, édit. 1699, t. I, p. 124. — Bussy, *Amours des Gaules*, édit. 1754, t. I, p. 134, 153, 155.

[2] La Rochefoucauld, *Mém.*, t. LII, p. 30, 132, 135, 145 et 146.

[3] Montpensier, *Mém.*, t. XLI, p. 215.

attachements de cœur. Il poussait plus loin encore que sa sœur la duchesse de Longueville le défaut de soins de sa personne. Dans l'habitude de la vie presque toujours mal vêtu, il n'était beau que sur un champ de bataille [1]. Aussi le duc de Nemours ne fut pas le seul rival que Condé eût à redouter auprès de cette beauté pour laquelle Louis XIV, dans ses jeux enfantins, avait montré une préférence qui a fourni la matière d'un élégant badinage à la muse spirituelle de Benserade [2]. Un abbé nommé Cambiac, au service de la maison de Condé, balança pendant quelque temps la passion que Nemours avait fait naître dans le cœur de la duchesse de Châtillon ; et la jalousie de Nemours ne put faire expulser Cambiac. La duchesse ménageait en lui l'homme qui avait obtenu le plus d'empire sur sa parente, la princesse de Condé douairière. La condescendance de la duchesse de Châtillon envers cet homme intrigant et libertin lui valut, de la part de la princesse douairière, un legs de plus de cent mille écus en Bavière, et l'usufruit d'une terre de vingt mille livres de rentes. Cependant Cambiac se retira, lorsqu'il sut que Condé était son rival [3]. Mais le vainqueur de Rocroi était plus habile à livrer des batailles qu'à conduire une intrigue d'amour. Il eut la maladresse d'employer pour intermé-

---

[1] MONTPENSIER, t. XLI, p. 314.

[2] LOMÉNIE DE BRIENNE, *Mémoires inédits*, t. II, p. 307, ch. 28. — BUSSY, *Hist. am. des Gaules*, t. I, p. 141, édit. 1754, ou p. 125 de l'édit. de Liége; ou *Hist. amoureuse de France*, 1710, in-12, p. 170. C'est le même ouvrage, sous un autre titre, et une très-bonne édition.

[3] LENET, t. LIV, p. 177 et 181. — BUSSY, *Hist. am. de France*, édit. de 1710, p. 183 et 198; *Hist. am. des Gaules*, édit. de 1754, p. 152; p. 135, édit. origin. de Liége.—MONTPENSIER, *Mém.*, t. XLIII, p. 48. — CONRART, *Mém.*, t. XLVIII, p. 230.

diaire auprès de sa nouvelle maîtresse un certain gentilhomme nommé Vineuil [1], qui était bien, il est vrai, un de ses plus habiles et fidèles serviteurs, mais que sa figure, son esprit plaisant et satirique, son caractère entreprenant, rendaient très-dangereux pour les femmes. Il s'était même acquis quelque célébrité par ses succès en ce genre. Madame de Montbazon, madame de Mouy et la princesse de Wurtemberg avaient successivement éprouvé les effets de ses séductions. Vineuil plut aussi à la duchesse de Châtillon ; et il ne crut pas trahir son prince, ni manquer à la foi qu'il lui devait, en ne se refusant pas des plaisirs qui, goûtés en secret, ne pouvaient causer aucune peine à celui qui l'avait exposé à la tentation. En cela il se conformait aux mœurs de son siècle ; il lavait même ainsi, par sa fraude, la honte des négociations dont on le chargeait. Condé seul avait tort ; mais ce tort, il ne le connut jamais. Vineuil fut toujours en grande faveur auprès de lui [2]. Nemours excitait sa jalousie, et Nemours ne redoutait que Condé. Cependant alors, et au mois de mars de l'année 1652, le marquis de La Boulaye et le comte de Choisy, tous deux amoureux de la duchesse de Châtillon, voulurent se battre en duel à son sujet. Le bruit s'en répandit dans le monde. La duchesse de Châtillon l'apprit, et parut inopinément sur le lieu où les deux adversaires s'étaient donné rendez-vous ; et au moment même où ils venaient de tirer l'épée elle les sépara, les prit par la

---

[1] BUSSY, *Hist. amour. de France*, 1710, in-12, p. 192, 230, 235; *Hist. amour. des Gaules*, édit. de 1754, p. 160, 193, 199.

[2] NEMOURS, *Mém.*, t. XXXIV, p. 503. — MOTTEVILLE, *Mém.*, t. XXXIX, p. 216 à 307. — LA ROCHEFOUCAULD, *Mém.*, t. LII, p. 75 et 96. — DE BRIENNE, *Mém.*, t. XXXVI, p. 188 et 193. — TALON, *Mém*, t. LXII, p. 276.

main, et les conduisit chez le duc d'Orléans, qui chargea les maréchaux de France alors à Paris, L'Hospital, Schomberg et d'Étampes, d'arranger cette affaire et d'empêcher un combat. Ils y parvinrent [1]; mais ces rivalités, ces intrigues de femmes affaiblissaient beaucoup le parti de Condé, et empêchaient qu'il n'y eût ni secret ni ensemble dans l'exécution des projets arrêtés dans le conseil de son chef.

Le parti du duc d'Orléans n'offrait pas plus d'unité que celui de Condé. Il avait perdu dans Bouillon l'appui d'un prince puissant par ses richesses et par son habileté politique; dans Turenne, l'ascendant que donnent les talents militaires et l'amour des soldats. Les deux principaux conseils de Gaston, Gondi et Chavigny, étaient ennemis, et publiaient l'un contre l'autre des libelles anonymes [2]. Chefs dirigeants dans des partis contraires, ils poussaient dans des sens opposés, et dans des mesures contradictoires, un prince faible et irrésolu. Chacun des deux avait des partisans dans la famille même de ce prince. La duchesse d'Orléans appuyait Gondi. MADEMOISELLE, au contraire, s'était rangée du côté de Chavigny. Le prince de Condé, qui entretenait avec elle un commerce de lettres, avait su la gagner par ses flatteries, et lui avait promis, s'il restait le maître et parvenait à chasser Mazarin, de lui faire épouser le roi. Autant elle avait eu autrefois d'antipathie pour Condé, autant elle montrait d'enthousiasme pour sa gloire et de zèle pour ses intérêts [3]. Le courage et la présence d'esprit qu'elle déploya

---

[1] LORET, *Muse historique*, liv. III, p. 33, *lettre* du 3 mars 1652.

[2] PETITOT, *Introduction aux Mémoires de la Fronde*, t. XXXV, p. 237. — *Vie du cardinal* DE RAIS, 1836, in-8°, p. 258 et 355.

[3] MONTPENSIER, *Mém.*, t. XLI, p. 160.

dans Orléans, où son père l'avait envoyée, achevèrent d'accroître son orgueil, et d'augmenter l'excessive confiance qu'elle avait en elle. Cette ville dont on lui avait refusé l'entrée, elle s'en rendit maîtresse en escaladant ses remparts, et en pénétrant seule et sans escorte par une brèche qu'avait faite pour elle le parti populaire. L'autorité qu'elle y avait exercée ; ces troupes qui s'étaient rangées sous son commandement ; ces conseils de guerriers présidés par elle ; ses deux dames d'honneur, les comtesse de Fiesque et de Frontenac, proclamées à la tête de l'armée, au son des trompettes, ses maréchaux de camp ; la popularité qu'elle s'était acquise en empêchant les troupes du roi de pénétrer dans la ville qui lui était soumise [1] ; tout cela avait enivré son imagination, déjà exaltée par la lecture des romans [2]. Elle se passionna pour la gloire militaire ; Condé fut son héros. Pourtant elle cherchait à persuader à la reine qu'il était de son intérêt de la marier avec le roi ; et à ce prix, elle consentait à tout. Quant à son père, il ne pouvait rien pour elle, non plus que le parlement ; et par cette raison elle se laissait souvent engager dans des démarches et des intrigues contraires au parti de Gaston, et surtout toujours en opposition avec la direction que Gondi s'efforçait de donner à ce parti.

D'un autre côté, la cour était abandonnée par ceux sur lesquels elle avait le droit de compter. Le chancelier, qui, comme chef de la justice, aurait dû donner l'exemple de

---

[1] LORET, *Muse historique*, liv. III, p. 45 (7 avril) ; t. III, p. 53 (21 avril). — MONTPENSIER, t. XLI, p. 170.

[2] MONTPENSIER. *Mém.*, t. XLI, p. 170, 175. — TALON, t. LXII, p. 349. — CHAVAGNAC, t. I, p. 168. — ANQUETIL, t. IV, p. 152. — SAINT-AULAIRE, t. III, p. 92. — *Histoire de France en estampes*, t. XXV, Bibl. roy.

l'obéissance aux ordres du roi, irrité d'avoir été éloigné du ministère, fit en sorte que le duc de Sully, son gendre, qui commandait à Nantes, permit le passage de cette ville aux troupes du duc de Nemours ; et le duc de Rohan, que la reine avait nommé gouverneur d'Anjou, fit révolter Angers contre les troupes royales ; mais ensuite il ne leur résista pas aussi longtemps qu'il aurait pu le faire dans l'intérêt du prince[1]. La cour, ainsi que les partis qui lui étaient opposés, ne se lassait pas, pour la réussite de ses projets, d'employer la fraude, la violence, la crainte, la séduction : tous les moyens lui étaient bons. Mazarin ne répugnait pas même aux plus honteux. Ainsi la maréchale de Guébriant, qu'il avait mise dans ses intérêts, ne se fit aucun scrupule d'abuser de la confiance de Charlevoix et des droits que la reconnaissance lui donnait sur un officier dont son mari avait été le bienfaiteur. Elle ne rougit pas d'employer le ministère d'une demoiselle bien faite et de facile composition, dit madame de Nemours, pour attirer ce commandant de Brissach hors de sa forteresse, le faire prisonnier, et se rendre maîtresse de la place qu'il était chargé de garder. Toutefois cette trahison ne réussit qu'à demi. La garnison, indignée, remit la place au comte d'Harcourt, qui n'était point contre le parti du roi, mais qui cependant était au nombre des mécontents, et peu favorable à Mazarin[2].

Le plus nul, le plus insignifiant de tous les chefs de la première Fronde, le duc de Longueville, fut le seul d'entre eux qui dans ces nouvelles circonstances se condui-

---

[1] LORET, liv. III, p. 35, *lettre* du 10 mars 1652. — ARNAULD, t. XXXIV, p. 296.—TALON, t. LXII, p. 348, 351.—NEMOURS, t. XXXIV, p. 522.— LA ROCHEFOUCAULD, t. LII, p. 114 et 115.

[2] MONGLAT, t. L, p. 394.—NEMOURS, t. XXXIV, p. 538.

sit avec sagesse et dignité, qui se montra un sujet fidèle, mais non servile. Il suivit un plan arrêté, conforme au bien public et à une bonne et saine politique. Retiré dans son gouvernement de Normandie, il fut sollicité par tous les partis, et ne se déclara d'abord pour aucun ; enfin il fit connaître ses intentions de ne pas se séparer du roi¹. Mais, sans prendre fait et cause pour son ministre, il se prononça de manière à faire craindre à la cour, s'il était contrarié par elle, de le voir se replacer de nouveau sous l'empire de sa femme et de son beau-frère, auquel il s'était soustrait. Ainsi par ses instigations le parlement de Rouen avait demandé l'éloignement de Mazarin, à l'exemple de celui de Paris, mais sans adhérer aux actes de proscription de ce dernier². La déclaration parlementaire servit au duc de Longueville de prétexte pour se refuser à admettre les troupes royales dans sa province, où cependant il maintenait la levée des impôts au profit du roi. Par là il parvint à rester maître absolu dans son gouvernement, et il se fit chérir des habitants, qu'il protégeait contre tous les maux de la guerre civile³.

Les désastres qu'elle occasionnait étaient portés à leur comble, et encore accrus par le peu d'autorité que les chefs militaires avaient sur leurs subordonnés. Un seul fait suffira pour faire juger du degré d'anarchie où l'on était arrivé. Pendant que la cour était en marche, la petite écurie du roi fut pillée par le frère du comte de Broglie, qui cependant était du parti de la cour ; et ce brigandage fut considéré comme une équipée plaisante, dont on s'amusa, et qui excita le rire. Les troupes de tous les

---

¹ LORET, liv. III, p. 40, 52, *lettres* des 17 mars et 21 avril 1652.
² CONRART, t. XLVIII, p. 69.
³ BRIENNE, *Mém.*, t. XXXVI, p. 209.

partis, mal payées, mal nourries, pillaient, brûlaient, saisissaient les deniers publics, dévastaient les campagnes, rançonnaient les cultivateurs, et produisaient partout où elles séjournaient une misère extrême et une hideuse famine[1]. Des bandes de malheureux abandonnaient leurs habitations, et suivaient l'armée du roi en demandant du pain : la cour vit plusieurs fois sur son passage des hommes mourant de faim, et des enfants tétant encore sur le sein de leurs mères, qui venaient de rendre les derniers soupirs[2]. La reine, fortement émue d'un tel spectacle, disait que les princes et les parlements répondraient devant Dieu de tant de calamités, oubliant ainsi la part qu'elle y avait elle-même. Ce n'était pas tout. Les Espagnols s'avançaient sur nos frontières, et entraient en France comme alliés du prince de Condé, mais dans la réalité pour profiter de nos divisions. Turenne leur fit offrir de l'argent pour se retirer, et les menaça d'une bataille s'ils n'y consentaient. Ils prirent l'argent, et délivrèrent ainsi les troupes royales de la crainte d'avoir deux armées à combattre[3].

Chaque parti se montrait jaloux de rejeter la cause des malheurs qu'on éprouvait sur les partis contraires ; tous parlaient de paix et semblaient la désirer, et tous la voulaient en effet ; mais chacun d'eux avait la volonté d'en régler seul les conditions. Toutefois, pour éloigner d'eux l'odieux de la continuation de la guerre civile, le parle-

---

[1] *Lettres de feu* BALZAC *à M. Conrart*, 1659, in-12, p. 135, liv. II, lettre 25, en date du 20 novembre 1651 ; p. 151, liv. III, *lettre* en date du 19 février 1652 ; p. 166, *lettre* 8, en date du 3 avril 1652 ; et p. 181, en date du 29 avril 1652.

[2] RETZ, *Mém.*; t. XLVI, p. 33.—LA PORTE, *Mém.*, t. LIX, p. 432.— DUPLESSIS, *Mém.*, t. LVII, p. 427 et 429.

[3] DUPLESSIS, *Mém.*, t. LVII, p. 296.

ment et les princes envoyèrent des députés à Saint-Germain, où la cour s'était retirée : ces députés étaient munis de pouvoirs pour négocier; mais ils avaient ordre de ne point voir Mazarin, et de ne pas communiquer avec lui directement ni indirectement. Lorsqu'ils furent introduits auprès de la reine, Mazarin était à côté d'elle. Les conférences s'engagèrent donc entre eux et le ministre proscrit. Alors ces députés perdirent la confiance de leurs partis, et augmentèrent beaucoup les divisions qui s'y trouvaient, par la crainte qu'ils firent naître que ceux qui semblaient parler avec plus de véhémence et d'acharnement contre Mazarin ne fussent déjà entrés en arrangement avec lui [1].

[1] CONRART, *Mém.*, t. XLVIII, p. 40. — LORET, liv. III, p. 58, en date du 28 avril (1652); et liv. III, p. 59, en date du 5 mai.—MONCLAT, t. L, p. 339. — *Vie du cardinal* DE RAIS, 1836, in-8°, p. 361.

CHAPITRE XXIV.

1651 — 1652.

Situation de la capitale pendant le séjour qu'y fit madame de Sévigné. — Paris se ressentait peu des désastres des provinces. — Succès des théâtres.—Les malheurs publics ramenaient à la méditation et à la religion.—Le nombre des solitaires de Port-Royal augmente. — Leur influence sur les gens de lettres et sur certaines réunions. — Madame de Sévigné alors très-répandue dans le monde.—Courtisée par le duc de Rohan et le marquis de Tonquedec. — Ses liaisons intimes avec sa tante la marquise de La Troche; avec mademoiselle de La Vergne. — Détails sur cette dernière et sur mademoiselle de La Loupe, son amie. — Mademoiselle de La Loupe est promise en mariage au comte d'Olonne. — Le cardinal de Retz tente de la séduire. — Il est secondé dans cette intrigue par le duc de Brissac, amoureux de mademoiselle de La Vergne. — Récit que le cardinal de Retz fait lui-même de son aventure avec mademoiselle de La Loupe. — Celle-ci épouse le comte d'Olonne. — Sa visite au camp du duc de Lorraine, et commencement de son intrigue avec le comte de Beuvron. — Liaison du cardinal de Retz avec madame de Pommereul.

Nous avons exposé dans le chapitre précédent les intrigues et les événements dont Paris fut occupé, et qui fournissaient matière aux entretiens de tous les salons et de toutes les ruelles pendant l'hiver qu'y passa madame de Sévigné, c'est-à-dire depuis la mi-novembre 1651 jusqu'aux premiers jours d'avril 1652. Dans cet intervalle de temps, cette capitale jouissait d'une assez grande tranquillité, et se ressentait peu des malheurs qui affligeaient les provinces. Paris avait refusé d'ouvrir ses portes aux troupes de tous les partis, qui avaient successivement cherché à s'introduire dans son enceinte, et l'ordre y était maintenu par des régiments de gardes bourgeoises, dont les colonels étaient tous des membres du parlement, ou des personnages nobles, ou considérables par leur fortune et leur naissance. La Fronde y était peu active, les émeutes rares et promptement apaisées[1]. La guerre même avait contribué à faire affluer dans Paris un grand nombre de personnes qui, ne se trouvant pas en sûreté dans leurs châteaux ou dans les faubourgs de la ville, avaient été obligées de se mettre sous la protection de ses remparts. Cet accroissement de consommation et de richesses donnait une forte impulsion au commerce, et faisait prospérer les affaires d'une population de tout temps remarquable par l'activité de son industrie. Les bals ne discontinuaient pas; et MADEMOISELLE, de retour de son expédition d'Orléans, avait recommencé de nouveau à donner des fêtes brillantes, à réunir chez elle toute la haute société. La jeunesse de cette époque saisissait avec ardeur toutes les occasions de se divertir; elle aimait à mêler le plaisir aux intrigues, les jouissances de la mollesse aux périls des combats[2].

Raymond Poisson, comme auteur et comme acteur, attirait alors la foule au théâtre de l'hôtel de Bourgogne, rue Mauconseil; et là aussi le grand Corneille produisait *Nicomède*, qui ne fut pas sa dernière tragédie, mais la dernière digne de lui. Ce chef-d'œuvre disputait la vogue au *Don Japhet d'Arménie* de Scarron, à la *Folle gageure* et aux *Trois Orontes* de l'abbé de Boisrobert, depuis si complétement oubliés. Mais ce qui faisait fureur et surpassait encore le succès de *Nicomède* et des autres pièces qui

---

[1] LORET, liv. III, p. 45, *lettre* du 7 avril 1652.
[2] LA FARE, t. LXV, p. 144.

partageaient, avec celle de Corneille, l'attention publique, c'était une pastorale insipide, intitulée *Amaryllis*, originairement composée par Rotrou, refaite par Tristan, et augmentée de trois scènes qui ne tenaient pas à la pièce, mais dans laquelle jouait, déguisée en homme, une actrice qui excitait l'enthousiasme et attirait les applaudissements universels. L'engouement pour ce spectacle dura tout le temps du carnaval et une grande partie du carême[1], et se renouvela dans l'été de l'année suivante. Ainsi, dans tous les temps, comme aujourd'hui, l'effet des représentations théâtrales est plus redevable au talent des acteurs, à l'habileté des danseurs, à l'excellence de la musique ou à la beauté des décorations, qu'au génie des auteurs dramatiques.

Au milieu de la licence de ces temps, de ces apparences de légèreté, on voyait cependant régner dans une partie de la société un penchant pour les méditations profondes, pour une vie sérieuse et appliquée. Les sciences et la religion faisaient de nombreuses conquêtes dans la haute société, les cœurs tendres, les imaginations vives et les intelligences fortes. La maréchale de Rantzau, encore pleine d'attraits, étonna par sa résolution à se faire religieuse; et, malgré les instances de ses parents et de ses amis, elle prononça ses vœux, et fut à jamais perdue pour un monde où elle brillait, et qui se montrait si désireux de la retenir[2]. D'autres jeunes personnes riches et belles prononcèrent des vœux à cette époque; et leurs noms, moins célèbres, ont cependant été recueillis par le gazetier Loret. Un grand nombre de femmes dans les rangs les

---

[1] Loret, *Muse historique*, l. III, p. 39, 17 mars 1652.—Les frères Parfaict, *Hist. du Théastre françois*, t. VII, p. 328-366.

[2] Loret, l. III, p. 39.

plus élevés de la société se consacraient au soulagement des pauvres, et l'activité de leur zèle charitable semblait s'accroître en raison des misères publiques. Leurs largesses ne se restreignaient pas au peuple de la capitale : la duchesse d'Orléans vendit cet hiver une partie de son riche mobilier pour secourir les malheureux cultivateurs de la Champagne que la guerre avait ruinés[1]. Les solitaires de Port-Royal virent leur nombre s'accroître d'hommes illustrés dans diverses professions. Ils avaient accueilli dans leurs rangs des militaires, des avocats, des ingénieurs. Le duc de Luynes, qui avait été un des chefs les plus ardents de la Fronde, s'était réuni à eux, et faisait construire le château de Vaumurier, près de leur champêtre séjour. Ils l'avaient nommé général de la petite armée formée par eux avec les paysans de la vallée, pour se défendre contre les maraudeurs et les troupes du duc de Lorraine. A l'approche de ces troupes, les religieuses de Port-Royal s'étaient retirées dans leur maison de Paris; mais les solitaires étaient restés, déterminés à braver tous les dangers. Ils employèrent les ouvriers du château de Vaumurier à fortifier l'enceinte du couvent, à la munir de tourelles pour pouvoir s'y retrancher au besoin; ils s'adonnèrent tous aux exercices militaires et au maniement des armes. Cependant ils faisaient paraître en même temps des livres élémentaires supérieurs à tous ceux que l'on possédait, et des livres de controverse remarquables par la clarté, l'élégance et la rapidité du style. Le succès des premiers se mesurait sur les besoins qu'on en avait, et les seconds étaient lus avec empressement par un public avide de discussions sur les matières religieuses et poli-

---

[1] LORET, l. III, p. 41, 17 mars 1652.

tiques, qui lui paraissaient propres à embarrasser le pouvoir. Ainsi ces pieux solitaires semblaient se montrer jaloux d'étendre leur influence sur tous les âges, mais par la plus légitime et la moins contestable de toutes les autorités, celle des talents et des vertus. Les jésuites répandaient contre eux des écrits où l'on peignait sous de noires couleurs leurs projets pour l'avenir, et leurs intentions secrètes. Ils n'y répondaient point, et se contentaient de les faire flétrir par l'autorité épiscopale, comme des libelles injurieux et calomnieux. Ils étaient toujours intimement attachés au cardinal de Retz, auquel ils pardonnèrent ses mœurs relâchées, en faveur de l'appui qu'il leur prêtait. Ils avaient fait adopter leur doctrine par presque tout le clergé de la cathédrale et les curés de Paris [1]. Leurs ouvrages et leurs exemples avaient donné un caractère plus grave à ces réunions d'hommes de lettres, de savants et de gens du monde, qui, en l'absence de Montausier et de sa femme, et dans le deuil où était plongée toute la famille d'Angennes par la perte de son chef [2], ne se tenaient plus à l'hôtel de Rambouillet, mais au petit Luxembourg, chez la duchesse d'Aiguillon, à qui, comme nièce du cardinal de Richelieu, ce glorieux patronage des noms célèbres et des hautes capacités convenait plus qu'à toute autre. Un fils de l'intendant de Rouen se montrait un des plus assidus à ces réunions; son père devait à la protection de la duchesse une partie de sa fortune et l'intendance dont il était pourvu. Ce jeune homme s'était acquis de la réputation par ses découver-

---

[1] PETITOT, *Notice sur Port-Royal*, t. XXXIII de la *Collection des Mémoires relatifs à l'Hist. de France*; *Pièces justificatives des Mém. de Du Fossé*; *Mémoires de Fontaine*; *Mém. de Joly*.

[2] LORET, liv. III, p. 32, *lettre* en date du 3 mars 1652.

tes en physique, et on l'écoutait avec plus d'attention et de déférence qu'autrefois Voiture à l'hôtel de Rambouillet[1]. Le gazetier Loret, qui assista à une des réunions qui eurent lieu au petit Luxembourg dans le cours de cette année, nous dit qu'un grand nombre de ducs, de marquis, de cordons bleus et de belles dames, prirent un vif plaisir à entendre ce jeune homme expliquer des inventions mathématiques et des expériences de physique toutes nouvelles :

> Il fit encor sur des fontaines
> Des démonstrations si pleines
> D'esprit et de subtilité,
> Que l'on vit bien, en vérité,
> Qu'un très-beau génie il possède ;
> Et l'on le traita d'Archimède[2].

L'éloge était magnifique, mais il n'était nullement exagéré, car ce jeune homme était Pascal.

L'Esclache, dont les écrits sont moins célèbres, brillait alors autant que lui dans ces réunions, et peut servir à prouver combien le goût de l'instruction et des méditations profondes était en honneur dans les classes élevées et chez les personnes des deux sexes[3]. Loret dit que,

> Dans ce même palais charmant
> De la nièce du grand Armand,

---

[1] LORET, liv. III, p. 50. — *Biographie universelle*, t. XXXIII, p. 51. — MONTUCLA, *Hist. des Mathématiques*, t. I, p. 63.

[2] LORET, *Muse historique*, liv. III, p. 50, *lettre* du 14 avril 1652.

[3] LORET, l. III, p. 51 ; p. 163, *lettres* du 14 avril et du 23 novembre 1652.—TALON, t. LXII, p. 390.—SEGRAIS, *Œuvres*, t. I, p. 29 et 30.— HUETII *Commentarius de rebus ad eum pertinentibus*, t. I, p. 2, 43, 122, 144.

il entendit un soir, en présence d'un cercle brillant de belles dames et de hauts personnages, M. L'Esclache faire un discours pour prouver l'immortalité de l'âme.

> Mais quoique ce fût doctement,
> Ce fut pourtant si nettement,
> Et par des raisons si faciles,
> Que les esprits les moins dociles
> Comprenaient aisément le sens
> De ses arguments ravissants [1].

D'après ces détails sur l'esprit de la société de cette époque, il est facile de s'apercevoir que le temps de la jeunesse de madame de Sévigné ne ressemblait nullement à celui où nous reporte le commencement de sa correspondance avec sa fille, alors que Louis XIV interdisait à ses courtisans et aux dames de sa cour tout entretien sur les matières politiques et religieuses; lorsqu'on ne parlait que du roi, de ses fêtes, de ses ballets, de ses maîtresses, de sa gloire, de ses conquêtes, des vers faits à sa louange, des prodiges et des magnificences de Versailles, du nouveau spectacle de l'Opéra; des tragédies où Racine réduisait Melpomène à ne retracer que les enchantements de l'amour; des comédies où Molière frappait d'un ridicule ineffaçable toute femme qui affichait quelque prétention à une supériorité quelconque sur les personnes de son sexe, et où ce grand comique se complaisait à montrer les dames de haut parage inférieures à leurs servantes en esprit et en bon sens. On comprend pourquoi madame de Sévigné, dans ses entretiens épistolaires avec sa fille, manie des sujets que de nos jours une femme du monde n'oserait ou ne pourrait aborder; on devine aussi par quels

---

[1] LORET, liv. III, p. 51, *lettre* du 14 avril 1652.

motifs madame de Grignan fut soumise, dans le plan de son éducation, à des genres d'études plus fortes encore que celles de sa mère, et comment madame de La Sablière et elle s'étaient instruites dans les hautes sciences et comprenaient la philosophie de Descartes. Cela s'explique par la différence des âges, par l'époque de la jeunesse et des premiers développements de l'intelligence. Pour madame de Sévigné, cette époque appartenait aux réunions de l'hôtel de Rambouillet; pour madame de Grignan et madame de La Sablière, c'était celle dont les assemblées du petit Luxembourg avaient fourni le modèle.

C'est pendant cette dernière époque que madame de Sévigné, répandue dans tous les grands cercles de la capitale, dont elle était un des principaux ornements, se vit le plus exposée aux séductions de la jeune et brillante noblesse qui s'empressait autour d'elle; sa société particulière était aussi nombreuse que remarquable par les personnages qui la composaient. Elle avait retrouvé à Paris le grand prieur Hugues de Rabutin, qui n'avait point quitté le Temple. Mais les événements avaient éloigné d'elle le comte de Bussy-Rabutin [1]. Stationné dans le Nivernais avec les troupes du roi, Bussy ne pouvait même, par correspondance, communiquer avec elle. Les partis ne se faisaient pas scrupule d'arrêter les courriers, de leur enlever leurs paquets et de violer le secret des lettres [2]. Bussy laissait donc le champ libre à ses rivaux, et n'avait aucun moyen de prévenir ou de contrecarrer les progrès qu'ils pourraient faire dans le cœur de sa belle cousine. De tous ceux qu'il avait à craindre, le plus éminent par sa naissance et ses dignités était le duc de Rohan.

[1] Bussy, *Mémoires*, édit. 1721, in-12, t. III, p. 219 à 374.
[2] Montpensier, *Mémoires*, t. XLI, p. 156 379.

La famille des Sévignés avait l'honneur d'être alliée à celle des Rohans ; et en Bretagne, où madame de Sévigné faisait de longues résidences, le duc de Rohan tenait un des premiers rangs. Il avait même voulu disputer la présidence des états de cette province au duc de Vendôme[1], et l'opposition qu'avait mise à cette prétention le maréchal de La Meilleraye fut un des motifs qui le porta à se jeter dans le parti de Condé. Après la prise d'Angers par les troupes du roi, Rohan s'était rendu à Paris. Il y revit madame de Sévigné ; et quoiqu'il rencontrât chez elle les amis et les alliés du coadjuteur, et un grand nombre de personnages d'un parti contraire au sien, il ne put s'abstenir de la voir fréquemment. De son côté, elle le traitait avec les égards dus à son rang, et aussi avec cette bienveillance que la femme la moins coquette ne refuse jamais à celui qui se déclare un de ses admirateurs. Cependant, comme le duc de Rohan était marié, il était impossible que madame de Sévigné se méprît sur la nature des hommages qu'il lui adressait. Par cette raison, il ne pouvait être dangereux pour elle. Il n'en était pas de même du jeune comte du Lude, qui par sa constance s'était fait considérer comme son chevalier ; mais un gentil-homme breton, le marquis de Tonquedec, cavalier accompli, par ses assiduités et ses attentions, balançait auprès d'elle le comte du Lude. Marigny et Ménage, les anciens amis de son jeune âge, et tous ceux qui formaient l'escorte du cardinal de Retz, Montmorency, Brissac, le président de Bellièvre, Montrésor, le comte de Châteaubriand, Caumartin, l'honnête et obligeant d'Hacqueville, de Château-Renauld, de Bussy-Lameth, d'Argenteuil, d'Humières,

---

[1] L'abbé ARNAULD, *Mém.*, t. XXXIV, p. 293.

le marquis de Sablonière [1], l'Écossais Montrose, et les officiers qu'il avait amenés avec lui après la mort de Charles Ier; enfin, Renaud de Sévigné, auquel l'unissaient des liens de parenté, tels étaient ceux qui composaient, en hommes, à madame de Sévigné une société aussi variée que choisie, aussi nombreuse qu'agréable [2].

Son deuil venait de se terminer au commencement de cette année 1652, et elle se répandit dans le monde sans qu'aucun motif de bienséance pût y mettre obstacle.

Elle était recherchée par toutes les femmes qui aimaient à tenir chez elles des cercles brillants; mais celles chez lesquelles on la voyait le plus souvent étaient la duchesse de Lesdiguières et la princesse Palatine; cette dernière, quoique du parti de la cour, resta toujours attachée à Gondi, et le servit avec zèle et loyauté. Les amies les plus intimes de madame de Sévigné étaient sa tante maternelle, née Henriette de Coulanges, et sœur de François, marquis de La Trousse, conseiller au parlement de Rennes, et de la maison de La Savonnière en Anjou; madame de Lavardin, qu'elle loue comme une femme d'un bon et solide esprit [3]; madame Renaud de Sévigné, et sa fille mademoiselle de La Vergne, qui toutes deux habitaient pendant l'été leur terre près d'Angers, et se trouvaient liées avec le duc de Rohan, gouverneur d'Anjou, et avec la duchesse sa femme; avec de Fourilles, gouverneur de la

---

[1] Retz, t. XLVI, p. 129 et 130; conférez pour ce nom *Vie du cardinal de Rais*, 1836, in-8°, p. 323.

[2] Petitot, *Introduction aux Mémoires, de la Fronde*, t. XXXV, p. 208. — Retz, *Mém.*, t. XLVI, p. 129, 130; p. 216, 220. — Sévigné, *lettre* en date du 24 juillet 1680, t. VI, p. 387; t. IV, p. 132, en date du 18 décembre 1675.

[3] Sévigné, *Lettres*, t. IX, p. 439, *lettre* en date du 10 avril 1691.

ville d'Angers, avec l'évêque d'Angers, et surtout avec Lavardin, évêque du Mans, qui, semblable à Costar, son archidiacre, était plus renommé par la délicatesse et la joie de ses banquets, que pour la sainteté de sa vie [1]. Ainsi, tous les membres de cette société particulière de madame de Sévigné se trouvaient unis par des rapports de voisinage, de parenté, d'affection, communs à tous, et aussi par cette confiance mutuelle et ce charme constant que fait éprouver l'habitude de se voir, de se fréquenter et de correspondre continuellement les uns avec les autres.

Mademoiselle de La Vergne, qui avait été, par le veuvage et l'éloignement de madame de Sévigné, privée pendant quelque temps de sa meilleure amie, contracta une nouvelle liaison avec une jeune personne, qui par son enjouement, ses allures vives et dégagées, inspirait la joie dans toutes les sociétés où elle paraissait. Elle avait pour son âge un peu trop d'embonpoint; sa taille, un peu courte, manquait d'élégance; mais ses bras, ses mains et toute sa personne étaient admirablement modelés; ses cheveux étaient châtains, ses yeux brillants et vifs, son visage arrondi, ses traits délicats et mignards, sa bouche petite et gracieuse. Cette beauté était Catherine-Henriette d'Angennes, fille du baron de La Loupe, de la même famille que le marquis de Rambouillet. Elle était demandée par Louis de La Trémouille, comte d'Olonne; et ce mariage était même annoncé comme prochain dans la *Gazette* de Loret, du 3 mars 1652 :

> D'Olonne aspire à l'hyménée
> De la belle Loupe l'aînée,

---

[1] ARNAULD, *Mém.*, t. XXXIV, p. 303, 305 et 306.—COSTAR, *Lettres*, in-4°, p 548.

Et l'on croit que dans peu de jours
Ils jouiront de leurs amours.

Le gazetier ne se trompait pas, et c'est sous le nom de comtesse d'Olonne que l'amie de mademoiselle de La Vergne s'acquit depuis une si malheureuse célébrité par ses galanteries avec le marquis de Beuvron, le duc de Candale, Saint-Évremond, l'abbé de Villarceaux, le comte de Guiche, et tant d'autres [1]. Le cardinal de Retz en était devenu amoureux. Il avait quitté mademoiselle de Chevreuse, qui, selon le jugement qu'il en porte, avait plus de beauté que d'agrément, et était sotte jusqu'au ridicule [2]. Gondi, rompu aux intrigues galantes, devina le naturel et les penchants secrets de la jeune de La Loupe; mais il en présuma trop, ou plutôt il présuma trop de lui-même. Lorsqu'on songe aux périls qui le menaçaient alors, aux interminables devoirs auxquels il était assujetti par sa nouvelle dignité, aux événements importants qu'il cherchait à diriger ou à tourner à son profit, on est surpris de le voir si fortement préoccupé de cette nouvelle passion. Le duc de Brissac l'y encourageait; ce jeune duc était lui-même amoureux de mademoiselle de La Vergne, dont la maison était limitrophe de celle où demeuraient les demoiselles de La Loupe; et une communication avait été pratiquée entre les deux maisons, pour que les deux amies pussent se voir aussi souvent qu'il leur plairait. Le duc de Brissac, en se faisant le complaisant empressé des plaisirs du cardinal, avait acquis sur

---

[1] Loret, liv. III, p. 33, *lettre* du 3 mars 1652.—Bussy, *Hist. am. de la France*, 1710, p. 1, 154. — Hamilton, *Œuvres*, t. I, p. 123 des *Mémoires de Gramont*. — Saint-Évremond, t. II, p. 36-42 et p. 109.

[2] Retz, *Mém.*, t. I, p. 221, édit. d'Amsterdam, in-12.

lui un assez grand ascendant, même pour les affaires sérieuses. Il se rendait donc tous les soirs avec Gondi chez mademoiselle de La Vergne, où ils étaient presque toujours certains d'y trouver mademoiselle de La Loupe. Là, chacun d'eux pouvait ainsi entretenir à loisir celle dont il était charmé. Gondi s'était fait faire pour ces visites nocturnes un habit élégant [1]. Sa position comme son humeur ne lui permettaient pas de longs préliminaires. Le mariage projeté était aussi pour lui un motif de se hâter. Ayant affaire à une jeune personne vive et coquette, sa vanité lui fit croire la chose assez avancée pour pouvoir brusquer une conclusion; mais il ne pouvait rien sans un tête-à-tête, et obtenir un rendez-vous d'une demoiselle presque fiancée, et par conséquent toujours entourée, paraissait impossible. Il y parvint cependant : pour connaître par quels moyens, laissons parler cet homme excessif dans le mal comme dans le bien, qui étonne par la franchise de ses aveux, et dont Bossuet a dit avec raison qu'on ne pouvait ni l'estimer, ni le craindre, ni le haïr à demi [2]. Ce récit, d'ailleurs, nous semble propre à jeter un jour vif sur la situation de Paris à cette époque, et sur les dangers où se trouvait exposée, au milieu d'un tel monde, une jeune veuve, riche, indépendante, et avec le caractère et les attraits de madame de Sévigné.

« Un jour que j'étais avec MONSIEUR dans son cabinet de livres, Bruneau y entra tout effaré, pour m'avertir qu'il y avait dans la cour une assemblée de deux ou trois cents

---

[1] Guy-Joly, *Mémoires*, t. XLVII, p. 251.

[2] Bossuet, *Oraison funèbre de Le Tellier*, cité par Petitot.—*Notice sur le cardinal de Retz*, dans la *Collect. des Mém. de l'Hist. de Fr.*, t. XLIV, p. 79.

de ces criailleurs qui disaient que je trahissais Monsieur, et qu'ils me tueraient. Monsieur me parut consterné à cette nouvelle, je le remarquai; et l'exemple du maréchal de Clermont, assommé entre les bras du dauphin [1], qui tout au plus ne pouvait pas avoir eu plus de peur que j'en voyais à Monsieur, me revenant dans l'esprit, je pris le parti que je crus le plus sûr, quoiqu'il parût le plus hasardeux. Je descendis avec Château-Renauld et d'Hacqueville, qui étaient seuls avec moi, et j'allai droit à ces séditieux, en leur demandant qui était leur chef [2]. Un gueux d'entre eux, qui avait une vieille plume jaune à son chapeau, me répondit insolemment : « C'est moi. » Je me tournai du côté de la rue de Tournon, en disant : « Gardes de la porte, que l'on me pende ce coquin à ces « grilles. » Il me fit une profonde révérence; il me dit qu'il n'avait pas cru manquer au respect qu'il me devait; qu'il était venu seulement avec ses camarades pour me dire que le bruit courait que je voulais mener Monsieur à la cour et le raccommoder avec le Mazarin; qu'ils ne le croyaient pas, qu'ils étaient mes serviteurs, et prêts à mourir pour mon service, pourvu que je leur promisse d'être toujours bon frondeur [3].

« Ils m'offraient de m'accompagner; mais je n'avais pas besoin de cette escorte pour le voyage que j'avais résolu, comme vous l'allez voir. Il n'était pas au moins fort long; car madame de La Vergne, mère de madame de La Fayette, et qui avait épousé en secondes noces le chevalier de Sévigné, logeait où loge présentement madame sa fille. Cette

---

[1] En 1358.
[2] Voyez Loret, liv. III, p. 66, *lettre* du 19 mai 1652.
[3] Conférez encore Conrard, *Mém.*, t. XLVIII, p. 75, qui confirme que ceci se passa à la fin de mai 1652.

madame de La Vergne était honnête femme dans le fond, mais intéressée au dernier point, et plus susceptible de vanité pour toutes sortes d'intrigues sans exception, que femme que j'aie jamais connue. Celle dans laquelle je lui proposais ce jour-là de me rendre de bons offices était de nature à effaroucher d'abord une prude. J'assaisonnai mon discours de tant de protestations de bonnes intentions et d'honnêtetés, qu'il ne fut pas rebuté; mais aussi ne fut-il reçu que sous les promesses solennelles que je fis, de ne prétendre jamais qu'elle étendît les services que je lui demandais au delà de ceux que l'on peut rendre en conscience pour procurer une bonne, chaste, pure et sainte amitié. Je m'engageai à tout ce qu'on voulut. On prit mes paroles pour bonnes, et l'on se sut très-bon gré d'avoir trouvé une occasion toute propre à rompre dans la suite le commerce que j'avais avec madame de Pommereul, que l'on ne croyait pas si innocent.

« Celui dans lequel je demandai que l'on me servît ne devait être que tout spirituel et tout angélique, car c'était celui de mademoiselle de La Loupe, que vous avez vue depuis sous le nom de madame d'Olonne. Elle m'avait fort plu quelques jours auparavant, dans une petite assemblée qui s'était faite dans le cabinet de MADAME; elle était jolie, elle était belle, précieuse par son air et par sa modestie. Elle logeait tout proche de madame de La Vergne, elle était amie intime de mademoiselle sa fille; elle avait même percé une porte par laquelle elles se voyaient sans sortir du logis. L'attachement que M. le chevalier de Sévigné avait pour moi, l'habitude que j'avais dans sa maison, et ce que je savais de l'adresse de sa femme, contribuèrent beaucoup à mes espérances. Elles se trouvèrent vaines par l'événement; car, bien qu'on ne m'arrachât pas les yeux, bien que je m'aperçusse à certains airs que l'on n'était pas fâchée de voir la pourpre soumise, tout armée et tout éclatante qu'elle était, on se tint toujours sur un pied de sévérité, ou plutôt de modestie, qui me lia la langue, quoiqu'elle fût assez libertine : ce qui doit étonner ceux qui n'ont point connu mademoiselle de La Loupe et qui n'ont ouï parler que de madame d'Olonne. Cette historiette n'est pas trop, comme vous voyez, à l'honneur de ma galanterie [1]. »

Le mariage de mademoiselle de La Loupe avec le comte d'Olonne eut lieu quelques semaines après l'entrevue dont le cardinal de Retz nous a transmis le récit; et peu de mois après la comtesse d'Olonne s'était déjà séparée de son mari. Lorsque mademoiselle de Montpensier alla à cheval, avec son père le duc d'Orléans et le prince de Condé, au-devant du duc de Lorraine, campé près de Villeneuve-Saint-Georges, madame d'Olonne, sa sœur mademoiselle de La Loupe la jeune, la duchesse de Sully, et les comtesses de Fiesque et de Frontenac, faisaient partie de l'escadron des dames qui composaient le cortége de cette princesse. « On s'étonna, dit MADEMOISELLE, de la voir là, son mari étant auprès du roi, cornette de ses chevau-légers. » Il est probable que la liaison de la comtesse d'Olonne avec le marquis de Beuvron, la seule de toutes celles qu'elle forma qui fut quelque temps tenue secrète, était déjà commencée; peut-être même avait-elle précédé le mariage, et ce premier attachement a pu être l'obstacle inconnu qui fit échouer les projets de séduction du cardinal [2]. Une autre cause, plus probable, se trouve aussi dans

---

[1] RETZ, *Mém.*, t. XLVI, p. 49. — *Vie du cardinal de Rais*, édit. 1836, p. 340. — GUY-JOLY, *Mém.*, t. XLVII, p. 251.

[2] MADEMOISELLE, *Mémoires*, t. XLI, p. 245 et 246. — BUSSY, *Hist.*

la répugnance que, malgré sa pourpre, son haut rang, devait causer à une jeune beauté, plus frappée des agréments du corps que de ceux de l'esprit, un homme tel que Gondi. Si le portrait que nous trace Tallemant des Réaux, de ce héros de la Fronde, est fidèle, c'était « un petit homme noir, à vue très-basse, mal fait, laid, et maladroit de ses mains à toutes choses [1]. » Madame de Pommereul, dont il parle dans cette partie de ses Mémoires, et avec laquelle il avait vécu, était la femme d'un président au grand conseil, qui, mariée contre son gré, et en discorde avec son mari, s'était séparée de lui [2] : madame de Sévigné fut liée avec son fils et son petit-fils, qui occupèrent des charges importantes [3].

amoureuse de France, 1710, in-12, p. 4. — SAINT-SIMON, *Mém. inédits*, t. XI, p. 135.

[1] TALLEMANT DES RÉAUX, *Historiettes*, t. IV, p. 102, édit. in-8°; t. VII, p. 18 de l'édit. in-12.

[2] *Ibid.*, t. IV, p. 113, édit. in-8°; t. VII, p. 30.

[3] SÉVIGNÉ, *Lettres* (11 et 22 décembre 1675), t. IV, p. 261 et 264, édit. de G.; t. IV, p. 118 et 143, édit. de M. (20 juillet, 11, 14 septembre, 26 octobre 1689); t. IX, p. 380 et 381, et t. X, p. 60, édit. de G.; t. IX, p. 44, 111, 115, 184, 185, édit. de M.

CHAPITRE XXV.

1652.

Haine contre Mazarin. — Menaces du parlement contre le gazetier Loret. — Libelles et chansons contre la reine et son ministre. — Sermon du père Le Boux en faveur de la cause royale.—Prédications furibondes du père George contre la cour.—La cause royale gagne des partisans. — Beaufort battu à Gergeau. — Mazarin plein de confiance en lui-même. — L'armée royale est subitement attaquée par Condé. — Comment ce prince parvient à rejoindre son armée. — Habileté de Gourville et de Chavagnac. — Condé manque d'être pris par Bussy-Rabutin. — Combat de Bléneau. — Conséquences de ce combat si Condé eût battu l'armée royale. — Condé entre dans Paris. — Ses fautes. — Suites et résultats de la victoire de Turenne. — Événements et intrigues qui les produisent. — L'histoire ne mesure pas le temps d'après la durée astronomique.

Quelque nombreux, quelque divisés que fussent les partis qui s'agitaient dans Paris, ils se réunissaient tous pour s'opposer à Mazarin et résister au roi, ou plutôt à la reine sa mère. Ceux qui étaient partisans du premier ministre, comme ceux qui, tout en le détestant, voyaient trop de dangers à ne pas respecter en lui une autorité exercée au nom du roi, étaient en petit nombre ; et leur voix était tellement comprimée, que Loret fut menacé, par les membres du parlement, d'un décret de prise de corps, parce que dans sa *misérable Gazette* (comme lui-même la nomme avec juste raison), il avait exprimé avec trop de franchise son opinion en faveur de la cause royale. Il se vit obligé de renoncer à la liberté de ses rimes, et de ne plus raisonner

> Sur l'état présent des affaires,
> Pour n'irriter tels adversaires [1].

Ce qui lui parut dur; car en terminant une de ses lettres il s'écrie :

> Ah ! que c'est une étrange chose
> Quand on veut jaser, et qu'on n'ose [2] !

Cependant les libelles les plus odieux et les chansons les plus ordurières contre la reine et contre Mazarin s'imprimaient librement, et circulaient parmi le peuple, sans que le parlement songeât à réprimer tant d'audace. De tout temps ceux qui se sont armés contre le pouvoir, sous le prétexte de se soustraire à l'oppression, commencent par opprimer leurs adversaires, parlent sans cesse de justice, de liberté et d'humanité, et se montrent iniques et cruels.

La chaire évangélique avait pourtant maintenu son indépendance, et le parlement n'osait y porter atteinte. On s'empressait de se rendre aux sermons du père Le Boux, de l'Oratoire, et à ceux du père George, capucin, qui tous deux, mêlant la politique aux saintes leçons de la religion, prêchaient, le premier en faveur de la cause royale, le second pour la Fronde et le parlement. Le père Le Boux fut plusieurs fois insulté par la populace au sortir de l'église ; mais il n'en continua pas moins à exhorter tous les partis à se réunir dans une commune obéissance aux ordres du

---

[1] LORET, *Muse historique*, liv. III, p. 24, 26, *lettre* en date du 18 février 1652.

[2] *Ibid., id.*, p. 34, *lettre* en date du 3 mars, t. III, p. 110, *lettre* en date du 18 août; t. III, p. 40.

roi [1]. Gaston assista à l'un de ses sermons, le 10 mars de cette année 1652, durant le carême ; il y vint avec toute sa famille ; et l'intrépide prédicateur, saisissant l'occasion qui s'offrait à lui, s'adressa à ce fils de France, et l'exhorta, avec toute la chaleur d'une éloquence vive et passionnée, à tarir la source des pleurs que la France versait et à faire cesser tous les maux qui pesaient sur elle. Il lui promit pour récompense les bénédictions du ciel et celles de tout le royaume, qui avait le droit de tout espérer de sa bonté et de sa puissante intervention. De son côté, le père George ne se montrait pas moins actif, dans ses furibondes prédications, à peindre la reine et son ministre comme altérés de sang et de vengeance, et ne songeant qu'à la destruction de Paris et à l'extermination de ses habitants.

Quoique le parti des royalistes fût en apparence le plus faible, il gagnait tous les jours de nouveaux partisans dans le peuple. Il cachait sa force, afin d'entretenir la division parmi les autres ; et la violence de ceux-ci augmentait à proportion de leur affaiblissement progressif [2]. D'ailleurs, on savait que Condé, en Guienne, tout en faisant des prodiges de tactique militaire, avait toujours échoué contre le comte d'Harcourt ; qu'Angers était pris, et que Beaufort venait d'être battu à Gergeau. Cet échec, joint à la division qui régnait entre Nemours et Beaufort, avait mis le désordre et jeté le découragement parmi leurs soldats. On ne doutait pas que l'armée royale, commandée par deux généraux aussi habiles que Turenne et le maréchal d'Hocquincourt, ne parvînt à triompher facilement de troupes

---

[1] *Ibid.*, p. 38, *lettre* en date du 17 mars ; *ibid.*, p. 43, *lettre* en date du 7 avril. — MONTPENSIER, *Mém.*, t. XLI, p. 164. — Le père BERTHOD, *Mémoires*, t. XLVIII, p. 319.

[2] CONRART, *Mém.*, t. XLVIII, p. 44.

désorganisées, et conduites par des chefs sans expérience, sans talents militaires. On prévoyait le moment, peu éloigné, où cette armée victorieuse s'approcherait de Paris, de Paris sans défense et renfermant un si grand nombre de partisans avoués ou secrets de la cause royale [1]. Mazarin surtout n'en doutait pas ; et, peu inquiet sur les résultats des arrêts qui mettaient sa tête à prix, il se félicitait d'avoir assuré son triomphe par son retour et de ne s'être pas laissé imposer par la haute renommée militaire de Condé et par l'éclat de ses victoires.

Tandis que non-seulement le ministre, mais toute la cour, mais toute l'armée étaient dans ces sentiments, que la division commandée par le maréchal d'Hocquincourt se reposait, tranquille comme on l'est après une victoire, tout à coup, au milieu de la nuit, le 7 avril, cette division est subitement attaquée par l'armée de Nemours et de Beaufort, avec une impétuosité et un ensemble de manœuvres dont on ne croyait pas ses chefs capables. Cinq quartiers sont successivement enlevés et dispersés, le reste est mis en déroute ; les fuyards vont apprendre ce désastre à Briare, où campait Turenne, et à Gien, où était la cour [2]. Celle-ci se crut perdue, et sur le point d'être enveloppée et prisonnière. Si le roi eût été pris et entre les mains des rebelles, ceux-ci auraient eu le pouvoir, et tout était terminé [3]. Soudain Turenne, qui croit à peine les récits qui lui sont faits, monte à cheval, accompagné de son état-major, et il se poste en avant sur une éminence qui dominait la plaine. De là, à la

---

[1] PETITOT, *Introduction à la Fronde*, t. XXXIV de la collection, p. 234, 235, 243. — LA ROCHEFOUCAULD, *Mémoires*, t. LII, p. 114.

[2] DESORMEAUX, *Hist. du prince de Condé*, 1769, in-12, t. III, p. 217.

[3] MONGLAT, t. L, p. 333. — LA PORTE, t. LIX, p. 427.

lucur des villages enflammés, il examine attentivement la manière dont sont rangés les corps de troupes de l'ennemi ; puis, après quelques minutes de réflexion, il dit : « Monsieur le Prince est là ; c'est lui qui commande son armée. »

Cela était invraisemblable, mais cela était vrai. Condé, instruit par Chavigny des divisions qui régnaient entre Beaufort et Nemours, et de l'insubordination des officiers et des soldats qu'il avait placés sous leurs ordres, avait marché nuit et jour, et traversé plus de cent vingt lieues de pays, déguisé en palefrenier, décidé à se faire tuer plutôt que de se laisser prendre. Il était accompagné du duc de La Rochefoucauld, du jeune prince de Marsillac, du comte de Guitaut, du marquis de Lévis. Celui-ci, muni d'un passeport du comte d'Harcourt, était le seul chef apparent ; les autres semblaient composer sa suite ; mais tous se laissaient guider et conduire par deux hommes aussi intelligents qu'intrépides : c'étaient le comte de Chavagnac et Gourville. Sans leur présence d'esprit, sans leur extraordinaire activité, sans leur connaissance des lieux et des hommes, Condé eût été dix fois reconnu et fait prisonnier avec ceux qui l'escortaient, tant il savait peu se contraindre, tant il se pliait peu et gauchement à ce qu'exigeait le rôle prescrit par le déguisement qu'il avait emprunté [1]. Oubliant qu'il était transfuge et proscrit, il fut même sur le point d'éclater contre un gentil-homme royaliste de la connaissance de Chavagnac, qui, ignorant les noms et les qualités des hôtes que celui-ci lui avait amenés, se mit à déclamer pendant le souper contre les princes, et parla

---

[1] La Rochefoucauld, *Mém.*, t. LII, p. 134, 256. — Montpensier, t. XLI, p. 200. — Chavagnac, *Mém.*, t. I, p. 131.

fort librement et en termes très-injurieux des galanteries de la duchesse de Longueville [1]. La faiblesse du prince de Marsillac, jeune adolescent, qui ne pouvait supporter les fatigues d'une marche si précipitée; les premières attaques de goutte que ressentit alors le duc de La Rochefoucauld, son père, devinrent pour Gourville une source d'embarras et d'inquiétude. Tous ses efforts et ceux de Chavagnac n'auraient pu empêcher Condé d'être pris lors de son passage de la Loire au bec de l'Allier, si Bussy-Rabutin, qui commandait à la Charité-sur-Loire, eût été à son poste, et si le prince ne s'était pas éloigné promptement de cette place. Mais cette fuite précipitée le fit reconnaître; et la reine, à qui on avait entendu dire, « Il périra, ou je périrai [2], » envoya des cavaliers à sa poursuite. Il échappa à leurs recherches, et parvint enfin, après divers accidents romanesques, à rejoindre son armée près de Lorris, au sortir de la forêt d'Orléans [3].

C'était sa présence qui avait inspiré à ses soldats, découragés et battus, cette ardeur et cette impétuosité dont le corps d'armée d'Hocquincourt avait été victime. Condé se préparait à en disperser les restes, lorsque Turenne parut. Ce grand capitaine, en voyant les dispositions prises pour un nouveau combat, comprit qu'elles ne pouvaient être l'œuvre de Nemours et de Beaufort; il devina aussitôt quel redoutable ennemi il avait à combattre, et se hâta de prendre ses mesures en conséquence. Avec quatre

---

[1] La Rochefoucauld, *Mém.*, t. LII, p. 35. — Chavagnac, *Mém.*, t. I, p. 148.

[2] Bussy-Rabutin, *Mém.*, t. I, p. 276-278, édit. in-12.

[3] Gourville, *Mém.*, t. LII, p. 254-261. — Chavagnac, t. I, p. 147. — Monglat, *Mém.*, t. L, p. 328. — Montpensier, t. XLI, p. 198 — La Rochefoucauld, *Mém.*, t. LII, p. 134 et 135.

mille hommes, il arrêta le vainqueur de Rocroi, qui en commandait plus de douze mille, mit un terme à ses succès, et sauva le roi de France. Rien ne manque à la célébrité de ce combat de Bléneau, puisqu'il a été décrit et commenté, avec une clarté et une précision qu'on ne saurait surpasser, par le plus grand guerrier de notre âge [1].

Si Condé, après avoir forcé la cour et l'armée royale à se retirer devant lui, était resté à la tête de ses troupes, nul doute qu'il n'eût pu tenir la campagne avec avantage et augmenté le nombre de ses partisans. La Guienne, dont il possédait la capitale, lui était dévouée; la Provence, commandée par le duc d'Angoulême, tenait pour lui; le Languedoc, dont MONSIEUR était gouverneur, ne lui eût point été contraire; le duc d'Harcourt, si mécontent du cardinal, se serait déclaré en sa faveur; et peut-être alors aurait-il été assez puissant pour pouvoir exécuter le coupable projet, qu'on lui a prêté à tort, de détrôner le roi et de changer la dynastie [2]: mais du moins s'il avait voulu négocier, il eût été certain de faire sa paix à des conditions glorieuses pour lui et utiles pour les siens [3]. Loin de là, Condé, après le combat de Bléneau, quitta subitement son armée; il en laissa le commandement à des chefs subalternes, et se rendit à Paris avec Beaufort, Nemours et La Rochefoucauld [4]. Le grand capitaine se métamorphosa en négocia-

---

[1] NAPOLÉON, *Mém.* — BUSSY-RABUTIN, *Mém.*, t. I, p. 288, édit. in-12.—MONGLAT, *Mém.*, t. L, p. 333.— MONTPENSIER, t. XLI, p. 212. — RETZ, t. XLVI, p. 83.

[2] *Extrait de la vie écrite en marge d'une Bible de* JEAN DE COLIGNY, *dans les Contes historiques de* Musset-Pathay, p. 236.

[3] MONGLAT, *Mém.*, t. L, p. 392, 396.

[4] LORET, *Muse historique*, liv. III, p. 50, *lettre* en date du 14 avril 1652 — GOURVILLE, *Mémoires*, t. LII, p. 262. — JOLY, *Mémoires*, t. LXVII, p. 215.

teur maladroit, et le prince du sang en imprudent factieux. Cette faute énorme engendra rapidement toute la série des conséquences qui suivirent, et dont les derniers termes furent la rentrée du roi et de la cour dans Paris, l'anéantissement de toutes les garanties contre les abus du pouvoir, obtenues en 1648 par la convention faite avec le parlement; le rappel de Mazarin, et le triomphe complet de l'autorité absolue du roi; puis enfin le douloureux spectacle pour la France de voir Condé à la solde de l'étranger, et général de l'armée d'Espagne, combattant avec les Espagnols contre sa patrie. Mais avant d'arriver à ce résultat que d'événements, d'intrigues, de désastres, ont eu lieu dans cette seule année !

L'histoire ne mesure pas le temps d'après sa durée astronomique; souvent les faits se pressent avec tant de rapidité et déroulent un si long avenir, que peu de jours leur suffisent pour former un grand nombre des anneaux de la chaîne historique. De même que les flots d'un fleuve, avant de se perdre dans la mer, parcourent des intervalles semblables avec des vitesses différentes, lorsqu'ils se précipitent en cascades du haut des rochers, roulent en torrent sur une pente inclinée, ou coulent lentement sur un lit horizontal, ainsi les moments de la vie humaine et les années des peuples, avant de s'anéantir dans l'océan des âges, tantôt se traînent avec lenteur, ou marchent avec régularité, tantôt volent avec légèreté et sans bruit, ou fendent l'espace avec le fracas et la rapidité de la foudre.

CHAPITRE XXVI.

1652—1653.

C'est dans cette année que se pose le principe fondamental de la monarchie de Louis XIV. — Madame de Sévigné a vécu avec les principaux personnages de la Fronde. — Nécessité de les faire connaître. — Comment Mazarin et Turenne ont contribué, par la réunion de leurs talents, au triomphe de la cause royale. — Mazarin nommé surintendant de l'éducation du jeune roi. — Il se concilie son affection. — Habileté de sa politique. — Circonstances où Louis révèle l'énergie de son caractère. — L'éducation qui lui était donnée et les événements de sa jeunesse étaient propres à développer ses facultés pour le gouvernement. — Calme et courage de Mazarin au milieu des dangers. — Son adresse dans les négociations. — La dévastation des campagnes et les progrès de l'anarchie aliènent les bourgeois de la cause des princes. — Mazarin négocie avec eux et avec le parlement. — Ordonnance royale qui transporte le parlement de Paris à Pontoise. — Plaisanterie de Benserade. — Mazarin fait demander son éloignement par le parlement. — Il se retire à Bouillon. — Le roi est redemandé par le parlement et le peuple de Paris. — Le roi se conforme à toutes les instructions que lui avait laissées Mazarin. — Tout le monde cherche à traiter avec ce ministre. — Bussy-Rabutin va à Bouillon pour le voir. — Mazarin revient lorsque tous les actes de rigueur ont été accomplis. — Mazarin s'empare de toute l'autorité, et termine la Fronde. — Mazarin comparé à Richelieu et à Retz.

Dans cette année 1652 le principe générateur de la monarchie de Louis XIV fut posé, et la fortune d'un grand nombre des personnages qui firent la gloire de son règne, la carrière qu'ils parcoururent, et les destinées de leur vie entière, se trouvèrent déterminées par la part qu'ils avaient prise dans les événements de cette époque. Madame de Sévigné a vécu avec la plupart de ces personnages ; elle en parle continuellement dans ses lettres ; elle se trouvait elle-même à Paris au milieu d'eux, lors de ces grandes secousses. Il est donc impossible de réussir dans le dessein que nous avons formé d'éclairer l'histoire de son siècle par ses écrits, et de mieux faire comprendre ses écrits par la peinture de son siècle, sans faire connaître en même temps chacun de ces personnages, le rôle qu'il a joué, les passions qui le faisaient mouvoir, les intrigues dont il était l'auteur, l'instrument ou la victime ; et ce que devenait enfin la société au milieu de laquelle s'est passée l'année la plus agitée de la jeunesse de madame de Sévigné.

Mazarin et Turenne attirent d'abord notre attention, comme les premiers acteurs de ce grand drame politique. Jamais, dans des positions aussi difficiles et aussi compliquées, deux hommes, l'un dans le cabinet, l'autre sur les champs de bataille, n'ont déployé autant d'habileté. A cette époque décisive ils ne firent pas une faute, et profitèrent toujours des fautes de leurs antagonistes. Unissant tous deux la prudence et l'audace, ils surent s'avancer et se retirer à propos. Ne négligeant rien, prévoyant tout, ils assortirent et modifièrent promptement leurs plans et leurs résolutions, selon les circonstances qu'ils ne pouvaient changer, ou selon celles qu'ils avaient fait naître. Leurs génies si divers, leurs caractères si opposés se prêtèrent un mutuel appui, et contribuèrent à assurer leurs succès respectifs, par des moyens différents. Tel fut le nombre des obstacles qu'ils avaient à surmonter, que chacun d'eux eût manqué son but et éprouvé une défaite, sans le secours de l'autre. Si Mazarin n'avait pas, par une ruse adroite, fait connaître à Fuensaldagne le danger que courait l'Espagne en rendant Condé trop puissant, et en forçant le roi de France, n'importe à quelle condition, à se réunir à lui pour repousser l'ennemi commun, l'armée de Fuensaldagne se serait réunie à celle de Condé, et Turenne, accablé, n'aurait pu continuer la lutte [1]. Si Turenne n'avait pas deviné, par les marches du duc de Lorraine, qu'il manquait de sincérité dans ses négociations avec Mazarin, l'armée des princes se serait encore trouvée doublée. L'habile capitaine, agissant avec ce faux allié comme envers un ennemi, se posta devant lui au moment où il s'y attendait le moins; et, le forçant ainsi à combattre, ou à exécuter son traité, il lui fit effectuer sa retraite.

Turenne se conciliait l'attachement des soldats, et se faisait des amis de tous les officiers de son armée; tandis que Condé révoltait souvent ceux de la sienne par sa hauteur et sa dureté insultante. Mazarin acquérait sans cesse des partisans [2] par sa modération et sa souplesse, par la juste opinion que l'on avait de son habileté et de sa longue pratique des affaires, par les grâces qu'il accordait, par les promesses qu'il prodiguait, par l'entière confiance que la reine avait en lui, par l'affection du jeune roi, qu'il avait su capter. Il s'était fait nommer surintendant de son éducation; et, bien loin de le tenir éloigné des affaires comme on l'a prétendu, il le contraignait à s'y appliquer. Il l'initia à toutes les négociations qui eurent lieu pendant les troubles; il lui donna communication des lettres qu'il recevait de tous les partis, des propositions qui lui étaient faites; et il lui démontra que l'intérêt et l'ambition s'étaient masqués du prétexte du bien public pour chercher

---

[1] Monglat, *Mémoires*, t. L, p. 362.
[2] Motteville, t. XXXIX, p. 407.

à le renverser, et qu'il lui eût été facile de rester ministre, s'il avait voulu permettre à Condé, au duc d'Orléans, au cardinal de Retz, aux meneurs du parlement, de s'emparer chacun d'une portion de l'autorité royale. C'était pour elle qu'il se sacrifiait, qu'il s'adonnait à une vie si laborieuse; c'était pour elle qu'il avait supporté l'exil, et qu'il exposait sa vie, en bravant, par sa rentrée en France, les arrêts de proscription.

Veut-on savoir quels furent sur le jeune roi les effets des instructions de Mazarin, qu'on se rappelle deux faits.

Quand le président de Nesmond fut à Compiègne admis, avec une députation du parlement, en présence du trône, pour y lire les remontrances de sa compagnie et demander l'éloignement de Mazarin, Louis XIV, rougissant de colère, interrompit l'orateur au milieu de sa harangue, arracha au président le papier qu'il tenait à la main, puis dit qu'il en délibérerait avec son conseil. Nesmond voulut en vain réclamer, remontrer à cet enfant couronné qu'il agissait contre tous les usages; Louis persista, et la députation fut forcée de se retirer.

Mazarin était absent, lorsqu'il fut décidé que la cour ferait le 21 octobre son entrée solennelle dans Paris, où le feu de la sédition avait tout embrasé et était à peine éteint. La reine et les ministres, et le maréchal Duplessis, qui commandait les troupes, décidèrent que le jeune roi se placerait près du carrosse de sa mère, qu'il serait entouré par le régiment des gardes suisses et le reste de l'armée. Il fut impossible d'amener Louis à consentir à cet arrangement [1]. Il fallut le laisser agir à sa volonté; et

---

[1] Père Berthod, t. XLVIII, p. 369. — Maréchal Duplessis, *Mémoires*, t. LVII, p. 404.

il fit son entrée à cheval, à la tête du régiment des gardes françaises, seul en avant de son cortége. A la lueur de plusieurs milliers de flambeaux, il chemina lentement à travers les flots d'un peuple immense, qui admirait la beauté de son coursier, sa jeunesse, ses grâces, sa noble sécurité, et qui témoignait, par ses bruyantes acclamations, une joie qui allait jusqu'au délire [1]. Louis le Grand ne se retrouve-t-il pas tout entier dans ces deux actes d'un souverain de quatorze ans ?

Sans doute il faut faire ici la part du naturel et du caractère, qui dans chaque individu est le résultat de l'ensemble de son organisation, et ne dépend pas de l'éducation. Mais l'éducation que Louis reçut par les soins de Mazarin était éminemment propre à développer ces heureux germes. Faite au milieu des camps et des guerres civiles, elle était la meilleure qu'on pût donner à un monarque. Toujours l'exemple se trouvait avec le précepte, la théorie près de la pratique, l'expérience à côté du principe [2]. Quelle belle leçon donnait à son roi un ministre que la proscription ne pouvait distraire des soins du gouvernement! qui négociait tranquillement avec ceux-là même qui avaient fait vendre ses meubles et ses livres, pour payer l'assassin qui le tuerait [3]! La première clause de ces négociations était toujours qu'il serait banni du royaume : contre cette clause Mazarin ne faisait aucune objection. Il semblait ne se compter pour rien ; mais il discutait les autres, et prouvait aux négociateurs qu'elles étaient attentatoires à l'autorité royale ; il leur démontrait

---

[1] MOTTEVILLE, *Mém.*, t. XXXIX, p. 355. — MONGEAT, *Mém.*, t. L, p. 375.

[2] LOMÉNIE DE BRIENNE, t. II, chap. XXXVII, p. 297.

[3] LORET, *Muse historique*, liv. III, p. 109, *lettre* du 11 août 1652.

que les parlements, qui voulaient le bien du royaume, le livraient par leur résistance à l'étranger ; il leur faisait voir qu'étant sans force pour exécuter leurs arrêts, lors même qu'on accéderait à tout ce qu'ils demandaient, ils n'en seraient pas plus avancés, attendu que cela ne désarmerait pas les princes, qui avaient d'autres prétentions. Alors il leur faisait confidence des offres secrètes de ceux-ci, et des dispositions où ils étaient de le laisser gouverner, pourvu qu'il consentît à des concessions qui toutes étaient dans les intérêts particuliers de la noblesse militaire, et bien plus encore au détriment des parlements et de la bourgeoisie que de l'autorité royale.

Chaque parti, à l'insu des autres, cherchait à traiter avec Mazarin, dans l'espérance de tirer avantage des embarras de sa situation. Il avait donc les secrets de tous, et personne n'avait les siens ; personne ne pouvait deviner ses intentions et ses projets. Comme tous les partis se trompaient mutuellement, et que même en se confédérant contre lui ils restaient toujours désunis, il lui devint facile de les diviser, de les affaiblir les uns par les autres, de connaître tous les ressorts qui les faisaient agir, de mesurer le degré de leur force et de leur faiblesse respectives, ignoré d'eux-mêmes. Cette exacte appréciation des leviers qu'on peut faire mouvoir, des obstacles qui sont à vaincre, est à la fois la tâche la plus difficile et la plus essentielle de l'homme d'État. Elle seule peut indiquer quand il faut battre en retraite ou s'avancer avec hardiesse, laisser agir le temps ou précipiter les événements, donner de la sécurité ou inspirer de la crainte. Les gouvernements les plus faibles peuvent se raffermir, si ceux qui les dirigent possèdent cette habileté ; les mieux établis peuvent être précipités dans l'abîme, si elle leur manque. Les moyens puissants que ceux-ci ont à leur disposition leur deviennent inutiles au moment du danger, parce que ces dangers ils n'ont pas su les prévoir, et qu'ils ignorent comment on peut en triompher. La pusillanimité succède toujours à une folle confiance. Le bon guerrier n'est pas celui qui sait le mieux braver les périls, mais celui qui sait le mieux les apercevoir et les prévenir, et qui ne désespère pas de la victoire, quelque forte que soit la résistance.

L'impassibilité de Mazarin au milieu des partis, qui tous l'assiégeaient et le battaient en brèche, était admirable, sa tactique merveilleuse. Il négociait avec tous leurs chefs, et ne paraissait choqué ni surpris d'aucune de leurs propositions, quelque extravagantes qu'elles pussent être. Bien mieux, il accédait sur-le-champ à celles qui pouvaient satisfaire le plus leurs intérêts, sans rompre entièrement le ressort de l'autorité royale; mais ces concessions étaient toujours mesurées sur le degré d'influence et de puissance que pouvaient exercer ceux auxquels il les faisait, et sur la force que leur alliance donnait au gouvernement. Cette facilité de Mazarin trompait les négociateurs, qui se présumaient beaucoup plus redoutables qu'ils ne l'étaient réellement. On voulait tout obtenir, ou du moins on exigeait au delà de ce que l'on considérait comme déjà concédé. Le temps s'écoulait; et l'autorité royale grandissait, gagnait du terrain parmi les masses; les partis s'amoindrissaient, et les négociations même qui avaient lieu, dont le secret perçait, ou qui était divulgué à dessein par Mazarin, contribuaient encore à leur discrédit. On s'en apercevait, et l'on se décidait à accepter les conditions déjà consenties. Mais alors Mazarin reculait à son tour, et changeait les conditions selon l'état des choses et la situation de chacun à chaque conférence[1]. C'est ainsi que tous les arrangements et tous les compromis avec les chefs de parti furent différés, jusqu'au moment où l'autorité royale, rompant ouvertement les faibles entraves par lesquelles on prétendait la retenir, put agir en liberté, et se manifester dans toute sa puissance. Ce ne fut pas, comme on l'a dit, par dissimulation, par finesse seulement, que Mazarin parvint au but qu'il s'était proposé ; ce fut par le jeu d'une politique habile, qui résultait naturellement de la parfaite connaissance qu'il avait su se procurer des positions particulières de chacun des personnages puissants auxquels il avait affaire, et de tous les motifs qui pouvaient exercer de l'influence sur l'opinion et les intérêts des masses.

L'embarras et les obstacles que présentaient les partis n'étaient pas les seuls dont Mazarin eût à triompher. Il en avait d'autres (en quelque sorte domestiques et privés) dans le sein de la cour, dans l'intérieur même du conseil ; et ceux-là il fallait les anéantir, ou renoncer à tout espoir de succès. Continuellement il avait à lutter contre des courtisans puissants qui le haïssaient ; il avait à empêcher que les ressentiments et la colère dont la reine était animée n'influassent sur les mesures du gouvernement[2] ; qu'elles ne fussent entachées d'obstination, dictées par des motifs de haine ou d'amour, de faveur ou de vengeance, de vanité ou d'orgueil : toutes choses qui

---

[1] Retz, *Mémoires*, t. XLVI, p. 89.—Conrart, t, XLVIII, p. 40 et 408.—Guy-Joly, t. XLVII, p. 243.— Le maréchal Duplessis, t. LVII, p. 402. — Talon, t. LXII, p. 385. — Mazarin, *Lettres inédites à la reine, à la princesse Palatine*, etc., écrites pendant sa retraite hors de France en 1651 et 1652, in-8°, 1836.

[2] Conrart, *Mém*, t. XLVIII, p. 165.

dans les affaires publiques ne conduisent jamais qu'à de funestes résultats.

Mais c'est surtout dans les derniers moments du dénoûment de ce grand drame que la conduite de Mazarin nous paraît mériter d'être étudiée.

La dévastation des campagnes, la haine que les princes s'étaient attirée par leur violence, le progrès de l'anarchie, avaient rendu le retour du roi et de la cour un besoin pour la bourgeoisie, pour l'élite de la population de Paris, et pour le parlement lui-même. Mazarin sut deviner alors, malgré les démonstrations extérieures, malgré la dispersion de ceux du *Papier* par ceux de la *Paille*[1], que la victoire était certaine; mais il comprit qu'il la rendrait plus complète en la différant. C'est alors qu'il lia des correspondances secrètes plus intimes et plus actives avec les partisans du roi dans Paris. Quelques-uns étaient ses affidés, et parmi eux se trouvaient des personnages importants, tels que le duc de Bournonville, qui était resté caché dans Paris, au péril de sa vie[2]. D'autres, tels que Fouquet, procureur général du parlement, déclamaient contre lui de concert avec lui, afin d'être écoutés sans défiance lorsqu'ils démontraient la nécessité d'ouvrir au roi les portes de sa capitale[3]. Plusieurs étaient des bourgeois obscurs, mais zélés, ayant d'autant plus d'influence sur le peuple,

---

[1] TALON, *Mém.*, t. LXII, p. 463. — MONTPENSIER, t. LXI, p. 323. —GUY-JOLY, t. XLVII, p. 224 et 240. — MONGLAT, t. L, p. 337. — LORET, liv. III, p. 92, du 7 juillet. — BERTHOD, t. XLVIII, p. 289, 298, 305.

[2] BERTHOD, *Mém.*, t. XLVIII, p. 351. — *Histoire de la Monarchie françoise*, 1re édit., 1697, in-12, p. 444, 445.

[3] Voyez *Discours du sieur de Sève de Chastignouville*, dans l'*Histoire de la Monarchie françoise sous le règne de Louis le Grand*, 1697, in-12, t. I, p. 444, 445.

qu'ils voulaient le bien public sans aucun motif d'ambition. De ceux-là il s'en trouve de tels dans tous les temps, et ils ne sont pas les moins utiles, quand le pouvoir sait les mettre en œuvre. Mazarin excita par des offres avantageuses des membres du parlement à venir le trouver ; et plusieurs d'entre ceux qu'il n'avait pu émouvoir par des motifs vertueux, ou une noble ambition, furent corrompus à prix d'argent[1]. Il fit rendre une ordonnance royale qui transférait le parlement de Paris à Pontoise. Le nombre de ceux qui obéirent à cette ordonnance fut d'abord si petit, que Benserade dit un jour plaisamment qu'il venait de rencontrer le parlement dans un carrosse coupé[2]. Mais dans ce petit nombre se trouvaient le garde des sceaux Molé, le chancelier Séguier, et la quantité de juges rigoureusement suffisante pour rendre des arrêts. Ce fut par ces arrêts, qui anéantissaient l'effet de ceux de Paris, que ce parlement de Pontoise rendit alors d'éminents services à la cause royale. Mazarin était assez puissant pour rentrer dans Paris avec la cour, s'il l'avait voulu ; mais ce fut alors que, pour réduire l'opposition à un état de faiblesse qui ne pût lui laisser aucun espoir, il employa la plus habile des manœuvres. Le roi fut supplié par le parlement de Pontoise de vouloir bien éloigner son ministre, et de le faire sortir du royaume. Mazarin sembla obéir, se sacrifier pour le roi et la monarchie, et se retira à Bouillon[3]. Dès lors il ne resta pas même un prétexte aux princes, aux frondeurs, aux parlements, de s'armer contre l'auto-

---

[1] Motteville, *Mém.*, t. XXXIX, p. 324.

[2] Berthod, *Mém.*, t. XLVIII, p. 287 à 292, 327, 351. — Guy-Joly, t. XLVII, p. 236. — Montpensier, t. XLI, p. 325.

[3] Retz, t. XLVI, p. 410. — Talon, t. LXII, p. 428, 445. — Loret, liv. III, p. 109, *lettre* 32, en date du 11 août. — Monglat, t. L, p. 358.

rité¹. Toutes les craintes, toutes les préventions s'évanouirent; le retour du roi fut imploré à grands cris, comme une faveur, par tous les corps de l'État et par toute la population, depuis si longtemps victime des maux de la guerre civile. On ne s'offrit point seulement au pouvoir, on se précipita au devant de lui². Dès qu'on sut les négociations commencées, on les crut terminées; tous les ambitieux, redoutant d'être devancés, se pressèrent de faire leur paix : tous craignaient d'être les derniers à déposer l'étendard de la rébellion³.

Cette grande concession faite aux parlements du royaume, aux sentiments ou aux préventions du peuple, fut d'autant plus puissante dans ses effets qu'elle eut lieu au moment où elle ne paraissait plus nécessaire, et où on s'y attendait le moins. Elle fut considérée comme une faveur, comme un acte libre et volontaire du monarque; et elle lui acquit aussitôt une grande popularité. Mais si cette mesure était décisive pour le rétablissement de l'autorité royale, elle n'était pas sans dangers pour les intérêts personnels de Mazarin. Il avait déjà éprouvé que son ascendant sur l'esprit de la reine et l'intérêt qu'il lui inspirait pouvaient céder à la crainte. La déclaration royale qui avait ordonné son premier bannissement avait été faite sans aucun ménagement, et avait rejeté sur lui tout l'odieux des infractions de celle de 1648. Il en avait été profondément blessé. L'ordre qu'il avait reçu peu après

---

¹ MONGLAT, t. L, p. 359. — LORET, liv. III, p. 115, 25 août. — TALON, t. LXII, p. 455 et 466. — MOTTEVILLE, t. XXXIX, p. 349.

² RETZ, t. XLVI, p. 153. — LORET, liv. III, p. 126, 25 septembre.— GUY-JOLY, t. XLVII, p. 50. — Père BERTHOD, t. XLVIII, p. 325 à 347.

³ BERTHOD, *Mém.*, t. XLVIII, p. 300.

de se rendre à Rome, pour y ménager les intérêts du royaume, acheva de lui démontrer qu'on voulait l'écarter des affaires. Il n'obéit point à cet ordre ; et les deux lettres qu'il écrivit pour s'en excuser, et qui furent adressées au secrétaire d'État de Brienne, pour être communiquées à la reine et à son conseil, sont d'une habileté consommée. Il demande à être mis en prison, à être jugé, ou plutôt il veut se soumettre à tout ce que la reine ordonnera de lui ; elle peut lui infliger telle peine qu'il lui plaira, disposer de tout ce qui lui appartient, sans que son dévouement, son respect, sa reconnaissance pour elle puissent en être altérés. A cette dénomination d'étranger, dont on lui fait un reproche, il oppose vingt-trois années de sa vie passées au service de la France, agrandie par ses négociations ; et il demande noblement si beaucoup de Français peuvent se vanter d'en avoir fait autant pour elle [1]. Mazarin savait donc par expérience tout ce qu'il avait à redouter en s'éloignant ; il savait qu'il laissait à la cour un grand nombre de puissants personnages jaloux de la faveur dont il jouissait [2]. Plusieurs l'avaient souvent marqué par leurs hauteurs insultantes, d'autant plus redoutables que, par leurs noms et les charges dont ils étaient pourvus, ils exerçaient un grand pouvoir, et formaient la force du parti royaliste. Les principaux étaient les ducs de Bouillon, Miossens, Roquelaure, Créqui, Villeroi, Souvré. Parfaitement instruit des prétentions et du caractère de chacun d'eux, Mazarin eut soin avant de partir

---

[1] MAZARIN, *Lettres à la reine*, etc., écrites en 1651 et 1652, *lettres* 52, 53 et 54, p. 291 à 308.

[2] LORET, liv. III, p. 95, *lettre* du 14 juillet. — GUY-JOLY, t. XLVII, p. 236. — MONGLAT, t. L, p. 342.

de se les attacher par des faveurs, et prit avec eux des engagements qui leur en promettaient après son retour plus qu'ils n'en avaient déjà reçu[1]. Puis il mit auprès de la reine pour sous-ministres Le Tellier et Servien, qu'il s'était attachés. Tous deux étaient très-capables d'expédier les affaires courantes; mais leurs caractères étaient antipathiques, et ils nourrissaient l'un contre l'autre une jalousie et une haine que Mazarin avait grand soin d'entretenir. Ondedei et l'abbé Fouquet, en défiance l'un de l'autre, tous deux bien en cour, devaient lui rendre compte de tout, et correspondaient avec lui, moins par lettres que par l'intermédiaire de Brachet et de Ciron, courriers du cabinet, qui allaient et revenaient sans cesse de Paris à Bouillon.

Mazarin avait aussi pris soin d'entourer le jeune roi de serviteurs qui lui étaient dévoués; il lui avait laissé par écrit une instruction, qui contenait tout ce qu'il avait à dire dans tous les cas inopinés qui pourraient se présenter. Bussy, qui se rendit alors, comme beaucoup d'autres, à Bouillon pour solliciter personnellement Mazarin relativement aux demandes et aux réclamations qu'il avait adressées au gouvernement, fut frappé d'admiration en voyant avec quel calme, quelle présence d'esprit ce ministre proscrit administrait la France du fond du petit château des Ardennes, où il s'était retiré sans gardes et sans suite[2]; avec quelle rapidité il expédiait les courriers qui lui arrivaient à tout moment, car Bussy atteste, et

---

[1] Monglat, *Mém.*, t. L, p. 342. — Le maréchal Duplessis, t. LVII, p. 406 et 407.

[2] Retz, t. XLVI, p. 164 et 168. — La Fare, t. LXV, p. 145. — Bussy, *Mém.*, t. I, p. 372. — Monglat, t. L, p. 397.

tous les Mémoires sont d'accord sur ce point, qu'à cette époque il ne fut rien résolu de quelque importance que conformément aux décisions du ministre exilé.

Après que le roi eut fait sa rentrée dans Paris, qu'il eut tenu au Louvre son lit de justice, qu'il eut interdit au parlement, par des paroles sévères, la discussion des affaires publiques; après que tous les chefs et les meneurs de l'insurrection eurent été exilés, ou que d'eux-mêmes, hommes et femmes, ils eurent fui de la capitale; après que le cardinal de Retz, le plus redoutable de tous les factieux, eut été incarcéré; après qu'une déclaration du roi eut cassé tous les arrêts rendus contre Mazarin, Mazarin reparut [1].

Son entrée dans Paris (le 2 février 1653) ressembla bien plus à un triomphe qu'au retour d'un proscrit, et fut le dénoûment et la dernière scène de la Fronde. Tous les partis avaient été frappés, au moment de leur plus grand discrédit, par les coups répétés de l'autorité royale, et se trouvaient atterrés et brisés. Partout dans Paris les rubans blancs et les bandelettes de papier blanc avaient remplacé la paille des frondeurs, et les rubans jaunes, bleus, rouges et isabelle; et l'unité de la couleur semblait être devenue un emblème de l'unité de l'autorité et du commandement.

Mazarin sut parfaitement juger sa position, et la force

---

[1] BRIENNE, t. XXXVI, p. 312. — MOTTEVILLE, t. XXXIX, p. 353. — TALON, t. LXII, p. 366, 370, 465, 466, 470, 478. — RETZ, t. XLVI, p. 195, 197, 198, 205, 206. — GUY-JOLY, t. XLVII, p. 232, 238, 242, 250, 273. — Père BERTHOD, t. XLVIII, p. 334, 363, 372. — MONTPENSIER, t. XLI, p. 339, 349, 350, 352, 354, 373. — MONGLAT, t. L, p. 369, 372, 398, 375, 376. — LORET, liv. III, p. 149, *lettre* en date du 26 octobre. — BUSSY, *Mém.*, t. I, p. 133, 374.

que lui donnaient les fautes des partis qu'il avait su vaincre. Il reprit l'exercice du pouvoir royal tel qu'il existait avant la première Fronde, tel que Richelieu l'avait laissé, comme s'il n'avait éprouvé aucune interruption. Cette marche habile lui acquit l'estime de tous les cabinets étrangers : elle releva la France, qui par ses divisions était devenue le jouet et la risée d'une perfide et tortueuse politique[1].

Ainsi au théâtre, après une intrigue compliquée où l'imagination se fatigue sans parvenir à en prévoir les résultats, apparaît à la fin l'être puissant et mystérieux qui a tout conduit, dont la présence explique tout, dénoue tout, replace tout dans une situation naturelle, et fixe pour toujours les destinées de tous les personnages de la pièce[2].

On a reconnu dans Richelieu toutes les qualités d'un grand ministre, malgré ses vices, ses petitesses, son amour-propre d'auteur, ses persécutions et ses vengeances. Pourquoi Mazarin, qui eut à lutter contre de plus grands talents, contre des génies supérieurs, n'a-t-il pas aussi, malgré son avarice et ses autres défauts, obtenu la même justice? Le premier déploya plus de grandeur dans ses desseins, plus de vigueur dans leur exécution; le second, plus de fécondité dans ses moyens, plus de prudence et de finesse. Le premier brava les haines; le second, les ridicules. Richelieu força ses opposants à être ses esclaves ou ses victimes; Mazarin fit de ses antagonistes ses créatures ou ses dupes. Tous les deux sont arrivés à leur but par des voies différentes : ils ont été les maîtres de l'État,

[1] TALON, *Mém.*, t. LXII, p. 470, 478, 482. — GUY-JOLY, t. XLVII, p 246. — Père BERTHOD, t. LXVIII, p. 364, 370.
[2] LORET, liv. IV, p. 18, *lettre* en date du 8 février 1663.

et n'ont jamais séparé leurs intérêts de ceux du trône, ni les intérêts du trône de la personne du monarque; ils ont ajouté à la grandeur et à la gloire de la France, et tous deux ont contribué à préparer le beau règne de Louis XIV.

Voltaire compare Mazarin à Retz comme homme d'État, et prononce que des deux Retz est le génie supérieur : pour appuyer son jugement, il renvoie aux dépêches de l'un et aux Mémoires de l'autre. Singulière preuve, erreur étrange! Y a-t-il quelque comparaison à établir entre des écrits particuliers et secrets, tracés avec la rapidité qu'exige le besoin du moment, au milieu des agitations d'une vie occupée, et ceux que l'on compose pour le public, qu'on élabore à loisir dans le calme et dans la retraite? Est-ce qu'on ne doit pas, d'ailleurs, toujours séparer l'homme de l'écrivain ou de l'orateur? Autre chose est la pensée, autre chose est la résolution; autre chose est le discours, autre chose est l'action. Un intervalle profond sépare la théorie de la pratique; le génie des lettres et de l'éloquence ne suppose pas toujours celui des affaires. Tous deux peuvent coexister sans se nuire; mais l'un n'est pas le résultat de l'autre. La prévision, l'à-propos, l'inspiration soudaine, la souplesse et la promptitude d'un esprit propre à trouver toujours de nouvelles combinaisons pour tous les événements, sous quelque face qu'ils se présentent, sous quelque forme qu'ils se modifient; l'empire qu'on exerce sur soi-même pour tout faire tourner (jusqu'au hasard) au profit de ses projets; cette persévérance qui ne se laisse distraire par aucune passion, dominer par aucune affection; cette défiance qui nous met en garde contre nos illusions et celle des autres; cette activité qui ne néglige aucun détail, surveille tous les accidents, ne perd jamais de vue les points culminants des affaires : tout cela est inutile à l'écrivain, à l'orateur, mais est indispensable à l'homme d'État ; et encore, avec toutes ces qualités, celui-ci ne peut rien sans la force du caractère et la puissance de la volonté. Le talent de l'homme de lettres ou de l'orateur n'a besoin pour atteindre tout son éclat et produire tous ses effets que des moyens qu'il puise dans sa mémoire, son jugement et son imagination ; et comme il est plus facile de perfectionner, par l'exercice et le travail, ses forces intellectuelles, d'apprendre à polir son style ou d'ajouter à la grâce de son débit, que de se donner l'énergie qui manque ou de changer les inclinations qui résultent de l'organisation, il arrivera souvent que des hommes d'État deviendront, au milieu de la pratique des affaires, d'habiles écrivains, des orateurs faciles et diserts ; tandis que le meilleur écrivain, le plus sublime orateur ne pourra devenir un homme d'État, si la nature n'a pas donné à son âme la trempe nécessaire, à son esprit les qualités requises ; si elle lui a dénié les penchants et les passions qui le rendent propre à une vie tumultueuse et agitée, ou si, heureusement pour lui, elle lui en a conféré qui lui sont contraires.

Laissez de côté les historiens, qui tous, sur la foi les uns des autres, accolent à certains noms des jugements formulés d'avance ; étudiez les faits dans les écrits contemporains, dans les actes publics, et vous serez convaincu que ce n'est pas un homme d'État ordinaire que celui qui a négocié le traité de Munster et conclu la paix des Pyrénées ; qui a donné l'Alsace à la France, et préparé de loin ses droits au riche héritage de l'Espagne ; qui a terminé la guerre civile et la guerre étrangère ; qui a rétabli l'autorité royale dans toute sa majesté et sa force ; et qui, après avoir pris les rênes de l'État, envahi, déchiré et affaibli, le laissa, en mourant, tranquille au dedans, puissant et respecté au dehors. Non, le ministre qui fut le collaborateur de Richelieu, et qui forma Colbert, n'est pas tel que nous le dépeignent ceux qui ont cru pouvoir écrire l'histoire de ces temps d'après les satires des frondeurs, les harangues des parlementaires, et l'insidieux mais habile *factum* que le cardinal de Retz, nous a laissé sous le titre de *Mémoires*.

Il existe entre Mazarin et Retz, considérés comme hommes d'État, toute la distance qui sépare celui qui s'est montré capable de conduire un grand royaume au milieu des circonstances les plus difficiles, et celui qui a prouvé qu'il ne savait pas se conduire lui-même, lors même que le sort le favorisait. Dans cette seconde guerre de Paris surtout, on peut dire que Retz n'a commis que des fautes ; et il ne sembla avoir employé toutes les ressources de son esprit et tous les efforts de son éloquence que pour marcher plus sûrement à sa perte et y entraîner ses amis, et avec eux Gaston, qui s'abandonna trop à ses conseils. La présomption et la vanité de Retz l'aveuglèrent jusqu'à la fin. Si après le massacre de l'hôtel de ville, au lieu d'armer et de se fortifier dans le clos de l'Archevêché [1], il eût pris le prétexte des désordres qui avaient eu lieu, et de l'anarchie qui régnait dans Paris, pour se retirer dans ses terres, loin de la cour et des factions qui concouraient à le repousser et à se défier de lui, il eût acquis l'estime publique, il se fût réconcilié avec la reine ; il aurait infailliblement obtenu par la suite, dans les affaires, l'influence due à ses talents, à sa dignité d'archevêque, à l'empire qu'il exerçait sur le clergé et sur une portion du peuple de

---

[1] Guy-Joly, *Mém.*, t. XLVII, p. 220, 231, 232.

Paris. Même après avoir laissé échapper cette occasion, il eût encore pu arriver au même résultat, lorsque, à la tête de la députation du clergé, il se présenta devant le roi, pour le supplier de rentrer dans sa capitale. S'il eût mis à profit cette mission, où il étala tant de luxe et de magnificence [1] ; s'il eût agi avec sincérité envers son souverain ; si sa conduite et ses sentiments eussent été d'accord avec les paroles qu'il prononça en cette occasion ; si le chapeau de cardinal, qu'il reçut alors des mains du monarque, avait été pour lui, comme il devait l'être, le gage d'une noble et pieuse réconciliation, sa destinée, à la suite des crises de sa jeunesse, eût été aussi utile, aussi brillante qu'elle a été inutile et obscure. Si même, après les mauvais conseils donnés à Gaston, il avait accepté l'offre que lui faisait le gouvernement de payer une partie de ses dettes et de consentir à partir pour Rome chargé d'un mission à laquelle on eût attaché de forts émoluments, il eût pu conserver son rang, sa dignité et ses richesses, et récompenser tous ceux qui l'avaient soutenu dans sa rébellion, et dont il occasionnait la disgrâce. Mais, de même qu'il avait d'abord cédé à l'orgueil impolitique de tenir tête, dans Paris [2], au prince de Condé, il voulut, malgré les conseils de ses amis, rester encore dans la capitale après la rentrée du roi. On avait attribué généralement à son influence la retraite de Mazarin, quoiqu'elle fût due à une autre cause : or, rien n'est souvent plus désastreux que de paraître revêtu d'une puissance plus grande que celle que l'on possède [3]. Retz s'aveugla sur sa position : il

---

[1] Retz, t. XLVI, p. 161. — Monglat, t. L, p. 366.
[2] Retz, t. XLVI, p. 132.
[3] Motteville, *Mémoires*, t. XXXVI, p. 310.—Guy-Joly, t. XLVII, p. 259.

ne sut pas prévoir, cet homme d'État, que tous les partis lui attribueraient leur défaite, et qu'aucun ne le soutiendrait[1]. Ce fin politique se laissa prendre aux paroles que lui adressa le monarque adolescent, lorsqu'il se rendit au Louvre pour le complimenter avec son clergé; et il ne comprit pas que ces paroles avaient été dictées. Ce galant si habile à ruser avec les femmes, ce séducteur si adroit, fut, comme un jeune novice, la dupe de sa fatuité, et se laissa amorcer par la doucereuse coquetterie d'une reine qui le haïssait. Cet orateur si habitué aux succès se crut populaire parce qu'il attirait la foule à ses sermons; et cependant la princesse Palatine, qui, quoique royaliste, ne pouvait sans peine voir succomber cet illustre associé de ses anciennes conspirations, l'exhortait à fuir. Elle ne lui cacha point qu'on était décidé à l'écarter à tout prix, même par le sacrifice de sa vie[2] : le public sembla l'en avertir, lorsque, à une représentation de *Nicomède*, il lui fit, par des acclamations, l'application de ce vers :

Quiconque entre au palais porte sa tête au roi[3].

Cependant avec Mazarin ce n'était pas là le genre de danger qui menaçait Gondi. Cet habile ministre comprenait combien l'arrestation de l'ancien chef de la Fronde serait utile au pouvoir dans l'esprit des peuples, comme signe de force, et combien pourrait lui nuire un lâche assassinat, indice de faiblesse et de cruauté[4]. Gondi, quoique

---

[1] Guy-Joly, t. XLVII, p. 247.

[2] *Ibid.*, p. 246 et 248.— Retz, t. XLVI, p. 177. — Motteville, t. XXXIX, p. 355. — Brienne, t. XXXVI, p. 114. — Montpensier, t. XLI, p. 473.

[3] Corneille, *Nicomède*, acte I, sc. 1, t. IV, p. 8, édit. 1692.

[4] Guy-Joly, t. XLVII, p. 254 à 255.

dûment prévenu, considéra comme un manque de courage de déférer aux avis qui lui étaient donnés [1] ; lui qui avait vu saisir et conduire en prison le premier prince du sang, le vainqueur de Rocroi, crut que l'on n'oserait pas attenter à sa liberté, parce qu'il était revêtu de la pourpre ecclésiastique. Il avait dit lui-même au président de Bellièvre qu'il avait deux bonnes rames en main, dont l'une était la masse du cardinal, et l'autre la crosse de Paris [2] : pourquoi donc ne se mettait-il pas en une position où l'on n'aurait pu lui ôter la liberté de faire mouvoir ses rames, et s'obstinait-il à pousser sa barque contre des écueils où elles devenaient inutiles?

Il fut enfin arrêté et incarcéré [3], et cet événement causa l'exil, la fuite ou la ruine de tous ses amis, de tous les adhérents qu'il avait dans Paris; ce fût le commencement des malheurs qui le poursuivirent pendant une grande partie de sa vie. Les fautes qu'il a commises, et qui amenèrent ce résultat, font d'autant plus de peine qu'il supporta l'adversité avec courage et avec dignité; qu'à des talents de l'ordre le plus élevé il joignit des qualités aimables. Il méritait sous plusieurs rapports l'admiration et l'attachement que madame de Sévigné professait pour lui. Il avait de l'élévation dans l'âme, un cœur sensible, généreux, capable de dévouement, et sincère dans le commerce de l'amitié. On ne pouvait lui reprocher ni les petitesses, ni l'égoïsme, ni la basse cupidité de Mazarin; et l'histoire lui aurait accordé la supériorité sur son rival, si elle jugeait les personnages qu'elle évoque devant

---

[1] Montpensier, *Mémoires*, t. XLI, p. 372.
[2] Retz, *Mémoires*, t. XLVI, p. 92 et 93.
[3] *Ibid.*, p. 220, 233, 235. — Loret, liv. III, p. 177, *lettre* du 21 décembre 1652. — Montglat, t. L, p. 397. — Talon, t. LXII, p. 477.

son tribunal d'après leurs vertus privées, et non sur leurs actes publics. Mais ce n'est pas ainsi qu'elle procède : elle ne considère les qualités et les défauts des hommes que par leurs résultats sur les destinées des peuples. Le mérite et le démérite des actions humaines, considérés sous le point de vue de l'éternelle justice, ne lui appartiennent pas, et dépendent d'une juriction plus élevée que la sienne.

CHAPITRE XXVII.

1652—1653.

Motifs qui ont fait préférer à l'auteur de cet ouvrage la forme des mémoires à celle de l'histoire. — Condé, rentré dans Paris, va siéger au parlement. — Réprimandes sévères qu'on lui adresse. — Pourquoi l'arrêt du parlement ne s'opposait pas à sa présence dans Paris. — Le parlement, abandonné du peuple de Paris, se trouve sans force. — Il redoute également Mazarin et Condé. — Madame de Longueville pousse Condé à la guerre. — La Rochefoucauld et Nemours l'engagent à faire la paix. — La duchesse de Châtillon devient la maîtresse de Condé et son négociateur auprès de la cour. — Mort de Chavigny, de Brienne, et de Bouillon. — Divisions entre ceux du parti de Condé. — Haine entre Nemours et de Beaufort. — Noms des hommes éminents du parti des princes. — Détails sur Chabot. — Son mariage avec mademoiselle de Rohan. — Madame de Rohan, douairière, s'y oppose. — Elle prétend que Tancrède est son fils, et doit hériter des biens de son mari. — Celui-ci est tué dans un combat. — Rohan-Chabot se réconcilie avec sa belle-mère. — Il fait enregistrer ses lettres de duc et pair, et continue à être amoureux de madame de Sévigné.

Quant à Condé et à Gaston, ils ne dirigèrent pas les événements, ils se laissèrent gouverner par eux. Ils ne donnèrent pas l'impulsion, ils la reçurent. Le détail des faits peut seul nous donner une idée exacte des incertitudes de leur esprit et des variations de leurs projets. Revenons donc à ce qui se passa à la suite du combat de Bléneau. Ce récit achèvera de nous mieux faire connaître tous les personnages de la Fronde, même ceux que nous avons déjà essayé de peindre. Dans cet ouvrage, où rien de ce qui concerne madame de Sévigné ne doit être omis ;

nous nous sommes proposé aussi de peindre le monde où elle a vécu, et, pour atteindre ce but, l'allure libre et irrégulière des mémoires nous a paru préférable à la marche compassée de l'histoire. Celle-ci retrace la vie des États ; elle doit classer les grands événements, les raconter tous, les astreindre à l'ordre des dates, et ne point s'occuper des existences individuelles et des aventures privées ; et ce sont précisément celles dont nous entretenons le plus longuement les lecteurs, parce que par là nous leur présentons une image plus vive, plus fidèle de chaque personne et de chaque époque. Selon qu'il est nécessaire à nos desseins, tantôt nous anticipons sur l'avenir, tantôt nous rétrogradons dans le passé. Nous ne rappelons les faits généraux qu'autant qu'ils sont nécessaires pour éclairer les faits particuliers ; mais dans la Fronde ce sont ceux-ci qui ont entraîné les faits généraux, et on ne peut les isoler les uns des autres. De là les développements où nous sommes forcé de nous livrer pour ne pas laisser incomplète cette partie de notre ouvrage et répandre plus de clarté sur celles qui la suivront.

Condé, encore ensanglanté de la victoire qu'il venait de remporter sur les troupes du roi, rentra dans Paris, et vint siéger sur les fleurs de lis, dans ce même parlement qui l'avait déclaré criminel de lèse-majesté. Le président Bailleul et Amelot ne craignirent pas de lui adresser des réprimandes sévères sur cette insulte faite aux lois et à la justice. Mais l'arrêt qui condamnait Condé portait en même temps que l'exécution en serait suspendue jusqu'à ce que Mazarin fût sorti du royaume. Condé pouvait donc légalement se présenter au parlement. La nécessité de se justifier lui en fournissait le prétexte[1], et les termes de

---

[1] Retz, *Mém.*, t. XLVI, p. 38. — Monglat, *Mémoires*, t. L, p. 336.

l'arrêt lui en conféraient le droit. Il pouvait résider à Paris tant que Mazarin serait en France; et lors même que le parlement eût voulu l'expulser de la capitale, la haine contre Mazarin était encore trop générale, le parti de la Fronde encore trop nombreux, l'influence de Beaufort sur la populace de Paris trop grande, pour que le parlement eût l'espoir de se voir obéi. Tout ce qu'il pouvait faire, soutenu par la garde bourgeoise, par le prévôt des marchands, Lefebvre, et par le gouverneur de Paris, le maréchal de L'Hospital, tous deux secrètement dans les intérêts du roi, c'était de ne pas permettre que Condé introduisît des troupes dans Paris, dont l'entrée était aussi interdite aux troupes royales.

Toutes les forces de l'opposition dirigées contre Mazarin résidaient donc dans Condé. Tous les partis qui la formaient, ceux-là même qui étaient les moins favorables à ce prince, ne pouvaient se déguiser qu'ils étaient à la discrétion du premier ministre, si Condé faisait sa paix. On pouvait, au contraire, forcer la cour à expulser Mazarin, ou obtenir des conditions favorables si Condé continuait la guerre. La crainte ou l'espérance de chacune de ces alternatives donnait donc une grande activité aux intrigues qui s'agitaient autour de ce prince. A la tête du parti qui le poussait à la guerre était sa sœur, la duchesse de Longueville, que la paix eût obligée à se réunir à son mari. Aussi s'empressait-elle de compromettre son frère en s'unissant aux Espagnols. Par ses lettres, par les émissaires de l'Espagne, par ses amis, par Chavigny, elle excitait Condé à rompre toute négociation avec la cour[1].

— Omer Talon, *Mémoires*, t. LXII, p. 353. — Conrart, *Mémoires*, t. XLVIII, p. 37.

[1] De Villefore, *la véritable Vie d'Anne-Geneviève de Bourbon*,

Les ducs de La Rochefoucauld et de Nemours étaient les chefs de ceux qui, parmi les partisans de Condé, voulaient qu'il fît sa paix avec Mazarin[1]. Ils étaient d'avis qu'il devait abandonner le duc d'Orléans, le parlement et la Fronde, afin d'obtenir des conditions plus avantageuses pour lui seul et pour tous ceux qui s'étaient attachés à sa personne. La Rochefoucauld pensa qu'il lui serait impossible de faire adopter son plan de conduite à Condé, s'il ne parvenait pas à le soustraire entièrement à l'influence de de la duchesse de Longueville et à celle de Chavigny; et il imagina d'employer dans ce but les charmes de la duchesse de Châtillon. Condé en était toujours amoureux; mais le duc de Nemours, à son retour de Flandre, où il s'était rendu pour ramener dans l'armée des princes des troupes espagnoles, n'avait pu revoir celle dont il avait été si violemment épris sans lui renouveler ses protestations d'amour, sans lui demander pardon des infidélités que les séductions de la duchesse de Longueville lui avaient fait commettre. La duchesse de Châtillon, qui par le retour de cet amant, qu'elle n'avait pas cessé d'aimer, se trouvait flattée dans son orgueil, satisfaite dans sa haine contre la duchesse de Longueville, et contentée dans ses affections, n'eut pas de peine à recevoir le coupable en grâce. La réconciliation fut entière et sincère de part et d'autre, et eut toute la force d'un naissant attachement. La Rochefoucauld avait d'abord vu cette réconciliation avec plaisir, parce qu'elle le vengeait de l'abandon et de l'infidélité de

---

duchesse de Longueville, t. I, p. 232 et 234, édit. d'Amsterdam, 1739, in-12; ou *Vie de madame de Longueville*, p. 56 à 59, édit. de Paris, 1738.

[1] Motteville, t. XXXIX, p. 348.

la duchesse de Longueville ; mais il en fut ensuite contrarié, parce qu'elle s'opposait à ses desseins. Il comprit que le manége et les ressources de la coquetterie ne suffiraient pas à la duchesse de Châtillon pour obtenir sur Condé l'empire nécessaire à la réussite de ses projets. Pourtant il s'efforça de la rendre l'instrument de ses desseins ; il flatta sa vanité, exalta son ambition ; il lui fit comprendre qu'il dépendait d'elle de se rendre la souveraine de l'État : que pour cela il ne s'agissait que de diriger sur Condé l'effet de ses charmes ; mais il lui démontra aussi la nécessité de se livrer à lui sans aucun partage. Il fit comprendre au duc de Nemours que s'il parvenait à comprimer ses sentiments, à dompter sa jalousie, il pouvait, en se servant auprès de Condé de la duchesse de Châtillon, devenir l'arbitre de la paix ou de la guerre, jouer le premier rôle dans les négociations qui se poursuivaient, et s'assurer les conditions les plus avantageuses pour lui-même. Toute la jeune noblesse de cette époque était livrée aux passions qui agitent le plus puissamment le cœur de l'homme, la volupté, l'ambition et la cupidité : chacune de ces passions devenait un moyen de suffire aux exigences de celle qui se trouvait la plus forte. Nemours, qu'elles dominaient, entrevit la possibilité de les satisfaire toutes en imposant pendant quelque temps silence à l'une d'elles. La duchesse de Châtillon elle-même, excitée par l'espoir de se venger doublement de la duchesse de Longueville en lui enlevant son frère, après lui avoir repris son amant, aida Nemours à consommer son sacrifice [1]. Il consentit à ce qu'on lui proposait, et le plan du duc de La Rochefoucauld reçut son exécution. Le prince de Condé donna

---

[1] LA ROCHEFOUCAULD, t. LII, p. 156 à 158, 162.

en toute propriété le beau domaine de Merlou à la duchesse de Châtillon, qui n'en possédait que l'usufruit [1]. Elle devint sa maîtresse déclarée [2]. C'était chez elle qu'il donnait tous ses rendez-vous, et que se tenaient tous les conseils relatifs aux affaires de son parti. La duchesse de Châtillon crut ennoblir le rôle qu'elle jouait, en se chargeant de conduire les négociations de ce parti. C'est à ce titre qu'elle parut à la cour avec faste et avec éclat. Elle y fut reçue avec toutes les déférences que réclamait l'importance de sa mission. L'ascendant qu'elle avait pris sur le prince de Condé était une bonne lettre de créance, et donnait du poids à ses paroles. Cependant elle avait plus de beauté que d'esprit et de finesse; et Mazarin, qui ne désirait que gagner du temps, se félicita d'avoir à traiter avec un tel diplomate. Chavigny, son ancien collègue sous Richelieu, qui aurait pu lui être opposé, fut écarté, par les motifs que nous avons déjà développés. Le succès du piquant libelle que le caustique et spirituel coadjuteur composa contre Chavigny [3]; les menaces et les injures outrageantes que lui adressa, en présence de toute son escorte, le prince de Condé, lorsqu'il eut découvert ses ruses, ses intrigues et ses projets, si différents des siens; l'ennui de se trouver éloigné du théâtre des affaires, lui causèrent un tel chagrin qu'il en mourut, quoiqu'il ne fût

---

[1] LORET, *Muse historique*, liv. III, p. 70, en date du 26 mai. — CHAVAGNAC, *Mémoires*, t. I, p. 331. — LA ROCHEFOUCAULD, t. LII, p. 156 à 158.

[2] MONTPENSIER, t. XLI, p. 245.

[3] RETZ, *Mém.*, t. XLVI, p. 92 et 181, *le Contretemps de M. de Chavigny, premier ministre de monsieur le Prince.* — LORET, liv. III, p. 142, *lettre* en date du 12 octobre. — CONRART, t. XLVIII, p. 220. — LA ROCHEFOUCAULD, t. LII, p. 178. — SAINT-SIMON, *Mémoires inédits*, édit. 1829, t. I, p. 71 et 72.

âgé que de quarante-quatre ans. Brienne, qui, sincèrement dévoué à la reine mère, n'avait jamais ployé sous Mazarin, et qui était un de ceux qui croyaient nécessaire de sacrifier ce ministre à la paix publique, mourut aussi alors[1]. On perdit encore le duc de Bouillon, qui, par sa naissance et sa haute capacité, aurait pu prétendre à la première place dans le conseil. Ainsi tout semblait favoriser Mazarin, et la destinée prenait soin de le débarrasser de ceux qui auraient pu mettre obstacle à sa fortune.

La combinaison formée par le duc de La Rochefoucauld ne fit qu'augmenter la désunion qui existait déjà dans le parti de Condé. Nemours haïssait le duc de Beaufort, dont il avait épousé la sœur ; femme douce, bonne, indulgente, vertueuse, qui, s'il l'avait aimée, aurait réussi à rétablir l'harmonie entre son frère et son mari. On se rappelle qu'une querelle s'était élevée entre eux au sujet du commandement de l'armée. Nemours était persuadé qu'alors il avait été grièvement offensé, et qu'il n'avait obtenu qu'une réparation insuffisante. Beaufort avait beaucoup d'empire sur le petit peuple de Paris, et jouissait d'une grande faveur auprès de Condé, auquel il ne pouvait inspirer aucune jalousie. Ce fut un motif de plus pour Nemours, qui souffrait de la violence qu'il faisait à ses sentiments à l'égard de la duchesse de Châtillon et de Condé. Ne pouvant s'attaquer à ce prince, il lui semblait qu'en se vengeant de lui sur Beaufort, il laverait dans le sang de celui-ci l'offense faite à son honneur et les blessures faites à son amour. Cependant Condé employait tous ses efforts pour réconcilier les deux beaux-frères : tous deux

---

[1] LORET, lib. III, p. 110, *lettre* en date du 18 août 1652.

lui étaient nécessaires. Les ducs de La Rochefoucauld, de Beaufort, de Nemours et de Rohan-Chabot, étaient les hommes les plus éminents de son parti.

Ce dernier, par lui-même et par sa femme, le servait avec chaleur. Il avait épousé la fille de ce Henri de Rohan, duc et pair de France, dont nous avons des Mémoires, et qui fut un des plus grands hommes de son temps [1]. Rien n'étonna plus que ce mariage d'une fille unique, de la seule héritière de Rohan, si belle, si orgueilleuse, que le comte de Soissons avait pensé épouser, à laquelle s'étaient offerts le duc de Weimar, chargé des lauriers de la victoire, et le beau duc de Nemours, l'aîné des princes de la maison de Savoie. Elle leur préféra un cadet de la famille de Chabot, un simple gentil-homme sans établissement, sans illustration, sans fortune. Chabot n'était pas remarquable par la beauté des traits de son visage, mais il était bien fait, spirituel, et dansait avec une grâce admirable. Il s'aperçut qu'il plaisait à la jeune héritière de Rohan ; il s'attacha à ses pas, et négligea sa carrière militaire, afin de pouvoir lui faire assidûment sa cour. « Cet amour, dit MADEMOISELLE, dura quelques années, et donna lieu à une infinité de jolies intrigues. » Chabot, qui se faisait chérir par ses qualités sociales, eut l'adresse d'intéresser à la réussite de ses desseins la plupart des personnes qui approchaient le plus souvent de mademoiselle de Rohan, et qui avaient le plus d'influence sur son esprit ; entre autres, la marquise de Pienne, depuis comtesse de Fiesque,

---

[1] MOTTEVILLE, t. XXXVII, p. 143, 144 ; t. XXXVIII, p. 175. — MONTPENSIER, t. XL, p. 452. — RETZ, t. XLIV, p. 324. — MONGLAT, t. L, p. 157. — SÉVIGNÉ, *Lettres*, édit. de Monmerqué, 1820, in-8°, t. I, p. 213, *lettre* en date du 15 décembre 1670, n° 92. — *Ibid.*, édit. de Gault de Saint-Germain, 1823, in-8°, t. I, p. 284, n° 105.

sa cousine germaine, et son cousin germain le duc de Sully. C'est dans le château de celui-ci que se fit le mariage [1]. Mais le plus puissant appui de Chabot dans toute cette affaire avait été le prince de Condé, alors duc d'Enghien. Chabot s'était rendu le confident du prince auprès de mademoiselle du Vigean. D'Enghien alors commandait les armées royales contre la Fronde, et avait un grand ascendant sur le cardinal et sur la reine régente. Il en profita pour les faire consentir au mariage de mademoiselle de Rohan et de Chabot, et pour faire donner à celui-ci un brevet de duc et pair, afin que mademoiselle de Rohan ne perdit pas son rang lorsqu'elle serait devenue sa femme. La seule condition de cette insigne faveur fut que Chabot, qui était protestant, ferait élever ses enfants dans la religion catholique [2]. Mais la mère de la nouvelle mariée, Marguerite de Béthune, fille du grand Sully, duchesse douairière de Rohan, femme galante, dit Lenet, pleine d'esprit, et possédant tous les talents propres à la cour, furieuse de n'avoir pu réussir à empêcher ce mariage, eut recours au plus étrange des expédients pour frustrer sa fille de tous ses droits à l'héritage paternel. Elle fit paraître un fils, le disant d'elle et de Rohan. Elle l'avait fait élever secrètement, et avait jusque alors caché sa parenté, par la raison, disait-elle, que son mari était brouillé avec la cour. Elle accusait mademoiselle de Rohan de l'avoir fait enlever et conduire en Hollande, où elle lui payait une pension. Ce jeune homme était connu sous le nom de Tancrède, et était sans aucun doute un fils naturel de la duchesse douairière de Rohan. Elle lui donna un train,

[1] MOTTEVILLE, t. XL, p. 454. En 1646.
[2] LENET, *Mémoires*, t. LIV, p. 212. — SAINT SIMON. *Mémoires inédits*, t. II, p. 160 et 162, chap. XI.

une maison, et le nom de duc de Rohan; elle lui fit engager, en cette qualité, un procès au parlement contre Rohan-Chabot et sa femme, à l'effet d'être mis en possession, comme aîné, de tous les biens de la maison de Rohan. Tancrède, qui voulait se rendre digne par sa valeur du grand capitaine qu'il réclamait pour père, cherchait toutes les occasions de se montrer avec éclat, et fut tué dans un combat contre les Parisiens, lors de la première guerre de la Fronde[1]. Sa mort termina ce romanesque procès. La duchesse douairière de Rohan se réconcilia sincèrement avec sa fille, qui ne s'opposa point à ce que le jeune Tancrède, qui ne pouvait plus nuire à ses intérêts, fût inhumé comme enfant légitime[2].

Le duc de Rohan-Chabot fut donc ainsi délivré de toute inquiétude relativement à la possession de l'immense fortune qu'il avait acquise par son mariage; mais il n'en était pas de même de son titre de duc et pair. Pour jouir de toutes les prérogatives qui s'y trouvaient attachées, il fallait que le brevet du roi qui le lui conférait fût vérifié et enregistré au parlement de Paris : un arrêt de ce parlement ordonnait qu'aucune vérification de ce genre ne pourrait avoir lieu tant que le cardinal Mazarin serait en France. Cet obstacle n'arrêta point Rohan-Chabot. Il profita du moment où Condé, par les émeutes populaires qu'il avait suscitées, avait imprimé une sorte de terreur dans Paris ; et, en partie par crainte, en partie par ses amis et ceux de Condé, il parvint à faire vérifier et enregistrer son brevet, et à être reçu duc et pair dans une séance so-

---

[1] Retz, *Mém.*, t. XLIV, p. 324. — Monglat, t. L, p. 157. — Griffet, *Histoire de Tancrède de Rohan*; Liége, 1767, in-12, p. 52.

[2] Loret, *Muse historique*, liv. VI, p. 32, *lettre* 9, 27 février 1655.

lennelle du parlement¹, nonobstant les oppositions de Châtillon, de Tresmes, de Liancourt, de la Mothe-Houdancourt, qui avaient obtenu avant lui des lettres de ducs et pairs, et n'avaient pu encore, à cause de l'arrêt, en obtenir la vérification et l'enregistrement.

Ainsi le duc de Rohan-Chabot devait en partie à l'appui du prince de Condé son nom, son rang et sa fortune; mais comme il était aussi redevable de tout cela à Mazarin et à la reine, ce n'est qu'avec regret qu'il s'était vu obligé, pour rester fidèle à Condé, de se déclarer contre le roi. Aussi était-il un des plus ardents dans le parti de ceux qui voulaient la paix, et par conséquent un de ceux que Condé employait avec le plus de confiance dans ses négociations avec Mazarin². La duchesse de Rohan-Chabot était à cet égard dans les mêmes sentiments que son mari. D'un caractère énergique et altier, elle dominait ses volontés, mais non pas ses affections; et depuis quelque temps il s'abandonnait sans partage à l'amour dont il était épris pour la marquise de Sévigné³.

[1] Conrart, *Mém.*, t. XLVIII, p. 151 à 158. — Talon, *Mém.* t. LXII, p. 420.
[2] Talon, *Mémoires*, t. LXII, p. 462.
[3] Conrart, *Mémoires*, t. XLVIII, p. 154 et 155.

CHAPITRE XXVIII.

1652 — 1653.

Position de Gaston. — Ses fautes, qui causent son exil. — Caractère et genre de vie de sa femme, Marguerite de Lorraine. — MADEMOISELLE occupe pendant la guerre le premier rang dans Paris. — Son caractère; ses relations avec le prince de Condé. — Ses projets de mariage. — Bons mots du roi et de la reine d'Angleterre sur MADEMOISELLE. — Les deux fils de cette reine servent dans deux armées différentes. — Conduite du duc de Lorraine. — Tous les partis flattent MADEMOISELLE, sans se confier à elle. — Son genre de dévotion. — Elle croyait aux astrologues. — Grand nombre de noblesse militaire et d'officiers dans Paris, par le voisinage des armées. — Fêtes données par MADEMOISELLE. — Autres réunions. — Turenne et le duc de Lorraine font traîner la guerre en longueur. — Fêtes données dans les camps. — Trêves et négociations.

Gaston était le seul qui pût, de concert avec le parlement, donner à l'opposition un caractère de légalité. Quoique le roi eût été déclaré majeur, Gaston pouvait soutenir qu'il n'était pas libre, et prendre, dans l'intérêt de son neveu, des mesures pour que le royaume ne souffrît aucun dommage de ceux qui voulaient faire tourner à leur profit l'inexpérience d'un monarque encore trop jeune pour pouvoir se conduire par lui-même. Aussi le prince de Condé montrait en toute occasion une grande déférence pour Gaston; il employait tous les moyens pour obtenir son consentement sur toutes ses démarches. Tous les partis négociaient avec lui et intriguaient avec lui. Gaston, faible et irrésolu, n'en embrassait aucun, n'en servait aucun avec suite et sincérité. C'était le moyen d'être abandonné par tous, et d'assurer le succès de Mazarin. Ce succès était dans son intérêt, et il le sentait, car il chercha à transiger avec la cour; mais, faute de l'avoir fait à temps, il fut obligé de se soumettre sans condition, et fut exilé par lettres de cachet au moment de la rentrée du roi. Pendant toute la durée de la guerre, des flots de peuple se portaient quelquefois à son palais du Luxembourg, situé alors hors de l'enceinte des remparts de Paris; et on voyait fréquemment sortir de ce palais des négociateurs et des courriers. Du reste, il vivait fort retiré, et il n'y avait chez lui ni ces nombreuses réunions, ni ces fêtes, ni ces repas splendides qui se succédaient alors presque journellement chez les personnages que leurs rangs appelaient à jouer les premiers rôles dans leurs partis. La duchesse d'Orléans, Marguerite de Lorraine, était alors affligée de la perte d'un de ses enfants, et enceinte d'un autre. Bonne, bienfaisante, pleine de sens et de raison, au besoin même énergique, mais nerveuse, vaporeuse, inégale, indolente, elle ne pouvait se résoudre à tenir cercle, et aimait à vivre dans la retraite. Aussi le cardinal de Retz, dans ses Mémoires, nous dépeint-il MONSIEUR, lorsqu'il revenait avec lui du parlement au Luxembourg, entrant dans son cabinet de livres, jetant sur la table son chapeau couvert d'un panache de plumes, et fermant ensuite la porte au verrou; puis commençant par des exclamations ou des questions ces longues discussions, où se développaient si bien, mais si longuement, les avantages et les inconvénients de toutes les combinaisons politiques; et où, après plusieurs heures écoulées dans d'éloquentes polémiques, les deux interlocuteurs se séparaient sans avoir rien arrêté, rien résolu. C'est aussi dans ce cabinet que Gaston donnait tous ses rendez-vous, que se tenaient toutes ses conférences. Si, après avoir longtemps délibéré, on n'était pas d'accord, alors on proposait de passer chez la duchesse d'Orléans pour avoir son avis. Quoiqu'elle eût peu d'étendue dans l'esprit, on estimait sa franchise, sa droiture et son jugement : elle avait plus d'élévation d'âme et de force dans le caractère que son mari ; et les conseillers de celui-ci, lorsqu'ils n'étaient pas de son avis, aimaient, ainsi que lui, à recourir aux décisions de sa femme [1]. Mais alors il ne fallait pas que les consultants fussent trop nombreux, car elle n'eût pu rester avec eux tous dans la même chambre ; il ne fallait pas qu'aucun d'eux eût des bottines de cuir de Russie, si fort à la mode alors, car elle n'en aurait pu supporter l'odeur sans se trouver mal. Lors même que son frère le duc de Lorraine vint à Paris, Marguerite ne changea rien à ses habitudes et à son genre de vie ; et quand absolument il fallait que Gaston donnât un grand dîner ou une fête, ce n'était point dans son palais que la chose avait lieu, c'était chez son chancelier : la femme de celui-ci, la comtesse de Choisy, en faisait les honneurs ; la duchesse n'y paraissait point [2].

Il résultait de cet intérieur de Gaston, que mademoiselle de Montpensier, sa fille du premier lit, qui avait des goûts tout opposés à ceux de sa belle-mère, tenait, en l'absence de la cour, le premier rang dans Paris, et que durant cette année de troubles et de guerre civile elle fut réellement la reine de la société. Ce qui ajoutait encore pour elle à l'illusion, c'est que c'était aux Tuileries, où elle demeurait alors [3], qu'elle donnait ses concerts, ses

---

[1] Retz, *Mém.*, t. XLVI, p. 170.
[2] Montpensier, *Mém.*, t. XLI, p. 320.
[3] *Ibid.*, p. 336.

bals et ses divertissements. Le courage qu'elle avait montré à Orléans, cette générosité qui la porta à faire des levées d'hommes à ses frais, tout contribua à la rendre populaire et chère aux partis qui s'opposaient à la cour et à Mazarin. Les chefs cherchaient à profiter de la faiblesse qu'elle avait de s'abandonner toujours aux espérances les plus flatteuses relativement aux mariages qu'elle désirait contracter. Le prince de Condé, s'il réussissait, lui faisait entrevoir comme certain, par son mariage avec Louis XIV, la couronne de France en perspective. La Rochefoucauld et les autres amis de ce prince, lorsqu'on recevait de Bordeaux des nouvelles qui annonçaient que la princesse de Condé, naturellement délicate, était dangereusement malade, lui parlaient du veuvage du prince de Condé comme prochain; ils émettaient l'opinion que, dans cette supposition, le prince ne pourrait rien faire de plus avantageux pour lui que de se proposer pour l'épouser, et qu'ils l'y engageraient. Alors toutes les attentions, les prévenances que Condé avait pour elle lui paraissaient des indices certains de ses vues pour l'avenir; et comme elle avait une grande admiration pour ce héros, lorsque ses espérances faiblissaient du côté du roi, elle se reposait délicieusement sur l'idée d'une autre union honorable, et où les âges comme les penchants mutuels seraient mieux assortis. Quand des nouvelles plus rassurantes sur la santé de madame la Princesse faisaient évanouir ou du moins éloignaient encore cet espoir, les lettres de Fuensaldagne, appuyées par les promesses du duc de Lorraine, lui donnaient l'assurance d'épouser l'archiduc [1]; et ainsi toujours une nouvelle chimère était substituée à celle qu'elle avait

---

[1] MONTPENSIER, t. XLI, p. 306.

longtemps nourrie : elle la caressait avec la même crédulité, parce qu'en effet sa naissance et ses grands biens donnaient de la probabilité aux projets que son imagination faisait éclore.

La reine d'Angleterre, dont MADEMOISELLE, ainsi que je l'ai déjà dit, avait refusé le fils aîné, le Prétendant, disait malignement que, comme la célèbre Pucelle, MADEMOISELLE ferait le salut de la France, puisqu'elle avait, comme elle, commencé par chasser les Anglais et sauvé Orléans. Cette reine, quoique du parti de la cour, était, à cause de son rang et de son rôle de conciliatrice, de toutes les fêtes et de toutes les réunions qui avaient lieu alors dans Paris[1]. Une chose qui étonnait, c'est que ses deux fils (qu'on vit depuis monter l'un après l'autre sur le trône d'Angleterre) servaient, l'un dans l'armée du duc de Lorraine, l'autre dans l'armée de Turenne. On ignorait que le duc de Lorraine, avant d'avoir reçu de l'argent de l'Espagne pour aller secourir Condé, en avait accepté auparavant de la France pour joindre son armée à l'armée royale. C'est d'après cette promesse qu'on l'avait laissé entrer dans l'intérieur du royaume; et le prince Charles d'Angleterre s'était mis comme volontaire dans son armée, jusqu'à ce qu'il fut décidé de quel côté il se tournerait.

MADEMOISELLE avait lieu de croire que Mazarin et la reine ne consentiraient jamais à son mariage avec le roi, à moins qu'ils n'y fussent contraints par les succès de l'armée des princes. Cette seule considération suffisait pour mettre MADEMOISELLE dans le parti de la duchesse de Longueville, qui poussait Condé à la guerre[2]. Elle avait, d'ailleurs, des prétentions sur le cœur de Condé aussi bien

---

[1] MONTPENSIER, t. XLI, p. 233. — CONRART, t. XLVIII, p. 42.
[2] MONTPENSIER, t. XLI, p. 230.

que sur sa main ; et il suffisait que la duchesse de Châtillon, dont elle était jalouse, eût embrassé le parti de la paix pour qu'elle se jetât avec chaleur dans les rangs du parti contraire [1]. Si les chefs de tous les partis la flattaient et cherchaient à l'attirer à eux, aucun cependant ne lui confiait ses secrets ; on redoutait l'instabilité de ses résolutions, son inexpérience dans les affaires, ses vanités, ses imprudences, sa fougue, ses scrupules, ses inconséquences. Portant jusqu'à l'excès l'orgueil du rang et de la naissance, le sentiment seul de sa dignité l'eût défendue contre l'entraînement des passions, lors même qu'elle n'eût pas été portée à y résister par des principes de vertu et par attachement à la religion. Elle n'avait cependant qu'une dévotion peu fervente ; mais, de même que la reine mère se retirait souvent dans son oratoire afin de prier pour le succès des troupes royales, MADEMOISELLE faisait sans cesse dire des messes pour le triomphe de l'armée des princes [2]. Nous apprenons par elle-même qu'elle désapprouva les génuflexions au milieu de la rue et les autres démonstrations, peu sincères selon elle, auxquelles le prince de Condé se soumit lorsque, le 11 juin, le clergé promena dans Paris, avec toute la pompe d'une procession générale, la châsse de sainte Geneviève [3]. Cette procession avait été ordonnée, sur les instances du peuple, par le parlement, le jour même où il délibéra comment il réaliserait les cent cinquante mille livres promises à celui qui apporterait la tête de Mazarin [4]. La conduite que

---

[1] MONTPENSIER, t. XLI, p. 269, 290, 292, 315.

[2] MOTTEVILLE, t. XXXIX, p. 339.

[3] LORET, liv. III, p. 79, 81, *lettre* du 16 juin 1652.—MOTTEVILLE, *Mém.*, t. XXXIX, p. 314, 333.—GUY-JOLY, t. XLVII, p. 222 et 334.

[4] TALON, *Mémoires*, t. LXII

Condé tint dans cette circonstance fut considérée par MADEMOISELLE comme un acte d'hypocrisie indigne de lui, et dont le seul motif était de plaire au peuple. Il est évident aussi, d'après la manière dont elle s'exprime dans ses Mémoires, que la foi aux reliques de la douce vierge de Nanterre était affaiblie dans la classe élevée, et même que toutes les croyances de ce genre étaient considérées comme des préjugés populaires et des superstitions bourgeoises, peu dignes de la haute aristocratie; mais en même temps nous apprenons, par les nombreux témoignages de personnages de cette caste, qu'elle était adonnée à l'astrologie et à la divination, et qu'elle croyait aux revenants [1].

L'entrée de Condé et des princes qui l'accompagnaient amena dans Paris un grand nombre de généraux et d'officiers; et ceux des armées campées dans les environs profitèrent d'un voisinage peu favorable à la discipline, mais très-propice au plaisir [2]. Il semblait que tous les jeunes guerriers, que l'élite de la noblesse de France, et même des pays circonvoisins, s'étaient donné rendez-vous dans la capitale. On reconnaissait, aux couleurs de leurs écharpes, les chefs dont ils dépendaient, les partis et les peuples auxquels ils appartenaient : celles des Lorrains, rouges; des Espagnols, jaunes; de Gaston, bleues; de Condé, isabelle [3]. Cette réunion de brillants uniformes donnait un éclat à toutes les fêtes qui avaient lieu alors, et fournissait des occasions d'en augmenter le nombre. Cependant la

---

[1] MONTPENSIER, *Mém.*, t. LXI, p. 471. — SEGRAIS, *Mémoires et Anecdotes*, t. II, p. 34.

[2] MONTPENSIER, t. LI, p. 251.

[3] DESORMEAUX, *Histoire de Louis de Bourbon, prince de Condé*, 1769, in-12, t. III, p. 155. — MONTPENSIER, t. XLI, p. 313.

présence de tant d'étrangers, ces drapeaux et ces étendards de l'Espagne que l'on voyait sans cesse flotter avec les drapeaux et les étendards de la France, offensaient les regards sévères des magistrats du parlement, et causaient une vive douleur aux nobles royalistes qui n'avaient pas rejoint la cour, et aux honnêtes bourgeois qui, en embrassant le parti de la Fronde, n'avaient pas abjuré l'amour de leur pays.

C'était précisément cette quantité de guerriers de tant de partis et de nations qui réjouissait la haute noblesse des deux sexes, entièrement livrée à l'ardeur des factions et à la fougue de ses passions. Elle y voyait un signe de force; elle y trouvait un motif de sécurité pour le présent, et d'espérance pour l'avenir. La plupart de ces héroïnes de la Fronde, si belles, si jeunes, si coquettes, étaient charmées de se voir favorisées par les circonstances dans le désir qu'elles avaient de s'attirer le plus grand nombre d'hommages, de mettre plus de variété et de séduction dans ce commerce de galanterie que favorisaient singulièrement l'agitation et le désordre des guerres.

Aussi les fêtes ne discontinuaient pas : MADEMOISELLE en donnait presque tous les soirs [1]; et quand elle s'en abstenait, ses deux dames d'honneur, les comtesses de Fiesque et de Frontenac, profitaient de ces jours de vacances pour en donner à leur tour [2]. La comtesse de Choisy en rendait pour MONSIEUR, la duchesse de Châtillon pour le prince de Condé, la présidente de Pommereul pour le cardinal de Retz, qui ne pouvait admettre chez lui de tels divertissements; mais il y donnait de somptueux repas. Des

---

[1] MONTPENSIER, t. XLI, p. 331-334 et 337, 341, 374.
[2] MONTPENSIER, loc. cit.—LORET, Muse historique, lib. III, lettre du 12 octobre 1753.

soirées brillantes avaient lieu aussi chez les duchesses de Chevreuse, d'Aiguillon, de Montbazon, de Rohan, et chez la marquise de Bonnelle. Tous les genres de plaisirs connus alors trouvaient place dans ces soirées, surtout dans celles que donnait MADEMOISELLE, les plus complètes et les plus belles. Elle faisait presque toujours venir les comédiens et les vingt-quatre violons. On commençait par jouer une comédie, ou une tragédie, ou un ballet ; ensuite concert ; puis après venait le jeu de colin-maillard, ou d'autres jeux de société. Après ces jeux on dansait, et on terminait par une exquise et somptueuse collation. Les cartes, que plus tard Mazarin mit à la mode, ne se voyaient que rarement à ces divertissements [1]. Mais quand vint la belle saison, les plaisirs de ce monde frivole et brillant ne se renfermèrent pas uniquement dans Paris.

Turenne et le duc de Lorraine employaient toute leur tactique pour faire traîner la guerre en longueur [2] : le premier, afin de donner le temps au cardinal Mazarin de détruire les partis en les divisant ; le second, pour les tromper tous. Tout le monde voulait négocier : le parti de la Fronde et du parlement, pour ne pas se battre ; Gaston, pour se faire honneur du rétablissement de la paix ; le prince de Condé, pour ne pas paraître y mettre obstacle, et faire acheter cette paix par des concessions qui lui fussent avantageuses; le duc de Lorraine, pour obtenir de l'argent de toutes mains; Retz, pour conserver son cardinalat et son archevêché, garder la faveur de Gaston, et obtenir de la cour l'oubli du passé [3].

---

[1] LORET, lib. III, p. 72, *lettre* en date du 2 juin 1652. — MONTPENSIER, t. XLI, p. 361.

[2] LORET, *Muse historique*, liv. III, p. 60, *lettre* en date du 5 mai ; et p. 67, *lettre* en date du 19 mai.

[3] RETZ, t. LXVI, p. 185.—Comte DE BRIENNE, *Mém*., t. XXXVI, p. 212.

Ainsi les corps d'armée, longtemps en présence sans vouloir se combattre, campaient. Ces espèces de trêves, jointes aux négociations qui avaient lieu et qu'on s'efforçait en vain de rendre secrètes, firent souvent croire à la paix bien avant qu'elle ne fût conclue [1]. Alors les officiers et les personnages des divers partis communiquaient entre eux; car il ne faut pas oublier de remarquer que, quoiqu'on se battît avec valeur, qu'on se tuât, qu'on se fît des prisonniers dans un jour de bataille, les haines que les chefs avaient les uns contre les autres n'existaient pas également parmi leurs partisans respectifs. Ceux-ci s'étaient partagés en des camps différents par des motifs d'intérêt, par suite de leurs liaisons ou de leur parenté, et quelques-uns par caprice et pour ne pas rester oisifs. Les soldats désertaient, et passaient facilement d'une armée dans une autre [2]; la gaieté régnait au milieu des dangers et de la mort. Les plus hauts personnages, entraînés par cette disposition générale des esprits, conservaient entre eux les bienséances que nécessitait leur intimité ou que réclamaient les liens du sang. Ainsi, quoique Gaston fût réputé le chef de l'opposition et des frondeurs, le roi lui envoya le duc d'Amville, pour lui faire des compliments de condoléance sur la mort de son fils le duc de Valois [3]. C'était avec jovialité et courtoisie que les généraux se combattaient. Chavagnac, qui tenait pour Condé, n'en conférait pas moins familièrement et amicalement avec Turenne; et ayant appris qu'il manquait de provisions pour sa cuisine, il eut soin, lorsqu'il l'eut quitté, de lui faire porter un bon dîner. Turenne lui promit, en

---

[1] Talon, t. LXII, p. 365. — Chavagnac, *Mém.*, t. I, p. 167.

[2] Chavagnac, *Mém.*, t. I, p. 167, 168. — Loret, *Muse historique*, liv. III, p. 60, *lettre* en date du 5 mai.

[3] Motteville, *Mém.*, t. XXXIX, p. 337.

récompense, de venir bientôt l'assiéger dans Étampes[1].

Les suspensions des opérations militaires avaient lieu au milieu de l'été : les Parisiens en profitaient pour prendre l'air hors de leurs remparts. Les belles dames, les héroïnes de la Fronde, montaient à cheval, et, accompagnées de jeunes cavaliers, elles se rendaient au camp des princes, à celui du duc de Lorraine. On les y recevait au bruit des trompettes et de la musique guerrière; on leur donnait des festins sous la tente, et l'on dansait sous les ombrages des bois voisins. MADEMOISELLE se plaisait beaucoup à ces brillantes cavalcades : toujours montée sur un superbe coursier et suivie d'un nombreux cortége, elle aimait à assister aux revues, aux exercices, aux parades, et aux évolutions militaires. Ces divers spectacles attiraient hors de Paris une grande partie de sa population : les routes étaient couvertes de carrosses, de bourgeois à cheval, de gens à pied, qui allaient et revenaient sans cesse de la ville aux camps et des camps à la ville. Ce beau soleil, ces belles campagnes, ces réjouissants banquets, ces pompes belliqueuses, ravissaient un peuple prompt et facile à s'émouvoir; il oubliait les maux causés par ses divisions, et la guerre ne lui paraissait plus exister que pour donner plus d'éclat aux fêtes et plus de variété au plaisir[2]. Mais elle avait dans le midi de la France un caractère de perfidie et d'atrocité réprouvé par les habitants de la capitale.

[1] CHAVAGNAC, *Mém.*, t. I, p. 168. — LORET, *loc. cit.*
[2] MONTPENSIER, t. XLI, p. 311. — MONGLAT, t. L, p. 363.

CHAPITRE XXIX.

1652 — 1653.

Arrivée du duc de Lorraine à Paris. — Sa présence y augmente la licence des mœurs.—Portrait du duc de Lorraine.—Sa politique. — Sa conduite envers les femmes. — Ses réponses aux duchesses de Châtillon et de Montbazon. — Sa déférence envers Mademoiselle.—Il fait sa cour à la comtesse de Frontenac.—Il paraît à la place Royale déguisé en abbesse. — Propos de mademoiselle de Rambouillet à ce sujet. — Pourquoi le désordre avait pénétré jusque dans les cloîtres. — Conduite des religieuses de Longchamps. — Supplique de l'abbesse de ce monastère au cardinal de La Rochefoucauld. — Enquête faite à ce sujet par Vincent de Paul.

La licence des mœurs, que l'état de la société semblait avoir portée au plus haut degré, fut encore augmentée par l'arrivée de Charles IV, duc de Lorraine, à Paris [1]. Ce prince, âgé alors de quarante-huit ans, joignait à une taille élevée une constitution robuste, et montrait une grande habileté à tous les exercices du corps. Actif, joyeux, spirituel et goguenard, il aimait par-dessus tout le métier de la guerre, où il excellait; aimé du soldat et du peuple, il était envers ses inférieurs communicatif et indulgent jusqu'à l'excès, mais fier, silencieux et méticuleux avec ses égaux, avec les princes souverains, et même avec les têtes couronnées. Ancien amant de la duchesse de Chevreuse, qui s'était autrefois réfugiée à sa cour, beau-frère de Gaston, qui avait épousé sa sœur sans l'autorisation et contre la volonté du roi son frère, le duc de Lorraine avait passé

---

[1] Retz, t. XLVI, p. 111. — Talon, t. LXII, p. 466. — Loret, *Muse historique*, liv. III, p. 75, 77.

sa vie à lutter contre Richelieu et contre la France ; à perdre, à reprendre ses États, et à les reperdre encore ; à lever sans cesse des troupes et à combattre. Non compris dans le traité de Munster, dépouillé de son duché et de toutes ses places fortes, dont quelques-unes étaient occupées par Condé, qu'il haïssait, il n'avait pour tout bien, pour toute ressource qu'une armée de dix mille hommes, qui lui était dévouée, parce qu'il la laissait piller et s'enrichir aux dépens des pays où il la conduisait. Il se vendait successivement à l'Allemagne, à l'Espagne, à la France; faisait profession de ne tenir à sa parole qu'autant que son intérêt l'y obligeait : sa vie était celle d'un brigand plutôt que celle d'un prince souverain [1]. Il avait les yeux du chat, et il en avait aussi la perfidie [2]. Il aimait passionnément les femmes, et ne se croyait pas plus engagé avec elles par les cérémonies du mariage qu'avec les rois par les conditions d'un traité. Il avait à cet égard bravé l'opinion publique et les excommunications du pape, en osant, de sa propre autorité, déclarer nul son mariage avec la duchesse Nicole, dont il s'était approprié la souveraineté, et en épousant ensuite **Béatrix de Cusane**, princesse de Cantecroix [3] Cette belle et spirituelle personne le suivait partout à cheval, et on l'avait surnommée sa *femme de campagne*.

D'après la situation des affaires à cette époque et la force respective des armées, le duc de Lorraine, en se réunissant à Condé ou à Turenne [4], pouvait à son gré

---

[1] CONRART, t. XLVIII, p. 85, 86, 88. — PAVILLON, *Œuvres*, t. II, p. 241, édit. 1750.

[2] SEGRAIS, *Œuvres*, édit. 1755, t. II, p. 89, 90.

[3] LORET, *Muse historique*, liv. IV, p. 21, *lettre* du 15 février 1653.

[4] LORET, *Muse historique*, liv. III, p. 98, *lettre* en date du 21 juillet 1652.

faire pencher la balance en faveur de l'un ou de l'autre. Il se trouvait donc ainsi l'arbitre entre des partis auxquels il s'intéressait fort peu, sachant bien que le faible Gaston, lors même que la cause des princes triompherait, ne serait pas le régulateur de la France, mais bien Condé, dont il n'espérait pas plus que de Fuensaldagne ou de Mazarin. Il dissimulait ses véritables sentiments à son beau-frère avec plus de soin encore qu'à tout autre; et tantôt il simulait un complet dévouement, tantôt il affectait de la froideur, suggérait des querelles de préséance, et faisait craindre une défection [1]. La marche avancée de son armée, sa visite à Paris, donnèrent des craintes à la cour, excitèrent des soupçons, et forcèrent Turenne de lever le siége d'Étampes et de se rapprocher de la capitale [2]. Tous les partis, dont les intrigues aboutissaient à Paris, devenu le centre des négociations, cherchaient donc à profiter du séjour du duc de Lorraine pour l'attirer à eux. Lui, par l'intermédiaire de l'ex-ministre Châteauneuf, continuait toujours en secret ses relations et ses pourparlers avec la cour [3]. Les femmes, qui jouaient un si grand rôle dans les affaires, employèrent toutes les ressources de la coquetterie, tous les moyens que la finesse et la ruse propres à leur sexe purent leur suggérer, pour influencer d'une manière conforme à l'intérêt de leur parti les déterminations de Charles IV [4]. Le rusé partisan non-seulement profita, mais abusa de la position que les circonstances lui avaient faite. Il poussa jusqu'à l'excès la bouffonnerie et le dévergondage des paroles, auxquels il avait

[1] Conrart, t. XLVIII, p. 80.
[2] Retz, *Mém.*, t. XLVI, p. 110.
[3] Conrat, t. XLVIII, p. 76, 81.
[4] Montpensier, t. XLI, p. 326.

l'habitude de s'abandonner dans le commerce ordinaire de la vie [1]. Ses manières si étranges parurent piquantes et naïves à cette société, déjà portée à la licence, continuellement remuée par des sensations extraordinaires, et toujours avide d'en éprouver de nouvelles. Ce qui aurait dû le faire expulser de tous les cercles polis fut précisément ce qui le fit rechercher, ce qui excita la curiosité, ce qui le mit à la mode. Lorsqu'il se trouvait seul au milieu des dames, et que la conversation tombait sur les désastres occasionnés par les troupes de tous les partis [2], il se plaisait, dans ses récits, à exagérer les dévastations et les cruautés de ses soldats. Selon lui, le vol, le viol, le meurtre, étaient pour eux de petits crimes : ils mangeaient de la chair humaine, et à ce sujet il se livrait à d'horribles détails, semblables à ceux des contes d'ogres que l'on faisait alors aux enfants [3], et que depuis Perrault a consignés par écrit [4]. Cependant il les débitait avec un si grand sang-froid, qu'on doutait s'il parlait sérieusement ou s'il plaisantait : il semblait se complaire à être plutôt considéré comme le chef d'une troupe de démons que comme un général d'armée. Il se taisait sur les intérêts et les affaires qui paraissaient avoir été le but de son voyage à Paris; ou quand on l'interrogeait et qu'on voulait le sonder, il répondait par des plaisanteries : s'il daignait faire une réponse sérieuse, elle était évasive. Pressé un jour par les duchesses de Châtillon et de Montbazon de s'expliquer

---

[1] MONTPENSIER, t. XLI, p. 247. — CONRART, t. XLVIII, p. 79.

[2] CHAVAGNAC, *Mém.*, t. I, p. 167 et 174. — PONTIS, *Mém.*, t. XXXI, p. 471.

[3] CONRART, t. XLVIII, p. 85.

[4] Voyez les *Lettres sur les Contes des fées attribués à Perrault, et sur l'origine de la féerie*.

sur ses intentions, il les prit toutes deux par la main, et dit : Allons, mesdames, appelons les violons, dansons, amusons-nous ; c'est ainsi qu'on doit négocier avec les dames [1]. Cependant celles qui lui parlaient d'une manière conforme à ses intérêts s'en faisaient écouter. Ainsi la princesse de Guemené sut l'empêcher d'aller secourir Étampes, en lui démontrant que par là il rendrait Condé trop puissant. Il flattait l'orgueil de MADEMOISELLE, en ayant pour elle plus de déférence qu'il n'en montrait pour sa propre sœur, la duchesse d'Orléans : il lui parlait souvent de son mariage avec l'archiduc, et il avait pour elle des égards et un ton de galanterie respectueuse tout différent de celui qu'il prenait avec les autres femmes. La politique entrait pour beaucoup dans cette conduite ; mais il s'y joignait un autre motif. La jolie comtesse de Frontenac lui avait plu [2], et il ne pouvait voir aussi fréquemment qu'il le désirait la dame d'honneur sans se mettre très-avant dans les bonnes grâces de la princesse. Mais il se montrait aussi fort sensible aux charmes de ses nièces, les deux filles de Gaston. MADEMOISELLE en fut jalouse, et ce sentiment fit disparaître en elle toute l'affection que le duc de Lorraine lui avait inspirée. Elle se réjouit de le voir quitter Paris, et apprit sans regret la nouvelle de la retraite de son armée ; ce qui pourtant portait un coup fatal au parti qu'elle avait embrassé [3]. Les intérêts du cœur ou ceux de la vanité l'emportent toujours chez les femmes sur tous les autres. Rarement sont-elles assez maîtresses d'elles-mêmes pour sacrifier leurs goûts, leurs

---

[1] LORET, *Muse histor.*, liv. III, p. 77, *lettre* du 9 juin 1652.

[2] MONTPENSIER, t. XLI, p. 249.

[3] *Ibid.*, t. XLI, p. 243. — SAINT-SIMON *Mém. inédits*, t. V, p. 255.

antipathies, leurs préférences, aux nécessités d'un grand dessein [1].

Une anecdote relative au duc de Lorraine, toute frivole qu'elle pourra sembler à quelques lecteurs, va trop directement au but que nous nous sommes proposé, de donner dans ce chapitre une idée de la liberté du commerce qui régnait alors entre les deux sexes, pour que nous la passions sous silence.

Charles IV pria mademoiselle de Chevreuse de le mener à la place Royale, un jour que l'on faisait jouer les violons; mais en même temps il désira rester inconnu. Pour le satisfaire, il fut décidé qu'on le couvrirait d'une grande écharpe noire que prêta l'abbesse de Maugiron, et qu'ainsi déguisé, mademoiselle de Chevreuse le ferait passer pour sa sœur, l'abbesse de Pont-aux-Dames [2]. Arrivés à la place Royale, mademoiselle de Chevreuse et sa prétendue sœur rencontrèrent mademoiselle de Rambouillet avec madame de Souvré ou de Bois-Dauphin, et mademoiselle d'Harcourt, qui étaient prêtes à monter en voiture pour se rendre dans une maison du voisinage, où elles étaient invitées à souper. Mademoiselle de Rambouillet témoigna à mademoiselle de Chevreuse la surprise qu'elle éprouvait de la trouver à pied à cette heure sur la place publique; et elle lui demanda en même temps quelle était cette grande personne en noir qui l'accompagnait, et se tenait à l'écart. « C'est, dit mademoiselle de Chevreuse en parlant à l'oreille de mademoiselle de Rambouillet, le duc de Lorraine qui veut rester incognito, et que je fais passer pour

---

[1] MONTPENSIER, *Mém.*, t. XLI, p. 247 et 249.
[2] CONRART, *Mém.*, t. XLVIII, p. 81. Ce fait eut lieu le 4 juin. Anne-Marie de Lorraine-Chevreuse, abbesse de Pont-aux-Dames, mourut deux mois après, le 5 août 1652.

ma sœur, l'abbesse de Pont-aux-Dames. » En même temps mademoiselle de Chevreuse, en s'adressant au duc de Lorraine, lui dit : « Ma sœur, pourquoi vous tenez-vous si loin? Ces dames vous font-elles peur? Ce sont nos meilleures amies ; elles veulent vous dire bonsoir. » Le duc de Lorraine s'approcha, et joua son rôle de religieuse le mieux qu'il put ; mais, dans son embarras, il ne répondait que par des signes et des remercîments aux questions qu'on lui adressait. Mademoiselle de Rambouillet, naturellement gaie et malicieuse, s'efforça, mais en vain, de faire monter dans sa voiture mademoiselle de Chevreuse et sa prétendue sœur. Elle dit depuis à Conrart que si elle avait réussi, elle avait le projet, aussitôt que tout le monde aurait été placé, de faire peur au grand guerrier, en faisant lever la portière de la voiture, et en criant : « Touche, cocher, droit au Pont-Neuf ! nous sommes toutes mazarines ; nous tenons M. de Lorraine, et il faut le jeter à l'eau. »

Il ne faut pas s'étonner si l'on voyait alors des abbesses, même cloîtrées, figurer à cette époque dans le monde et dans les cercles de Paris. Un grand nombre de religieuses avaient été obligées de quitter leurs couvents et de se réfugier en ville, pour fuir les dangers auxquels elles étaient exposées de la part d'une soldatesque sans frein, qui pillait et dévastait les campagnes ; mais ces exilées du cloître retrouvaient des périls aussi grands, quoique d'une autre nature, dans le sein de la capitale. Plusieurs d'entre elles, par le séjour qu'elles y firent, ajoutèrent un nouveau genre de scandale à ceux que présentaient déjà les désordres de ces temps, mais elles n'outragèrent pas aussi ouvertement la morale publique que les religieuses de Longchamps. L'abbaye de Longchamps, fondée près du bois de Boulogne par la sœur de saint Louis, et richement dotée par cette princesse, avait été soustraite par elle à la juridiction de l'évêque de Paris et du clergé régulier, et placée sous la direction des frères mineurs, c'est-à-dire des cordeliers de l'ordre de Saint-François. De là était résulté le relâchement à la règle, et la corruption qui en avait été la suite. Elle s'y perpétuait depuis le quatorzième siècle, et avait encore augmenté pendant la régence et la Fronde. Les parloirs n'étaient point fermés; des hommes, qui n'étaient pas même parents des religieuses, y avaient accès, et s'entretenaient avec elles à l'insu de l'abbesse. Les confesseurs venaient de nuit, sous prétexte de remplir les devoirs de leur ministère, et se trouvaient ainsi à des heures indues tête à tête avec leurs pénitentes. Quelques-uns même, gagnés à prix d'argent, avaient ouvert leurs confessionnaux à des laïques déguisés; des jeunes gens avaient été surpris nuitamment introduits dans l'intérieur du couvent par de jeunes religieuses, ou par les sœurs tourières, avec lesquelles les frères mineurs étaient sur le pied d'une indécente familiarité. Les recteurs du monastère et les pères provinciaux, qui étaient les supérieurs ecclésiastiques de l'abbesse, au lieu de la seconder dans ses pieux efforts pour la répression des abus, la punition des délits, révoquaient et annulaient les mesures qu'elle prenait pour y mettre un terme. Le désordre et l'insubordination croissaient rapidement, et semblaient être portés à leur plus haut point, lorsque la marche des troupes et les progrès des opérations militaires autour de Paris forcèrent toute la communauté de Longchamps de se réfugier dans cette capitale. Les sœurs qui avaient lutté avec tant d'audace contre l'autorité de l'abbesse s'en affranchirent entièrement, et ne conservèrent même plus les apparences de la soumission. On les vit, gardant leur costume de religieuse, donner à ces vêtements, symbole de la pureté et de la sévère pudeur, une immodeste élégance, que le charme de la nouveauté et le contraste de leur sainte profession rendaient plus voluptueuse et plus séduisante. Elles portaient des rubans couleur de feu, des gants d'Espagne, des montres d'or, des bijoux, et tous les ornements mondains que pouvait admettre le genre d'habits dont elles étaient revêtues. Sous prétexte de faire des visites à leurs parents, leurs connaissances, elles sortaient, et passaient des jours et des nuits dans la chambre de leurs amants. L'abbesse, de concert avec les religieuses les plus âgées, et avec les jeunes religieuses qui ne s'étaient point écartées de leurs devoirs, se détermina à avoir recours à l'autorité supérieure. Sur l'instance du procureur général, l'abbaye de Longchamps avait été replacée, dès l'année 1560, par un arrêt du parlement, sous la discipline de l'évêque de Paris; mais l'ordre des frères mineurs n'avait pas voulu reconnaître cet arrêt : et d'ailleurs il en eût été autrement, qu'on n'eût rien pu espérer du cardinal de Retz, qui, en sa qualité de coadjuteur, administrait le diocèse. Ses mœurs étaient connues, et on savait qu'il ne consentirait jamais à prendre aucune mesure qui pût attenter aux privilèges d'un ordre monastique qui lui était dévoué, et qui, par le nombre et la richesse de ses couvents, avait dans Paris une grande influence. L'abbesse crut donc devoir s'adresser directement au pape. Elle lui fit présenter une supplique, qui fut écoutée favorablement. Le cardinal de La Rochefoucauld, d'après les ordres du saint-père, en écrivit au respectable Vincent de Paul; et sur le rapport de ce pieux ecclésiastique (rapport où nous avons puisé ces faits), lorsque la guerre de la Fronde fut terminée, on prit des mesures pour rétablir la règle dans le couvent de Longchamps. Ces mesures furent efficaces; mais cependant le monastère ne subit pas une réforme aussi sévère que celle qu'avait opérée dans Port-Royal des Champs son abbesse, la célèbre Angélique Arnauld, qui quarante ans avant cette époque, refusa à son propre père la permission d'entrer dans l'intérieur de son cloître [1].

[1] *Lettre de* Saint Vincent de Paul *au cardinal de La Rochefoucauld sur l'état de dépravation de l'abbaye de Longchamps, en latin, avec la traduction française et des notes*, p. J. L. (J. Labouderie); Paris, 1827, in-8° (21 pages). Le texte latin de cette lettre avait été publié dans l'ouvrage de J. Delort, intitulé *Mes Voyages aux environs de Paris*, 1821, in-8°, t. II, p. 167 à 175. Delort a cru que cette lettre était adressée au cardinal Mazarin : elle est datée de Paris, le 25 octobre 1652. — *Gallia christiana*, in-fol., t. VII, p. 943. — Le Bœuf, *Hist. du Diocèse de Paris*, t. III, p. 26. — Grégoire, *les Ruines de Port-Royal des Champs*, 1809, in-8°. — Sur la réforme d'Angélique Arnauld, et la fameuse journée du Guichet, conférez Sainte-Beuve, *Port-Royal*, t. I, p. 115.

CHAPITRE XXX.

1652 — 1653.

Condé se réconcilie avec les Parisiens, par l'activité qu'il met à les défendre. — Il conduit quelques-unes de ses compagnies à Saint-Cloud et à Saint-Denis. — Les bourgeois sont glorieux de servir sous lui. — MADEMOISELLE obtient la permission de faire entrer les troupes de ce prince dans Paris. — Combat sanglant de Saint-Antoine. — Prodiges de valeur. — Mort de Saint-Mesgrin. — Son amour pour mademoiselle du Vigean. — Exploits de La Ferté et de Turenne. — Effet produit par les chefs de l'armée de Condé, rentrant blessés dans Paris. — Entrevue de Condé avec MADEMOISELLE. — Désolation de Condé. — Il retourne au combat, et rentre dans Paris avec son armée. — MADEMOISELLE est l'héroïne de cette journée. — Souvenir qu'elle en conserva, et ce qu'elle dit d'elle dans ses Mémoires.

Quoique les habitants de Paris eussent refusé d'admettre dans leur ville les troupes des princes ; quoiqu'ils eussent même formé des retranchements autour du faubourg Saint-Antoine, pour résister à une surprise et se mettre à l'abri des maraudeurs ; quoique enfin ils vissent avec peine tant d'officiers étrangers que la présence de Condé autorisait à séjourner au milieu d'eux, cependant la grande majorité détestait sincèrement Mazarin. L'antipathie qu'il avait excitée était nourrie et accrue par les libelles qu'on ne cessait de publier contre ce ministre, et qu'on répandait avec profusion. On voulait son expulsion. Les Parisiens ne purent donc sans reconnaissance être témoins de l'activité et de la bravoure que Condé déploya pour le triomphe d'une cause qui était aussi la leur. Depuis longtemps organisés en garde bourgeoise, formant seize régiments subdivisés en cent vingt-six compagnies[1], qui presque tous avaient pour colonels des conseillers au parlement et des maîtres des requêtes, les troubles civils leur avaient donné occasion de s'exercer au maniement des armes, et leur avaient communiqué, malgré leurs habitudes citadines, une sorte d'ardeur martiale. Rien ne se communique plus rapidement, plus facilement, plus généralement, que cette sympathie qui unit entre elles des masses d'hommes par des peines et des travaux semblables, par des hasards et des périls communs; où les efforts de chacun s'attirent la reconnaissance de tous; où l'estime de nos compagnons d'armes nous rehausse à nos propres yeux, et porte notre courage jusqu'à ce degré d'exaltation qui ne lui permet pas de fléchir devant la crainte de la mort. Condé sut profiter habilement de cet enthousiasme pour la gloire militaire, qui s'était emparé des Parisiens. Il conduisit hors de Paris quelques compagnies bourgeoises, et les fit se battre avec succès, de concert avec les troupes réglées, à Saint-Cloud et à Saint-Denis. Ceux qui avaient fait partie de ces expéditions revenaient fiers d'avoir servi et combattu sous les ordres du plus grand capitaine du siècle[2], et ceux qui n'avaient pas eu cet avantage enviaient le sort de leurs camarades. Condé dut à cette admiration que les bourgeois avaient conçue pour ses talents militaires, et à l'intérêt qu'il leur inspirait, son salut et celui de son armée lors de la journée de Saint-Antoine, le 2 juillet.

Pour cette célèbre affaire, nous avons encore l'excel-

[1] *Manuscrit du président de Lamoignon sur la garde bourgeoise de Paris,* in-4°, cité dans SAINT-AULAIRE, *Hist. de la Fronde,* 1827, in-8°, t. III, p. 312.

[2] GUY-JOLY, t. XLVII, p. 334.

lente description de Napoléon[1] ; mais ici sa science et son exactitude stratégique ne peuvent suffire à l'historien. Jamais peut-être un combat moderne n'a plus ressemblé à ces combats antiques décrits par les poëtes, où les chefs s'exposent et se jettent dans la mêlée aussi bien que les soldats, et où chaque guerrier se bat avec acharnement, non pas seulement pour la gloire ou pour un intérêt général, mais pour assouvir ses haines ou ses passions particulières[2].

La population de Paris sur les remparts et les toits de ses maisons, et le jeune roi et toute la cour du haut des collines de Charonne, contemplèrent avec étonnement et avec des émotions également vives, quoique diverses et opposées, les prodiges de valeur et de génie militaire que déployèrent dans cette journée Turenne et Condé ; tous deux, comme les deux grands héros du poëme d'Homère, se portant en avant avec impétuosité ; triomphants et victorieux partout où ils étaient en personne ; battus et repoussés là où ils n'étaient point ; se disputant pied à pied les mêmes positions, qui furent prises et reprises alternativement en versant des torrents de sang ; et voyant leurs meilleurs officiers et leurs plus chers amis, tués ou blessés, disparaître successivement du champ de carnage[3].

Le marquis de Saint-Mesgrin, qui commandait un détachement, avait juré d'immoler Condé de sa propre main,

---

Mém. de l'empereur NAPOLÉON, *écrits par lui à Sainte-Hélène.* DESORMEAUX, *Histoire de Condé*, t. III, p. 297 à 298, 301. — RAMSAY, *Hist. de Turenne*, 1735, t. I, p. 265. — RAGUENET, *Hist. de Turenne*, 1769, in-12, p. 205 à 218.

[3] MOTTEVILLE, t. XXXIX, p. 338 et 344. — DESORMEAUX, *Hist. du prince de Condé*, in-12, t. III, p. 297 et 298. — Le maréchal DUPLESSIS, t. LVII, p. 398. — TALON, t. LXII, p. 410.

ou de mourir en le combattant. Autrefois épris de mademoiselle du Vigean, Saint-Mesgrin n'avait pu parvenir à l'épouser, parce que le prince de Condé avait mis obstacle à son dessein en offrant ses hommages à cette jeune beauté, que ses poursuites avaient enlevée au monde et forcée à se faire carmélite. Saint-Mesgrin, dès qu'il aperçut Condé dans la mêlée, se précipita sur lui à la tête de son escadron. Le jeune marquis de Rambouillet, et Mancini, neveu de Mazarin, le premier par enthousiasme pour la cause royale, le second par reconnaissance pour un oncle dont s'enorgueillissait sa famille, se joignirent à Saint-Mesgrin, et le secondèrent dans sa fureur en la partageant. Ces trois jeunes guerriers, l'espoir de maisons illustres et puissantes, périrent tous trois dans cette attaque contre le terrible Condé[1]. Tous trois furent vivement regrettés, mais nul plus que Saint-Mesgrin. Il ne laissait point d'enfants. Sa jeune veuve épousa depuis le duc de Chaulnes, gouverneur de Bretagne. Elle fut une des plus intimes amies de madame de Sévigné[2].

Aux douleurs et aux craintes que faisait éprouver aux spectateurs réunis sur la butte de Charonne une lutte aussi opiniâtre, aussi sanglante et aussi incertaine dans ses résultats, succéda tout à coup une surprise qui combla de joie la reine et le jeune roi, et tous les royalistes ras-

---

[1] Ramsay, *Hist. du vicomte de Turenne*, 1735, in-4°, t. I, p. 265 et 267. — Loret, liv. III, p. 91. — Retz, t. XLVI, p. 124. — Chavagnac, t. I, p. 180. — Guy-Joly, t. XLVII, p. 226 et 230. — Corbinelli, *lettre* dans les *Mémoires du Comte de Bussy*, t. I, p. 338. — Monglat, t. L, p. 349.

[2] Saint-Simon, t. I, p. 84, 196. — Conrart, p. 111, 115. — Desormeaux, t. III, p. 299, 303. — Somaize, *Dictionnaire des Précieuses*, 1661, t. I, p. 79. — Au mot Clidaris, conférez *la Clef*, p. 15; Sophronie, dans cet article, est madame de Sévigné.

semblés autour d'eux. On vit le maréchal de La Ferté venir au secours de Turenne avec sa grosse artillerie, et placer ses batteries de manière à foudroyer entièrement l'armée des princes, qui, forcée de tous côtés, se reployait en désordre sur la place d'armes, en avant de la porte Saint-Antoine, et paraissait ne pas pouvoir échapper à une totale destruction. Les Parisiens, témoins du même spectacle, furent saisis de douleur et d'effroi en contemplant le sort qui menaçait Condé et tous les siens. Des larmes coulèrent de tous les yeux quand on vit les chefs les plus illustres de son armée traverser la ville portés par leurs amis ou par leurs écuyers, et laisser de longues traces de leur passage par le sang qui s'écoulait de leurs blessures [1]. Mais peu après une autre scène vint faire diversion au désespoir de cette multitude, et de bruyantes acclamations signalèrent la sympathie que lui faisait éprouver le spectacle dont elle était témoin. MADEMOISELLE, accompagnée des duchesses de Châtillon, de Nemours, de Montbazon, de Rohan, que tant de passions divisaient, qu'un même et pressant intérêt unissait, se rendait à l'hôtel de ville; et, par la terreur qu'inspirait la foule immense qui la suivait, elle força le maréchal de L'Hospital et le prévôt des marchands à signer l'ordre d'ouvrir les portes de Paris à Condé. Des cris d'enthousiasme et de reconnaissance furent poussés universellement quand MADEMOISELLE reparut triomphante aux yeux du peuple, et montra l'ordre qui devait sauver d'une mort inévitable un héros et tant de braves guerriers qui s'immolaient pour le salut de tous.

Jamais le prince de Condé n'eut plus de droit qu'en ce

---

[1] LA ROCHEFOUCAULD, t. LII, p. 167.

moment de sa vie à l'intérêt des âmes élevées, à l'admiration de ceux qui savent apprécier le véritable courage, qui n'est qu'un instinct farouche quand les sentiments d'homme, la sensibilité de cœur, ne s'y trouvent pas réunis. Dans le moment où il se croyait perdu, anéanti sans ressource, MADEMOISELLE l'envoya prier de quitter un instant le champ de bataille, pour venir conférer avec elle sur les moyens de le sauver. Il arriva dans une maison de particulier voisine de la Bastille, où elle lui avait assigné rendez-vous [1]. « Il avait, dit-elle dans ses Mémoires, deux doigts de poussière sur le visage, ses cheveux tout mêlés, son collet et sa chemise pleins de sang, sa cuirasse pleine de coups; et il tenait à la main son épée nue, dont le fourreau était perdu [2]. » Lorsque MADEMOISELLE lui eut fait part de l'ouverture des portes de la ville, du secours des compagnies bourgeoises qui s'avançaient pour protéger sa retraite, et que l'artillerie de la Bastille, d'après les mesures qu'elle avait prises, allait être dirigée contre les troupes royales, les traits du guerrier, auparavant sombres et sévères comme ceux de quelqu'un qui s'apprête à mourir glorieusement, au lieu de reprendre de la sérénité, exprimèrent tout à coup le plus grand abattement, la plus profonde douleur. Rassuré sur le sort de son armée et sur le sien, il songea à ses valeureux compagnons d'armes qu'il avait vus disparaître du champ de bataille; et, accablé par cette pensée, il se laissa tomber sur une chaise, et dit, en fondant en larmes : « Ma cousine, vous voyez un homme au désespoir; j'ai perdu tous mes amis. La Rochefoucauld, Nemours, Vallon, Clinchamp, Guitaut, sont blessés à mort. — Non, dit MADEMOISELLE, La Ro-

---

[1] MONTPENSIER, *Mém.*, t. XLI, p. 262.
[2] *Ibid.*, p. 262, 263, 265.

chefoucauld a une blessure au visage, mais il a déjà recouvré la vue; Guitaut m'a assuré que sa blessure n'était pas mortelle : on vient de me donner des nouvelles de Clinchamp, et il ne court aucun danger ; ainsi de Vallon et de tant d'autres. Espérez, tout ira ; restez ici, vous prendrez le commandement à mesure que vos troupes rentreront. » Comme elle finissait de parler, on entendit le canon de la Bastille. A ces consolantes paroles, à ce signal de son salut [1], Condé, ressaisissant toute l'énergie de son âme et son aspect martial, se lève en disant : « Non, ma cousine, je ne dois rentrer que le dernier ! » Et il part précipitamment, pour se mettre à la tête de ses troupes et commander la retraite. MADEMOISELLE, d'après la recommandation qu'il lui avait faite, se tint près des portes, pour assurer le passage des bagages et des blessés.

On peut dire que si Condé et Turenne furent les héros de cette journée, MADEMOISELLE en fut l'héroïne. Aussi dit-elle dans ses Mémoires, avec un souvenir orgueilleux, qui la charmait encore après tant d'années : « Je commandais comme dans Orléans [2]. »

[1] MONGLAT, t. L, p. 352. — SAINT-SIMON, *Mém. inéd.*, 1829, in-8°, t. I, p. 49.

[2] MONTPENSIER, *Mém.*, t. XLI, p. 265 à 269.

CHAPITRE XXXI.

1652 — 1653.

Condé reste dans Paris. — Il s'aliène le parlement et les anciens frondeurs. — Il soulève la populace. — Massacre à l'hôtel de ville. — Ces cruautés ramènent le parlement et les bourgeois de Paris dans le parti du roi. — Condé frappé par le comte de Rieux. — Sentiment de Talon sur ce fait. — Nemours se bat en duel contre Beaufort, et est tué. — Désespoir de la duchesse de Châtillon. — Condé perd tout crédit dans Paris. — Gaston veut en vain se déclarer lieutenant général. — Il n'obtient ni troupe ni argent. — Le peuple refuse de payer les taxes mises par le parlement. — Mazarin s'éloigne. — La rentrée du roi est décidée. — Condé, au lieu de se soumettre, quitte Paris. — La duchesse de Châtillon essaye en vain de le retenir. — Mort de mademoiselle de Chevreuse. — L'abbé Fouquet, son amant, devient l'amant de la duchesse de Châtillon. — Condé, à la tête des Espagnols, s'empare de Rethel et de Mouzon. — Il est aidé par le duc de Lorraine. — Réponse de ce dernier aux reproches de la cour. — La déclaration du roi à sa rentrée est enregistrée, mais non sans opposition. — La puissance des parlements est anéantie. — L'autorité royale règne sans partage.

Turenne se vit, par le canon de la Bastille et l'ouverture de la porte Saint-Antoine, arracher une victoire dont les résultats eussent été décisifs. Il n'avait pu obtenir des habitants de Paris que son armée traversât la ville sans s'y arrêter; et Condé dut à ses revers mêmes la faculté d'y faire entrer tout ce qui lui restait de troupes, et de les y faire résider. Ce fut précisément ce qui occasionna toutes ses fautes et lui fut le plus fatal. Dès qu'au lieu de la séduction et des intrigues il put avoir recours à la force, ce dernier moyen, si bien d'accord avec son caractère altier, fut le seul employé[1]. Lorsque le duc de Lorraine se fut retiré avec ses troupes, Condé vit que les siennes étaient trop peu nombreuses pour tenir la campagne contre l'armée royale ; il voulut contraindre le parlement et les bourgeois de Paris à lui fournir de l'argent et des hommes. Il leva le masque avec les anciens frondeurs, qui n'avaient voulu que l'éloignement de Mazarin, mais non se soustraire à l'autorité légitime du roi ; il répondit à leurs justes reproches avec hauteur et dédain[2]. Il avait fait venir de Bordeaux son agent le plus actif, le spirituel Marigny[3] : celui-ci, avec plusieurs de ses affidés, travailla à exciter le mécontentement de cette partie du peuple que dans les grandes villes la misère et le vice tiennent toujours disposée à opérer des bouleversements, lorsque, au lieu de la comprimer, on lui donne les moyens de se soulever. Le duc de Beaufort, le héros de la populace de Paris, qu'on avait surnommé *le roi des halles*, joua un des principaux rôles dans ces trames odieuses[4]. Elles réussirent à occasionner des émeutes qui épouvantèrent le gouverneur, le prévôt des marchands, les échevins[5], bannirent toute sécurité, et forcèrent à fuir, sous divers déguisements, toutes les personnes d'un rang élevé[6] connues pour être attachées au parti de la cour. Gaston ne provoquait pas ces désordres, mais il les souffrait et ne faisait

[1] RETZ, t. XLVI, p. 120. — TALON, t. LXII, p. 402. — CONRART, t. XLVIII, p. 44, 47, 49, 161 et 163.

[2] CONRART, t. XLVIII, p. 73.

[3] *Ibid.*, p. 96, 99, 107.

[4] *Ibid.*, p. 93 et 96.

[5] LORET, liv. III, p. 95, *lettre* en date du 14 juillet 1652. — MONGLAT, t. L, p. 355, 357. — TALON, t. LXII, p. 377, 381, 418.

[6] MONTPENSIER, t. XLI, p. 285. — CONRART, t. XLVIII, p. 42, 47, 49, 51, 61, 68, 169.

rien pour les empêcher, dans l'espoir qu'ils forceraient le parlement à le déclarer régent. Il avait aposté parmi le peuple un nommé Peny, autrefois trésorier de Limoges. Cet homme, suivi d'une grande multitude, se postait souvent à son palais, et lui présentait des pétitions au nom de la ville entière, afin qu'il se chargeât de la régence[1].

L'impuissance des autorités pour le rétablissement de l'ordre força de recourir à une assemblée générale des notables bourgeois, qui n'avait lieu que dans les grandes crises et dans les occasions importantes[2]. Condé y parut : dès qu'il eut vu qu'il n'en pourrait rien obtenir, et qu'au contraire les mesures délibérées par cette assemblée seraient dirigées contre lui et son parti, il sortit de l'hôtel de ville, et donna le signal à la populace rassemblée sur la place. Il avait placé parmi elle plusieurs de ses soldats, déguisés en gens du peuple[3]. Aussitôt un effroyable tumulte commença : plusieurs personnages, au nombre des plus estimés et des plus respectés, furent les victimes des assassins et des incendiaires ; la terreur se répandit dans Paris ; le duc de Lorraine lui-même eut bien de la peine à s'échapper, et à se soustraire à la fureur populaire[4]. Le calme cependant se rétablit promptement, par les mesures que prirent ceux-là même qui avaient soulevé la tempête ;

---

[1] Loret, liv. III, p. 98, 21 juillet 1652. — Talon, t. LXII, p. 370. — Conrart, t. XLVIII, p. 59, 60, 68, 147, 161. — Père Berthod, t. XLVIII, p. 397.

[2] Talon, t. LXII, p. 409, 412, 416.

[3] Conrart, *Mém.*, t. XLVIII, p. 116, 121, 128, 135, 162.

[4] Motteville, t. XXXIX, p. 345, 346. — La Rochefoucauld, t. LII, p. 171. — Montpensier, t. XLI, p. 279 à 285. — Guy-Joly, t. XLVII, p. 227, 229, 232. — Loret, liv. III, p. 92, 95, *lettres en* date du 7 et du 14 juillet 1652.

mais l'horreur d'une si atroce perfidie retomba entièrement sur Condé : quelque soin qu'il prît, ainsi que ses partisans, pour éloigner les soupçons et déguiser la part qu'il avait eue à cet événement, on persista à croire qu'il en était l'auteur. Les membres du parlement les plus francs dans leur opposition contre Mazarin, en apercevant l'abîme où l'on plongeait l'État, virent la nécessité de triompher de leur aversion, et allèrent rejoindre le roi, avec la résolution de faire tout ce qu'il ordonnerait, ou plutôt tout ce qui serait ordonné en son nom [1].

Sans vouloir disculper Condé de son odieuse conduite à cette époque, il faut avouer cependant qu'il n'aurait jamais conçu de lui-même l'idée d'armer une portion des habitants de la capitale contre l'autre, afin de régner par la peur, si bon nombre de bourgeois recommandables [2] par leur réputation et leur existence sociale ne s'étaient point abandonnés à leur haine contre Mazarin, jusqu'au point de souhaiter que ses partisans et ceux qui complotaient ouvertement pour sa rentrée fussent anéantis. « Les hommes, dit à ce sujet le cardinal de Retz dans ses Mémoires, ne se sentent pas dans des espèces de fièvres d'état qui tiennent de la frénésie. Je connaissais en ce temps-là des gens de bien qui étaient persuadés jusqu'au martyre, s'il eût été nécessaire, de la justice de la cause des princes. J'en connaissais d'autres, d'une vertu désintéressée et consommée, qui fussent morts de joie pour la défense de celle de la cour. L'ambition des grands se sert de ces dispositions comme il convient à leurs intérêts; ils aident à aveugler le reste des hommes, et ils s'aveuglent encore

---

[1] LORET, liv. III, p. 95, *lettre* en date du 14 juillet.
[2] Père BERTHOD, t. XLVIII p. 329.

eux-mêmes après, plus dangereusement que le reste des hommes. » Un fait rapporté par Conrart prouve que le cardinal de Retz n'exagère pas le fanatisme de cette époque. Après les horribles journées dont nous avons parlé, un prêtre de Saint-Jean en Grève osa dire, en chaire, qu'on devait regretter que tous les mazarinistes assemblés à l'hôtel de ville n'eussent pas péri et que le peuple n'en eût pas fait justice. On attribuait généralement à Condé l'intention d'avoir voulu, par cette émeute, faire assassiner tout ce qui restait de l'ancienne Fronde ; et cette opinion augmenta encore l'indignation publique contre lui. Dès ce moment son parti déclina dans la capitale, et celui du roi s'accrut, ou plutôt il n'y en eut pas d'autre, lorsque Mazarin eut pris, ainsi que nous l'avons dit la résolution de s'éloigner. Le malheur, ce rude précepteur des hommes, atteignit toutes les classes, calma les têtes, raffermit les jugements. La dévastation des campagnes, la défiance et la peur, avaient produit dans Paris la famine et la misère. Des maladies contagieuses s'y étaient développées, la petite vérole y faisait de grands ravages [1] ; la guerre avait obligé cette année les Parisiens à se renfermer dans leurs remparts, durant les chaleurs de l'été. Les paysans des environs, reçus dans la ville avec leurs bestiaux, avaient encore augmenté le resserrement de la population [2] : à toutes ces causes d'insalubrité venaient se joindre les émeutes et les tumultes populaires, qui sont peut-être une de celles qui agissent de la manière la plus funeste sur la santé publique. En effet, l'expérience de tous les siècles a prouvé que dans les intervalles de désorganisa-

---

[1] LORET, liv. III, p. 120 et 159, *lettres* en date du 1er septembre et du 16 novembre 1652.

[2] TALON, t. LXII, p. 298, 368, 419, 406, 408 et 412.

tion sociale et aux époques des guerres civiles les fléaux destructeurs acquièrent un degré d'intensité qu'on ne leur connaît point dans des temps plus heureux ; parce qu'alors les organes sont tendus, le sang et le fluide nerveux sont échauffés par l'effet des passions qui agitent les populations, par les excès auxquels elles se livrent, par le dérangement de toutes les habitudes, par le défaut de soins et de prévoyance, tant de la part des magistrats que de celle des individus.

Le déclin du parti de Condé et l'exemple de l'insubordination populaire relâchèrent les liens de la discipline dans son armée, et affaiblirent son autorité parmi les siens. Ce fut là sans doute pour Condé un des plus fâcheux résultats de son séjour dans Paris, un de ceux qui contribuèrent le plus à la chute de son parti. Quand il voulut reprocher aux chefs de son armée la dévastation des campagnes, qui lui attirait tant de haine, Tavannes lui répondit avec insolence que la cavalerie ne pouvait vivre sans fourrage, et que le meilleur moyen de s'en procurer était de couper les blés. Chavagnac, qu'il réprimanda justement pour un vol de trois cent mille livres de marchandises, commis par ses soldats, le quitta, et passa dans le parti du roi [1]. Condé eut une altercation avec le comte de Rieux : celui-ci, dans l'emportement de sa colère, osa le frapper. Gaston fit aussitôt conduire de Rieux à la Bastille [2] ; mais ce manque de respect envers un prince du sang est considéré par l'avocat général Talon [3], qui pourtant haïssait Condé, comme un des symptômes les plus manifestes de l'anéantissement de tout principe d'ordre, comme

---

[1] CHAVAGNAC, *Mém.*, t. I, p. 188.
[2] MONTPENSIER, *Mém.*, t. XLI, p. 293.
[3] TALON, t. LXII. p. 442.

un des signes certains de la dissolution de la monarchie : tant alors, malgré les progrès de l'opposition et les excès de la sédition, la vénération pour la race royale était encore empreinte dans tous les esprits ! Nemours, méprisant les ordres de Condé, et pensant que c'était bien assez de lui avoir immolé son amour sans lui sacrifier sa haine, força enfin Beaufort à se battre pour une misérable querelle de préséance. Nemours fut tué [1], et sa mort causa la même émotion qu'un malheur public. Les hommes regrettaient en lui un guerrier brave et chevaleresque, qui voulait la paix. Beau, galant, gracieux et enjoué [2], il fut pleuré des femmes, et plus amèrement et plus longtemps de la sienne que de toute autre, quoique moins qu'aucune autre elle eût à se louer de lui. La duchesse de Châtillon fut pendant quelque temps plongée par cette mort dans un état de désespoir. « De vingt amants qu'elle a favorisés, dit Bussy, elle n'a jamais aimé que le duc de Nemours [3]. »

Tout semblait se réunir pour accabler Condé. La forteresse de Montrond, où il avait déposé une grande partie de ses munitions et de ses équipages de guerre, se rendit au maréchal de Palluau après un long blocus [4]. Le prince de Lorraine par sa retraite avait réalisé la railleuse menace qu'il avait faite, lors de la procession générale, d'abandonner Condé à la protection de sainte Geneviève [5]. Le

---

[1] MONTPENSIER, t. XLI, p. 289, 290. — MONGLAT, t. L, p. 357. — RETZ, t. XLVI, p. 148. — GUY-JOLY, t. XLVII, p. 243. — CHAVAGNAC, t. I, p. 184. — LA ROCHEFOUCAULD, t. LII, p. 172. — LORET, liv. III, p. 104; liv. IV, p. 50, *lettres* en date des 4 août et 2 mai.

[2] BUSSY-RABUTIN, *Hist. am. de France*, 1710, p. 159; *Hist. am. des Gaules*, 1754, t. I, p. 131.

[3] BUSSY-RABUTIN, *Hist. am. de France*, 1710, p. 162 et 194.

[4] MONGLAT, t. L, p. 364. — LORET, liv. III, p. 122, du 8 septembre.

[5] GOURVILLE, *Mém.*, t. LII, p. 268. — TALON, t. LXII, p. 296.

parlement, ou plutôt ce qui restait de jeunes conseillers de cette compagnie, avait, dans une de ses séances, déclaré le roi captif et le duc d'Orléans régent, et nommé Condé pour commander les troupes ; mais les présidents à mortier, le procureur général Fouquet, les avocats généraux Talon et Bignon, déployant alors un grand courage, refusèrent de siéger et de prêter leur ministère à ces arrêts. Alors cette compagnie, abandonnée de ses chefs, n'étant plus obéie du peuple, ne voulut plus s'assembler. Condé, par des émeutes, par les chaînes et les barricades qu'il faisait tendre tous les jours, essaya de l'y contraindre par la peur ; mais il ne put y réussir [1]. La création d'une lieutenance générale fut une mesure absurde, et contraire à tous les usages du royaume sous un roi majeur ; le duc de Beaufort fut arbitrairement substitué comme gouverneur de Paris à l'Hospital, et Broussel remplaça Lefebvre-La-Barre, prévôt des marchands, qui avait donné sa démission après le massacre de l'hôtel de ville : toute cette magistrature tyrannique, à laquelle on voulait donner une forme légale, ne put imprimer de force aux arrêts illégalement rendus par un parlement incomplet, dominé par la crainte. Il fut impossible de lever les taxes en hommes et en argent qu'on avait mises sur les bourgeois de Paris [2]. Alors Condé se trouva réduit, pour faire subsister ses troupes et se procurer de quoi les payer, à leur laisser piller, dans les environs de Paris [3], les maisons de ceux qui étaient connus pour être royalistes ou mazarinistes, ou qui, quoique frondeurs, n'étaient pas *princistes*, pour nous servir du jargon de ce temps ;

[1] CONRART, *Mém.*, t. XLVIII, p. 98, 109. — TALON, t. LXII, p. 432.

[2] Père BERTHOD, *Mém.*, t. XLVIII, p. 311, 313.

[3] CONRART, t. XLVIII, p. 178. — TALON t. LXII, p. 434.

car chaque époque de révolution a le sien. Dès lors Condé fut en horreur à tous les honnêtes gens[1] : un pamphlet du cardinal de Retz, intitulé *les Intrigues de la paix*, dont il se vendit en peu de jours un nombre prodigieux d'exemplaires, et dans lequel se trouvait démasqué le secret des négociations de Condé avec l'Espagne et avec Mazarin, acheva de désabuser ceux qui étaient le plus prévenus en faveur de la cause des princes, et enleva à ceux-ci le peu de partisans qu'ils avaient encore. Les incertitudes et les hésitations de Gaston[2], augmentant avec les craintes du prochain retour du roi dans Paris, achevèrent d'ôter à Condé son seul appui, et le laissèrent sans ressource et sans moyen de se soutenir dans la capitale et de continuer la guerre.

Un seul parti restait à ce prince : c'était de poser les armes devant son roi. Il le pouvait avec honneur, puisque le prétexte même de la résistance avait été écarté, et que Mazarin n'était plus en France. Nul doute que l'espoir d'arriver à ce résultat et de conserver Condé au roi, mais Condé désarmé et soumis, n'ait été un des motifs qui avaient déterminé l'habile ministre à s'éloigner. Beaufort, de Guise, Rohan, Richelieu, résolus à s'arranger avec la cour dès qu'ils virent que Gaston restait neutre, invitaient Condé à céder; mais aucun d'eux n'avait assez d'influence sur son esprit pour en arracher cette détermination[3]. Nemours n'était plus; La Rochefoucauld, grièvement blessé, était retenu dans son lit : Condé se trouva

---

[1] Guy-Joly, t. XLVII, p. 231. — Brienne, t. XXXVI, p. 207.

[2] Conrart, t. XLVIII, p. 109. — Talon, t. LXII, p. 432.

[3] Guy-Joly, t. XLVII, 233, 235 et 236. — Conrart, t. XLVIII, p. 171. — Loret, liv. III, p. 44, 46, 151 et 17, *lettres* des 24 mars, 7 avril, 20 novembre, 7 décembre.

ainsi livré à la faction de la duchesse de Longueville, ennemie de ces deux hommes, et qui l'entraînait du côté des Espagnols, avec lesquels il avait conclu des traités [1]. Condé avait dit à ceux qui le poussaient à la guerre, qu'il serait le dernier à prendre les armes, et le dernier à les poser [2]. Il tint parole. Plusieurs motifs puissants le déterminaient. Il ne doutait pas, et toute la France en était convaincue comme lui, que l'exil de Mazarin ne fût une ruse pour dissoudre les partis; et il prévoyait que ce ministre serait promptement rappelé. Sous son administration, Condé ne pouvait espérer aucun commandement, ni aspirer à exercer aucune influence. L'exemple du duc de Lorraine, plus libre, plus puissant, plus redouté à la tête de son armée qu'il ne l'avait été à la cour de Nancy, lorsqu'il était possesseur du duché de Lorraine, séduisait Condé [3]. La guerre était son élément, les camps sa patrie, les champs de bataille ses délices, la gloire sa divinité. Son âme altière ne put supporter l'idée de fléchir sous Mazarin, de profiter d'une amnistie, de languir dans le repos et l'obscurité.

En vain la duchesse de Châtillon, qui ne voulait pas quitter la France, essaya d'y retenir Condé : elle ne put rien obtenir. Il paraît même qu'il avait cessé de l'aimer depuis qu'il n'était plus obligé de la disputer à Nemours [4]; peut-être aussi eut-il connaissance de sa liaison avec l'abbé Fouquet, qui commença vers cette époque. Ma-

---

[1] LA ROCHEFOUCAULD, t. LII, p. 173. — TALON, t. LXII, p. 472.
[2] LA ROCHEFOUCAULD, t. LII, p. 170.
[3] *Ibid.*, p. 162.
[4] BUSSY-RABUTIN, *Hist. am. de France*, édit. 1710, p. 193; *Hist. am. des Gaules*, édit. 1754, t. I, p. 163. — GUY-JOLY, t. XLVII, p 23 — LA ROCHEFOUCAULD, t. LII, p. 178.

demoiselle de Chevreuse, auprès de laquelle cet abbé avait remplacé le cardinal de Retz, mourut, après trois jours de maladie, dans tout l'éclat de la jeunesse et de la beauté[1].

L'abbé Fouquet, libre de tout engagement de cœur, fut peu de temps après fait prisonnier, et détenu sur parole dans l'hôtel de Condé. Investi de la confiance de Mazarin, il eut de fréquentes conférences avec la duchesse de Châtillon pour les négociations qui avaient lieu alors entre Condé et la cour. Jeune, aimable, entreprenant, exercé par l'usage à faire naître et à saisir auprès des femmes l'instant favorable, l'abbé Fouquet ne tarda pas à mettre à profit les faciles et amoureuses dispositions de sa belle négociatrice. Puis, par la suite, quand le retour du roi et le triomphe de Mazarin l'eurent investi d'un grand crédit, il employa la perfidie pour s'en assurer la possession exclusive; il la fit exiler à sa terre de Mello (Merlou), près de Creil. Mais il s'aperçut bientôt qu'en l'isolant de la cour il n'avait pas écarté tous ses rivaux. A Mello, le chanoine Cambiac, deux Anglais, mylord Graf, et George Digby comte de Bristol, gouverneur de Mantes et de l'Isle-Adam, se trouvaient sans cesse auprès d'elle, et firent éprouver à l'abbé Fouquet toutes les fureurs de la jalousie. D'ailleurs, la foule des poursuivants que le prince de Condé, par le respect et la crainte qu'il inspirait, avait écartée, se rapprocha de la belle duchesse quand on le vit séparé d'elle; et peut-être vit-elle s'éloigner ce héros, dont la conquête au moins honorait ses charmes, avec aussi peu de regret qu'il en montra lui-même en la quittant. Le cardinal de Retz aurait pu lui appliquer ce qu'il a dit de la duchesse

[1] Montpensier, t. XLI, p. 368.

de Montbazon, qu'il n'avait guère vu de femmes qui, dans le vice, conservassent moins de respect pour la vertu [1]. Cependant madame de Sévigné, répandue alors dans toute la société des femmes opposées à la cour, la voyait souvent, et avait avec elle des liaisons d'amitié qui étaient comme héréditaires dans sa famille. La duchesse de Châtillon était la fille de ce Montmorency-Bouteville dont nous avons parlé dans le premier chapitre de cet ouvrage, qui périt sur l'échafaud, victime de sa passion pour les duels, et dont la mort fut la cause indirecte de celle du père de madame de Sévigné [2].

Condé partit, abhorré de ce même peuple dont il avait été accueilli avec des acclamations de joie quelques mois auparavant [3]. Dès qu'il eut quitté le théâtre des intrigues et des factions populaires, où il n'avait éprouvé que des chutes, recueilli que des ridicules et des crimes, et qu'il se retrouva à la tête d'une armée, il redevint lui-même et ce que la nature l'avait fait, c'est-à-dire un grand capitaine et un valeureux guerrier. Il se fit suivre par la victoire, en combattant contre sa patrie avec ces mêmes Espagnols qu'il avait vaincus lorsqu'il s'était battu pour elle. Il ne tarda pas à s'emparer de Saint-Porcien, de Rhetel et de Mouzon [4]. Cette fois il fut sincèrement secondé dans ses

---

[1] BUSSY-RABUTIN, *Hist. am. de France*, 1710, p. 199 à 210 ; *Hist. am. des Gaules*, édit. 1754, t. I, p. 162 à 170. — SAUVAL, *Galanteries des Rois de France*, t. II, p. 96. — Père BERTHOD, t. XLVIII, p. 370, 371. — MONTPENSIER, t. XLI, p. 56.

[2] Voyez ci-dessus, chapitre I, p. 6.

[3] Père BERTHOD, *Mém.*, t. XLVIII, p. 364 et 366. — LA ROCHEFOUCAULD, t. LII, p. 178. — MONGLAT, t. L, p. 377.

[4] RETZ, t. XLVI, p. 144. — GUY-JOLY, *Mém.*, t. XLVII, p. 242. — DESORMEAUX, *Histoire de Louis de Bourbon, prince de Condé, second du nom*; 1769, in-12, t. I, p. 376.

plans militaires par le duc de Lorraine, qui conduisit de nouveau en Champagne ses bandes dévastatrices [1]. En vain on voulut le faire rétrograder, en lui opposant le traité qu'il avait signé et l'argent qu'il avait reçu : il répondit qu'il était sorti de France conformément au traité, mais qu'il n'avait pas promis dans le traité de n'y point rentrer.

Ce fut contre ces deux rudes jouteurs que Turenne eut à lutter. Ce fut à lui à sauver la France des attaques des ennemis extérieurs, qui eurent lieu simultanément du côté de l'Italie, où les Français perdirent Casal, qu'ils possédaient depuis 1628; de l'Espagne, où Barcelone leur fut enlevée; des Pays-Bas, où on leur prit Gravelines et Dunkerque. Il fallait encore que les victoires dans l'intérieur fussent aidées par les négociations de Mazarin, et parvinssent en même temps à anéantir la guerre civile, qui, apaisée dans la capitale, continuait avec acharnement dans le midi du royaume; il fallait aller délivrer Bordeaux, dont les rebelles étaient en possession, et qu'ils avaient fait le centre de leurs opérations [2].

La déclaration du roi dans la séance du Louvre du 22 octobre (1652), qui interdisait aux cours de justice toute discussion sur les affaires du royaume, et bannissait arbitrairement plusieurs de leurs membres, des princes du sang, des pairs de France, et tous les principaux fauteurs de la Fronde, ne fut pas vérifiée au parlement sans opposition. Camus de Pontcarré, Le Boindre, Le Boult, et quelques autres magistrats, réclamèrent les garanties précédemment accordées par la reine régente sous la minorité

---

[1] Retz, t. XLVI, p. 181.

[2] Monglat, t. L, p. 378, 380, 382, 383, 386, 389, 390. — Chavagnac, *Mém.*, t. I, p. 174, 389, 390.

du roi : les discours qu'ils prononcèrent en cette occasion furent les derniers accents que fit entendre sous ce règne la liberté parlementaire. Le jour qui termina l'année 1652 vit éclore plusieurs édits bursaux pour lever de l'argent par voies extraordinaires[1]. Ces édits, contraires à la déclaration du 24 octobre 1648, et qui l'anéantissaient, furent enregistrés sans résistance par le parlement de Paris, et ne donnèrent lieu à aucune remontrance de la part de la cour des aides.

Ainsi fut annulée la puissance politique des parlements et l'influence de la magistrature sur le gouvernement de l'État. L'autorité royale n'eut plus de digue légale. Les magistrats étaient pris dans la bourgeoisie, parmi les légistes, les commerçants ; il y avait donc une sympathie naturelle et une communauté d'intérêts entre les parlements et les classes riches du tiers état. A un petit nombre d'exceptions près, celles-ci restèrent étrangères aux hautes dignités militaires et ecclésiastiques, qui étaient devenues le patrimoine exclusif de la noblesse. Les princes du sang, les seigneurs puissants étaient donc unis avec les nobles par les mêmes motifs que le tiers état avec les parlements ; ils avaient voulu, de même que les parlements, se rendre redoutables à l'autorité royale. Cette faction, par suite des derniers événements, se trouvait représentée par le seul Condé ; et sa fuite à l'étranger, ses alliances avec lui, les troupes étrangères qu'il commandait, avaient converti une guerre civile en une guerre étrangère. Si celle-ci pouvait être terminée heureusement et par un traité de paix, sans aucune concession à un sujet révolté, l'autorité royale s'établissait alors sans contrôle

---

[1] Talon, *Mémoires*, t. LXII, p. 467 à 481.

et sans obstacle, et n'avait plus rien à redouter que de ses propres excès ou de sa faiblesse, ou de l'impéritie de ceux qui pouvaient être appelés à l'exercer. Ce fut ce grand œuvre que Mazarin entreprit, et qu'il termina heureusement.

CHAPITRE XXXII.

1652 — 1653.

Effet que produit sur les esprits l'existence d'un gouvernement ou sa désorganisation. — Les habitants paisibles de la France désespèrent d'y voir renaître la tranquillité. — Plusieurs songent à l'abandonner. — Balzac veut se transporter en Hollande. — Ce qu'il écrit à Conrart à ce sujet. — Conrart et le duc de Montausier empêchent Balzac d'exécuter son projet. — Le duc de Montausier est blessé en faisant la guerre contre les rebelles. — Inconvénients de la guerre pour Balzac. — Il ne peut recevoir les nouveaux livres de Paris. — Sa lettre à Conrart à ce sujet. — Explications sur cette lettre. — Détails sur Salmonet de Montet. — Sur Ogier. — Sur l'ouvrage de Ménage, intitulé *Miscellanea*. — Idylle de ce recueil, dédiée à madame de Sévigné. — Vers de cette dédicace. — Reproche de poëte fait par Ménage à madame de Sévigné, qui manque de vérité. — L'affaire du duc de Rohan et du marquis de Tonquedec le démontre.

Nous l'avons déjà dit, tant que l'autorité publique maintient l'exercice des lois et de l'administration, qu'elle lève régulièrement des impôts et s'appuie sur des armées disciplinées et obéissantes, quelles que soient les attaques dont elle est l'objet, on se refuse à croire qu'elle puisse jamais être arrêtée dans son action. Les moyens qu'elle a de se soutenir sont si concentrés, si nombreux et si puissants, ceux de ses adversaires toujours si disséminés et si faibles, qu'on n'imagine même pas comment ceux-ci pourraient opérer un bouleversement : et en effet, il n'aurait jamais lieu si cette opinion ne donnait pas au pouvoir lui-même une idée exagérée de sa force, un aveuglement et un orgueil qui lui font mépriser cette sage défiance, cette continuelle vigilance, nécessaires à sa durée; s'il ne se livrait pas, dans son indolence, aux mains de l'impéritie et de la trahison. Lorsque les factions ont pris la place de cette autorité publique anéantie, on a aussi peine à comprendre comment l'ordre pourra renaître du sein du désordre; et comme alors tous les partis parlent un langage également faux, parce qu'il est toujours passionné ou hypocrite, l'honnête homme éclairé qui les méprise tous, dont toutes les habitudes sont contrariées, toutes les jouissances troublées, toutes les espérances dissipées par la tempête, se détache de sa patrie; ou plutôt il songe alors à aller chercher sous un gouvernement régulier le repos, dont il ne prévoit plus pouvoir goûter les douceurs dans le pays qui l'a vu naître.

Telles étaient les dispositions où se trouvait Balzac à l'époque de cette seconde guerre de la Fronde. Cette ancienne gloire, cet ancien soutien de l'hôtel de Rambouillet, regardé alors comme le premier écrivain en prose que la France possédât, tâchait de prolonger son existence par un régime constant, et, comme il le dit lui-même, par des débauches régulières de lait d'ânesse. Retiré à sa terre de Balzac, près d'Angoulême, les dissensions qui déchiraient la France l'affectaient si douloureusement, que, malgré la débilité de l'âge et la faiblesse de sa santé, il avait pris la résolution de se retirer en Hollande. Le 10 mai de cette année 1652, c'est-à-dire après la nouvelle de l'entrée de Condé à Paris, il écrivait à son ami Conrart, qui était resté dans la capitale pendant cette terrible lutte : « Si Dieu n'a pitié de nous, et ne nous envoie bientôt sa fille bien aimée, qui est madame la Paix, je suis absolument résolu de fuir des objets qui me blessent le cœur par les yeux. Quand je serais plus caduc et plus malade que je ne suis, je sortirais du royaume, au hasard de mourir sur la mer, si je m'embarque à La Rochelle, ou de mourir dans une hôtellerie, si je fais mon voyage par terre[1]. »

Balzac eût, malgré les instances de Conrart, exécuté son projet, sans les blessures que reçut le duc de Montausier en combattant contre les rebelles. Le duc se vit forcé de revenir à Angoulême pour se faire soigner, et il resta longtemps dans un état de faiblesse qui lui interdisait toute occupation. La société et les entretiens de Balzac devinrent pour Montausier la plus agréable de toutes les distractions aux maux qu'il endurait; il le pria de ne pas l'en priver, et fit tous ses efforts pour l'engager à renoncer au projet qu'il avait conçu. De son côté, Balzac retrouva dans le commerce intime de M. et de madame de Montausier un charme qui lui rappelait les beaux jours de l'hôtel de Rambouillet[2]. Cette circonstance empêcha donc Balzac d'aller mourir ailleurs que dans sa patrie; mais il souffrait vivement des privations que la guerre lui imposait, et surtout de l'interruption des courriers et des voitures, qui l'empêchait de recevoir les lettres que son ami Conrart lui écrivait et les livres qu'il lui envoyait.

Le 20 juillet, c'est-à-dire après avoir reçu des nouvelles du combat de Saint-Antoine et du massacre de l'hôtel de ville, il lui écrivait :

---

[1] *Lettres de feu Balzac à M. Conrart;* Paris, 1659, in-18, p. 194, liv. III, *lettre* 16.

[2] *Ibid.*, p. 201, 203, liv. III, *lettre* 19.

« Ayant appris les nouvelles générales, et n'ayant point eu des vôtres particulières, je ne puis que je ne sois en peine de vous, de M. de Grasse (Godeau) et de M. de Chapelain. Je crains tous les coups de la tempête pour des biens si rares et si précieux, pour des biens que j'ai dans le vaisseau agité. Dieu veuille calmer votre Paris et rassurer nos provinces! Ne fera-t-il pas descendre du ciel en terre cette fille bien aimée pour laquelle je soupire jour et nuit? Il y a dans la maladie de l'État je ne sais quoi de divin qui se moque de la raison humaine. Aristote, Tacite, Machiavel, ne verraient goutte dans nos ténèbres. Toute la prudence est ici accablée par la force du destin; les moindres de ces désordres sont ceux qui troublent le commerce de nos Muses; et néanmoins je ne les estime petits que par la raison des plus grands. Car en effet quel malheur d'être privé pendant si longtemps de la consolation de nos livres, de nos chastes et innocentes voluptés! de ne plus rien voir de Port-Royal et de la boutique des Elzevirs! de ne pouvoir lire ni les remontrances de M. Salmonet, ni les vers de Ménage, ni les sermons de M. Ogier! »

Ainsi, nous apprenons par cette lettre que tout ce qui sortait de la plume des solitaires de Port-Royal attirait aussitôt l'attention des savants comme des gens du monde. Quant à Salmonet, il était, ainsi que son frère, attaché au service du cardinal de Retz; et tous deux le suivirent à Nantes [1], et partagèrent sa captivité. Le dernier, qu'on nommait de Montet, du nom de sa famille, fut depuis lieutenant-colonel du régiment écossais de Douglas, et tué en Alsace; l'autre Robert de Montet de Salmonet, dont

---

[1] Guy-Joly, *Mémoires*, t. XLVII, p. 308 à 312.

parle Balzac, s'était fait un nom par une histoire des derniers troubles d'Angleterre, et venait de publier, sous le voile de l'anonyme, mais avec l'approbation du cardinal de Retz, une brochure in-folio de 72 pages, sortie des presses du fameux imprimeur Antoine Vitré, intitulée : *Remontrance très-humble faite au sérénissime prince Charles II, roi de la Grande-Bretagne, sur les affaires présentes* [1]. Cet écrit de circonstance fut alors regardé comme un chef-d'œuvre; son succès et son titre seul prouvent suffisamment qu'alors l'usurpation de Cromwell n'était pas tellement consolidée qu'on n'entretînt encore en France des espérances de voir remonter Charles II sur le trône. Ogier, si peu connu aujourd'hui, était un prédicateur célèbre et grand littérateur [2], faisant, comme beaucoup de littérateurs de cette époque, de petits vers et des dissertations critiques, et mêlant les combats littéraires aux exercices de sa profession. Il avait pris, en gardant l'anonyme, la défense de Balzac contre le père Goulu, général des feuillants; et son apologie fut trouvée si belle, que Balzac fut soupçonné d'avoir eu la faiblesse de vouloir passer pour en être l'auteur. A l'époque de la lettre de Balzac que nous venons de transcrire, Ogier venait de publier, sous le titre singulier d'*Actions publiques* [3], le premier volume des sermons qu'il avait prêchés à Paris. Il paraît que la beauté de son débit avait beaucoup servi à sa réputation; car lorsque Balzac l'entendit prêcher pour la première fois dans l'église de Saint-Cosme, il dit : « Ce

---

[1] *Mémoires de Michel de Marolles*, 1755, t. I, p. 244; et t. III, p. 360.

[2] WEISS, *Biographie universelle*, article *Ogier* (François).

[3] OGIER, *Actions publiques*, 1652, 1655, 2 vol. in-4°.

théâtre est trop petit pour un si grand acteur¹. » On conçoit, d'après ces antécédents, l'impatience que Balzac avait de lire dans leur première nouveauté, des compositions dont il avait conçu une idée si avantageuse.

Le désir qu'il éprouvait de lire les vers de son ami Ménage n'était pas moins grand ; mais il fut assez promptement satisfait, car six semaines après les doléances qu'il avait faites à Conrart il reçut le précieux volume in-4° intitulé *Miscellanea* (Mélanges)², le premier ouvrage que Ménage ait publié. Ce recueil, aujourd'hui si peu lu et même si peu connu, fit alors sensation dans le monde littéraire, et donna lieu à des éloges et à des critiques³. Plusieurs des pièces qu'il renferme avaient déjà paru séparément, ou dans d'autres recueils. Celui-ci se fit longtemps attendre ; car le privilége du roi qui en permettait l'impression est du mois de mai 1650, et il ne fut achevé d'imprimer que le 27 août 1652. Le bon Balzac dut être ravi en recevant ce volume ; il y trouvait d'abord en tête un beau portrait de Nanteuil, qui lui retraçait les traits de son ami Ménage ; puis une dédicace en latin à M. de Montausier, qui prouve que Ménage, quoique alors aux gages du coadjuteur, ne reniait point ses anciennes amitiés, et ne craignait pas, au milieu des plus grandes fureurs de la Fronde, de donner à un royaliste zélé les louanges qu'il méritait, et même de souhaiter qu'il triomphât dans les combats qu'il livrait aux rebelles : *Vale et*

---

¹ *Ménagiana*, t. I, p. 305.

² ÆGIDII MENAGII *Miscellanea*; Parisiis, apud August. Courbé, 1652, in-4°.

³ Gilles BOILEAU, *Avis à M. Ménage*, dans LA MONNOYE, *Recueil de pièces choisies, tant en prose qu'en vers*, 2 vol. in-12, 1714, t. I, p. 177 à 331.

vince, dit-il en finissant. Qu'on ne croie pas cependant que cette épître soit de la même date que le reste du recueil. Non ; Ménage l'écrivit au moment même où il envoyait son livre à l'impression. Elle est datée du 9 avril 1652 ; et alors le cardinal de Retz ne désirait pas le succès de Condé, et voyait avec plaisir les résistances que les royalistes lui opposaient dans le midi.

Balzac trouvait ensuite dans ce volume plusieurs pièces à lui dédiées, qui contenaient ses louanges; puis les bouffonnes et spirituelles caricatures accompagnant les pièces écrites en latin contre un professeur de grec au Collége de France, devenu célèbre par ses ridicules, son avarice, ses habitudes de parasite, l'âcreté de ses sarcasmes, souvent spirituels, contre tous les gens de lettres en réputation; ce qui fit composer contre lui un si grand nombre d'épigrammes et de satires, qu'on en a depuis formé un recueil qui n'a pas moins de deux volumes [1]. Après ce piquant écrit, *Vita Mamurœ*, qui avait déjà paru imprimé dans un premier recueil contre Montmaur, et que Ménage avait composé à l'âge de vingt-quatre ans, Balzac retrouvait plusieurs pièces du spirituel Sarrazin et d'autres beaux esprits, que probablement il avait entendu lire autrefois à l'hôtel de Rambouillet; ensuite des pièces de vers en grec, en latin et en français, toutes composées par Ménage, dont la muse ne se contentait pas de sa langue maternelle et traînait à sa suite toutes les langues savantes. Cependant il s'abusait, le docte Ménage, de vouloir donner à sa renommée toutes sortes de trompettes : c'était le moyen de

---

[1] SALLENGRE, *Histoire de Pierre de Montmaur, professeur royal en langue grecque à l'Université de Paris*; 1715, 2 vol. in-12, t. I p. 44 ; et t. I, p. LXXX et LXXXVI.

n'obtenir de retentissement d'aucune. Il en est du poëte comme du musicien, qui n'excitera jamais notre admiration par les merveilles de son exécution si, au lieu de tirer vanité de pouvoir exercer son art sur un grand nombre d'instruments, il ne cherche pas à en reculer les bornes en consacrant sur un seul tous ses efforts, et en tâchant d'y surpasser tous ses rivaux. L'ingénieuse antiquité n'a donné au dieu des vers et de l'harmonie qu'une seule lyre.

Quoi qu'il en soit, une idylle intitulée *le Pêcheur, ou Alexis*, dédiée à madame la marquise de Sévigné, et précédée d'une longue tirade de vers à sa louange, se trouve dans le même volume, et explique suffisamment les détails qu'on vient de lire. Cette pièce est le premier hommage public rendu à celle qui fait l'objet de ces Mémoires ; et quoiqu'elle n'ait paru qu'en 1652, elle a dû être composée au plus tard en 1649, c'est-à-dire entre les deux Frondes, et avant que madame de Sévigné fût devenue veuve. Elle commence ainsi, dans cette première édition des poésies françaises de Ménage [1] :

---

[1] Nous indiquons les pages où se trouve cette pièce dans toutes les éditions des poésies de Ménage :

Ægidii Menagii *Miscellanea*, in-4°, 1652, p. 105. (Courbé.)
— *Poemata*, 2ᵉ édit. in-8°, 1656, p. 76. (Id.)
— — 3ᵉ édit. in-8°, 1658, p. 21. (Id.)
— — 4ᵉ édit. (Elzevirs), in-18, 1663, p. 158.
— — 5ᵉ édit. — — 1668, p. 146.
— — 6ᵉ édit. (chez Claude Barbin), in-4°, 1673, p. 185.
— — 7ᵉ édit. (chez Le Petit), in-8°, 1680, p. 170.
— — 8ᵉ édit. (Amstelodami, apud Westenium) in-12, 1687, p. 202.

> Des ouvrages du ciel le plus parfait ouvrage,
> Ornement de la cour, merveille de notre âge,
> Aimable Sévigné, dont les charmes puissants
> Captivent la raison et maîtrisent les sens ;
> Mais de qui la vertu, sur le visage peinte,
> Inspire aux plus hardis le respect et la crainte...

Nous ne transcrirons pas les vers qui suivent, parce que plus emphatiques encore que ceux-ci, ils donnent une idée encore plus fausse, s'il est possible, de madame de Sévigné, de sa manière d'être dans le monde et des sentiments qu'elle y faisait naître. Dans tous les ouvrages que Ménage publia par la suite, il saisit toutes les occasions de faire l'éloge de madame de Sévigné. « Le nom de madame de Sévigné, disait l'évêque de Laon, est dans les ouvrages de Ménage ce qu'est le chien du Bassan dans les portraits de ce peintre ; il ne saurait s'empêcher de l'y mettre [1]. »

Sans fiel, sans haine, bonne et indulgente pour tous, madame de Sévigné n'embrassa avec chaleur aucun des partis qui divisaient la France. Son bon sens, son esprit, sa vertu, lui firent connaître ce qu'il y avait de faux, d'exagéré, de coupable, de haïssable dans chacun d'eux ; et quoique par sa parenté, par ses amis, par l'indépendance de sa position, et peut-être aussi par celle de son caractère, elle inclinât pour l'opposition, pour la Fronde, pour ces puissants raisonneurs de Port-Royal, cependant elle mit tant de modération dans sa conduite, elle se concilia tellement la bienveillance des personnes dont les opinions ne s'accordaient pas avec les siennes, que dans l'intervalle de paix qui eut lieu entre les deux Frondes, quand Ménage

[1] TALLEMANT DES RÉAUX, *Historiettes*, t. IV, p. 139, édit. in-8°, ou t. VII, p. 54 de l'édit. in-12.

composa son idylle, elle fut bien reçue à la cour, et en fit, comme il dit, l'ornement. Durant la seconde Fronde, pendant le feu de la guerre civile, lorsque les partis se trouvaient les plus animés les uns contre les autres, à l'époque où Ménage publia ses *Mélanges*, elle avait conservé toutes les connaissances qu'elle avait acquises parmi les royalistes; elle était restée fidèle à tous les attachements qu'elle avait contractés dans ce parti, où, comme dans les autres, elle avait des admirateurs et des courtisans. Ceux qui étaient restés à Paris étaient accueillis par elle avec le même empressement que ceux du parti contraire; elle n'établissait d'autres différences entre eux que celles que pouvaient y mettre leur sociabilité, leur degré de mérite, ou leur talent de plaire. Sa beauté, sa jeunesse, sa fraîcheur, son amabilité, rassemblaient partout autour d'elle un nombreux cortége; et le goût qu'elle avait pour le monde et pour ses plaisirs ne lui permettait pas de montrer à personne ce visage sévère, ni « cette âme insensible aux traits de la pitié [1], » que Ménage, dans son jargon de versificateur, croyait devoir lui prêter, par un faux goût d'exagération que les romans de mademoiselle de Scudéry avaient mis à la mode. Par sa résistance à tous les genres de séduction, madame de Sévigné inspirait certainement du respect, mais elle n'inspirait de la crainte à personne : elle avait pour cela une physionomie trop vive, trop gaie, trop ouverte, trop de franchise et d'abandon dans ses discours et dans ses manières. Si toute sa vie, si tout ce que ses contemporains en ont écrit, si toutes ses lettres ne démontraient pas l'exactitude de ce

---

[1] Ægidii Menagii *Miscellanea*, p. 105; *le Pécheur, ou Alexis, dédié à madame de Sévigny* (Sévigné).

que nous avançons ici, l'affaire du duc de Rohan et du marquis de Tonquedec, qui eut lieu à l'époque dont nous nous occupons, et qui fit alors beaucoup de bruit à Paris, dans les cercles et les ruelles de la haute société, suffirait pour le prouver.

CHAPITRE XXXIII.

1652 — 1653.

Détails sur le marquis de Tonquedec. — Son amour pour madame de Sévigné. — Il veut secourir, dans un tumulte, le président de Bellièvre. — Il manque d'être assommé par la populace. — Sa haine contre le parti de Condé. — Rohan se rencontre avec lui chez la marquise de Sévigné. — Tonquedec se conduit avec hauteur dans cette entrevue. — La duchesse de Rohan s'en offense. — Elle pousse son mari à demander une explication. — Le duc de Rohan va trouver Tonquedec chez madame de Sévigné. — Menace qu'il lui adresse, en présence de toute la société rassemblée chez elle. — Réponse de Tonquedec. — Il veut se battre, mais on l'oblige à sortir de Paris. — Embarras de madame de Sévigné. — Elle va voir la duchesse de Rohan. — Exigences de celle-ci. — Madame de Sévigné se refuse à subir les conditions qu'elle veut lui imposer. — Le chevalier Renaud de Sévigné envoie un cartel au duc de Rohan. — Ils se rendent hors de la ville pour se battre. — Un exempt du duc d'Orléans les en empêche. — Tonquedec envoie un cartel au duc de Rohan. — Réponse évasive de celui-ci. — Du Lude, Chavagnac et Brissac menacent de provoquer Rohan au combat, s'il ne donne pas satisfaction à Tonquedec. — La duchesse de Rohan fait donner des gardes à son mari, et le fait surveiller pour qu'il ne puisse se battre. — Tonquedec rentre dans Paris avec la cour. — Son affaire avec Rohan n'eut aucune suite. — Mort de Rohan.

Le marquis de Tonquedec était un gentil-homme breton, parent de la duchesse de Rohan. Il parut d'abord vouloir se joindre au parti des princes, et il avait même promis au duc de Rohan de lever un régiment pour lui. Non-seulement il n'exécuta pas sa promesse, mais il se mit du parti de la cour, et devint un des partisans du cardinal Mazarin. Il se brouilla ainsi avec le duc de Rohan, et ils ne se voyaient plus. Cependant, durant la seconde guerre de la Fronde Tonquedec était resté à Paris. Peut-être n'y était-il retenu qu'à cause du séjour qu'y faisait la marquise de Sévigné, dont il était épris. Vers la fin du mois de mai de l'année 1652, Tonquedec passait par hasard dans la rue, au moment même où le peuple maltraitait le fils du premier président de Bellièvre, qui, muni d'un passe-port, voulait sortir de la ville. Tonquedec prit sa défense, et chercha à favoriser sa sortie : il manqua d'être assommé par la populace, et fut obligé de garder le lit pendant quelques jours, par suite des contusions qu'il avait reçues [1]. Cette circonstance augmenta encore son aversion contre les partisans de Condé, qui, assez mal vus de la bourgeoisie, étaient alors tout-puissants parmi le bas peuple.

Aussitôt que Tonquedec fut rétabli, il alla voir madame de Sévigné. Il se trouvait seul avec elle un certain mardi, dans la matinée du 18 juin 1652, lorsque le duc de Rohan y arriva [2]. Tonquedec, nonchalamment assis dans un fauteuil placé dans la ruelle et au chevet du lit de la marquise, se leva à demi, ôta son chapeau ; mais il se rassit avant que le duc eût un siége et sans lui offrir sa place, qui était la place d'honneur. Le duc de Rohan fut interdit de cette rencontre et de la contenance de Tonquedec. Il fit, contre son ordinaire, une visite courte et silencieuse, et se retira avec toutes les apparences d'un homme piqué [3]. De retour chez lui, il conta ce qui s'était passé à la duchesse sa femme. Celle-ci, outrée de ce qu'elle considérait comme

---

[1] LORET, *Muse historique*, liv. III, p. 69, *lettre* du 26 mai 1652. Voyez ci-dessus, chap. XXIII, p. 328.

[2] CONRART, *Mém.*, t. XLVIII, p. 88 à 92.

[3] *Ibid.*, p. 91, 92.

un affront, lui dit que la chose ne pouvait en rester là, et qu'il fallait qu'elle fût réparée. Rohan se rendit donc le lendemain chez la marquise de Sévigné, et se plaignit à elle de l'incivilité de Tonquedec. Madame de Sévigné convint qu'à la vérité il avait été bien fier. Cette manière d'excuser Tonquedec enflamma encore le courroux de l'altière duchesse, à qui les paroles de la marquise furent rapportées. D'après les instigations de sa femme, Rohan retourna le lendemain chez madame de Sévigné, non plus seul, mais accompagné d'un grand nombre de gentils-hommes. Arrivé à l'hôtel de Sévigné, il vit à la porte le carrosse du comte du Lude. Il demanda au cocher si son maître était là. Le cocher répondit que non; qu'il y avait amené M. le marquis de Tonquedec, auquel M. le comte avait prêté son carrosse. Rohan, laissant son cortége à la porte de l'hôtel, monta seul chez madame de Sévigné; il la trouva en compagnie avec sa tante la marquise de La Trousse, avec Marigny et Tonquedec. Rohan, se sentant fort de l'escorte nombreuse qu'il avait amenée, dit en entrant à Tonquedec : « On m'a dit que vous vous vantiez de m'avoir nargué céans; je viens aujourd'hui vous apprendre à me rendre ce que vous me devez. — Monsieur, dit Tonquedec avec un air de mépris, je vous rendrai toujours plus que je ne vous dois. — Vous ne sauriez, répliqua le duc; et je vous montrerai bien ce que vous me devez. » Rohan ordonna ensuite à Tonquedec de sortir, le menaçant, s'il n'obéissait pas, de le faire chasser par son escorte. Tonquedec tira son épée; mais madame de Sévigné, sa tante et Marigny s'interposèrent, et le supplièrent d'éviter une catastrophe sanglante, dont une lutte aussi inégale le rendrait victime. Tonquedec dit qu'il obéirait à madame de Sévigné; mais en se retirant il manifesta l'intention d'obtenir raison de l'insulte qui lui était faite. Gaston et le maréchal de Schomberg le firent chercher pour le faire arrêter, et il fut obligé de s'évader, et d'aller rejoindre la cour.

Madame de Sévigné, qui après la première entrevue des deux rivaux en avait redouté les suites, était allée, dans l'espérance de les prévenir, faire une visite à la duchesse de Rohan. Elle en fut reçue très-froidement, et s'en plaignit à mademoiselle de Chabot, sœur du duc de Rohan. Mademoiselle de Chabot lui dit que pour que la duchesse fût contente d'elle, il fallait qu'elle promît de ne plus jamais recevoir chez elle le marquis de Tonquedec. Madame de Sévigné refusa de consentir à cette humiliation; et à cause de ce refus les Rohans et leurs amis rejetaient sur elle tout le tort de la scène qui avait eu lieu.

Madame de Sévigné était désespérée d'une affaire qui la brouillait avec toute une famille illustre et puissante à Paris et en Bretagne, qui la rendait l'objet des entretiens de tout le monde, l'exposait à un blâme qu'elle n'avait pas mérité, et qui menaçait de se terminer d'une manière tragique. En effet un duel semblait inévitable; la chose était publique, et Loret même en avait parlé dans sa gazette [1]. L'arrogance et les procédés de la duchesse de Rohan dans cette circonstance furent généralement blâmés; mais l'influence que les circonstances politiques et l'appui de Condé donnaient aux Rohans empêchaient que l'opinion ne se manifestât ouvertement en faveur de madame de Sévigné. Les Rohans abusèrent à son égard du désavantage de sa position : ils se conduisirent avec une hauteur inconvenante; mais ils eurent bientôt lieu de s'en

---

[1] LORET, *Muse historique*, liv. III, p. 85, *lettre* du 23 juin 1652.

repentir, et ils apprirent qu'une femme jeune, jolie, spirituelle et vertueuse, qui sait tirer parti des dons qu'elle a reçus du ciel, est aussi une puissance, qu'on ne peut opprimer impunément.

Vers la fin de juillet, et aussitôt que Rohan eut été déclaré duc et pair au parlement, il reçut un cartel du chevalier Renaud de Sévigné, pour qu'il eût à lui rendre raison de sa conduite envers la marquise, sa parente. Tous deux se rendirent hors de la ville; un exempt du duc d'Orléans, par ordre de Son Altesse Royale, vint arrêter Rohan au moment où les deux combattants venaient de mettre bas leur pourpoint et de tirer leurs épées [1]. Le duc d'Orléans donna un garde à Rohan et un au chevalier Renaud de Sévigné, pour les empêcher de se battre : cette mesure, qui était selon les usages de ce temps, calma les craintes de la duchesse de Rohan, qui l'avait provoquée; mais elle fit tort à la réputation de son mari, dont la bravoure était suspecte : il passait pour être plus habile à la danse qu'à l'escrime [2]. C'était d'ailleurs un moyen de différer l'issue de cette affaire, et non de la terminer. Les amis de madame de Sévigné ne paraissaient pas disposés à céder.

Le duc de Rohan reçut bientôt un nouveau cartel du marquis de Tonquedec, qui, n'obtenant pas de réponse, fit parler au duc par les comtes de Vassé et de Chavagnac. Rohan ne répondit à ceux-ci que d'une manière évasive : alors le comte du Lude, le duc de Brissac et le comte de Chavagnac allèrent de nouveau le trouver, et lui signifièrent que s'il ne se battait pas avec Tonquedec, il fallait

---

[1] LORET, *Muse Historique*, liv. III, p. 85, 87, *lettre* en date du 23 juin 1652.

[2] GUY-JOLY, *Mémoires*, t. XLVII, p. 205.

qu'il tirât l'épée contre eux, et qu'il eût à se pourvoir de deux amis qui voulussent avec lui se battre contre eux. Le barbare usage de ces duels collectifs n'était pas, comme l'on voit, entièrement aboli, quoique les exemples en fussent devenus rares. Le duc de Rohan se vit ainsi forcé de promettre de répondre à l'appel de Tonquedec, aussitôt qu'il pourrait se délivrer de son garde. La duchesse de Rohan, qui craignait pour les jours de son mari, était, dit Conrart, un garde bien plus difficile à éviter que celui qui lui avait été donné par le duc d'Orléans. Elle faisait veiller le duc de Rohan en tous lieux, même la nuit, de peur qu'il ne lui échappât ; mais on disait dans le monde qu'elle n'avait pas tant de peine à le garder et à l'empêcher de se battre qu'elle voulait bien le faire croire [1]. C'est alors qu'elle se repentit vivement de s'être attaquée à notre jeune veuve, et d'avoir été à son égard si injuste et si arrogante. Cependant, elle réussit à empêcher le combat, et cette affaire n'eut pas d'autre suite, soit à cause de l'intervention de madame de Sévigné, soit parce que les deux antagonistes, suivant des partis différents, ne purent se rejoindre, soit enfin parce que le rapide affaiblissement de la santé du duc de Rohan ne lui permit pas de réparer le tort que cette aventure faisait à son honneur. En effet, aussitôt après le retour du roi, le duc et la duchesse de Rohan furent exilés de Paris, et le duc de Rohan mourut le dernier jour du mois de février de l'année suivante, à son château de Chanteloup, où, déjà gravement malade, il s'était fait transporter, par l'avis des médecins, pour respirer un meilleur air [2].

[1] CONRART, *Mémoires*, t. XLVIII, p. 155.
[2] LORET, *Muse historique*, liv. VI, p. 35, *lettre* 10 en date du 6 mars 1655.

CHAPITRE XXXIV.

1652—1653.

Le retour du roi dans Paris en fait disparaître toute la société de la Fronde. — Scarron seul reste. — Sa maison devient le rendez-vous de tous les jeunes seigneurs royalistes. — Changement opéré dans son intérieur. — Il épouse la petite-fille d'Agrippa d'Aubigné. — Réflexions sur les événements extraordinaires que fournit l'histoire, comparés aux fictions des poëtes et des romanciers. — Le mariage de Scarron fit peu de sensation. — Sa femme, connue sous le nom de *la belle Indienne*. — Diverses versions sur ses aventures et son mariage. — Le bruit court que Scarron va se transporter aux îles, et que sa femme est enceinte. — Liaison de madame Scarron et de Ninon de Lenclos. — Madame Scarron reste pieuse et vertueuse, malgré cette liaison. — Elle est aimée du marquis de Villarceaux. — Scarron va à Tours pour affaires de famille. — Madame Scarron attire chez son mari la meilleure société. — Changement heureux qu'elle opère en lui. — Madame Scarron reçue dans les plus hautes sociétés. — Observations judicieuses de Saint-Simon sur les changements opérés par l'invention des sonnettes de renvoi sur l'intérieur des familles. — Le défaut de cette invention fut utile à madame Scarron pour se faire bien accueillir. — Motifs qui empêchaient alors madame de Sévigné de contracter une liaison intime avec madame Scarron.

Le retour du roi dans Paris et l'arrestation du cardinal de Retz avaient fait disparaître de la capitale toute la brillante société de la Fronde : Gaston et toute sa cour, MADEMOISELLE et ses dames d'honneur, Condé et son brillant cortége d'officiers, et toutes les dames de son parti, les duchesses de Châtillon, de Montbazon, de Rohan, de Beaufort ; tous les amis et partisans du coadjuteur, le duc de Brissac, Renaud de Sévigné, Châteaubriand, Lameth, Château-Regnauld, d'Argenteuil, d'Humières, Caumartin, d'Hacqueville et l'Écossais Montrose[1].

Toutes ces personnes, et beaucoup d'autres, plus ou moins liées avec madame de Sévigné, avaient été exilées de Paris par lettres de cachet, ou étaient forcées de partir ou de se cacher, par la crainte d'être arrêtées. De tous ceux qui avaient marqué par leur opposition à la cour, Scarron seul, retenu et défendu par ses infirmités, était resté; et ce qui paraît étrange, c'est que sa maison ne cessa point d'être aussi fréquentée qu'auparavant; elle continua à être le rendez-vous de tout ce qu'il y avait de monde élégant, jeune, spirituel et aimable. Non-seulement les seigneurs royalistes se montraient, comme avaient fait ceux de la Fronde, empressés à la fréquenter, mais, ce qu'on n'avait pas vu jusque alors, des femmes d'un haut rang, d'une réputation irréprochable, y allaient, et ne s'y trouvaient point déplacées.

Quand on se rappelle les virulentes et détestables satires qu'avait écrites contre Mazarin ce prince des poëtes burlesques, on comprend qu'il est nécessaire d'expliquer pourquoi, après le retour de Mazarin et lors de la toute-puissance de ce ministre, Scarron continua à être l'objet d'une faveur publique si marquée.

Un grand changement s'était opéré dans l'intérieur du vieux poëte, dans son mode d'existence, dans les dispositions de son esprit, et surtout dans les sentiments de son cœur.

A l'époque où les événements de la seconde guerre de Paris se succédaient avec le plus de rapidité, au commen-

---

[1] Retz, t. XLVI, p. 226, 230.

cement de juin de l'année 1652, Scarron se maria¹ : ce fut de sa part un acte de charité envers une enfant, et cet acte de charité devait avoir un jour sur les destinées de la France une plus longue influence que tous les mouvements que se donnaient alors Turenne et Condé, Mazarin et Retz².

La petite-fille d'Agrippa d'Aubigné, âgée de seize ans et demi³, éclatante de fraîcheur, éblouissante de beauté, adorable par ses grâces et son esprit, ravissante de pudeur et d'innocence, était devenue la femme de ce poëte bouffon et obscène, de ce cul-de-jatte, de cet assemblage de toutes les difformités, de toutes les souffrances humaines, ruiné, endetté, ne subsistant que des produits précaires de sa plume. Telle était la misère profonde où se trouvait plongée une famille jadis puissante et illustre, que la jeune fille se trouva tout heureuse d'avoir inspiré de la pitié au généreux Scarron, et, en recevant la main

---

¹ LORET, liv. III, p. 77, *lettre* en date du 9 juin 1652; liv. III, p. 139, *lettre* 40 en date du 5 octobre 1652; liv. III, p. 154, *lettre* 45, en date du 9 novembre 1652. — Conférez les frères PARFAICT, *Hist. du Théastre François*, t. VI, p. 351. — SEGRAIS, *Mém.*, dans les *Œuvres*, t. II, p. 65, 85, 100, 105. — LORET, liv. II, p. 179, en date du 31 décembre 1651. — LA BEAUMELLE, *Mémoires de madame de Maintenon*, t. I, p. 144. — DREUX DU RADIER, *Mém., hist. et critiques des reines et régentes de France*; Amsterdam, 1782, t. VI, p. 343. — Madame SUARD, *Madame de Maintenon peinte par elle-même*, édit. 1810, p. 12. — Madame GUIZOT, *Vie de Paul Scarron*, dans la *Vie des poëtes français*, par M. Guizot, p. 489. — MONMERQUÉ, *Biographie universelle*, t. XXVI, p. 267. — FABIEN PILLET, *ibid.*, t. LXI, p. 44.

² SCARRON, *Œuvres*, 1737, t. I, p. 42, *lettre* à mademoiselle d'Aubigné, édit. 1619, p. 19; édit. 1700, p. 11; édit. 1737, p. 54.

³ MONMERQUÉ, article *Maintenon*, dans la *Biographie universelle*, t. XXVI, p. 265.

de cet infirme vieillard, de se condamner par l'hymen, durant les plus belles années de sa vie, à un triste célibat.

Romanciers et poëtes, vous dont l'imagination se complaît dans les chutes rapides et les élévations subites, contemplez cet enfant qui se joue sur le rivage de Sicile, près de la ville de Mazzara. Né dans la classe du peuple, sa famille n'a pas même de nom ; c'est un des enfants de Pierre, de ce pêcheur dont vous voyez là-bas l'humble cabane ; mais un jour viendra que ce bambin, joignant son nom de baptême à celui de la ville qui renferma son berceau, sera Jules de Mazarin, couvert de la pourpre romaine, armoriant son écusson du faisceau consulaire de Jules César, gouvernant la France, et par elle préparant et influençant les destinées de l'Europe entière [1].

Écoutez : quand ceci sera arrivé, quand la capricieuse fortune, qui se joue dédaigneusement des destinées et des prévisions humaines, vous paraîtra avoir épuisé en faveur de Jules de Mazarin toute sa puissance, venez, et faites-vous ouvrir la prison de Niort. Examinez cette autre enfant, dont des haillons couvrent à peine la nudité. Elle est née, la petite créature, dans ce sombre et sale réduit, où son père et sa mère ont été enfermés pour dettes. Elle n'a pas cinq ans, et joue avec la fille de son geôlier. Celle-ci, dans sa vanité enfantine, lui montre les beaux habits qu'elle porte, les brillants joujoux qu'on lui a donnés [2]. Voyez alors la pauvrette, elle qui n'est nourrie que du pain de la charité, lever sa petite tête avec fierté, et dire à sa compagne : « C'est vrai, je n'ai ni habits ni joujoux ;

---

[1] SAINT-SIMON, *Mémoires authentiques et complets*, t. XI, p. 190.
— LOMÉNIE DE BRIENNE, *Mémoires inédits*, t. II, p. 10.

[2] LA BEAUMELLE, *Histoire de madame de Maintenon*, t. I, p. 105.

mais je suis *demoiselle*, et vous ne l'êtes pas. » Oui, certes, elle était demoiselle, et bien noble demoiselle, la petite-fille de ce guerrier célèbre, de ce grand homme, de cet ami, de ce compagnon de Henri IV ! et elle ne paraîtra pas avoir dérogé de son illustre origine en devenant la femme du poëte Scarron ; et ces amants si richement parés qui la courtisent, et ces grandes dames qui la protègent, sont loin de se douter que cette charmante malheureuse, comme ils l'appellent, s'assiéra un jour près du trône de France, et qu'à elle ils devront leurs richesses, leurs dignités, l'élévation de leurs enfants et les nouvelles splendeurs de leurs races. Romanciers et poëtes, que sont vos fictions auprès de ces réalités de l'histoire !

Le mariage de Scarron avec la jeune d'Aubigné fit peu de sensation et causa peu d'étonnement. Indépendamment des combats, des intrigues, des événements de tout genre qui occupaient les esprits, on crut, non sans quelque raison, que cette nouvelle détermination du plus célèbre des auteurs burlesques tenait à celle qu'il avait prise de se transporter dans les îles d'Amérique pour y chercher une amélioration à sa santé, ou du moins un soulagement à ses maux. On contait diversement les aventures de la jeune orpheline. On savait qu'elle s'était soustraite, par ce singulier mariage, au dur despotisme d'une parente avare [1] ; mais on ignorait la captivité et les misères des premières années de son enfance. On la croyait née en Amérique [2] ; on avait appris que ses parents s'y étaient transportés, dans l'espoir de réparer les désastres de leur fortune, et par cette raison on ne la désignait dans le

---

[1] LA BEAUMELLE, *Histoire de madame de Maintenon*, t. I, p. 113.

[2] SAINT-SIMON, *Œuvres complètes*, 1791, t. II, p. 16.

monde que sous le nom de *la belle Indienne*. Ce qui semblait devoir faire admettre ce récit, c'était son teint, d'une blancheur éblouissante, mais pâle, qui ajoutait à l'éclat de ses yeux, grands, noirs, brillants et doux, ce qui lui donnait de la ressemblance avec une créole. Des faits vrais, que sa famille était plus disposée à propager qu'à contredire, confirmaient encore cette croyance. On avait appris que c'était en s'informant des personnes qui pouvaient lui donner des renseignements sur les contrées lointaines où il voulait se rendre, que Scarron avait fait sa connaissance [1]; et l'on pensait qu'il avait résolu de reconduire dans sa belle patrie, sous les bosquets embaumés des tropiques, la jeune garde-malade qu'il s'était donnée. Il paraît en effet qu'il eut ce projet : lorsqu'on sut qu'il était sorti de Paris avec sa femme, le bruit courut qu'ils allaient tous deux s'embarquer; et le gazetier Loret, qui n'était ni malin ni méchant, en devisant sur ce prétendu voyage dans sa bavarde gazette [2], dit qu'on répandait aussi la nouvelle que madame Scarron était enceinte. C'était à la fois une plaisanterie cruelle et une calomnie.

Le pauvre paralytique, en songeant à la gaieté folâtre et souvent cynique de ses discours, s'était lui-même fait justice, en disant : « Je ne lui ferai pas de sottises, mais je lui en apprendrai beaucoup [3]. »

---

[1] SEGRAIS, *Mémoires et Anecdotes*, dans ses *Œuvres*, 1735, in-12, t. II, p. 85.

[2] LORET, liv. III, p. 139, *lettre* 10, en date du 5 octobre; *ibid.*, liv. III, p. 154. — SCARRON, *Œuvres*, t. II, p. 65.

[3] SEGRAIS, *Mémoires et Anecdotes*, t. II, p. 64. — LA BEAUMELLE, *Mémoires pour servir à l'histoire de madame de Maintenon et à celle du siècle passé*, liv. I, chap. VI, t. I, p. 144.

L'âge, la laideur, les infirmités de son époux, n'étaient pas les seuls motifs qui donnèrent lieu à la malignité publique de s'exercer sur le compte de madame Scarron dans les commencements de son mariage. Elle avait contracté la liaison la plus intime avec Ninon de Lenclos, et, selon l'usage de ce temps pour les personnes qu'unissait une étroite amitié, elle partageait souvent avec elle le même lit. On pouvait penser alors que Ninon de Lenclos, qui avait presque le double de l'âge de madame Scarron, exerçait sur elle assez d'influence pour lui faire partager ses penchants voluptueux et sa philosophie épicurienne. Cependant il n'en était pas ainsi : la religion était là, une noble fierté, des sens tempérés, un amour inné de la vertu, et encore plus un violent désir de s'attirer les louanges et de se faire admirer. C'est elle-même qui a fait l'aveu de ce dernier motif comme d'une faiblesse[1] ; et alors on doit présumer que ce désir fut encore augmenté par les discours mêmes qu'elle entendit tenir dans le monde sur son amie. Ninon, qui la chérissait, aurait voulu en faire son élève, et la rendre heureuse à sa manière. Elle ne s'en est point cachée, et, dans son âge avancé, on lui a souvent entendu dire de madame de Maintenon : « Dans sa jeunesse, elle était vertueuse par faiblesse d'esprit. J'aurais voulu l'en guérir ; mais elle craignait trop Dieu. » Cet aveu de Ninon et le témoignage de Tallemant des Réaux, sans cesse occupé à recueillir les anecdotes les plus scandaleuses qu'il entendait raconter dans les sociétés de son temps, résolvent les doutes qu'on a élevés sur ma-

---

[1] *Ms. de mademoiselle d'Aumale*, cité dans les *Mémoires de Maintenon*, t. I, p. 151. — Madame SUARD, *Madame de Maintenon peinte par elle-même*, 1810, in-8°, p. 19.

dame Scarron au sujet du marquis de Villarceaux[1]. Que fût devenue la malheureuse Ninon si sa jeune amie, cédant aux poursuites et aux séductions du seul homme qui ait été soupçonné de lui avoir inspiré de l'amour, lui eût enlevé l'amant le plus fortement et le plus constamment chéri de son cœur, et eût ainsi mis en pratique les principes qu'elle avait cherché à lui inculquer?

La conduite de madame Scarron dans cette circonstance lui valut la protection et l'amitié de la marquise de Villarceaux; et son succès dans cette première épreuve contre les orages des passions affermit dès le premier pas sa marche dans le sentier où elle se proposait de marcher. Sa vie ressemble à ces longs golfes de la mer, dont la navigation devient plus facile quand on est parvenu à franchir heureusement le détroit semé d'écueils qui en forme l'entrée. A part les principes fondamentaux sur la religion, personne ne pouvait mieux que Ninon guider madame Scarron sur cette scène du monde où elle était forcée de se produire, ni lui faire mieux connaître les personnages qui se trouvaient placés autour d'elle. L'attachement de Ninon pour madame Scarron s'accrut encore par la preuve de générosité et de vertu qu'elle en avait reçue, et sa confiance en celle qui lui offrait toute sécurité contre une dangereuse rivalité fut entière. D'un autre côté, les qualités aimables de Ninon, les sages conseils qui venaient sans cesse au secours de l'inexpérience de sa jeunesse[2], ses générosités, ses complaisances et ses attentions

---

[1] Auger, *Lettres de madame de Maintenon*, précédées de sa vie, t. XLIII.—Tallemant, *Mém.*, t. V, p. 264, édit. in-8°; ou t. IX, p. 130, édit. in-12. — Scarron, *Œuvres*, Amsterdam, 1737, t. I, p. 48; édit. 1700, t. I, p. 18; *Dernières Œuvres de Scarron*, 1669, t. I, p. 31.

[2] Scarron, *Œuvres*, 1737, t. I, p. 404; *Étrennes à mademoiselle de Lenclos*, t. I, p. 48.

pour son époux, avaient inspiré pour elle à madame Scarron de l'estime et de l'amitié. Toujours elle lui conserva ces sentiments ; et lorsque des sociétés différentes, des genres de vie opposés les eurent séparées, elles ne furent jamais désunies. Quand d'impérieuses convenances les empêchèrent de se voir, ou de ne se voir qu'en secret, elles s'écrivirent. Enfin, madame de Maintenon, assise près du trône, environnée des respects de la cour du grand monarque dont elle était la compagne, n'oublia pas les titres qu'avait auprès d'elle l'amie de la femme de Scarron. Mademoiselle de Lenclos en fut convaincue toutes les fois qu'elle voulut l'être : il est vrai qu'elle le voulut rarement. Ce fut toujours pour obliger des amis, et jamais pour elle-même[1]. La philosophique Ninon était loin d'envier le sort de son ancienne compagne : elle aurait regardé comme un malheur de se trouver forcée d'échanger contre le pompeux esclavage du rang que celle-ci occupait, sa douce liberté et son heureuse médiocrité ; elle n'ignora même pas que madame de Maintenon, affaissée sous le poids de la multiplicité de ses devoirs et des ennuis de la grandeur, pensait comme elle à cet égard.

Le public apprit bientôt que Scarron avait renoncé à son voyage en Amérique ; on sut qu'il s'était rendu à Tours pour affaires de famille, et qu'il était revenu à Paris avec sa femme. Les sollicitations multipliées que celle-ci fut obligée de faire pour que son mari ne fût pas exilé de la capitale après que le roi y fut rentré attirèrent sur elle l'attention de toute la cour. Un intérêt puissant s'attachait à ses malheurs, à sa jeunesse, à sa beauté. Son

---

[1] SAINT-SIMON, *Mémoires authentiques*, 1829, in-8º, t. IV, p. 420, chapitre XXXIV.

air de candeur et d'innocence démentait les bruits que sa liaison avec Ninon avait accrédités. Ils furent réfutés d'une manière plus efficace encore quand on la vit protégée et recherchée par toutes les femmes de ceux qu'on lui avait donnés pour amants : quand la marquise de Villarceaux, les duchesses de Richelieu et d'Albret, s'accordèrent toutes à louer sa sagesse, son amabilité, son esprit, et que toutes les trois, et plusieurs autres dames également connues par la sévérité de leurs principes et la régularité de leurs mœurs, l'admirent dans leur société intime.

Mais, quoiqu'elle en fût flattée, elle ne cédait que rarement à leurs invitations, rarement elle quittait le malheureux Scarron. Servante empressée quand il était malade, compagne enjouée quand il souffrait moins, docile écolière dans ses moments de loisir, secrétaire diligent et critique plein de goût quand il composait[1], charme et délice de la société qui se rassemblait à sa table et autour de son fauteuil, elle suffisait à tout, était partout et à tout moment, comme une divinité bienfaisante, apportant tous les biens, soulageant tous les maux. Par cette conduite elle parvint à opérer un changement extraordinaire, une métamorphose complète dans le caractère, les sentiments et l'esprit même de ce vieillard, et ce fut avec une promptitude qui parut tenir du miracle. Scarron, qui se montrait auparavant si impatient de dissiper dans la joie et dans la débauche le peu de jours qui lui restaient, si insouciant, si déhonté, si impudique, n'est plus semblable à lui-même ; il pense, il parle, il agit, il écrit tout différemment qu'il n'a fait jusque alors. Voyez-le, ce bouffon cynique qui plaisantait sur le déshonneur de sa propre

---

[1] SEGRAIS, *Mémoires anecdotes*, t. II, p. 84 et 85.

sœur[1] : il croit à la vertu[2], il en fait l'éloge. L'ange lui est apparu, c'est comme une révélation. Il ne s'inquiète plus de lui-même : une seule idée le poursuit, l'assiége, le tourmente sans cesse. Cette idée, c'est de trouver les moyens d'assurer un sort à cette orpheline, après qu'il ne sera plus. Voilà sa seule pensée, son unique occupation. Il sait qu'il n'a plus longtemps à vivre, et qu'il faut qu'il se hâte. Rien ne lui coûte pour expier ses torts envers le tout-puissant ministre, pour reconquérir la protection de la reine mère, dont il se dit le malade en titre, et envers laquelle il s'est montré ingrat [3]. Il n'est pas de projets qu'il n'enfante pour courir après cette fortune qu'il a laissée s'échapper avec tant d'indifférence. Lui, le burlesque, veut devenir financier ; il se fatigue à calculer, il propose des plans d'entreprise, en poursuit le privilége, mais toujours au nom de sa femme, pour sa femme, pour elle seule ; il n'a besoin de rien, elle a besoin de tout ; il ne parle que d'elle, que pour elle. Il la recommande à tous ses amis, disant en pleurant qu'elle est « digne d'un autre époux, digne d'un meilleur sort ». Il travaille et il écrit sans cesse pour obtenir de l'argent des libraires ou des comédiens ; mais tout ce qui sort de sa plume est plus délicat, plus spirituel, sans mauvais goût. Il est gai sans être bouffon, et badin sans gravelure ; son âme, son esprit, son

---

[1] LA BEAUMELLE, *Mémoires*, t. I, p. 155.

[2] *Ibid.*, t. I, p. 183 et 184. — Madame SUARD, *Madame de Maintenon peinte par elle-même*, seconde édition, 1810, in-8°, p. 31.

[3] SCARRON, *Œuvres*, édit. 1737, t. I, p. 169; *les dernières Œuvres de Scarron*, t. I, p. 310; *Œuvres*, édit. 1737, t. VIII, p. 73; *Estocade à monseigneur le cardinal Mazarin*, p. 430; *Madrigal sur un portrait de Son Éminence peint par Mignard*, *Œuvres*, 1737, t. VIII, p. 418.

CHAPITRE XXXIV.

cœur, se sont améliorés, épurés; il amuse, il réjouit, il attendrit; il est devenu plus cher à ses amis et à tous ceux qui le connaissent.

Scarron en se mariant avait encore vu diminuer ses faibles revenus; il s'était vu obligé de renoncer au canonicat dont il était pourvu. Aucune des entreprises qu'il avait conçues ne put recevoir d'exécution[1]. Sa femme obtint une pension de seize cents francs par la protection de madame Fouquet[2], dont les bienfaits ainsi que ceux de quelques autres dames l'aidèrent à lutter contre la pauvreté. Dans les sociétés brillantes où elle se trouvait lancée, elle éprouva que dans l'adversité et dans une humble condition la beauté vertueuse peut bien s'acquérir l'estime, échapper à l'abandon et au mépris, mais non obtenir les mêmes respects, les mêmes égards que le rang et la richesse. Le ton cavalier des poëtes qui chantaient les louanges de *la belle Indienne*[3], les discours et les manières des jeunes seigneurs qui se rassemblaient chez Scarron, les complaisances auxquelles elle se soumettait envers les dames qui s'étaient déclarées ses protectrices, et qu'on acceptait sans façon, lui démontraient chaque jour cette vérité. C'est une observation fine et judicieuse de Saint-Simon, qu'avant l'invention des sonnettes de renvoi dans l'intérieur des appartements, les dames de haut parage avaient besoin d'avoir continuelle-

---

[1] *Lettres de Scarron à Fouquet, surintendant des finances*, dans ses Œuvres, édition 1737, t. I, p. 100, 101, 104, 110, 114, 116, 118, 138, 139, 157; et dans *les dernières Œuvres de Scarron*, 1669, t. I, p. 140, 141, 154, édit. 1700, p. 73, 79, 201.

[2] SCARRON, Œuvres, t. I, p. 79, 92, 167; *Lettre au duc d'Elbeuf*, dernières Œuvres de Scarron, t. I, p. 294.

[3] LA MESNARDIÈRE, *Poésies*, 1656, in-folio, p. 189. — SEGRAIS, t. II, p. 105.

ment près d'elles de ces femmes que leur naissance et leur éducation ne rendaient pas déplacées dans leur société, quoique la modicité de leur fortune parût les en écarter, mais qui, par cette raison même, se montraient disposées à leur rendre les services auxquels sont astreintes, par les devoirs de leurs charges, celles qui accompagnent les reines et les princesses. Nous ajouterons que cette invention a produit dans les mœurs et les habitudes de la bourgeoisie des changements plus grands que dans les hautes classes. Mais Saint-Simon n'en parle pas, parce qu'il n'a pas eu occasion de les observer. Il revient, au contraire, assez fréquemment sur les différences qu'il remarquait avoir été produites entre l'ancienne et la nouvelle société à laquelle il appartenait, par l'influence de cet usage, pour nous faire penser qu'il était récent lorsqu'il écrivait ses Mémoires [1]. Nos recherches n'ont pu nous faire découvrir l'époque précise où il a commencé à se répandre ; mais nous avons tout lieu de croire que, toute simple que peut paraître l'invention qui lui a donné lieu, elle a pourtant été ignorée durant le règne de Louis XIV. Saint-Simon, habile à découvrir l'action des petites causes sur les grands événements, attribue aux occasions que ce défaut de perfectionnement dans nos habitations fournit à madame de Maintenon, pour se rendre nécessaire, ses premiers succès dans le grand monde et les utiles liaisons qu'elle y forma. Par la mémoire qu'elle conserva de ces temps de dépendance et de sujétion, Saint-Simon explique aussi les faveurs royales qu'elle fit pleuvoir sur ses anciennes protectrices et sur leur posté-

---

[1] *Œuvres complètes de* Louis de Saint-Simon, t. II, p. 16, 19; Saint-Simon, *Mémoires*, t. I, p. 40; t. II, p. 407; t. XIII, p. 105, 108, 402.

rité, sur les d'Albret, les Richelieu, les Montchevreuil, les Villars, les d'Harcourt et les Villarceaux. Il y a de l'exagération dans ce point de vue, mais il y a aussi de la vérité; et cette vérité ne nuit pas autant à la bonne réputation de madame de Maintenon que Saint-Simon le croyait et le voulait.

Quoi qu'il en soit, ces détails nous ramènent à la position particulière de madame de Sévigné à l'égard de madame Scarron, non-seulement à l'époque dont nous nous occupons, mais pendant toute la durée de la vie de l'une et de l'autre. On a vu que c'était précisément peu de temps avant qu'il se mariât que madame de Sévigné s'était déterminée à voir le vieux poëte, et qu'il était résulté de sa visite, entre elle et lui, un échange de louanges et d'aimables plaisanteries, un commerce de lettres[1]. Nulle n'était plus propre que madame de Sévigné à apprécier tout le mérite de la femme que Scarron s'était donnée, et plusieurs passages de ses lettres[2] prouvent qu'elle l'avait parfaitement jugée; mais la veuve du marquis de Sévigné n'était pas d'un rang à pouvoir disputer le patronage de cette jeune femme à celles qui se l'étaient exclusivement attribué : elle n'avait pas, comme elles, les moyens de la protéger efficacement. D'un autre côté, elle se trouvait dans une position trop élevée pour vivre avec elle sur le pied d'égalité. D'ailleurs, l'amie de Ninon de Lenclos, de celle qui sans aucun égard, sans aucun scrupule, avait séduit son mari, et jeté le trouble dans son intérieur, ne pouvait que difficilement obtenir sa con-

---

[1] SCARRON, *Œuvres*, 1737, t. I, p. 47; *les dernières Œuvres de* SCARRON, 1669, t. I, p. 28; id., édit. 1700, t. I, p. 16.

[2] SÉVIGNÉ, *Lettres*, t. II, p. 259 et 275, *lettres* en date des 3 et 25 décembre 1671.

fiance. Ainsi donc, quoique madame de Sévigné se soit fréquemment trouvée à cette époque dans les mêmes sociétés que madame Scarron, et qu'elle goûtât « son esprit aimable et merveilleusement droit[1] », il n'y eut point entre elles de liaisons familières et suivies. Ce ne fut que lorsque madame Scarron, devenue veuve, eut acquis par l'éducation des enfants naturels du roi une grande importance dans le monde, que madame de Sévigné se lia assez particulièrement avec elle pour l'inviter à ses soupers et en recevoir de fréquentes visites. Nous verrons par la suite combien elle se plaisait à lui entendre faire l'éloge de madame de Grignan et raconter les nouvelles de la cour[2].

[1] Sévigné, t. II, p. 290, *lettre* en date du 13 janvier 1672.
[2] Saint-Simon, *Mémoires authentiques*, t. XIII, p. 105. — Sévigné, *Lettres*, t. II, p. 275 et 290; t. VI, p. 214; *lettres* en date des 25 décembre 1671, 13 janvier 1672, 29 mars 1680.

CHAPITRE XXXV.

1653 — 1654.

Madame de Sévigné ne partageait aucune des passions des partis. — Ses motifs pour rester à Paris. — Le retour de la cour y ramène plusieurs de ses amis. — Marigny resté à Paris, et obligé de se cacher, est sur le point d'être pris. — Il parvient à s'évader. — Audace des partisans de Condé. — Ils enlevaient des hommes riches, pour en tirer rançon. — Cruauté dans les deux partis. — Fin tragique du frère de Chavagnac à Sarlat. — Quatre bourgeois de Périgueux condamnés à être pendus par le duc de Candale, pour en obtenir rançon. — Gourville enlève Burin, directeur des postes, pour en tirer de l'argent. — La Rochefoucauld marie son fils avec une demoiselle de La Roche-Guyon, et se réconcilie avec le roi. — Rôle important que joue Gourville dans cette circonstance. — Il est gagné par le cardinal Mazarin. — Il se rend à Bordeaux pour y négocier la paix. — Il contribue plus à sa conclusion que les troupes du duc de Candale. — Le prince de Conti et la duchesse de Longueville se soumettent. — La duchesse de Longueville voit à Moulins madame de Montmorency, abbesse de Sainte-Marie, et devient pieuse. — Ses regrets, sa dévotion. — Sa correspondance avec l'abbesse de Sainte-Marie et les Carmélites de la rue Saint-Jacques. — Conti se réconcilie avec Mazarin, et épouse la fille de Martinozzi, nièce de ce ministre. — Cessation de la guerre civile. — Les intérêts des chefs, qui auraient pu la faire renaître, se trouvent ralliés à ceux du roi et de son ministre.

Aucune des passions qui dans les temps de partis corrompent le cœur et pervertissent le jugement n'avait de prise sur madame de Sévigné. Elle n'avait pour elle-même d'autre intérêt, d'autre ambition, d'autre pensée, que de remettre en ordre sa fortune, dérangée par les prodigalités de son mari, et de s'occuper de l'éducation de ses enfants.

Ses liens de famille et de parenté, ses liaisons de société, son goût pour les plaisirs et les distractions, l'avaient conduite dans les cercles de la Fronde comme dans ceux de la cour, et lui avaient fait connaître tous les grands personnages de son temps, tous ceux qui jouèrent dans les affaires publiques un rôle important; mais elle ne s'était laissé entraîner dans aucune des intrigues de politique ou d'amour où ils se trouvaient tous engagés, par lesquelles ils étaient si fortement agités. Aussi, elle n'avait d'ennemis ni de rivales dans aucun parti; elle comptait dans tous des amis, des admirateurs, des courtisans, et par conséquent au besoin de chauds partisans, d'intrépides défenseurs. L'aventure de Tonquedec et de Rohan, que nous avons racontée, en a fourni la preuve.

Madame de Sévigné n'eut donc aucun motif qui la forçât de quitter Paris après que le roi y fut rentré. Elle en avait, au contraire, plusieurs pour y rester. L'hiver allait commencer. Les campagnes, par suite du mouvement continuel des armées, de la désorganisation du gouvernement, n'offraient plus de sécurité aux voyageurs, et les châteaux même n'étaient pas à l'abri des incursions et des dévastations des maraudeurs. Le séjour de la capitale garantissait madame de Sévigné de tous ces dangers, et ne lui promettait que des agréments. Si l'exil ou la fuite lui avaient enlevé plusieurs de ses connaissances et de ses amis, poursuivis par les rigueurs du pouvoir, la cour en ramenait un aussi grand nombre, qui peu de mois auparavant avaient été aussi forcés de s'exiler et de fuir, pour éviter de devenir victimes des factions. Ainsi, les chances alternatives de tous les partis étaient pour elle des motifs de douleur et de regret; elle sympathisait avec toutes les infortunes; plus que toute autre, elle ressentait le besoin de la concorde, et s'affligeait des divisions, des haines et des déchirements auxquels la France était en proie. Il résultait de cette position, où madame de Sévigné se trouvait placée par la modération de son caractère et la sensibilité de son cœur, que personne ne formait des souhaits plus conformes aux véritables intérêts de son pays et à ceux de l'humanité. Elle aurait voulu que la guerre civile cessât, que la paix s'établît d'une manière solide, et qu'une réconciliation générale et sincère s'opérât entre tous ceux qui se haïssaient ou se persécutaient mutuellement.

Mais on était loin d'être encore arrivé là. Tous ceux qui avaient agi et écrit contre Mazarin n'obtinrent pas la même indulgence que Scarron. Marigny, dont madame de Sévigné aimait tant l'esprit et la gaieté, était resté dans Paris. Il était un de ceux qui, par ses chansons et ses vers, auxquels Loret donne l'épithète de cruels [1], avaient le plus contribué à ridiculiser le cardinal parmi le peuple. Agent actif du parti de Condé, il continuait à entretenir une correspondance avec ce prince. On le sut; et le lieutenant civil envoya des archers pour l'arrêter, ainsi que Breteval, marchand de dentelles dans la rue des Bourdonnais, chez lequel Marigny s'était caché. On saisit Breteval lorsqu'il était encore au lit. Marigny, qui entendit du bruit dans la maison à une heure indue, devina quelle en était la cause : aussitôt il se lève, et, sans se donner le temps de se couvrir d'aucun vêtement, il monte nu en chemise sur les toits, sans que personne puisse l'apercevoir; puis il pénètre jusqu'à une lucarne dans le grenier d'une maison voisine. Ne s'y croyant pas en sûreté, il descend

---

[1] LORET, *Muse historique*, liv. IV, p. 4 du 4 janvier 1653.

dans la cave; mais le froid et l'humidité le gagnant, il se disposait à sortir de ce nouveau gîte, quand une jeune servante y vint pour chercher du vin. Elle jeta un cri en voyant un homme en chemise. Marigny calma sa frayeur, et lui dit qu'il était un marchand de Rouen poursuivi par ses créanciers, et ami de M. Breteval; il la supplia d'aller, sans en parler à son maître, avertir Dalancé, chirurgien, dont le logis était tout proche, et de lui dire de venir le joindre. La jeune fille exécuta fidèlement la commission qui lui avait été donnée. Dalancé, qui croyait son ami Marigny arrêté, reçut avec joie la messagère; il la récompensa généreusement, lui recommanda de garder sur cette aventure le plus profond secret, d'avoir bien soin de son prisonnier, et de l'assurer qu'il irait sur le soir le tirer de son cachot. En effet, il porta à Marigny des habits, et lui fournit des moyens de s'évader de Paris, et d'aller à Bruxelles rejoindre le prince de Condé [1]. Mais Croisy et plusieurs autres membres du parlement, qu'on savait être en correspondance avec Condé, moins heureux que Marigny, furent arrêtés à cette époque.

Mazarin se trouvait d'autant plus obligé de faire surveiller et saisir les partisans de Condé, qu'on appelait alors les *princistes*, qu'ils cherchaient à suppléer à leur petit nombre par leur activité et par leur audace; ils osaient surprendre et saisir de vive force des hommes connus par leurs richesses et leur dévouement au roi et à Mazarin, et ils les contraignaient à racheter leur vie et leur

---

[1] Guy-Joly, *Mémoires*, t. XLVII, p. 277. — Loret, t. IV, p. 39, *lettre* en date du 22 mars 1653. — *Lettres de M. de Marigny*, 1658, t. I, p. 1, 59.

liberté par une forte rançon. Cachés sous toutes sortes de travestissements, ils exerçaient leurs brigandages jusque dans Paris même. Palluau, Vitry, Brancas, Sanguin, Genlis, mademoiselle de Guerchy, furent attaqués et dépouillés dans les rues de la capitale. Les délits de ce genre y devinrent si fréquents, qu'on forma une chambre de justice, c'est-à-dire qu'on créa un tribunal extraordinaire, pour juger ces délinquants : deux de leurs agents et complices furent condamnés à mort et exécutés [1].

Ces attentats étaient communs à tous les partis, et celui du roi n'en avait pas été exempt. Ces guerres civiles, qu'on nous dépeint comme une lutte d'épigrammes et de chansons, n'ont produit que trop de scènes tragiques, que trop d'exemples de perfidie et de cruauté [2]; mais les historiens croient leur tâche remplie lorsqu'ils ont raconté les événements principaux, et dédaignent trop souvent de s'occuper des faits particuliers, qui les expliquent et en dévoilent les causes, en nous faisant connaître l'état du pays et les mœurs et les habitudes qui prévalaient aux époques où ils se sont passés. Lorsque le parti royaliste séduisit la garnison de Sarlat, où le frère de Chavagnac commandait pour Condé, sa femme, jeune et belle, accourant au secours de son mari, fut par les propres officiers de celui-ci tuée par une décharge de mousquets, ainsi que son enfant, qui l'accompagnait, et la nourrice qui le portait dans ses bras. Lui-même, après avoir échappé aux meurtriers de sa femme et de son fils, manqua d'être assassiné par un maître d'hôtel qui le ser-

---

[1] LORET, *Muse historique*, liv. IV, p. 34 et 39, des 15 et 22 mars 1653. — MONCLAT, t. L, p. 398.

[2] MONCLAT, *Mémoires*, t. L, p. 399.

vait depuis dix ans, et qu'il surprit occupé à vider son coffre-fort[1]. Gaspard de Chavagnac, quoique alors engagé dans le parti contraire à son frère, fut douloureusement affecté de ce malheur, et témoigna une juste horreur pour le crime qui le produisit. Cependant, il raconte sans manifester le moindre regret ni le plus petit remords comment, après la prise de Périgueux, lui et le duc de Candale condamnèrent quatre bourgeois des plus notables à être pendus, afin de forcer la ville à racheter leur vie pour une rançon de trois cent mille francs, qui leur fut payée[2].

Gourville, l'honnête Gourville, si souvent loué par madame de Sévigné, et qui par sa fidélité et sa générosité envers ses amis, les agréments et la sûreté de son commerce, a mérité tous les éloges qu'elle en a faits[3], rapporte dans ses Mémoires, non comme un fait qu'il se reproche, mais comme une prouesse dont il tire vanité, qu'étant désœuvré à Damvilliers, il eut l'idée d'enlever quelques personnes opulentes des environs de Paris, pour les mettre à rançon. Il en fit la proposition au marquis de Sillery, gouverneur de la ville, et à La Mothe, qui y était lieutenant du roi; ils l'agréèrent. Gourville, assisté des mêmes officiers et des mêmes cavaliers avec lesquels il avait en vain cherché à enlever le cardinal de Retz, réussit cette fois à s'emparer de Burin, directeur des postes, qu'il savait être riche en argent comptant. Burin fut conduit à Damvilliers. « Il arriva, dit Gourville, fatigué et désolé. Je feignis de le consoler, et, ayant traité de sa liberté, je convins à quarante mille livres. L'ar-

[1] CHAVAGNAC, *Mémoires*, 1699, t. I, p. 175.
[2] *Ibid.*, p. 204, 206.
[3] SÉVIGNÉ, *Lettres*, t. II, p. 21, 36; t. III, p. 29; t. VI, p. 211, en date des 17 et 26 avril 1671, 8 juillet 1672, 26 mars 1680.

gent étant venu quelque temps après, il s'en alla [1]. »

Il est difficile de croire que le duc de La Rochefoucauld, dont Gourville était la créature, ait ignoré cet acte de brigandage. Après la retraite de Condé à Bruxelles, c'est à Damvilliers que La Rochefoucauld se retira et qu'il passa toute cette année 1653. Il désirait se réconcilier avec la cour, pour conclure le mariage de son fils, le prince de Marsillac, avec mademoiselle de La Roche-Guyon, l'unique héritière de Duplessis-Liancourt. Il chargea Gourville de se rendre auprès de Condé, à l'effet d'obtenir son consentement à ce mariage. Gourville, sous divers déguisements, fit pour cette affaire plusieurs voyages à Bruxelles, et Mazarin apprit qu'il était de retour et caché dans Paris; il jura qu'il n'en sortirait pas. Depuis longtemps il le faisait chercher pour le faire arrêter. Gourville comprit, en homme habile, qu'en allant au-devant du danger il parviendrait plus sûrement à l'éviter : il demanda au ministre qui le cherchait une audience, et il l'obtint. Possesseur d'importants secrets, porteur de paroles des princes et de plusieurs chefs de faction qui conservaient du pouvoir, parfaitement instruit des dispositions et des désirs de chacun d'eux, Gourville sut donner des conseils utiles, s'ils étaient suivis, à tous ceux dont il avait été jusque ici l'adroit et intrépide agent, mais plus utiles encore aux intérêts du roi et à ceux de son ministre. Mazarin, avec sa perspicacité ordinaire, devina dans cette entrevue tout le parti qu'il pouvait tirer d'un tel homme. Il lui fit des propositions qui furent acceptées, et il se l'attacha. Gourville réconcilia le duc de La Roche-

---

[1] GOURVILLE, t. LII, p. 269 (il est écrit à tort *Barin*). — LORET, liv. IV, p. 14, du 1er février 1653. — MONGLAT, t. L, p. 399.

foucauld avec la cour ; puis, chargé de pleins pouvoirs de Mazarin, il se rendit à Bordeaux, et par l'argent, qu'il employa bien et à propos, par ses intrigues avec madame de Calvimont, maîtresse du prince de Conti, avec les membres influents du parlement de Bordeaux et les chefs des factions qui divisaient alors cette malheureuse ville, il fit plus que le duc de Candale avec toutes ses troupes pour la conclusion de la paix. Cette paix, signée le 24 juillet 1653, termina la guerre civile en France; et Gourville fut le premier qui porta cette heureuse nouvelle à Mazarin et à la cour [1].

La princesse de Condé, avec son fils, alla rejoindre son mari dans les Pays-Bas. Conti se retira à sa terre des Granges près de Pézénas [2], et la duchesse de Longueville à Moulins, chez sa parente l'abbesse des Filles de Sainte-Marie [3], la veuve de ce duc de Montmorency que Richelieu avait fait décapiter. Ce fut là, et près du tombeau de son oncle, dont la mort lui avait fait répandre tant de larmes à l'âge de treize ans [4], que la duchesse de Longueville commença ce long retour vers Dieu, qui, souvent traversé par les irrésolutions et les distractions du monde, ne fut cependant jamais interrompu, et se termina par des austérités que la foi la plus sincère et la plus vive peuvent seules suggérer.

[1] LORET, *Muse historique*, t. IV, p. 139, du 22 novembre 1653. — MOTTEVILLE, t. XXXIX, p. 358. — GOURVILLE, *Mém.*, t. LII, p. 273, 279 et 286. — DESORMEAUX, *Hist. de Condé*, t. III, p. 423.

[2] LORET, liv. IV, p. 139. — MOTTEVILLE, t. XXXIX, p. 338. — GOURVILLE, *Mém.*, t. LII, p. 273 à 279 et 286. — DESORMEAUX, *Histoire de Condé*, t. III, p. 423.

[3] DE VILLEFORT, *la véritable Vie d'Anne-Geneviève de Bourbon, duchesse de Longueville*, 1739, in-12, t. II, p. 237.

[4] Id., t. I, p. 2. — MOTTEVILLE, t. XXXIX, p. 357.

De toutes les femmes qui avaient figuré avec éclat dans la Fronde, la duchesse de Longueville était celle que les événements avaient le plus maltraitée, et qui trouvait le plus de mécomptes par le rétablissement de la paix. Douloureusement affectée de la mort du duc de Nemours, qu'elle avait sincèrement aimé, elle avait vu Condé s'éloigner d'elle et entièrement livré à l'influence de la duchesse de Châtillon, son ennemie. Elle s'était brouillée avec Conti en s'opposant à ses volontés à Bordeaux et en assistant dans cette ville un parti qui lui était opposé. Elle était détestée de la cour, non-seulement pour avoir fomenté la guerre par ses intrigues, mais pour avoir mis, le plus longtemps qu'elle l'avait pu, des obstacles à la paix ; enfin, elle était justement rejetée par son mari, dont elle avait méconnu les droits et l'autorité. Les seules consolations qui lui restassent, le seul baume versé sur les plaies de ce cœur agité et ulcéré par tant de passions, de douleurs, de regrets et de repentir, étaient les exhortations et les prières de l'illustre veuve de Montmorency et de la prieure des Carmélites de la rue Saint-Jacques à Paris. Ses velléités de piété et de réforme pendant son séjour à Bordeaux l'avaient fait entrer en correspondance avec cette dernière[1] ; et cette correspondance devint plus active à mesure qu'elle faisait plus de progrès dans sa conversion. Les opinions peuvent varier, mais le caractère reste invariable. Madame de Longueville porta l'empreinte du sien jusque dans cette nouvelle carrière de piété où elle se trouvait engagée. Les disputes religieuses que les jansénistes avaient fait naître fournirent de nouveaux aliments à

---

[1] DE VILLEFORT, *Vie de la duchesse de Longueville*, t. II, p. 46, 65, 72, édit. 1738. — LORET, liv. V, p. 10, *lettre* 3, en date du 17 janvier 1654.

l'activité de son esprit et un nouvel emploi à son ardeur pour l'intrigue [1].

Quant à Conti, ses conseillers, voyant le pouvoir de Mazarin désormais sans contrôle, le décidèrent à demander en mariage une des nièces de ce ministre, afin de rendre sa réconciliation complète et de rentrer en grâce à la cour. Conti, prince du sang, en prenant une femme dans la famille de Jules de Mazarin [2], eut la liberté de choisir ; et il choisit bien, car il préféra à toutes les autres nièces du cardinal la fille de Martinozzi, qui était belle et se montra vertueuse. Le duc de Candale, à qui elle avait été promise et qui jusque alors avait répugné à une telle mésalliance, arriva justement à Paris au moment où elle venait d'être accordée à Conti. Candale eut le chagrin de se voir refuser celle que Mazarin avait tenu à grand honneur de lui faire épouser. Conti, rentré en grâce auprès de la reine mère et du roi, reçut le commandement en chef de l'armée de Catalogne. On mit sous ses ordres le duc de Candale et un choix des meilleurs officiers [3].

C'est ainsi qu'en ralliant les intérêts des chefs les plus puissants et les plus habiles aux intérêts du roi et du gouvernement, Mazarin non-seulement termina la guerre civile, mais mit Condé et ses partisans dans l'impossibilité de la faire renaître.

[1] MONGLAT, *Mémoires*, t. L, p. 295, 300. — MONTPENSIER, t. XLI, p. 410.

[2] MOTTEVILLE, *Mémoires*, t. XXXIX, p. 357.

[3] DESORMEAUX, *Hist. de Condé*, t. III, p. 429.

CHAPITRE XXXVI.

1653 — 1654.

Condé prend Rocroi. — Turenne, Sainte-Menehould. — La cour et le conseil suivent l'armée. — Bons effets qui en résultent pour l'éducation du roi. — Fêtes et réjouissances au retour du roi. — Invention de la petite poste. — Nouveautés théâtrales. — Corneille donne *Pertharite*; traduit l'*Imitation de J.-C.* — Le *Cid* joué aux noces de la princesse de Schomberg. — Pièces de Cyrano de Bergerac et de Montauban. — Goût des spectacles très-vif parmi les grands. — Ils louaient les acteurs pour leurs châteaux. — Moyens de distraction que MADEMOISELLE employait dans son exil. — Trois troupes de comédiens parcouraient les provinces. — Troupe de Molière, qui va jouer chez le prince de Conti, à Pézénas. — Deux théâtres publics à Paris. — Ballets de la cour donnés sur le théâtre du Petit-Bourbon. — Mascarade de *Cassandre*, 1er ballet du roi. — Description de ce ballet. — Travestissement de MONSIEUR en femme. — Mauvaise influence de cette pratique. — Carême accompagné du jubilé. — Assiduité aux églises. — Retour du marquis et de la marquise de Montausier à l'hôtel de Rambouillet. — Assemblées chez mademoiselle de Scudéry et la comtesse de la Suze. — Ridicules des nouvelles précieuses. — Recueil de poésies choisies. — Vers à Ninon. — Madrigal adressé à madame de Sévigné.

Tout était pacifié dans l'intérieur; mais la guerre durait toujours avec les Espagnols, auxquels nos divisions avaient donné Condé, qui seul valait une armée. Cependant ce grand capitaine, contrarié dans ses plans de campagne par la jalousie de ceux-là même qui se servaient de lui, par les calculs égoïstes du duc de Lorraine [1], se borna cette fois à la prise de Rocroi; et Turenne, réduit, à cause de

---

[1] LORET, liv. IV, p. 151; *lettre* du 20 décembre 1653.

son petit nombre de troupes, à éviter une action générale, se contenta de harceler sans cesse son ennemi, et de s'emparer de Sainte-Menehould [1].

La reine régente, le ministre, le roi, suivirent l'armée pendant tout le temps de la campagne. Ainsi la cour se confondait avec l'état-major de Turenne, le conseil du cabinet avec le conseil de guerre. Les courtisans étaient les guerriers; l'exécution suivait les résolutions. Sous les yeux et par les exemples d'un habile ministre et d'un grand capitaine, le jeune roi apprenait à se battre et à régner.

Cependant la cour résida pendant tout l'hiver et une grande partie de cette année dans la capitale; et sa présence fut signalée par des fêtes et des réjouissances, qui dans les premiers temps du retour furent moins pompeuses et moins riches que celles de la Fronde, mais où se manifestait un accord de vœux et de sentiments qui n'avait pu exister au milieu de partis divisés de but et d'intérêt [2]. Nulle reine, nulle femme n'a jamais su aussi bien qu'Anne d'Autriche tenir un cercle; et Louis XIV parvenu au plus haut degré de sa puissance, alors qu'il mettait autant d'amour-propre à bien régir sa cour qu'à gouverner son royaume, a souvent regretté de ne trouver ni dans sa femme, ni dans celles auxquelles il en conféra les droits et les priviléges, cet art que possédait sa mère de faire régner parmi tant de personnes différentes de rang, de sexe et d'âge, les sévères lois de l'étiquette, et de les rendre pour toutes douces et légères, et quelquefois flatteuses; de maintenir au milieu de la plus nombreuse réunion

---

[1] Le maréchal DUPLESSIS-PRASLIN, *Mém.*, t. LVII, p. 406 et 415. — LORET, liv. IV, p. 147, 20 décembre 1653.

[2] LORET, liv. III, p. 156 et 166; liv. IV, p. 12, 137.

l'ordre sans contrainte et la liberté sans confusion ; d'y faire circuler la joie et respecter les convenances ; de se montrer toujours attentive sans affectation, gracieuse avec bonté, et familière avec dignité [1].

Quoique la pénurie des finances et la misère générale ne permissent pas d'étaler beaucoup de luxe, il y eut cependant cette année des repas donnés par la ville de Paris à Mazarin, et par Mazarin à Monsieur, au sujet des fiançailles de la princesse Louise de Savoie, fille du prince Thomas, avec le prince de Bade [2] ; puis à l'occasion de la solennité de la Saint-Louis, des fêtes à l'hôtel de ville [3], au Louvre et dans les places publiques, auxquelles prirent part la cour, la noblesse, les bourgeois et le peuple.

Le retour du roi dans Paris, en ramenant la sécurité, avait donné une impulsion plus rapide au commerce et rendu les communications entre les habitants de cette grande cité et ses différents quartiers plus fréquentes. Toujours un progrès dans la civilisation est signalé par quelque invention nouvelle, qui en est à la fois le résultat et l'indice. Cette activité inusitée imprimée cette année aux relations sociales dans Paris y donna lieu à l'établissement de la petite poste. C'est Loret qui nous apprend cette curieuse particularité. On mit, dit-il,

> Des boîtes nombreuses et drues
> Aux petites et grandes rues,
> Où par soi-même, ou ses laquais,
> Où pour ne porter des paquets,

---

[1] Saint-Simon, *Mém. authent.*, t. IV, p. 292.

[2] Loret, t. IV, p. 35 et 38. — Monglat, t. L, p. 399.

[3] Loret, liv. IV, p. 97 et 99, des 23 et 30 août 1653. — *Hist. de la Monarchie françoise, sous le règne de Louis le Grand*, 1697, in-12, t. I, p. 5.

Avis, billets, missive, ou lettres,
Que des gens commis pour cela
Iront chercher et prendre là,
Pour, d'une diligence habile,
Les porter partout par la ville [1].

Le goût des représentations théâtrales s'accrut dès qu'on n'eut plus l'esprit préoccupé ou l'âme affligée par les événements de la guerre civile. La tragédie de *Pertharite* fut représentée cette année, et sa chute fut complète ; Corneille la fit cependant imprimer, et, dans une préface chagrine, il témoigna combien ce revers inattendu lui avait été sensible : il y faisait ses adieux à la poésie dramatique, mais en se donnant à lui-même cet éloge [2], « de laisser par ses travaux le théâtre français dans un meilleur état qu'il ne l'avait trouvé, et du côté de l'art, et du côté des mœurs ». Ses contemporains ne lui ont pas contesté cette vérité, et ont parlé de lui comme la postérité. Mais il n'avait alors que quarante-sept ans, et déjà son génie avait faibli : sa muse, qui avait jeté un si grand éclat, ne pouvait plus chausser le cothurne tragique. C'est donc à tort qu'il se plaignait du public, qui ne voulait plus de ses pièces, parce que, dit-il, elles étaient passées de mode. Le public donnait un démenti à ce reproche en applaudissant avec enthousiasme toutes les fois qu'on donnait *le Cid* ou quelques-uns des chefs-d'œuvre de ce grand poëte [3]. Il se mit à traduire l'*Imitation de Jésus-Christ*, et le vide qu'il laissait au théâtre fut rempli tantôt par Cyrano de Bergerac, tantôt par un nommé Montauban. Ces auteurs, dont l'un est aujourd'hui si peu

---

[1] Loret, liv. IV, p. 95, du 16 août 1653.

[2] Corneille, *Pertharite, Avis au lecteur*, t. VII, p. 1, 1824, in-8°.

[3] Loret, liv. IV, p. 5, *lettre* 2, en date du 11 janvier 1653.

lu, et l'autre si peu connu, obtinrent des succès qui lui étaient refusés. Son frère Thomas, qui avait pris le nom de Corneille de Lisle, donna deux nouvelles pièces, qui réussirent. Un jeune homme dont Tristan avait fait son secrétaire, et que son esprit, son caractère et sa sociabilité lui avaient fait prendre en amitié, donna à la même époque, à l'hôtel de Bourgogne, sa première comédie, dont le succès fut complet [1]. Ce jeune homme, c'était Quinault, dont les vers de Boileau firent de son temps trop déchoir la réputation, et que les éloges de Voltaire ont trop exalté depuis. La destinée de Quinault fut toujours d'avoir plus de panégyristes que de lecteurs.

Aujourd'hui le goût des spectacles est devenu très-vif et très-général parmi les classes moyennes, et même parmi celles du peuple; il a, au contraire, beaucoup diminué dans les hautes classes : c'était l'inverse à l'époque dont nous nous occupons. Quoique ce goût commençât à se répandre plus généralement, cependant c'était dans les classes élevées qu'il était le plus prononcé; c'étaient elles qui faisaient vivre les comédiens, et donnaient de la réputation et de la vogue aux pièces de théâtre. Elles étaient alors une jouissance de l'esprit : les sens y avaient peu de part. Le prestige des décorations et la beauté des costumes, les sons harmonieux des instruments n'en avaient pas fait presque uniquement un plaisir des yeux et des oreilles. Le poëte, semblable à un magicien qui nous enlève à l'univers réel pour nous livrer aux fantômes qu'il lui plaît de faire comparaître, n'avait d'autre ressource que

---

[1] Les frères PARFAICT, *Hist. du Théastre françois*, t. VII, p. 383 à 444. — QUINAULT, édit. 1715, t. I, p. 6 de la notice, et p. 3.

son art pour s'emparer de l'imagination des spectateurs, pour donner aux fictions l'apparence de la réalité. C'est à ces grandes différences dans l'art dramatique et dans le public pour lequel on l'exerçait que l'on doit attribuer, suivant nous, celles que l'on remarque entre les chefs-d'œuvre des deux derniers siècles et les compositions des auteurs de nos jours.

En raison de ce penchant prononcé des hautes classes pour les représentations théâtrales, on ne pouvait alors donner de grandes fêtes, pas même de grands repas [1], sans le secours des comédiens; et lorsque les princes et les grands se trouvaient absents de la capitale et retirés dans leurs châteaux, ils y retenaient à leurs gages des troupes d'acteurs pour un temps plus ou moins long, ou ils les faisaient venir de la ville voisine.

Mademoiselle, qui dans son château de Saint-Fargeau [2], qu'elle agrandissait, cherchait à se distraire des ennuis de son exil, avec sa vieille gouvernante, ses deux jeunes dames d'honneur [3], sa naine [4], ses perroquets, ses chiens, ses chevaux d'Angleterre, et la chasse, entretenait une troupe de comédiens. Forcée par son père d'aller le voir à Blois, elle se mit à voyager de château en château; et elle nous apprend dans ses Mémoires qu'elle eut à Tours

---

[1] Loret, liv. IV, p. 94 et 95, *lettre* 30, datée du 16 août 1653, p. 97. — Loret, liv. V, p. 19 et p. 24, des 7 et 21 février 1654.

[2] Dans le département de l'Yonne, sur la rivière Loing, entre Bléneau et Saint-Sauveur. Ce château a été très-bien décrit par M. le baron Chaillou des Barres, *Les châteaux d'Ancy-le-Franc, de Saint-Fargeau, Chastellux et Tanlay*, 1845, in-4°, p. 50 et 71.

[3] Montpensier, *Mém.*, t. XLI, p. 383, 388, 424, 434. — Loret, liv. III, p. 107, *lettre* du 7 août 1652.

[4] Loret, liv. IV, p. 22, *lettre* en date du 15 février 1653.

un plaisir sensible de retrouver dans cette ville cette même troupe d'acteurs qu'elle avait eue à ses gages tout l'hiver. Elle fut si contente de leur jeu, qu'elle les rappela à Saint-Fargeau. Cependant, elle avait vu à son passage à Orléans une autre troupe, qu'elle avait trouvée très-bonne; c'était celle qui était restée à Poitiers avec la cour, et l'avait suivie à Saumur [1].

Une troisième troupe, qui dans les années précédentes avait, à Bordeaux, été accueillie avec faveur par le duc d'Épernon, continuait à se faire voir dans le midi. Elle passa cette année à Lyon, et y obtint un très-grand succès par une comédie nouvelle en cinq actes, en vers, qu'avait composée un des acteurs de cette troupe. Cette même troupe, conduite par le jeune auteur-acteur qui la dirigeait, alla trouver à Pézénas le prince de Conti, qui la prit à ses gages pendant toute la tenue des états de Languedoc. La nouvelle comédie fut représentée devant le prince et les députés des états, et obtint autant de succès qu'à Lyon. Cette comédie était *l'Étourdi*, et le comédien-auteur, le sieur Poquelin de Molière. On voit que le prince de Conti n'était pas le plus mal partagé, et que sous ce rapport il n'avait rien à envier à la capitale [2].

Paris n'avait alors que deux théâtres ouverts au public : celui de l'hôtel de Bourgogne, situé rue Mauconseil, qui était le plus fréquenté; et celui du Petit-Bourbon, construit dans une galerie, seul reste de l'hôtel du connétable de Bourbon, qu'on avait démoli [3]. Des acteurs italiens y étaient venus, pour la première fois, donner cette année

---

[1] Montpensier, *Mémoires*, t. XLI, p. 384, 407, 421.

[2] Le Gallois de Grimarest, *Vie de Molière*, 1705, in-12, p. 22.

[3] Voyez le plan de Paris par Berey, 1654.

des modèles de ce genre de comique trivial et bouffon qui fut depuis si goûté[1].

Comme ce théâtre était voisin de l'église Saint-Germain-l'Auxerrois, et touchait au Louvre, où le roi logeait, on en profita pour les fêtes de la cour. Tous les jeunes seigneurs et toutes les jeunes dames qui la composaient, et le jeune roi lui-même et son frère, exécutèrent sur ce théâtre ces fameux ballets dits royaux, où ils admirent à figurer avec eux les acteurs qui avaient par leurs leçons contribué à développer leurs talents pour le chant, la pantomime et la danse.

Benserade fut seul chargé de composer les vers de ces ballets[2]; et l'à-propos des allusions qu'il sut mettre dans ces compositions fut la source de sa réputation et de sa fortune. Flatter les grands en les amusant est pour eux un genre de mérite qu'aucun autre ne peut surpasser.

Le premier de ces ballets où le jeune roi figura fut joué au Palais-Royal; il était intitulé *la Mascarade de Cassandre*[3]. Mais le second, ayant pour titre *la Nuit*, fut exécuté sur le théâtre du Petit-Bourbon, vers la fin de février 1653[4], avec des décorations et des costumes supérieurs par leur magnificence à tout ce qu'on avait vu jusqu'alors. Ce ballet, beaucoup plus long que le premier, était divisé en quatre parties ou quatre veilles. Tout ce qu'il y avait alors de personnes de distinction présentes à

---

[1] LORET, liv. IV, p. 94 et 95, *lettre* 30, datée du 16 août 1653.

[2] *Discours de M. L. T. (Louis Tallemant) touchant la vie de M. de Benserade, en tête des Œuvres de M. de Benserade;* chez Charles de Sercy, 1697, t. I, p. 8.

[3] BENSERADE, *Œuvres*, 1697, t. II, p. 14.

[4] LORET, liv. IV, p. 23, 28, 29, 30, 33, 37, 97, des 8 et 16 mars, et 23 août 1653; liv. V, p. 19 et 24, des 7 janvier et 21 février 1654.

Paris, et madame de Sévigné dans le nombre, fut invité aux représentations de ce ballet. Le roi y paraissait à la fin, personnifié sous les traits d'un Soleil levant, et il y déclamait ou chantait les vers suivants :

>Déjà seul je conduis mes chevaux lumineux,
>Qui traînent la splendeur et l'éclat après eux.
>Une divine main m'en a remis les rênes :
>Une grande déesse a soutenu mes droits ;
>Nous avons même gloire : elle est l'astre des reines,
>>Je suis l'astre des rois.
>. . . . .
>Quand j'aurai dissipé les ombres de la France,
>Vers les climats lointains ma clarté paraissant
>Ira, victorieuse, au milieu de Byzance
>>Effacer le croissant [1].

C'est ainsi qu'on adulait ce monarque adolescent et qu'on fomentait en lui le goût des guerres et des conquêtes. Les poëtes n'étaient pas les seuls qui fissent des prédictions en sa faveur : les astrologues, qui conservaient encore un assez grand crédit, assuraient que dans les astres on découvrait des pronostics funestes à tous ceux qui s'opposeraient à son autorité [2].

Louis remplissait encore d'autres rôles dans ce ballet de *la Nuit*, d'un genre plus gracieux et moins héroïque. Des stances, assez longues, qu'il avait à débiter sous la figure d'un des Jeux qui sont à la suite de Vénus se terminaient ainsi :

>La jeunesse a mauvaise grâce
>>Quand, trop sérieuse, elle passe
>>>Sans voir le palais d'Amour ;
>>Il faut qu'elle entre ; et pour le sage,

---

[1] BENSERADE, t. II, p. 69 et 70, édit. 1697.
[2] LORET, t. IV, p. 126, du 1ᵉʳ novembre 1653.

> Si ce n'est pas son vrai séjour,
> C'est un gîte sur son passage [1].

Je remarque que dans cette pièce et dans celles du même genre qui suivirent on céda trop facilement aux inclinations que Monsieur avait pour les habillements de femme, et qu'il faisait partager à ceux qui l'entouraient. Dans ce ballet, le jeune marquis de Villeroy, fils de son gouverneur, élevé avec lui, fut habillé en femme, et représentait une coquette, tandis que Monsieur jouait le rôle de son galant [2]. Sans doute de tels travestissements n'avaient rien que de plaisant, rien que d'innocent entre deux enfants de douze à treize ans; mais la suite en fit voir les déplorables conséquences, et démontra combien l'influence des premières impressions est dangereuse [3].

Le carême, qui fut cette année suivi d'un jubilé, mit fin aux ballets et aux divertissements. Le besoin de fuir le théâtre de la guerre et le désir de se montrer à la cour avaient attiré dans la capitale plusieurs évêques; ce qui donna plus de pompe aux cérémonies ecclésiastiques et contribua à augmenter l'assiduité avec laquelle on fréquentait les églises. Le jeune roi, qui n'était pas accoutumé à voir autour de lui tant de personnages revêtus des insignes de l'épiscopat, demanda quel en était le nombre; on lui dit qu'ils étaient trente. « Ce serait assez d'un seul, » répondit-il. Sur ce mot si judicieux, la plupart reçurent l'ordre de retourner dans leurs diocèses [4]. Au reste, on mit autant de ferveur dans les dévotions pendant toute la durée du carême, qu'on avait montré d'ardeur à se livrer

---

[1] Benserade, t. II, p. 36.
[2] Benserade, t. II, p. 25 et 27, *septième entrée*.
[3] Saint-Simon, *Mémoires authentiques*, t. I, p. 20.
[4] Loret, liv. IV, p. 8, *lettre* du 18 janvier 1653.

aux plaisirs de tous genres pendant les mois précédents [1] ; c'était là le caractère de l'époque.

Après la paix de Bordeaux, le marquis et la marquise de Montausier étaient revenus à Paris, et continuèrent à résider dans l'hôtel de Rambouillet ; mais les brillantes assemblées et les réunions littéraires de cet hôtel avaient cessé, pour ne plus renaître, par suite de la guerre civile. Le marquis de Rambouillet venait de mourir ; la cour absorbait déjà tous les moments des personnages les plus importants, parmi ceux qui formaient autrefois cette société. Monsieur et madame de Montausier étaient occupés à solliciter les justes récompenses des services qu'ils avaient rendus. Mazarin voulait les faire porter sur d'autres, dont le dévouement au roi, ne procédant pas des mêmes sentiments d'honneur qui avaient fait agir Montausier, lui paraissait devoir être acheté par des faveurs [2]. Les gens de lettres beaux esprits, ayant perdu leur grand centre de réunion, prirent l'habitude de se rassembler les uns chez les autres, mais plus particulièrement chez mademoiselle de Scudéry, dont la réputation était alors à son apogée, et chez madame la comtesse de La Suze, qui venait de se convertir à la religion catholique, sans s'affermir dans la foi, sans améliorer ses mœurs. C'est dans ces réunions d'une nature assez ambiguë que l'on commença à exagérer les manières et le langage des habitués de l'hôtel de Rambouillet ; c'est dans ces nouveaux salons, c'est dans ces ruelles que se développèrent ces ridicules qui, par un coup de

---

[1] LORET, liv. IV, p. 51. — *Mémoires du duc de* MONTAUSIER, t. I, p. 124 à 126. — *Lettres de* BALZAC *à* CONRART, p. 230.

[2] LORET, liv. IV, p. 51. — *Mémoires de M. le duc de* MONTAUSIER, liv. I, p. 124, 126. — *Lettres de* BALZAC A CONRART, p. 230.

fortune pour le grand peintre comique, vinrent se placer sous son pinceau au début de sa carrière, et lui firent obtenir tout à coup, par le moyen d'une simple farce, mais admirable par l'à-propos des leçons qu'elle renfermait, une célébrité qu'il n'eût peut-être pas acquise si promptement par un des grands chefs-d'œuvre qui ont depuis illustré son nom.

Ce fut cette année (1653) que le libraire de Sercy publia les deux premiers volumes d'un recueil de poésies choisies [1] qui renferme des pièces de plus de trente auteurs, c'est-à-dire de tous les faiseurs de vers alors en vogue. Ce recueil, qui eut une suite, devint le vrai patron de cette littérature froidement galante ou grossièrement burlesque, semée de pointes, de jeux de mots ou de sentiments exagérés qui dominait alors dans la poésie fugitive, et qui ne cessa que lorsque La Fontaine et madame Deshoulières eurent les premiers donné des exemples du naturel et des grâces légères qui conviennent à ce genre de composition. Ce qui surprend lorsqu'on parcourt ce livre, c'est d'y trouver des pièces érotiques qui ne sont pas toujours exemptes d'obscénités, quoique le volume soit dédié à l'abbé de Saint-Germain. Beaupré, conseiller et aumônier du roi. Nous citerons de ce recueil des stances adressées par un auteur anonyme à *mademoiselle de Lenclos*, afin de faire connaître quelle était alors la célébrité que Ninon s'était acquise et les impressions quelle faisait naître :

---

[1] *Poésies choisies de MM. Corneille, Benserade, de Scudéry, Bois-Robert, Sarrazin, Desmarets, Bertaud, Saint-Laurent, Colletet, la Mesnardière, de Montreuil, Vignier, Chevreau, Malleville, Tristan, Testu, Maucroy, de Prade, Girard, de l'Age,* et plusieurs autres. A Paris, chez Charles de Sercy, 1653, in-12, t. I.

Ah, Ninon! de qui la beauté
Méritait une autre aventure,
Et qui devais avoir été
Femme ou maîtresse d'Épicure,
. . . .
Mon âme languit tout le jour :
J'admire ton luth et ta grâce.
. . . .
Je me sens touché jusqu'au vif,
Quand mon âme voluptueuse
Se pâme au mouvement lascif
De ta sarabande amoureuse.
. . . .
Socrate, et tout sage et tout bon,
N'a rien dit qui tes dits égale ;
Auprès de toi, le vieux barbon
N'entendait rien à la morale [1].

Ces vers, d'ailleurs, suffisent pour justifier ce que nous avons dit du contraste des pièces de ce volume avec sa dédicace ; nous devons prévenir qu'ils sont au nombre des plus modestes de ceux que nous aurions pu citer à l'appui de notre observation [2].

C'est dans ce recueil que l'on trouve pour la première fois imprimé le quatrain que Montreuil fit pour madame de Sévigné, après l'avoir vue jouer à colin-maillard, et aussi les vers que Marigny lui envoya pour étrennes [3]. Immédiatement après ceux-ci, nous en trouvons d'autres, d'un ton plus sérieux et plus passionné, qui lui sont également adressés ; il sont anonymes et sans date. Nous devons donc les rapporter à celle de la publication et leur donner place ici :

---

[1] *Poésies choisies*, 1653, t. I, p. 199.
[2] *Ibid.*, p. 74.
[3] Voy. ci-dessus, chap. V, p. 49 ; et chap. XIII, p. 183.

> Ne trouver rien de beau que vous,
> Sans cesse songer à vos charmes,
> Être chagrin, être jaloux
> Répandre quelquefois des larmes,
> N'avoir point de repos, ni de nuit, ni de jour,
> Est-ce de l'amitié, Philis, ou de l'amour[1]?

Si l'on considère que ces vers se trouvent placés immédiatement après ceux que Marigny a avoués, on doit présumer que l'auteur des derniers est le même que celui de ceux qui précèdent. Il n'est pas étonnant qu'en les faisant imprimer Marigny gardât l'anonyme; c'était déjà une assez forte indiscrétion que de les publier en désignant celle qui en était l'objet. Mais tout semblait permis aux poëtes; et une déclaration d'amour quand elle était en vers ne semblait qu'un jeu d'esprit, qui ne compromettait personne.

[1] *Recueil de Poésies choisies*, 2ᵉ partie, t. II, p. 217 et 218.

CHAPITRE XXXVII.

1653—1654.

La société de madame de Sévigné devient de jour en jour plus nombreuse. — Bussy-Rabutin de retour à Paris. — Ce qu'il fit pendant la guerre civile. — Ses réclamations auprès du gouvernement. — Le Tellier le renvoie à Colbert, l'intendant de Mazarin. — Colbert prélude déjà à l'administration du royaume. — Bussy, ne pouvant quitter l'armée, envoie Corbinelli pour suivre ses affaires. — Quel était Corbinelli. — Corbinelli vient à Paris. — Il voit pour la première fois madame de Sévigné. — Il est fort goûté par elle. — Caractère de Corbinelli. — Origine de sa famille. — Ses liaisons avec madame de Sévigné. — Obstacles que rencontre Bussy pour le succès de ses demandes. — Ennemis qu'il s'était faits. — Il traite avec Palluau de sa charge de mestre de camp de la cavalerie légère. — Il recommence ses intrigues d'amour. — Laisse sa femme en Bourgogne. — Va à Launay. — Puis à Paris. — Se trouve au siége de Vervins. — Revient à Paris. — Loge au Temple. — Est aimé de son oncle. — Ne peut se contenter de ce que lui accorde madame de Sévigné. — Il se lie avec le comte de La Feuillade et le comte d'Arcy. — Tous trois promettent de se servir dans leurs amours. — Ils tirent aux dés les trois amies. — Madame de Précy échoit à Bussy. — Madame de Monglat à La Feuillade. — Bussy devient amoureux de madame de Monglat. — Portrait de cette dame. — Portrait qu'en fait l'auteur du Dictionnaire des Précieuses. — Comment Bussy, en trahissant La Feuillade, parvient à se faire aimer de madame de Monglat. — Bussy propose à madame de Sévigné de lui donner une fête. — Elle accepte. — Madame de Monglat était en secret le but de cette fête. — Madame de Précy s'aperçoit qu'elle est jouée. — Son ressentiment est partagé par la vicomtesse de Lisle. — Bussy part pour l'armée avec La Feuillade.

Madame de Sévigné voyait s'accroître chaque jour le nombre des personnes qui faisaient gloire d'être admises dans sa société. Son cousin Bussy contribuait à en augmenter les agréments. Il était revenu à Paris [1], et se montrait assidu chez elle ; il y jouissait de ces privautés qu'une étroite parenté et une longue intimité ne permettaient pas de lui refuser, lors même que par inclination madame de Sévigné n'eût pas été charmée de pouvoir les lui accorder sans blesser les convenances.

Bussy, pendant toute la durée de cette seconde guerre civile, avait passé son temps désagréablement, et avait joué un rôle assez obscur [2]. Il avait cependant rendu des services signalés à la cause royale. On l'avait chargé de garder la Charité et Nevers, deux passages importants sur la Loire, et de secourir le général Palluau, qui assiégeait Montrond. Il reçut des éloges pour la manière dont il avait exécuté les ordres du roi ; mais on ne lui payait pas les sommes qui lui étaient dues pour les appointements de sa charge, pour sa pension, pour la solde de ses troupes, pour les subsistances qu'il avait fournies. Il avait demandé qu'on lui permît de prélever par lui-même, sur les tailles et les autres revenus du Nivernais, le montant de ce qu'il réclamait. Le ministre Le Tellier, que ce détail concernait, répondit qu'il fallait pour cela obtenir l'autorisation de M. de Colbert, intendant de monseigneur de Mazarin [3]. Ainsi Colbert, n'étant encore que l'intendant du cardinal, préludait déjà à l'administration du royaume.

---

[1] Bussy-Rabutin, *Discours à ses Enfants*, 1694, in-12, p. 261 ; id., *Mém.*, t. I, p. 372 de l'édition in-12 ; t. I, p. 457 de l'édition in-4°.

[2] Ibid., *Mémoires*, t. I, p. 219 à 326 de l'édit. in-12 ; t. I, p. 474 à 456.

[3] Ibid., *Mém.*, t. I, p. 220, 221, 226, 236.

Au lieu de répondre aux demandes de Bussy, on forma contre lui des plaintes sur les violences et les extorsions que ses troupes se permettaient et sur leur indiscipline [1]. Bussy, dans l'impossibilité où il se trouvait de quitter son poste, envoya pour se justifier et suivre l'effet de ses réclamations un gentil-homme qu'il avait pris à son service, nommé Corbinelli. Celui-ci mit beaucoup de zèle, d'activité et d'adresse à suivre les négociations dont Bussy l'avait chargé. Il ne se laissa rebuter ni par les délais, ni par les prétextes qu'on employait pour l'écarter; il ne cessa de solliciter et d'importuner les ministres [2] : obligé pour cela de suivre la cour, qui voyageait toujours à la suite de l'armée, il arriva ainsi avec elle devant Paris au commencement de juillet de l'année 1652, et il y entra quelques jours avant l'incendie et le massacre de l'hôtel de ville [3].

C'est à cette époque que Corbinelli eut occasion de voir souvent madame de Sévigné et de faire connaissance avec elle : dès le premier abord elle fut prévenue en sa faveur par le caractère de loyauté et de franchise qu'elle lui reconnut, et en même temps charmée de son esprit, de son savoir et de son jugement. Depuis, elle n'a jamais cessé d'avoir avec lui des relations d'une solide amitié; et il fut toujours compris dans le nombre choisi de ceux dont la société lui était chère, et sur lesquels elle pouvait compter.

---

[1] BUSSY-RABUTIN, *Mém.*, t. I, p. 320.

[2] CORBINELLI, *lettres* en date des 25 et 26 juin, et 2 juillet 1652, dans les *Mémoires de Bussy*, t. I, p, 326, 329, 332 de l'édition in-12; et t. I, p. 401, 405 et 408 de l'édit. in-4°.

[3] Idem, *lettres* datées de Paris les 4 et 9 juillet 1652, t. I, p. 334 et 337 des *Mémoires de Bussy-Rabutin*, édit. in 12; et t. I, p. 410 et 414 de l'édit. in-4°, 1694.

La famille de Corbinelli était originaire de Florence. Son grand-père, allié de Catherine de Médicis, avait été chargé de l'éducation du duc d'Anjou (depuis roi de France sous le nom de Henri III); son père fut secrétaire de Marie de Médicis, et attaché au maréchal d'Ancre; sa fortune s'écroula avec celle de ce favori[1]. Corbinelli avait étudié à Rome sous les jésuites; il se trouvait encore en cette ville en 1644, près du pape Urbain VIII, son parent. La mort prématurée de ce pape le laissa sans fortune et sans état. C'est alors qu'il vint en France, et que Bussy, comme il le dit avec vérité, fut assez heureux pour se l'attacher[2]. Doué d'un esprit fin et pénétrant, d'un caractère égal et doux, d'un goût sûr et exercé, littérateur, musicien, et amateur éclairé de ces beaux-arts auxquels sa patrie primitive était redevable d'une si grande illustration, Corbinelli se faisait des amis de tous ceux qui le connaissaient, et des protecteurs de tous les grands, auxquels il plaisait. Dépourvu d'ambition, il faisait de temps à autre de faibles tentatives pour remédier à l'exiguïté de sa fortune; puis, quand il trouvait trop d'obstacles à vaincre, il retombait dans son insouciance habituelle, et ne paraissait nullement affecté de n'avoir pas réussi. Ses amis et ses protecteurs ne montraient pas alors à cet égard plus de sollicitude que lui-même. Aussi, malgré ses liaisons avec tant d'hommes riches et puissants, malgré sa capacité reconnue pour les affaires, toute sa vie se passa ainsi à essayer, sans pouvoir y parvenir, de sortir de la condition médiocre où le sort l'avait réduit. Cette vie n'en fut ni moins longue ni moins heureuse. Corbinelli vécut plus de cent ans, et mourut universellement regretté. Il avait,

---

[1] Bussy-Rabutin, *Mém.*, t. I, p. 205.
[2] *Ibid.*

cédant à la mode de ce temps, tracé un portrait de madame de Sévigné, qui eut un grand succès parmi les beaux esprits et les précieuses. On ne le trouve malheureusement dans aucun des ouvrages, peu remarquables, qu'on a imprimés de lui, et qui, en partie composés d'extraits, sont aujourd'hui oubliés [1]. Dans son *Dictionnaire des Précieuses*, Somaize dit que Corbinelli s'était fait le lecteur de madame de Sévigné. Nous verrons qu'il fut aussi quelquefois par intervalles son secrétaire, et nous le retrouverons souvent dans le cours de ces Mémoires. Quand Corbinelli vint se fixer à Paris, il se logea dans le quartier du Marais du Temple, où demeurait aussi, comme nous l'avons déjà dit, madame de Sévigné [2].

Bussy ne se contentait point des lettres flatteuses que Mazarin lui écrivait, ni de celle qu'il lui fit écrire par le roi lui-même. Il sollicita des faveurs plus solides et plus profitables, et eut beaucoup de peine à les obtenir. Ses indiscrétions lui avaient aliéné la princesse Palatine, dont l'influence était grande à la cour. Il fit agir l'abbé Fouquet, et son frère Nicolas Fouquet, procureur général au parlement de Paris, qui venait d'être nommé, avec Servien, surintendant des finances, après la mort de la Vieuville. Bussy était lié avec tous deux, et par leurs démarches et les siennes propres il obtint enfin la faculté de pouvoir traiter avec Palluau de la charge de mestre de camp de la cavalerie légère, lorsque Palluau eut été fait

---

[1] CORBINELLI, *Extraits de tous les beaux endroits des ouvrages des plus célèbres auteurs de ce temps;* Amsterdam, 1681, 5 vol. in-12; *les Anciens Historiens réduits en maximes*, 1694, in-12; *Histoire de la maison de Gondi*, 1705, 2 vol. in-4°.

[2] SOMAIZE, *le grand Dictionnaire historique des Précieuses*, 1661, t. I, p. 93.

maréchal de France, en prenant le nom de Clérambault. Bussy a donné dans ses Mémoires l'histoire de cette charge de mestre de camp. Il l'acheta 270,000 livres, ce qui fait à peu près 540,000 francs de notre monnaie actuelle. Il la garda douze ans[1].

Pendant qu'il la sollicitait, et avant qu'il fût en mesure d'en prendre possession et de se rendre à l'armée de Turenne pour commencer une nouvelle campagne[2], Bussy, selon sa coutume, se livra avec beaucoup d'activité à ses intrigues d'amour. Il avait laissé sa femme dans sa terre de Bourgogne, après le siége de Montrond; et au retour du voyage qu'il avait fait à Sedan pour voir le cardinal Mazarin, il s'était rendu à Launay chez son oncle le grand prieur; puis il était revenu avec lui et avec toute la cour à Paris, au mois d'octobre 1652; il était ensuite reparti pour l'armée, et se trouva au siége de Vervins, qui fut pris en trois jours, pendant un froid rigoureux, en janvier 1653. Il rentra de nouveau dans Paris avec le cardinal de Mazarin le 2 février, et il résolut de ne point quitter la capitale qu'il n'eût obtenu la charge qu'il sollicitait[3]. Il logeait au Temple, chez son oncle le grand prieur, qui, à cause de ses goûts, très-analogues aux siens, l'avait pris dans une affection toute particulière.

Bussy se montrait vivement épris de sa cousine; mais le régime auquel elle assujettissait son amour ne s'accommodait pas avec ses inclinations. Toutefois, comme sa pré-

---

[1] Bussy-Rabutin, *Mém.*, t. I, p. 377, 388; et t. I, p. 462 de l'édit. in-4°.

[2] *Ibid.*, t. I, p. 374, 389, 397.

[3] *Ibid.*, t. I, p. 374; ou t. I, p. 456 de l'édit. in-4°.

somption lui faisait croire qu'il n'en serait pas toujours ainsi, il ne renonçait pas à ses instances. En attendant le moment heureux qu'il espérait, il fallait vivre, comme il le dit lui-même : c'est à quoi Bussy songeait, c'est ce dont il s'occupait, malgré qu'il eût une femme jeune et fidèle, et malgré ses déclarations d'amour à madame de Sévigné.

Il s'était lié intimement avec d'Arcy et avec La Feuillade, qui fut depuis fait duc et maréchal de France. Compagnons d'armes et de plaisir, on les voyait toujours, tous les trois ensemble, aux bals, aux spectacles, aux concerts, aux réunions qui eurent lieu pendant l'hiver. Ils y rencontrèrent fréquemment trois femmes jeunes, jolies, liées entre elles, qui ne se quittaient jamais, qu'on ne voyait jamais isolées. Cette parité de nombre, cette similitude de liaison, attira l'attention des trois amis, qui abordèrent fréquemment ce trio de belles, et les trouvèrent aimables. Voilà nos trois séducteurs qui voient dans cette singulière rencontre un coup heureux de la destinée ; c'est un avertissement du dieu d'Amour, c'est une proie qu'il leur offre, et dont chacun d'eux peut avoir sa part sans envier celle de son ami. Ils forment donc une ligue pour attaquer de concert les trois belles, et ils promettent de s'entr'aider, de se servir mutuellement, pour que chacun puisse capter la sienne. Une de ces femmes était la marquise de Monglat, une autre la vicomtesse de Lisle, la troisième madame de Précy. La difficulté était de s'accorder sur les choix ; ils crurent pouvoir y échapper en tirant au sort. Les trois noms furent mis dans une bourse. Madame de Monglat échut à La Feuillade, madame de Lisle à d'Arcy, et madame de Précy à Bussy de Rabutin.

Mais le sort avait fort mal arrangé cette affaire, du

moins pour Bussy. Quoique chacune de ces trois femmes eût des agréments particuliers, madame de Monglat, si elle n'était pas la plus jolie, était la plus aimable, la plus spirituelle. Petite-fille du chancelier de Chiverny, son nom était Isabelle Hurault de Chiverny[1]. Elle avait épousé Paul-Clermont, marquis de Monglat, grand maître de la garde-robe, qui nous a laissé d'excellents Mémoires[2]. Madame de Monglat était une brune piquante, nez retroussé, yeux petits, mais vifs, traits fins et délicats, teint animé, de beaux cheveux, taille moyenne, avec un cou, des bras, des mains qui auraient pu servir de modèle aux sculpteurs. Enjouée, folâtre, étourdie, d'un esprit pénétrant, fécond en saillies, elle aimait les vers, la musique, les artistes et les gens de lettres, dont elle appréciait les productions avec goût, avec sagacité[3]. C'est pourquoi Somaize lui a donné une place dans son *Dictionnaire des Précieuses*, où il en parle sous le nom de Delphiniane. « Elle connaît, dit-il, tous les auteurs et leurs pièces, leur « donne souvent des sujets pour les accommoder au théâ- « tre ; et par cette raison elle mérite non-seulement le « nom de précieuse, mais de véritable. »

Bussy préférait beaucoup madame de Monglat à ses deux amies, et surtout à madame de Précy, qui était celle

---

[1] *Inscriptions des portraits du château de Bussy*, citées par Millin, *Voyage dans les Départements du midi de la France*, t. I, p. 210.

[2] Monglat, *Mémoires*, t. XLIX, p. 5 (dans la Notice).

[3] *Histoire de madame de Monglat et de Bussy*, dans l'*Hist. am. des Gaules*, 1754, in-12, t. I, p. 265 à 290 ; ou dans l'*Hist. am. de France*, 1710, in-12, p. 308 à 337. — *Hist. de Bussy et de Bélise*, dans l'*Hist. am. des Gaules*, p. 47 (après p. 190), édit. de Liége, in-18, avec la croix de Saint-André, ou édit. nouvelle, 1666, in-18, p. 240.

qu'il trouvait le moins à son gré[1]. La Feuillade fut forcé de s'absenter pour se rendre à l'armée; et Bussy, qui restait à Paris, fut chargé de ses intérêts auprès de madame de Monglat, qui semblait avoir l'intention d'agréer les propositions d'amour de La Feuillade. Bussy, tout en ayant l'air de servir son ami auprès de madame de Monglat, employa pour lui-même tous les moyens de séduction qu'une longue pratique et de nombreux succès auprès des femmes lui avaient donnés. Mais comme les promesses qu'il avait faites, et qui n'étaient point ignorées de madame de Monglat, pouvaient lui donner l'apparence d'un homme perfide, quand il s'aperçut qu'il lui plaisait il devint moins assidu auprès d'elle; et lorsqu'il eut la certitude d'être aimé, il cessa de la voir. Elle le fit venir, pour lui demander l'explication de sa conduite. Il lui dit qu'il avait trop tard reconnu le danger auquel La Feuillade l'avait exposé : que la violence de l'amour qu'elle lui avait inspiré ne lui permettait pas de remplir auprès d'elle les engagements qu'il avait pris envers son ami; qu'il allait lui écrire pour lui en faire l'aveu. Il écrivit en effet à La Feuillade qu'il allait s'abstenir de voir madame de Monglat, parce qu'il craignait d'en être trop bien accueilli et de nuire à un ami qu'il avait promis de servir. Soit orgueil, soit présomption, soit confiance, La Feuillade n'accepta point le refus de Bussy. Au contraire, il lui rappela ses promesses, et l'engagea à lui continuer ses soins. Il lui écrivit : « Quand on est aussi délicat que vous le paraissez, on est assurément incapable de trahir. » En même temps il lui envoya une lettre pour madame de Monglat, où il lui

---

[1] Bussy, *Hist. am. de France*, 1710, in-12, p. 327 et 328; et *Histoire amoureuse des Gaules*, édit. 1754, t. I, p. 283.

disait qu'il n'était point étonné qu'un honnête homme n'eût pu la voir sans en devenir amoureux ; mais que ce n'était pas une raison à Bussy pour se retirer ; qu'il était persuadé qu'il aurait assez de force pour résister, mais que dans le cas contraire il savait qu'elle ne donnerait jamais son cœur à un traître.

Bussy remit ces deux lettres à madame de Monglat, après en avoir fait disparaître les dernières phrases, qui avaient trait à la perfidie de sa conduite. Madame de Monglat, d'après l'aveu que Bussy avait fait à La Feuillade, ne vit que de l'indifférence dans les instances que ce dernier faisait à son rival pour continuer à la voir. Sa vanité blessée, d'accord avec ses inclinations, lui inspirèrent le désir de punir La Feuillade de son impertinente sécurité.

Bussy en était là de ses intrigues amoureuses, courtisant ouvertement madame de Sévigné et madame de Précy, et secrètement madame de Monglat. Il prévoyait que, sur le point d'obtenir sa charge de mestre de camp de cavalerie légère, il serait bientôt obligé de quitter Paris ; il désirait laisser de lui, en partant, une impression favorable dans le cœur de sa cousine et s'assurer l'affection de madame de Monglat, auprès de laquelle il se voyait bien plus avancé, quoique leur liaison fût plus récente. Il proposa donc à madame de Sévigné de lui donner une fête au Temple. Elle accepta. Il ne manqua pas d'y inviter les trois amies, madame de Monglat, madame de Lisle, et madame de Précy. Madame de Sévigné ignorait alors les intrigues de son cousin, ou, si elle en soupçonnait quelque chose, elle s'en inquiétait peu. Elle avait même, par un billet écrit en italien, engagé à se rendre à cette fête une de ses amies qui (elle le savait) plaisait beaucoup à Bussy ; c'était la marquise d'Uxelles, jolie, spirituelle et coquette [1]. Madame de Sévigné fit avec tant de grâce les honneurs de cette fête, elle y parut si aimable, que, malgré le grand nombre de beautés qui s'y trouvaient réunies, aucune ne parut plus qu'elle digne des hommages que Bussy lui rendait avec autant d'éclat que de magnificence.

Madame de Précy, à laquelle les assiduités de Bussy auprès de madame de Monglat n'avaient causé aucune jalousie, parce qu'elle les avait attribuées à son amitié pour La Feuillade, aux engagements qu'il avait contractés avec lui, crut aussi que Bussy s'était servi de sa cousine comme d'un moyen détourné pour lui donner une fête ; que madame de Sévigné en était le prétexte, mais qu'elle en était l'objet véritable ; et les discours de Bussy contribuaient à entretenir chez elle cette erreur. Elle admira une galanterie aussi fine, aussi respectueuse, qui témoignait un amour si vrai, si délicat, et tout à fait dans les manières et les habitudes du code galant que les précieuses de cette époque avaient mis à la mode.

Quant à madame de Monglat, qui était en secret prévenue de tout, elle s'abandonna sans plus de résistance aux enchantements dont l'environnait un amant qui lui paraissait si généreux, si persévérant, et elle ne lui laissa plus aucun doute sur la nature de ses sentiments. Mais laissons-le lui-même donner la description de cette fête.

« Quelques jours avant que de partir, je voulus adoucir le chagrin que me donnait la violence que je me faisais à cacher ma passion ; et pour cet effet je donnai à madame

---

[1] Sévigné, *Billet italien à madame la marquise d'Uxelles*, suivi d'une lettre de madame de Grignan à la même, publié pour la première fois par M. Monmerqué, 1844, in-8°, p. 13. (Puisque l'éditeur (p. 4) disserte sur la date de ce billet, elle n'est pas dans l'autographe.)

de Sévigné une fête si belle et si extraordinaire, que vous serez bien aise que je vous en fasse la description. Premièrement, figurez-vous dans le jardin du Temple, que vous connaissez, un bois que deux allées croisent : à l'endroit où elles se rencontrent, il y avait un assez grand rond d'arbres, aux branches desquels on avait attaché cent chandeliers de cristal. Dans un des côtés de ce rond on avait dressé un théâtre magnifique, dont la décoration méritait bien d'être éclairée comme elle était; et l'éclat de mille bougies, que les feuilles des arbres empêchaient de s'échapper, rendait une lumière si vive en cet endroit, que le soleil ne l'eût pas éclairé davantage : aussi, par cette raison, les environs en étaient si obscurs, que les yeux ne servaient de rien. La nuit était la plus tranquille du monde. D'abord la comédie commença, qui fut trouvée fort plaisante. Après ce divertissement, vingt-quatre violons ayant joué des ritournelles, jouèrent des branles, des courantes et des petites danses. La compagnie n'était pas si grande qu'elle était bien choisie : les uns dansaient, les autres voyaient danser, et les autres, de qui les affaires étaient plus avancées, se promenaient avec leurs maîtresses dans des allées où l'on se touchait pour se voir[1]. Cela dura jusqu'au jour, et, comme si le ciel eût agi de concert avec moi, l'aurore parut quand les bougies cessèrent d'éclairer. Cette fête réussit si bien, qu'on en manda les particularités partout, et à l'heure qu'il est on en parle avec admiration[2]. »

[1] Il y a ainsi dans l'édition de 1754, p. 286, et dans celle de 1710, p. 354, et dans le manuscrit de l'Institut; mais dans les trois éditions de Liége, p. 67 ou 207, ou p. 258, il y a « où l'on s'engageait sans se voir. »

[2] *Hist. am. des Gaules*, 1654, in-12, t. I, p. 286, 332; édit. de Liége, dans l'une, p. 69; dans l'autre, p. 207, édit. nouv., 1666 p. 257.

Cependant madame de Précy s'aperçut qu'elle était jouée ¹. La vicomtesse de Lisle, jolie Bretonne, admirable danseuse, coquette et pleine de grâce, avait aussi été courtisée, puis délaissée par Bussy. Elle partagea le ressentiment de madame de Précy. Bussy, par ses manœuvres, parvint à brouiller entre elles les trois amies; puis il partit pour l'armée, mal avec La Feuillade, très-bien avec madame de Monglat, et toujours au même degré d'intimité et de bienveillance amicale avec madame de Sévigné.

¹ TALLEMANT DES RÉAUX, *Mémoires*; t. V, p. 343 et 344; ou t. IX, p. 207, édit. in-12.

CHAPITRE XXXVIII.

1653 — 1654.

Bussy revient à Paris. — Il y retrouve madame de Sévigné. — Ils passent tous deux l'hiver dans la capitale. — Spectacle et divertissements. — On ouvre un nouveau théâtre au Marais. — *L'Écolier de Salamanque*, pièce de Scarron. — Corneille et Bois-Robert traitent le même sujet. — Éducation du jeune roi. — Son goût pour la danse. — Nouveaux ballets royaux. — Ballet des *Proverbes*. — Ballet de *Pélée et de Thétis*. — Nièces du cardinal de Mazarin. — Préférences de Louis XIV pour l'aînée. — Tempérament précoce du jeune roi. — On songe à le marier. — Mariage du prince de Conti. — Bal à ce sujet. — Portrait du prince de Conti. — Bussy lui plaît. — Conti s'occupait des affaires de galanterie. — Il courtise madame de Sévigné. — Trouve un rival dans le comte du Lude. — Le surintendant Fouquet se déclare l'amant de madame de Sévigné. — Origine de la fortune de Fouquet. — Son goût pour les femmes et les beaux-arts. — Sa magnificence et sa générosité. — Turenne recherche aussi madame de Sévigné. — Bussy ne se laisse pas décourager par le nombre de ses rivaux.

Bussy, vers la fin de décembre, revint à Paris [1]. La campagne s'était passée pour lui sans gloire, et il avait eu la maladresse d'indisposer contre lui Turenne, en usant avec peu d'égards des priviléges de sa nouvelle charge de mestre de camp de la cavalerie légère [2]. Il retrouva dans la capitale madame de Sévigné, qui y était restée; et tous deux y passèrent l'hiver, durant lequel

---

[1] Bussy, *Mémoires*, t. I, p. 397, édit. in-12; t. I, p. 487 de l'édit. in-4°.

[2] *Ibid.*, t. I, p. 391, édit. in-12; et t. I, p. 479 de l'édit. in-4°.

les festins, les spectacles et les fêtes se succédèrent presque sans interruption¹. La nécessité d'amuser un jeune roi, le désir de lui plaire, cet amour des distractions et des jouissances qui succède aux privations qu'on a été forcé de s'imposer pendant les temps de calamité, auraient fait, au besoin, imaginer des prétextes de divertissements, ou même on s'y serait livré sans prétexte. Mais le nombre des mariages qui à cette époque eurent lieu à la cour, dans la haute noblesse et parmi la riche bourgeoisie², fournirent des occasions répétées, et en quelque sorte obligées, de se livrer à la joie et au plaisir. On s'empara avec ardeur de motifs aussi légitimes ; et la gaieté enivrante qui se manifesta dans toutes ces fêtes nuptiales s'augmentait encore par la richesse des habillements, la fraîcheur, l'éclat des décorations et les éblouissantes illuminations des lieux où l'on se réunissait.

Les deux seuls théâtres qui existaient à Paris ne purent plus suffire au public nombreux qui prenait goût au spectacle : on rouvrit donc le théâtre du Marais, situé rue de la Poterie, où sous Louis XIII la troupe des comédiens italiens dirigée par Mondori avait su faire rire jusqu'au sombre et soucieux cardinal de Richelieu. Scarron, par sa comédie de *l'Écolier de Salamanque*, ou des *Généreux ennemis*, sut attirer la foule à ce théâtre, et le mit en crédit. Deux autres auteurs, Thomas Corneille et Bois-Robert profitèrent des lectures qu'ils avaient entendu faire de cette pièce chez Scarron même, traitèrent le même sujet, et firent jouer leurs pièces sur le théâtre de

---

¹ LORET, *Muse historique*, liv. V, p. 18, 19, 23, 24, 27, 31, 54, 78, 92, 132, 161, 168, 169.

² LORET, liv. V, p. 31, en date du 7 mars 1654. LORET porte à 1,200 le nombre de ces mariages.

l'hôtel de Bourgogne. Cependant Scarron eut encore la priorité de la représentation, et, ce qui vaut mieux, la supériorité dans le succès. Ses imitateurs lui avaient bien pris son sujet, mais ils n'avaient pu lui dérober son esprit, sa facilité, et la verve de sa muse rieuse et bouffonne. C'est dans cette pièce que Scarron a créé le personnage de Crispin, ce valet niais et rusé, caractère que Molière et Regnard n'ont pas dédaigné de lui emprunter, et que leurs chefs-d'œuvre ont en quelque sorte naturalisé sur notre théâtre [1].

Le jeune roi, en présence duquel Mazarin tenait tous ses conseils, délibérait et expédiait toutes les grandes affaires [2], montrait un goût très-vif pour tous les exercices de corps, et surtout pour le cheval, la danse, et pour les ballets pantomimes. On en joua trois nouveaux pendant l'hiver : celui des *Proverbes* [3] et celui du *Temps* [4] étaient en actions et fort courts, sans aucun chant, sans aucun récitatif en vers, sauf un seul couplet d'introduction; aussi furent-ils tous deux joués et dansés dans la salle des gardes. Mais il n'en fut pas de même du ballet de *Pélée et de Thétis*, pour lequel on fit venir des comédiens de Mantoue, et qui parut supérieur à tout ce qu'on avait vu jusque alors en ce genre. Ce ballet, qui fut représenté sur le théâtre du Petit-Bourbon, charma la cour, et ravit tous les spectateurs auxquels il fut permis d'y assister.

---

[1] Frères PARFAICT, *Hist. du Théastre françois*, 1746, t. VIII, p. 95. — SCARRON, *Œuvres*, édit. 1737, t. VII, p. 101 à 196.

[2] CHOISY, *Mémoires*, t. LXIII, p. 190, 192. — DUPLESSIS, *Mémoires*, t. LVII, p. 419 et 420.

[3] LORET, liv. V, p. 24, *lettre* en date du 21 février 1654. — BENSERADE, *Œuvres*, édit. 1697, t. II, p. 101 à 110.

[4] BENSERADE, *Œuvres*, t. II, p. 111 à 112. — LORET, liv. V, p. 160.

On trouva que Bouty avait été heureusement inspiré dans les inventions du sujet, les figures et les danses ; que Benserade s'était surpassé dans les vers, Torelli par le prestige des décorations, et les musiciens par la beauté de leurs airs [1]. On convint généralement que le jeune roi n'avait jamais déployé autant de talent et de grâces que dans les nombreux rôles qu'il remplissait dans ce ballet ; lui-même se plaisait tant à y jouer, qu'il en fit donner des représentations pendant tout l'hiver, et quelquefois jusqu'à trois dans une même semaine [2]. Il y paraissait sous cinq costumes différents, et représentait Apollon, Mars, une Furie, une dryade, et un courtisan.

Mazarin, habile à se servir de tous les moyens, avait fait venir de Rome ses deux sœurs Mancini et Martinozzi, dont les filles augmentèrent encore le nombre des jeunes beautés qui figuraient dans ces divertissements [3]. On s'aperçut bientôt que Louis paraissait considérer avec plus de plaisir que toute autre l'aînée des Mancini [4], quoiqu'elle fût fort petite et d'une beauté médiocre [5]. Elle jouait la déesse de la Musique dans ce ballet de *Pélée et de Thétis* [6].

---

[1] LORET, liv. V, p. 45, *lettre* 16, en date du 18 avril, 1654. — *Description particulière du grand ballet de Pélée et de Thétis, avec les machines, changements de scène, habits, et tout ce qui a fait admettre ces merveilleuses représentations* ; dédiée à monseigneur le comte de Saint-Agnan, premier gentilhomme de la chambre du roi. A Paris, chez Robert Ballard, seul imprimeur du roi pour la musique, 1654, in-fol.

[2] LORET, liv. V, p. 51, 54, *lettres* en date des 25 avril et 2 mai 1654.

[3] LORET, liv. V, p. 28 et 30, *lettre* en date du 28 février 1654. — MONGLAT, t. L, p. 432.

[4] MOTTEVILLE, t. XXXIX, p. 367, 400.

[5] MONTPENSIER, *Mém.*, t. XLII, p. 170.

[6] BENSERADE, t. II, p. 93.

Les inclinations enfantines du jeune roi pour mademoiselle d'Heudicourt et la duchesse de Châtillon [1] n'avaient donné lieu jusque alors qu'à d'ingénieux couplets; mais Louis commençait à entrer dans l'âge où l'on épiait avec une continuelle et curieuse attention, et des sentiments bien divers, les moindres signes qui pouvaient manifester les secrets penchants de son cœur. Anne d'Autriche, qui par les révélations de la Porte, premier valet de chambre [2], avait eu connaissance de la précocité peu commune de son fils, vit avec une extrême inquiétude et beaucoup de déplaisir ses préférences pour une nièce de Mazarin. Quoique le roi n'eût pas encore atteint l'âge de dix-sept ans, Anne d'Autriche commençait dès lors à songer à l'alliance qu'il conviendrait le mieux de contracter pour la France et pour lui. Le mariage du prince de Conti avec Martinozzi, cette autre nièce de Mazarin, fut célébré au Louvre vers la fin de février [3]; et le bal qui eut lieu en cette occasion surpassa tous les autres en magnificence. Trois des plus jeunes des nièces de Mazarin, récemment arrivées de Rome, firent leur première entrée à la cour. Là brillait encore un essaim de jeunes beautés : Beuvron, Comminges, la brune et piquante Villeroy, Mortemart, plus jeune et plus belle encore. On y vit aussi la sœur du roi détrôné d'Angleterre, cette gentille Henriette [4], qui n'était alors âgée que de onze ans, et qui devait, au sein du bonheur, au milieu d'une cour dont elle était adorée, succomber à la fatalité qui poursuivait sa famille.

[1] LORET, liv. V, p. 159, *lettre* en date du 5 décembre 1654.
[2] LA PORTE, *Mém.*, t. LIX, p. 433, 441, 444 et 447.
[3] LORET, liv. V, p. 24, 26, 28, *lettre* en date du 28 février 1654.
— MONGLAT, t. L, p. 431. Le prince de Conti arriva à Paris le 6 février.
[4] LORET, liv. V, p 27.

Armand de Bourbon, prince de Conti, avait, sur un corps difforme, une très-belle tête, ornée d'une longue chevelure[1]. Il rachetait ses imperfections physiques par beaucoup d'amabilité. Vif, gai, sémillant, un peu enclin à la raillerie, nourri d'études solides, il était amateur des belles-lettres et appréciateur très-éclairé des ouvrages de littérature. Généreux jusqu'à la prodigalité ; brave, mais sans talent militaire ; destiné par son éducation à l'Église, les dissensions civiles l'avaient jeté dans le métier des armes, auquel il semblait avoir pris d'autant plus de goût qu'il y était moins propre. D'un caractère faible, il répugnait à prendre par lui-même une résolution. Avec beaucoup d'esprit, il avait toujours besoin que quelqu'un prît de l'ascendant sur son esprit[2]. Bussy lui plut par ses saillies, par la conformité de ses goûts avec les siens. Comme presque tous ceux qui sont affectés de gibbosité, Conti avait une inclination désordonnée pour les femmes ; et, par une conséquence naturelle de ce penchant, il s'occupait beaucoup de ce qui se passait dans le monde galant, qu'il avait surnommé le *pays de la Braquerie*[3] ; il avait dressé de ce pays, qu'il prétendait bien connaître, une carte faite à l'imitation de la *carte de Tendre* de mademoiselle de Scudéry dans le roman de *Clélie*[4], dont la première partie venait de paraître.

Ainsi Conti, quoiqu'il fût récemment marié, n'était, pas plus que Bussy, d'humeur à garder la foi conjugale ;

---

[1] Bussy, *Mém.*, t. I, p. 401, in-12 ; t. I, p. 492 de l'in-4°.
[2] Gourville, *Mémoires*, t. LII, p. 293.
[3] Bussy, *Mém.*, t. I, p. 457, in-12 ; et t. I, p. 561 de l'in-4°.
[4] Monmerqué, *Biographie universelle*, t. XLI, p. 387, article Scudéry. — Segrais, *Œuvres*, 1755, t. I, p. 247 et la note ; Segrais, *Poésies*, 1661, in-12, p. 244.

et ce prince ne put revoir madame de Sévigné, pour laquelle il avait, du vivant de son mari, éprouvé de l'inclination, sans devenir encore plus sensible à ses attraits et à tout ce que la liberté du veuvage ajoutait à son esprit et à ses grâces, aux agréments de sa société et de son commerce.

D'un autre côté, le comte du Lude, déjà en faveur auprès du jeune monarque, et qui dans le ballet de *Pélée et de Thétis* avait été choisi pour remplir le rôle de magicien [1], se montrait plus empressé auprès de madame de Sévigné. Il faisait valoir les droits de sa longue persévérance, et ceux qu'il avait acquis en se déclarant le plus intrépide de ses chevaliers, dans son épineuse affaire avec la famille de Rohan.

Un autre amant, non moins aimable et plus dangereux qu'un prince du sang et un favori du roi, avait aussi fait l'aveu de son amour à notre belle veuve. C'était Fouquet, le surintendant des finances, le frère de cet abbé intrigant et libertin, si fort en crédit auprès de Mazarin et de la reine.

Mazarin, après la mort du marquis de la Vieuville, songea à diminuer la trop grande influence des surintendants des finances. Il crut y parvenir en partageant la place entre deux personnes, et en plaçant sous eux des intendants particuliers, qui devaient administrer d'après leurs ordres [2]. Il fit donc Servien et Fouquet surinten-

---

[1] BENSERADE, *Ballet des Noces de Pélée et de Thétis*, 2ᵉ entrée, t. II, p. 79.

[2] *Lettres de provision de messieurs Servien et Fouquet, de la surintendance des finances*, en date du 8 février 1654. — Dans FOUQUET, *Défenses*, 1665, in-18, t. II, p. 352. — LORET, liv. IV, p. 20. — MONGLAT, t. L, p. 398. — SAINT-SIMON, *Mémoires authentiques*, t. XIII, p. 296; et t. XVII, p. 260.

dants, avec un pouvoir égal. Fouquet était déjà procureur général au parlement de Paris, et il avait été pourvu de cette charge importante à l'âge de trente-cinq ans. Il en avait trente-neuf lorsqu'il fut nommé surintendant. Mazarin, en le choisissant, n'avait eu pour but que de se rapprocher du parlement, et d'atténuer les préventions que cette compagnie de magistrats avait contre lui. Il avait cru que Fouquet se trouverait trop occupé de sa charge de procureur général pour se mêler de finances, et que Servien, dont il avait éprouvé la docilité et l'habileté dans d'importantes missions diplomatiques, aurait seul la principale direction. C'est en effet ainsi que les choses se passèrent pendant la première année de cette nouvelle organisation. Mais bientôt l'incapacité de Servien en matière de finances devint manifeste; et Mazarin, qui à l'époque même où il voulait presser les opérations de la guerre, voyait l'État sans argent et sans crédit, prêta l'oreille à Fouquet, qui promit de trouver des ressources. Servien reçut l'ordre de le laisser agir : dès ce moment Fouquet fut réellement le seul surintendant des finances de France [1], et avec des pouvoirs proportionnés aux besoins qu'on avait de lui. Fouquet tint toutes les promesses qu'il avait faites. Nonobstant l'épuisement du trésor, il trouva des moyens de faire face à toutes les dépenses, à une époque où, par les difficultés qu'éprouvait le recouvrement des deniers publics et le discrédit général, il paraissait impossible de se procurer de l'argent. Fouquet

---

[1] *Règlement de M. Servien et de M. Fouquet, en date du* 24 décembre 1654. — FOUQUET, *Défenses*, t. II, p. 355. — *Seconde provision de* M. FOUQUET *de la charge de surintendant, en date du* 21 *février* 1659, t. II, p. 358 *des Défenses*. — *Défenses* de FOUQUET *sur tous les points du procès*, t. II, p. 61 et 67.

devint dès lors pour le gouvernement un homme nécessaire. Il ne fut plus question de lui imposer aucun contrôle ; pourvu qu'il comptât les sommes dont on avait besoin, on le laissa libre sur les moyens de se remplir de ses avances, et d'administrer le produit des impôts comme il l'entendrait. Il se hâta d'en profiter pour l'augmentation de sa fortune. Mais homme d'affaires et homme d'esprit, il était aussi homme de plaisir ; il aimait les arts, les lettres, et surtout les femmes. Né par son organisation pour toutes les jouissances sociales, et propre à toutes les fonctions par sa haute capacité, il semblait, par son air de grandeur et sa générosité sans bornes, encore au-dessus du poste éminent où il se trouvait placé. Il faisait à ses châteaux de Vaux et de Saint-Mandé[1] des constructions et des embellissements dignes d'un prince souverain. Il y plaçait de riches collections de tableaux, de livres, de statues antiques, et d'objets rares et curieux. Il attirait chez lui ce qu'il y avait de plus aimable et de plus spirituel à la cour et dans les hautes sociétés de la capitale ; il s'attachait par des bienfaits les poëtes, les savants et les artistes. Il oubliait les faveurs dont il les comblait, et paraissait seulement reconnaissant des jouissances qu'il en recevait ; plus jaloux de se montrer à eux comme ami que comme protecteur. Mais ses penchants voluptueux usurpaient une trop grande partie de son temps. Rien ne lui coûtait pour satisfaire ses fantaisies amoureuses. L'or était prodigué, les intrigues les plus habiles étaient mises en jeu pour assurer la défaite de celles qui lui présentaient quelque résistance ; et il leur était d'autant plus difficile de lui échapper, que c'était dans leur société intime, parmi des

---

[1] Fouquet, *Défenses*, t. III, p. 138 à 150.

femmes que leur rang mettait à l'abri du soupçon d'un rôle aussi honteux, que se rencontraient ses agents les plus dévoués [1]. Lui-même était un séducteur plus puissant que l'or, plus habile que ses plus adroits complices. A une figure agréable il joignait des manières insinuantes, un esprit disposé à saisir toutes les occasions de plaire, et ingénieux à les faire naître. Il possédait cet instinct des procédés délicats, que rien ne peut suppléer; et il avait au besoin toute l'éloquence de la passion, qui entraîne toujours, quoiqu'elle soit toujours trompeuse, même lorsqu'elle est sincère. Tel était le nouveau et redoutable ami que madame de Sévigné avait à combattre et à maintenir à une distance convenable.

Un autre personnage, dont l'hommage était encore plus flatteur pour l'orgueil d'une femme, Turenne, avait fait sa déclaration à madame de Sévigné. Elle jugea nécessaire de mettre dans sa conduite envers le héros une réserve dont elle s'abstenait envers tous ceux qui se trouvaient à son égard dans la même position. Pendant le court séjour que Turenne fit à Paris durant la belle saison de cette année 1654, il se présenta plusieurs fois chez madame de Sévigné; mais elle évita de le recevoir, soit parce qu'elle pensait que les assiduités d'un prince d'une si haute renommée seraient fatales à sa réputation, soit qu'elle craignit d'exciter la jalousie de celle qu'il venait d'épouser, soit enfin par quelques autres motifs qui nous sont inconnus [2].

Les succès de Bussy auprès de madame de Monglat,

---

[1] Fouquet, *Défenses*, t. II, p. 15, 16 et 183 ; t. III, p. 199.

[2] Ramsay, *Histoire du vicomte de Turenne*, 1745, in-4°. Turenne s'était marié (en 1653) à Charlotte de Caumont, fille du maréchal de la Force, riche héritière, qui mourut sans enfants.

les attraits d'un récent attachement, n'avaient pu le distraire de son amour pour sa cousine. Il croyait, avec raison, que les progrès qu'il avait faits dans son cœur par suite d'une longue intimité et les affections de famille lui donnaient de grands avantages sur tous ses rivaux, sans ceux qu'il tenait de ses qualités personnelles, et que son orgueil exagérait. Aussi fut-il loin de se décourager.

Il semble, au contraire, qu'il mettait d'autant plus de prix à triompher de madame de Sévigné, qu'il la voyait entourée de plus d'hommages. Cependant il ne pouvait se déguiser qu'il avait dans Conti et dans Fouquet deux antagonistes qu'il était difficile d'écarter. Quant au premier, l'ambition, plus forte chez Bussy que tous les sentiments du cœur, ne lui permettait pas de songer à une rivalité; mais si sa cousine devait succomber à la vanité de dominer un prince du sang, l'immoralité de Bussy ne répugnait pas à la possibilité d'un partage. Il n'en était pas de même pour le surintendant, dont les poursuites excitaient son envie et sa jalousie. Mais comme il lui était redevable de la finance de sa charge, que celui-ci lui avait prêtée, et qu'il avait besoin de lui pour ses intérêts pécuniaires, il se trouvait forcé de le ménager. Quant à Turenne, comme Bussy ne l'avait point vu chez sa cousine, qui avait refusé de l'admettre, il ignorait qu'il en fût amoureux, et il ne l'apprit qu'à la campagne suivante, et par l'aveu même de Turenne [1].

---

[1] Bussy-Rabutin, *Mém.*, t. II, p. 107. — Fouquet, *Suite de la continuation de la production de Fouquet, pour servir de réponse à celle de Talon*, 3ᵉ tome des Elzévirs, 1666, in-18, et faisant le tome 8 des *Défenses*, p. 105.

CHAPITRE XXXIX.

1653.

Bussy est placé dans l'armée de Conti. — Il se rend avec lui à Perpignan. — Obtient sa confiance et sa faveur. — Conti le surnomme *son templier*. — Conti fait confidence à Bussy-Rabutin de son amour pour madame de Sévigné. — Lettre de Bussy à madame de Sévigné à ce sujet. — Détails sur Senectaire, mentionné dans cette lettre. — Madame de Sévigné repousse les conseils de Bussy-Rabutin. — Nouvelle lettre de Bussy à madame de Sévigné. — Détails sur mademoiselle de Biais. — Madame de Sévigné, pour réprimer la licence de la plume de Bussy, lui fait part de la résolution de montrer à sa tante de Coulanges toutes les lettres qu'il lui écrira. — Autre lettre de Bussy à madame de Sévigné, datée du camp de Vergès. — Apostille à la marquise de La Trousse. — Détails sur la marquise d'Uxelles. — Cause de l'inclination que Bussy avait pour elle. — Détails sur le duc d'Elbeuf et la marquise de Nesle. — Le marquis de Vardes au nombre des amis de madame de Sévigné. — Détails sur la liaison du marquis de Vardes avec la duchesse de Roquelaure. — Bussy répond aux sarcasmes de madame de Sévigné contre ses poulets. — Quels sont les trois rivaux dont il est fait mention dans sa réponse. — Madame de Sévigné quitte Paris, et se rend à sa terre des Rochers.

Telle était la position de Bussy à l'égard de madame de Sévigné. Cependant l'hiver finit, et l'on parla à la cour des généraux et des officiers qui devaient servir pendant la campagne. Bussy obtint d'être placé sous les ordres du prince de Conti, qui commandait en Catalogne. Il partit au mois de mai avec ce prince, et fit route avec lui, dans son carrosse, de Paris à Perpignan [1]. Conti était encore

---

[1] Bussy, *Mém.*, t. I, p. 400 de l'édit. in-12; et t. I, p. 491 de l'édit. in-4°. — Loret, *Muse historique*, liv. V, p. 90.

accompagné du poëte Sarrazin, son secrétaire, qui mourut dans l'année, et de l'intendant de sa maison, l'abbé Roquette, assez connu depuis, comme évêque d'Autun, pour être le modèle que Molière a eu en vue dans son Tartufe. Bussy sut profiter de ce voyage pour s'avancer dans la faveur de Conti, qui ne le nommait jamais que *son templier* [1]. Ses inclinations pour les femmes, le jeu et la bonne chère, et sa résidence au Temple lorsqu'il était à Paris, lui avaient valu ce sobriquet. Ainsi, c'est surtout par ses défauts que Bussy était parvenu à plaire au prince. Celui-ci, qui ignorait les sentiments de Bussy pour sa cousine, après lui avoir fait un grand éloge de ses charmes, lui fit confidence de l'inclination qu'il avait pour elle. Bussy adressa aussitôt à madame de Sévigné la lettre suivante :

LETTRE DE BUSSY A MADAME DE SÉVIGNÉ.

« Montpellier, le 16 juin 1654.

« J'ai bien appris de vos nouvelles, madame : ne vous souvenez-vous point de la conversation que vous eûtes chez madame de Montausier avec monsieur le prince de Conti, l'hiver dernier? Il m'a conté qu'il vous avait dit quelques douceurs, qu'il vous avait trouvée fort aimable, et qu'il vous en dirait deux mots cet hiver. Tenez-vous bien, ma belle cousine! telle dame qui n'est point intéressée est quelquefois ambitieuse; et qui peut résister aux finances du roi ne résiste pas toujours aux cousins de sa Majesté. De la manière dont le prince m'a parlé de son dessein, je vois

---

[1] Bussy, *Mém.*, t. I, p. 419, in-12; t. I, p. 524 de l'in-4°; Bussy, *Discours à ses Enfants*, 1694, in-12, p. 272.

bien que je suis désigné pour confident ; je crois que vous ne vous y opposerez pas, sachant, comme vous faites, avec quelle capacité je me suis acquitté de cette charge en d'autres rencontres. Pour moi, j'en suis ravi, dans l'espérance de la succession : vous m'entendez bien, ma belle cousine. Si, après tout ce que la fortune veut vous mettre en main, je n'en suis pas plus heureux, ce ne sera pas votre faute ; mais vous en aurez soin assurément, car enfin il faut bien que vous me serviez à quelque chose. Tout ce qui m'inquiète, c'est que vous serez un peu embarrassée entre ces deux rivaux ; et il me semble déjà vous entendre dire :

> Des deux côtés j'ai beaucoup de chagrin :
> O Dieu, l'étrange peine !
> Dois-je chasser l'ami de mon cousin ?
> Dois-je chasser le cousin de la reine ?

« Peut-être craindrez-vous de vous attacher au service des princes, et que mon exemple vous en rebutera ; peut-être la taille de l'un ne vous plaira-t-elle pas ; peut-être aussi la figure de l'autre. Mandez-moi des nouvelles de celui-ci, et les progrès qu'ils a faits depuis mon départ ; à combien d'acquits patents il a mis votre liberté. La fortune vous fait de belles avances, ma chère cousine : n'en soyez point ingrate. Vous vous amusez après la vertu, comme si c'était une chose solide, et vous méprisez les biens comme si vous ne pouviez jamais en manquer : ne savez-vous pas ce que disait le vieux Senectaire, homme d'une grande expérience et du meilleur sens du monde : Que les gens d'honneur n'avaient point de chausses ? Nous vous verrons un jour regretter le temps que vous aurez perdu ; nous vous verrons repentir d'avoir mal employé votre jeunesse, et d'avoir voulu avec tant de peine acquérir et conserver une réputation qu'un médisant peut vous ôter, et qui dépend plus de la fortune que de votre conduite.....

« Adieu, ma belle cousine ; songez quelquefois à moi, et que vous n'avez ni parent ni ami qui vous aime tant que je fais. Je voudrais..... non, je n'achèverai pas, de peur de vous déplaire ; mais vous pouvez bien savoir ce que je voudrais[1]. »

Les allusions que Bussy fait dans cette lettre à l'amour du surintendant pour madame de Sévigné n'auront point échappé au lecteur. Le vieux Senectaire, dont il est fait mention ici était Henri, seigneur de Saint-Nectaire, père du maréchal de la Ferté-Senneterre. Ce nom de Saint-Nectaire fut d'abord changé, par euphonie, en celui de Senectaire, et ensuite en celui de Senneterre. Senneterre n'était point tel que semblerait le faire présumer le mot piquant que Bussy rapporte de lui, qui était dans sa bouche la satire du monde et de la cour, mais non pas l'expression de ses sentiments. Senneterre avait été ambassadeur en Angleterre[2], et mourut respecté et recherché jusqu'à la fin, en 1662, à l'âge de quatre-vingt-neuf ans. Pendant la Fronde il avait été du parti des modérés, et voyait dans l'accord du duc d'Orléans et de la reine le seul moyen de faire cesser les troubles et de rétablir l'autorité. Courtisan sage et délié, il sut se mouvoir au milieu d'hommes et de partis variables, sans s'attirer l'inimitié d'aucun. Il esquiva souvent la faveur de la reine, pour ne pas trahir la confiance du duc d'Orléans, et se montra

---

[1] Bussy, *Mém.*, t. I, p. 401, in-12 ; t. I, p. 493 de l'in-4°.—Sévigné, *Lettres*, t. I, p. 17, édit. Monmerqué ; t. I, p. 22, édit. de Gault de Saint-Germain.

[2] Conrart, *Mém.*, t. XLVIII, p. 241.

loyal envers tous. Ami de Châteauneuf et de Villeroy, il cessait de les seconder dans leurs projets quand ces projets n'avaient plus pour but le bien de l'État, mais leur ambition personnelle. Il contribua beaucoup avec le maréchal Duplessis au retour de Mazarin, quoiqu'il n'aimât pas ce ministre et lui fût souvent opposé; il se concilia par là sa bienveillance. Madame de Motteville, liée avec lui d'amitié, et qui partageait tous ses sentiments, était son intermédiaire auprès de la reine. Celle-ci, dans les occasions importantes, désirait toujours avoir l'avis de ce Nestor des hommes d'État, et lui demandait en secret des conseils, qu'elle ne suivait pas, et qu'elle se repentait toujours de n'avoir pas suivis [1].

Nous n'avons point la réponse que madame de Sévigné fit à la lettre de Bussy; mais nous pouvons facilement juger, par celle qu'il lui écrivit après l'avoir reçue, avec quelle mesure, avec quelle dignité, avec quelle franchise d'expression elle repoussa les viles insinuations de son cousin, puisqu'elle parvint à convaincre un homme qui croyait peu à la vertu des femmes, de la constance et de la sincérité de ses résolutions. On voit aussi par cette lettre comment, sans se fâcher, sans le blâmer, en lui disant même des choses agréables pour son amour-propre et satisfaisantes pour son cœur, elle le força tout doucement à se renfermer dans les limites où elle voulait le contenir.

[1] CONRART, *Mémoires*, t. XLVIII, p. 241. — MOTTEVILLE, t. XXXIX, p. 211, 214, 242, 306. — RETZ, t. XLV, p. 290, 468; t. XLVI, p. 65. — LORET, liv. II, p. 156, *lettre* du 19 novembre 1651.

LETTRE DU COMTE DE BUSSY A MADAME DE SÉVIGNÉ.

« Figuières, le 30 juillet 1654.

« Mon Dieu, que vous avez d'esprit, ma belle cousine ! que vous écrivez bien, que vous êtes aimable ! Il faut avouer qu'étant aussi prude que vous l'êtes, vous m'avez grande obligation de ce que je ne vous aime pas plus que je ne fais. Ma foi, j'ai bien de la peine à me retenir ; tantôt je condamne votre insensibilité, tantôt je l'excuse ; mais je vous estime toujours. J'ai des raisons de ne vous pas déplaire en cette rencontre ; mais j'en ai de si fortes de vous désobéir ! Quoi ! vous me flattez, ma belle cousine, vous me dites des douceurs, et vous ne voulez pas que j'aie les dernières tendresses pour vous ! Eh bien, je ne les aurai pas : il faut bien vouloir ce que vous voulez, et vous aimer à votre mode. Mais vous me répondrez un jour devant Dieu de la violence que je me fais et des maux qui s'ensuivront.

« Au reste, madame, vous me mandez qu'après que vous êtes demeurée d'accord avec Chapelain que j'étais un honnête homme, et que même vous l'avez remercié du bien qu'il vous disait de moi, je ne puis plus vous dire que vous êtes du parti du dernier venu. Je ne vois pas que cela vous justifie beaucoup ; vous m'entendez louer, et vous faites de même. Que sais-je, s'il vous avait dit : C'est un galant homme que M. de Bussy ; il ne peut manquer de faire son chemin ; il est seulement à craindre qu'il ne s'attache un peu trop à ses plaisirs quand il est à Paris. — Que sais-je, dis-je, si vous n'auriez pas cru qu'il eût raison, et si, dans votre cœur au moins, vous n'auriez pas condamné ma conduite ? car enfin je vous ai vue dans des alarmes mal fondées, après de semblables conversations. C'est une marque que les bonnes impressions que vous avez de moi ne sont pas encore bien fortes. Bien m'en prend que vous voyiez souvent de mes amis ; sans cela mademoiselle de Biais m'aurait bientôt ruiné dans votre esprit. Je ne vous traiterais pas de même si l'occasion s'en présentait ; je ne rejetterais pas seulement la médisance la plus outrée qu'on me ferait de vous, mais la plus légère même, précédée de vos louanges. Adieu, ma belle cousine ; donnez-moi de vos nouvelles [1]. »

La demoiselle de Biais, dont il est question dans cette lettre, était une demoiselle de compagnie qu'avait madame de Sévigné. Elle était de son âge, laide, sans fortune, sans esprit, mais fort instruite. Madame de Sévigné, dans une de ses lettres, l'appelle la petite de Biais, et paraît disposée à s'égayer sur son compte [2] ; par la suite, le fils de madame de Sévigné la nommait, par dérision, sa tante [3]. Mademoiselle du Pré, une des précieuses du cercle de mademoiselle de Scudéry, s'étonne beaucoup, dans une lettre adressée au comte de Bussy [4], que cette demoiselle, âgée de quarante-cinq ans [5], ait pu enfin trouver un mari.

Madame de Sévigné fut satisfaite de la docilité de son cousin ; mais cependant, pour se prémunir à l'avenir contre les licences de sa plume, elle jugea convenable de

---

[1] Bussy, *Mém.*, in-12, t. I, p. 423 ; in-4°, p. 519. — Sévigné, édit. 1820, t. I, p. 20 ; édit. de G. S.-G., t. I, p. 26.

[2] Sévigné, *lettre* en date du 9 juin 1680, t. VI, p. 304 et 305.

[3] Sévigné, *lettre* en date du 15 décembre 1675, t. IV, p. 129.

[4] *Lettre de mademoiselle du Pré au comte de Bussy*, en date du 22 juin 1671, dans les *Nouvelles Lettres de messire Roger de Rabutin, comte de Bussy*, t. V, p. 191.

[5] Non pas cinquante-cinq, comme il est dit dans la note des *Lettres de madame de Sévigné*, t. I, p. 21.

s'astreindre à montrer toutes les lettres qu'elle recevrait de lui à sa tante maternelle, Henriette de Coulanges, veuve de François Hardi, marquis de La Trousse. Elle fit part de cette résolution à Bussy, et tâcha en même temps de lui persuader que cette bonne et durable amitié qui devait présider à leur commerce alimenterait mieux leur correspondance que tous ses poulets d'amour dictés par la coquetterie, la fausseté et la perfidie, plutôt que par un sentiment vrai. Bussy, qui prenait plaisir à ses entretiens épistolaires avec sa cousine, ne s'offensa point des précautions qu'elle prenait contre lui ; elles le flattaient, sans le décourager. Il lui adressa une nouvelle et longue lettre, datée du camp de Vergès, le 17 août. Dans cette lettre il lui disait :

LETTRE DE BUSSY DE RABUTIN
A MADAME DE SÉVIGNÉ.

. . . .

« Je crois donc, ma belle cousine, que vous m'aimez ; et je vous assure que je suis pour vous comme vous êtes pour moi, c'est-à-dire content au dernier point de vous et de votre amitié. Ce n'est pas que je demeure d'accord avec vous que votre lettre, toute franche et toute signée comme vous dites, fasse honte à tous les poulets ; ces deux choses n'ont rien de commun entre elles : il vous doit suffire que l'on approuve votre manière d'écrire à vos bons amis, sans vouloir médire des poulets, qui ne vous ont jamais rien dit. Vous êtes une ingrate, madame, de les traiter mal, après qu'ils ont eu tant de respect pour vous ; pour moi, je vous l'avoue, je suis dans l'intérêt des poulets, non pas contre vos lettres, mais je ne vois pas qu'il faille prendre de parti entre eux; ce sont des beautés différentes : vos lettres ont leurs grâces, et les poulets les leurs. Mais, pour vous parler franchement, si l'on pouvait avoir de vos poulets, madame, on ne ferait pas tant de cas de vos lettres.

. . . .

« Je suis bien aise que vous soyez satisfaite du surintendant : c'est une marque qu'il se met à la raison, et qu'il ne prend plus tant les choses à cœur qu'il faisait. Quand vous ne voulez pas ce qu'on veut, madame, il faut bien vouloir ce que vous voulez; on est encore trop heureux de demeurer de vos amis : il n'y a guère que vous, dans le royaume, qui puissiez réduire un amant à se contenter d'amitié; nous n'en voyons presque point qui d'amant éconduit ne devienne ennemi; et je suis persuadé qu'il faut qu'une femme ait un mérite extraordinaire pour faire en sorte que le dépit d'un amant maltraité ne le porte pas à rompre avec elle.

. . . .

« Je suis ravi d'être bien avec messieurs vos oncles [l'abbé de Livry et Philippe de Coulanges]; jalousie à part, ce sont d'honnêtes gens : mais il n'y a personne de parfait dans ce monde; s'ils n'étaient jaloux, ils seraient peut-être quelque chose de pis. Avec tout cela je ne les crains pas trop; et savez-vous bien pourquoi, madame? C'est que je vous crains beaucoup, et que vous êtes cent fois plus jalouse de vous qu'eux-mêmes.

« J'oubliais de vous dire que j'écris à M. de Coulanges sur la mort de madame sa femme [Marie Le Fèvre d'Ormesson, morte, le 5 juillet 1654]. Madame de Bussy me mande que je lui ai bien de l'obligation de ce qu'il a fait pour moi à la chambre des comptes. Ce qui redouble le déplaisir que j'ai de la perte qu'il a faite, c'est que j'appréhende qu'il ne devienne mon quatrième rival, car il avait assez de disposition du vivant de sa femme; mais la considération le retenait toujours.

« Adieu, ma belle cousine; c'est assez badiner pour cette fois. Voici le sérieux de ma lettre : je vous aime de tout mon cœur[1]. »

Dans l'apostille de cette lettre il s'adresse à madame la marquise de La Trousse, et termine en disant : « Madame, en vous rassurant sur les lettres trop tendres, j'ai honte d'en écrire de si folles, sachant que vous devez les lire, vous qui êtes si sage, et devant qui les précieuses ne font que blanchir. Il n'importe; votre vertu n'est point farouche, et jamais personne n'a mieux accordé Dieu et le monde que vous ne faites. »

Bussy donne à sa cousine des nouvelles de Corbinelli, qu'il avait emmené avec lui. Il se plaint qu'elle ne lui dit rien sur la marquise d'Uxelles, « qui, dit-il, est de ses bonnes amies, et assez des siennes ». Il veut savoir ce qu'elle fait; il voudrait faire quelque chose pour elle, et « si elle veut sortir de condition, » il lui en offrira. « Est-ce qu'elle n'est plus à Paris, dit-il, ou que vous ne voulez pas m'en parler, de peur d'être obligée de me mander ce qu'elle fait? » Cette manière de s'exprimer de Bussy sur la marquise d'Uxelles prouve (ce que nous avons déjà dit) qu'elle était galante. Son nom de famille était Marie de Bailleul; elle s'était mariée avec le marquis de Nangis. Devenue veuve après un an, elle avait épousé en secondes noces Louis Chalons du Blé, marquis d'Uxelles, lieute-

---

[1] Sévigné, *Lettres*, t. I, p. 22, édit. de Monmerqué; t. I, p. 98, édit. de G. de S.-G. — Bussy, *Mém.*, édit. in-12, t. I, p. 428; édit. in-4°, p. 52.

nant général. C'était une femme très-aimable, en correspondance avec un grand nombre de beaux esprits et de personnages célèbres de son temps [1], et particulièrement avec le petit Coulanges et avec madame de Sévigné, à laquelle elle a survécu. Après avoir fait à son second mari nombre d'infidélités, elle lui fit ériger, après sa mort, un magnifique tombeau [2]. Elle profita de son intimité avec Louvois pour élever son fils, qu'elle aimait peu [3], aux premières dignités militaires.

Bussy, malgré sa liaison avec madame de Monglat, ses intrigues avec la marquise de Gouville, dont nous parlerons dans la suite de ces Mémoires, poursuivit encore de ses attentions la marquise d'Uxelles; mais le ton cavalier qu'il se permettait à son égard dans ses instances amoureuses donnait à son orgueil les moyens de se consoler d'éprouver un échec là où d'autres avaient réussi. La marquise d'Uxelles lui plaisait plus par son esprit que par sa beauté. Il aimait à entretenir avec elle une correspondance qui de sa part, et avec une femme de ce caractère, eût eu moins d'agrément, et n'aurait pu être aussi fréquente et aussi longtemps prolongée, si la galanterie n'en avait été la base et le prétexte [4].

Dans cette même lettre à madame de Sévigné, Bussy

---

[1] MONMERQUÉ, dans les *Lettres de Sévigné*, t. I, p. 25, note *a*.

[2] *Lettre de Coulanges*, en date du 1er août 1705, dans l'édit. des *Lettres de Sévigné* de Gault de Saint-Germain, 1823, in-8°, t. XI, p. 418 à 420.

[3] SÉVIGNÉ, *Lettres*, t. III, p. 7. *lettre* en date du 20 juin 1672, p. 32; *lettre* en date du 8 juillet 1672, du 26 août 1676, t. IV, p. 438. — MONTPENSIER, *Mém.*, t. XLII, p. 356.

[4] SÉVIGNÉ, *lettre* en date du 4 août 1657 (de Bussy à Sévigné), t. I, p. 54. — BUSSY, *Mém.*, édit. in-12, t. II, p. 91. — *Supplément aux Mémoires de Bussy*, t. I, p. 158. Voyez ci-dessus, chap. 37, p. 511.

s'étonne de la constance du duc d'Elbeuf pour la marquise de Nesle[1]. « Ne voit-il pas, dit-il, ses dents, ou plutôt ne les sent-il pas! Je savais bien que l'amour ôtait la vue; mais j'ignorais qu'il privât de l'odorat. » Bussy serait, d'après cela, très-inquiet de ce que deviendrait la duchesse d'Elbeuf, s'il ne pensait pas que cette belle, récemment revenue des eaux de Bourbon, n'eût déjà pris des mesures pour se venger, et s'il ne croyait pas son mari déjà sur la défensive. Bussy n'aurait pas fait de telles plaisanteries sur cette jeune femme, déjà mariée en secondes noces, s'il avait pu prévoir qu'elle dût mourir à l'âge de vingt-huit ans, six semaines après la lettre qu'il écrivait[2]. Cependant Bussy était bien instruit de ce qui la concernait : il savait que la duchesse d'Elbeuf avait favorablement écouté le plus aimable, le plus brillant des séducteurs de cette époque, le marquis de Vardes; c'était aussi le plus célèbre par le nombre de ses conquêtes. Bussy le vit à l'armée, où il avait un commandement; et il apprit par lui ce qu'il avait jusque là ignoré, que le marquis de Vardes était aussi au nombre des amis ou du moins des connaissances de la marquise de Sévigné. Au ton sérieux qu'il prend tout à coup en parlant de lui, on s'aperçoit que cette nouvelle lui cause de l'inquiétude, et qu'il cherche à prémunir sa cousine contre un homme aussi dangereux. C'est après avoir fait mention de la duchesse d'Elbeuf qu'il ajoute : « Nous avons ici le marquis de Vardes, un de ses amants, qui m'a dit qu'il était de vos amis, et qu'il voulait vous écrire. Je sais, par M. le prince de Conti, qu'il a dessein d'être amoureux de la duchesse de Roquelaure cet hiver : et sur cela, madame, ne plaignez-

---

[1] Sévigné, t. I, p. 23, édit. de 1820.
[2] Ibid., p. 24.

vous pas les pauvres femmes, qui bien souvent récompensent par une véritable passion un amour de dessein, c'est-à-dire donnent du bon argent pour de la fausse monnaie ! »

Bussy, en ne songeant qu'à sa cousine, tirait un pronostic trop véritable. Charlotte-Marie de Daillon, fille du comte du Lude, duchesse de Roquelaure, ne comptait pas encore une année de mariage, lorsque Vardes méditait sa ruine [1]. La surprise qu'avait causée à la cour son éclatante beauté n'avait pas encore cessé. Son mari, ce même duc de Roquelaure qui s'est acquis par ses bons mots et ses bouffonneries une célébrité populaire, amoureux et jaloux, la surveillait avec la vigilance d'un avare environné d'envieux qui cherchent à lui ravir le nouveau trésor dont il est devenu possesseur. Vardes sut cependant fasciner ses yeux d'Argus, et ne réussit que trop à se faire aimer de la duchesse de Roquelaure. Mais comme le caractère du duc exigeait la plus grande discrétion et le plus profond mystère, les deux amants, d'accord, cherchèrent les moyens de se voir sans éveiller ses soupçons. La duchesse les trouva en mettant dans ses intérêts et dans sa confidence un abbé que son mari avait placé près d'elle comme gardien de sa vertu, et qui était chargé de lui rendre compte de toutes ses actions. Cette intrigue fut tenue tellement secrète, que, malgré ce que Vardes avait dit au prince de Conti, personne n'en soupçonna l'existence. Mais Vardes fut bientôt rebuté par tant de précautions, et fatigué d'un attachement qui entraînait avec lui tant d'ennui et de perte de temps. Ses impatiences, son an-

---

[1] CONRART, *Mém.*, t. XLVIII, p. 250.—SÉVIGNÉ, *Lettres*, t. I, p. 24, 46, édit. 1820, *lettre* en date du 25 novembre 1655 ; et t. I, p. 56, de l'édit. de G. de S.-G. — LORET, liv. IV, p. 109 et 113, *lettres* 34 et 35, en date des 20 et 26 septembre année 1653.

tipathie contre toute contrainte, décelèrent l'affaiblissement de son amour. Sa présence aux rendez-vous devint de plus en plus rare ; il cessa enfin de s'y trouver, et il forma d'autres liens.

Le désespoir de la duchesse de Roquelaure ne peut se décrire. Depuis longtemps tous ceux qui l'approchaient cherchaient par intérêt et par ambition à la faire céder aux instances du jeune duc d'Anjou, le frère du roi, qui la recherchait. Elle-même alors voulut se contraindre à écouter le jeune prince, afin de pouvoir oublier Vardes ; mais elle ne put y parvenir. Sa santé déclina rapidement. Elle dit aux personnes qui lui donnaient des soins, et qui étaient entrées le plus avant dans son intimité, qu'il était inutile qu'on lui fît aucun remède ; qu'une passion qu'elle avait dans le cœur la consumait, et qu'elle désirait mourir. On chercha à connaître, on s'efforça de deviner, quel était l'objet d'un sentiment si profond, d'une si ardente affection ; mais on ne put même former une conjecture à ce sujet, car elle montrait une égale indifférence pour tous les hommes, quoique tous cherchassent à lui plaire. Quelque temps après, à la suite d'un accouchement difficile, le 15 décembre 1657, elle mourut ; et l'on sut alors que Vardes, qui depuis quelque temps ne fréquentait plus sa maison, était celui dont elle avait caché le nom avec tant de soin. Cette femme, si sensible et si belle, n'avait que vingt-trois ans lorsqu'elle termina sa vie. Elle fut universellement regrettée. On chérissait sa douceur, sa bonté, ses gentillesses, ses grâces, autant qu'on admirait sa beauté. La cour entière fut attristée par sa mort, et sentit qu'elle avait perdu un de ses principaux ornements[1]. La

---

[1] LORET, liv. VIII, p. 195, *lettre* du 22 décembre 1657 ; liv. V, p. 85, *lettre* 28, en date du 11 juillet 1654.

duchesse de Roquelaure était sœur du comte du Lude, ce constant adorateur de madame de Sévigné.

Bussy n'aurait pas écrit une aussi longue lettre à sa cousine uniquement pour l'entretenir des autres, sans s'occuper de lui-même; ce que nous en ayons cité prouve au contraire que c'est par là qu'il commence, que c'est aussi par là qu'il termine. Il ne pouvait en effet se dispenser de manifester les regrets que lui faisait éprouver la défense de ne plus parler de son amour : auteur de nombreux poulets tant en prose qu'en vers, il ne voulut pas laisser sans réponse les sarcasmes de sa cousine contre les poulets.

Les trois rivaux dont Bussy parle dans sa lettre, sur un ton moitié sérieux moitié plaisant, étaient le prince de Conti, le surintendant Fouquet, et le comte du Lude.

Quelques semaines après la réception de cette lettre, madame de Sévigné quitta Paris pour se rendre à sa terre des Rochers. Ce départ ne terminait pas la lutte périlleuse qu'elle soutenait contre Bussy.

TABLE SOMMAIRE

DES CHAPITRES DE CE VOLUME.

CHAPITRE PREMIER. — 1592-1627.

Pages,

Ancêtres de Marie de Rabutin-Chantal.   1

CHAPITRE II. — 1626-1644.

Sa naissance, son éducation.   8

CHAPITRE III. — 1634-1644.

De la jeunesse de Marie de Rabutin-Chantal, et de son mariage avec le marquis de Sévigné.   18

CHAPITRE IV.

De l'hôtel de Rambouillet, et de la société qui s'y réunissait. .   24

CHAPITRE V. — 1644.

Une matinée de madame de Sévigné passée à l'hôtel de Rambouillet.   38

CHAPITRE VI. — 1644-1648.

Liaisons de madame de Sévigné avec Ménage, Chapelain, Marigny, l'abbé de Montreuil, Saint-Pavin, Segrais.   57

CHAPITRE VII.

Des personnages de la haute classe qui firent leur cour à madame de Sévigné. — De Bussy, et de ses intrigues amoureuses.   81

CHAPITRE VIII. — 1644-1646.

Du marquis de Sévigné, de sa terre des Rochers, de Bussy, de Montreuil et de Lenet.   105

CHAPITRE IX. — 1647-1648.

De Bussy, de Condé. — Madame de Sévigné accouche d'un fils. 119

CHAPITRE X. — 1645-1649.

De Bussy et de madame de Miramion. 124

CHAPITRE XI. — 1648.

De Bussy, de l'évêque de Châlons, et de madame de Sévigné. 150

CHAPITRE XII. — 1648-1649.

De la Fronde, de ses causes, de ses commencements et de ses progrès ; journée des Barricades. 156

CHAPITRE XIII. — 1648-1649.

De Bussy ; madame de Sévigné accouche d'une fille. 183

CHAPITRE XIV. — 1649-1650.

De Bussy, de madame de Sévigné ; arrestation des princes. 197

CHAPITRE XV. — 1650.

Des divers partis de la Fronde. 209

CHAPITRE XVI. — 1650-1654.

Du chevalier Renaud de Sévigné, de madame et de mademoiselle de La Vergne, de Scarron et de madame de Sévigné. 223

CHAPITRE XVII. — 1650.

De Ninon de Lenclos et du marquis de Sévigné. 234

CHAPITRE XVIII. — 1651.

De Bussy et de madame de Sévigné, de Ninon de Lenclos et du marquis de Sévigné. 264

CHAPITRE XIX. — 1651.

De Ninon de Lenclos, de Scarron, du marquis et de la marquise de Sévigné. 270

CHAPITRE XX. — 1651.

De madame de Gondran ; du marquis de Sévigné, de son duel avec d'Albret, et de sa mort. 278

CHAPITRE XXI. — 1651.

De madame de Sévigné et de son veuvage ; intrigues dans Paris. 286

CHAPITRE XXII. — 1651.

Événements de la Fronde, des résolutions de madame de Sévigné à cette époque............ 303

CHAPITRE XXIII. — 1651-1652.

La Fronde et la guerre civile............... 320

CHAPITRE XXIV. — 1651-1652.

De madame de Sévigné, de Tonquedec et de Rohan ; des intrigues amoureuses du cardinal de Retz, et des désastres de la guerre civile.................... 344

CHAPITRE XXV. — 1652.

Événements de la Fronde, fanatisme des partis, combat de Bleneau........................ 361

CHAPITRE XXVI. — 1652-1653.

Derniers événements de la Fronde ; comparaison de Mazarin et de Retz........................ 369

CHAPITRE XXVII. — 1652-1653.

Division des partis ; de Rohan-Chabot et de madame de Sévigné. 391

CHAPITRE XXVIII. — 1652-1653.

De Gaston, de MADEMOISELLE, de Turenne, et du duc de Lorraine......................... 402

CHAPITRE XXIX — 1652-1653.

Le duc de Lorraine à Paris ; de MADEMOISELLE, des religieuses de Longchamps.................... 413

CHAPITRE XXX. — 1652-1653.

Continuation de la guerre civile ; du combat de Saint-Antoine. 423

CHAPITRE XXXI. — 1652-1653.

Massacre à l'hôtel de ville ; derniers événements de la guerre de Paris.......................... 430

CHAPITRE XXXII. — 1652-1653.

De Balzac, de Conrart, de Ménage, et de son idylle adressée à madame de Sévigné.................. 445

CHAPITRE XXXIII. — 1652-1653.

De madame de Sévigné, du marquis de Tonquedec et du duc de Rohan-Chabot...................... 456

CHAPITRE XXXIV. — 1652-1653.

De madame Scarron et de madame de Sévigné. 462

CHAPITRE XXXV. — 1653-1654.

De madame de Sévigné et des partis ; conversion de la duchesse de Longueville ; fin de la guerre civile. 477

CHAPITRE XXXVI. — 1653-1654.

Guerre avec l'Espagne et Condé ; plaisirs dans Paris ; des nouvelles précieuses ; madrigal à madame de Sévigné. 481

CHAPITRE XXXVII. — 1653-1654.

De Bussy, de madame de Monglat, de madame de Sévigné, de Corbinelli. 501

CHAPITRE XXXVIII. — 1654.

Spectacles de Paris, ballets royaux ; de Bussy, de madame de Sévigné. 513

CHAPITRE XXXIX. — 1654.

De Bussy, du prince de Conti ; madame de Sévigné part pour les Rochers. 526

A LA MÊME LIBRAIRIE

CLASSIQUES FRANÇAIS

COLLECTION IN-18 JÉSUS

Beaumarchais. Théâtre. 1 vol.	3 fr.
Bernardin de Saint-Pierre. Paul et Virginie. 1 vol.	3 fr.
— Études de la nature. 1 vol.	3 fr.
Boileau. Œuvres. 1 vol.	3 fr.
Bossuet. Sermons. 1 vol.	3 fr.
— Oraisons funèbres. 1 vol.	3 fr.
— Discours. 1 vol.	3 fr.
Buffon. Époques de la nature. 1 vol.	3 fr.
— Les Animaux. 1 vol.	3 fr.
Châteaubriand. Atala. 1 vol.	3 fr.
— Génie du Christianisme. 2 vol.	6 fr.
— Martyrs. 1 vol.	3 fr.
— Natchez. 1 vol.	3 fr.
— Itinéraire de Paris à Jérusalem. 2 vol.	6 fr.
— Mélanges politiques et littéraires. 1 vol.	3 fr.
— Études historiques. 1 vol.	3 fr.
— Analyse raisonnée de l'histoire de France. 1 vol.	3 fr.
Chefs-d'œuvre tragiques. 2 vol.	6 fr.
Chefs-d'œuvre comiques. 8 vol.	24 fr.
Chefs-d'œuvre historiques. 2 vol.	6 fr.
Classiques de la table. 2 vol.	6 fr.
Corneille. Théâtre. 2 vol.	6 fr.
Courier (Paul-Louis). Œuvres. 1 vol.	3 fr.
Cuvier. Discours. 1 vol.	3 fr.
D'Aguesseau. Œuvres choisies. 1 vol.	3 fr.
Delavigne (Casimir). Œuvres complètes. 4 vol.	14 fr.
— Poésies, Messéniennes et Œuvres posthumes.	4 fr.
Delille. Œuvres choisies. 1 vol.	3 fr.
Diderot. Œuvres choisies. 2 vol.	6 fr.
Fénelon. Télémaque. 1 vol.	3 fr.
— Éducation des filles. 1 vol.	3 fr.
— Existence de Dieu. 1 vol.	3 fr.
Florian. Fables. 1 vol.	3 fr.
Florian. Don Quichotte. 1 vol.	3 fr.
La Bruyère. Caractères. 1 vol.	3 fr.
La Fontaine. Fables. 1 vol.	3 fr.
La Rochefoucauld. 1 vol.	3 fr.
Le Sage. Gil Blas. 1 vol.	3 fr.
Maistre (Xavier de). 1 vol.	3 fr.
Malherbe. J.-B. Rousseau. Lebrun. 1 vol.	3 fr.
Marmontel. Littérature. 3 vol.	9 fr.
Massillon. Petit Carême. 1 vol.	3 fr.
Maury. Éloquence. 1 vol.	3 fr.
Molière. Théâtre. 2 vol.	6 fr.
Montaigne. 2 vol.	6 fr.
Montesquieu. Grandeur. 1 vol.	3 fr.
— Esprit des lois. 1 vol.	3 fr.
Pascal. Provinciales. 1 vol.	3 fr.
— Pensées. 1 vol.	3 fr.
Rabelais. Œuvres. 2 vol.	8 fr.
Racine (Louis). Poème de la Religion. 1 vol.	3 fr.
Racine. Théâtre. 1 vol.	3 fr.
Regnard. Œuvres diverses. 1 vol.	3 fr.
Ronsard. Choix de poésies. 2 vol.	8 fr.
Rousseau. Nouvelle Héloïse. 1 vol.	3 fr.
— Émile. 1 vol.	3 fr.
— Confessions. 1 vol.	3 fr.
— Petits chefs-d'œuvre. 1 vol.	3 fr.
Sévigné. Choix de lettres. 1 vol.	3 fr.
— Lettres complètes. 6 vol.	18 fr.
Staël (de). De l'Allemagne. 1 vol.	3 fr.
— Corinne. 1 vol.	3 fr.
— Delphine. 1 vol.	3 fr.
Voltaire. Commentaires sur Corneille. 1 vol.	3 fr.
— Henriade. 1 vol.	3 fr.
— Théâtre. 1 vol.	3 fr.
— Siècle de Louis XIV. 1 vol.	3 fr.
— Siècle de Louis XV. 1 vol.	3 fr.
— Charles XII. 1 vol.	3 fr.
— Contes. 1 vol.	3 fr.
— Romans. 1 vol.	3 fr.